GEMA, GVL & KSK

DIE PRAXISHILFE FÜR MUSIKER UND MUSIKVERWERTER

MIT AUSFÜLLHILFEN, RECHENBEISPIELEN UND
CHECKLISTEN ZUM OPTIMALEN ERGEBNIS

LOTHAR SCHOLZ

Impressum

Verlag, Herausgeber und Autor machen darauf aufmerksam, dass die im vorliegenden Buch genannten Namen, Marken und Produktbezeichnungen in der Regel patent- und warenrechtlichem Schutz unterliegen. Die Veröffentlichung aller Informationen und Abbildungen geschieht mit größter Sorgfalt, dennoch können Fehler nicht ausgeschlossen werden. Verlag, Herausgeber und Autor übernehmen deshalb für fehlerhafte Angaben und deren Folgen keine Haftung. Sie sind dennoch dankbar für Verbesserungsvorschläge und Korrekturen.

© 2003
PPVMEDIEN GmbH, Bergkirchen

ISBN 978-3-937841-55-7

1. Auflage 2003
2. aktualisierte Auflage 2006
3. überarbeitete Auflage 2007

Titelgestaltung: navim96, Saskia Kölliker
Satz und Layout: Angelika Giessl Mediadesign, Grafrath, Manfred Plabst

Über dieses Buch

Dieses Standardwerk wendet sich an Komponisten, Texter, Musikverlage, Musiker, Labels und Veranstalter sowie alle, die mit der Verwertung von Musik Geld verdienen. Die für sie relevanten Institutionen GEMA (Gesellschaft für musikalische Aufführungs- und mechanische Vervielfältigungsrechte), GVL (Gesellschaft zur Verwertung von Leistungsschutzrechten) und KSK (Künstlersozialkasse) werden darin ausführlich erklärt.

Für wen lohnt eine Mitgliedschaft bei der GEMA? Welche Einnahmen bzw. Kosten sind bei einer Mitgliedschaft zu erwarten? Wie kann überprüft werden, ob die Höhe der von der GEMA ausgeschütteten Tantiemen stimmt? Wann und wie bekommt ein Künstler bzw. ein Label von der GVL Tantiemen für die Zweit- und Drittverwertung seiner Musikdarbietung bzw. Musikproduktionen? Welche Voraussetzungen muss ein Künstler erfüllen, um sich günstig über die KSK versichern zu können?

Das Buch bietet umfassende Antworten auf alle Fragen. Anhand von Checklisten werden alle notwendigen Formalitäten anschaulich erklärt. Fallbeispiele zeigen, was die öffentliche Nutzung von Musik kostet. Ausfülltipps helfen bei der Bearbeitung aller wichtigen Formulare und Verträge. Besonders praktisch: Alle Dokumente sind im Anhang des Buches abgedruckt.

Über den Autor

Lothar Scholz studierte Musik- und Kommunikationswissenschaft an der TU-Berlin und war mehrere Jahre als Fernseh- und Zeitschriftenredakteur tätig. Heute ist er Berlin-Korrespondent für ein Branchenmagazin der Musikwirtschaft und zudem als Dozent für die Popakademie Baden-Württemberg und den Deutschen Musikrat tätig.

1. Inhalt

2. Vorwort

Die Abkürzungen GEMA, GVL und KSK stehen für drei Institutionen, die für die meisten Musikschaffenden unentbehrlich geworden sind: Die Gesellschaft für musikalische Aufführungs- und Vervielfältigungsrechte, die Gesellschaft zur Verwertung von Leistungsschutzrechten und die Künstlersozialkasse. Unentbehrlich deshalb, weil die GEMA für die Stärkung der Urheberrechte eintritt und gemeinsam mit GVL und KSK zur Sicherung der finanziellen Existenzgrundlage von Musikschaffenden beiträgt. Die Institutionen haben eine Mittlerrolle zwischen Urhebern und ausübenden Künstlern auf der einen Seite und den Verwertern von Musik auf der anderen Seite. Wer Musik öffentlich nutzt, zahlt dafür eine Vergütung an die Verwertungsgesellschaften GEMA und GVL. Wer Aufträge an freiberufliche Künstler vergibt, übernimmt neben dem Honorar einen Teil ihrer Beiträge zur Renten-, Kranken- und Pflegeversicherung, den er an die vom Bund eingerichtete Künstlersozialkasse zahlt. Alle auf diese Weise eingenommenen Gelder kommen unmittelbar den Musikschaffenden zugute. So erlangen GEMA, GVL und KSK eine zentrale Bedeutung für den Erhalt und die Förderung von Musikkultur.

Die GEMA kann auf eine über 100jährige Geschichte zurückblicken. So wurde 1903 ihre Vorgängerin, die Anstalt für musikalische Aufführungsrechte AFMA, gegründet, für deren Einrichtung sich insbesondere der Komponist Richard Strauss einsetzte. Die Geschichte der GEMA ist einerseits eine Geschichte der Kommunikationstechnik, die immer neue Arten der Verwertung von Musik hervorbringt. Sie ist andererseits aber auch eine des Urheberrechts, das auf die fortschreitenden technologischen Entwicklungen reagiert und die Gesetzesgrundlage für die Arbeit der Verwertungsgesellschaft bildet. 1903 bildete das „Gesetz betreffend das Urheberrecht an Werken der Literatur und der Tonkunst" die rechtlichen Rahmenbedingungen, seit 1965 ist es das bis heute in weiten Teilen gültige Urheberrechtsgesetz. Es wurde immer wieder den veränderten Erfordernissen angepasst, erst Mitte 2002 trat ein neues Urheberrecht in Kraft, in dem das Recht auf eine angemessene Vergütung der Künstler gestärkt wird. Mit der Gesetzesnovelle zur Regelung des Urheberrechts in der Informationsgesellschaft, die am 13. September 2003 in Kraft trat, wurde auf die neuesten Entwicklungen im Zuge der Verbreitung digitaler Medien reagiert. Die wichtigsten Änderungen sollen den Vertrieb geschützter Inhalte über Mobilfunk- und Online-Dienste regeln, das Knacken von Kopierschutzverfahren im Regelfall verbieten und die Rechte von ausübenden Künstlern wie Musikern und Schauspielern stärken.

Das vorliegende Buch hat es sich zur Aufgabe gemacht, übersichtlich darzustellen, auf welche Weise Rechteinhaber wie   Komponisten, Texter und Verleger von der GEMA und ausübende Künstler und Label-Betreiber von der GVL profitieren können. Das Buch wendet sich gleichermaßen auch an Rechteverwerter wie   Veranstalter und Online-Anbieter und erklärt, wie und zu welchem Preis ihnen die Rechte zur Verwertung von Musik eingeräumt werden. Es stützt sich dabei im Wesentlichen auf Materialien, die von den Institutionen zur Verfügung gestellt wurden.

Jeder Institution ist ein eigener Teil gewidmet, der wiederum selbst in drei Abschnitte gegliedert ist. Im ersten Abschnitt werden Geschichte, Aufgabe und Arbeitsweise der Einrichtung erklärt, zweiter und dritter Abschnitt sind praxisorientiert und richten sich direkt an Musikschaffende und Musikverwerter. Musiker erhalten Hilfe bei den notwendigen Formalitäten, um bei der Ausschüttung von GEMA und GVL berücksichtigt zu werden und um von der KSK einen Teil der Sozialversicherungsbeiträge erstattet zu bekommen. Verwertern wird anhand von Fallbeispielen erklärt, nach welchen Kriterien bei GEMA und GVL die Vergütungshöhe für die öffentliche Nutzung von Musik ermittelt wird; wo und wie sie die Lizenz zum Tönen, also zur Musikverwertung erhalten, wird ebenfalls Schritt für Schritt beschrieben. Die wichtigsten der im Buch besprochenen Formulare und Verträge sind auch im Anhang zusammengetragen.

Das Zeichen 📄 *verweist auf die Formulare im Anhang*

Sollten Sie Anregungen, Lob oder Kritik zu diesem Buch haben, so schreiben Sie bitte an lothar_scholz@t-online.de. Ich freue mich auf Ihre Zuschrift.

Lothar Scholz

3. Hauptdarsteller im Musikgeschäft

Inhaber von Urheber- und Leistungsschutzrechten sind die Hauptdarsteller im Musikgeschäft. Weniger abstrakt gesprochen, sind es zum einen Komponisten, Bearbeiter und Textdichter, die als Urheber mit ihrer Musik die Inhalte für einen ganzen Wirtschaftszweig liefern. Auf sie baut eine Wertschöpfungskette, die mit der Aufführung und Aufnahme der Musik beginnt und der privaten Vervielfältigung endet. Zum anderen sind es Tonträgerhersteller, Veranstalter, Radiosender und Musiker, die Musik produzieren und unter die Leute bringen. Sie ermöglichen es, dass komponierte Musik konsumierbar wird. Egal, ob kreativer Urheber oder produktiver Musiker, jeder hat bestimmte Rechte, die die Nutzung seiner Werke beziehungsweise seiner Leistung betreffen. Diese Rechte sind in dem Urheberrechtsgesetz verankert und sollen im Folgenden genauer betrachtet werden.

Urheber und Leistungsschutzberechtigte

3.1 Komponist, Bearbeiter und Textdichter

„Das Urheberrecht schützt den Urheber in seinen geistigen und persönlichen Beziehungen zum Werk und in der Nutzung des Werkes. Es dient zugleich der Sicherung einer angemessenen Vergütung für die Nutzung des Werkes." (§ 11 UrhG)

Im Gesetz über Urheberrecht und verwandte Schutzrechte, kurz Urheberrechtsgesetz (UrhG), wird dem Urheber gleich zu Beginn ein besonderer Schutz seiner Werke zugesprochen. Sie sind sein geistiges Eigentum, über das nur er verfügen darf. So steht jedem Urheber das exklusive Recht zur Veröffentlichung, Vervielfältigung und Bearbeitung sowie zur kommerziellen Verwertung seiner Werke zu. Voraussetzung dafür ist allerdings, dass das Werk eine bestimmte Schöpfungs- beziehungsweise Gestaltungshöhe aufweist. Ab wann der erforderlicher Grad an Originalität erreicht ist, bleibt im Gesetz jedoch offen. Hoch muss der Grad bei einem musikalischen Werk nicht sein, weshalb auch für viele Titel der Unterhaltungsmusik das Urheberrecht gilt. In diesem Zusammenhang wird auch von der „kleinen Münze" gesprochen, die ebenfalls urheberrechtlich geschützt ist. Der Name ist historisch begründet und beschreibt Gas-

Urheberrecht

Geistiges Eigentum

Gestaltungshöhe

Kleine Münze

senhauer und Lieder [2], mit denen zur damaligen Zeit im Gegensatz zu großen Bühnenwerken und Konzerten nur wenig verdient werden konnte. Die Bezeichnung ist dagegen heute irreführend, da – anders als damals – mit der „kleinen Münze" im Musikgeschäft mittlerweile das große Geld gemacht wird.

Musikalisches Allgemeingut

Nicht schützbar ist dagegen musikalisches Allgemeingut wie zum Beispiel Tonleitern und Akkorde oder die Buchstaben des Alphabets. Ihnen wird die erforderliche Gestaltungshöhe abgesprochen. Das ist durchaus wichtig, denn sonst wäre das musikalische Material, aus dem die Komponisten und Textdichter schöpfen, längst derart dezimiert, dass sie kaum noch Neues schaffen könnten.

Bearbeiter und Arrangeure

Neben Komponisten und Textern können auch Bearbeiter und Arrangeure urheberrechtlichen Schutz genießen, sofern ihre Arbeit eine entsprechende Bearbeitungshöhe zeigt. Ob eine musikalische Bearbeitung schutzfähig ist, kann nur im Einzelfall geprüft werden.

Dauer des Urheberrechts

Körperliche und unkörperliche Verwertung

Das Urheberrecht an einem Werk erlischt 70 Jahre nach dem Tod seines Urhebers. Dann kann die Musik eines Komponisten frei verwendet werden (§ 64 UrhG). Bis dahin hat der Urheber beziehungsweise seine Erben das ausschließliche Recht, die Werke in körperlicher Form – dazu gehört das Vervielfältigungs- und Verbreitungsrecht – und in nicht körperlicher Form – hierzu gehören Aufführungs-, Sende- und Wiedergaberecht sowie das Recht der öffentlichen Zugänglichmachung, das die Verbreitung von Inhalten durch Online- und Mobilfunkdiensten regelt – zu verwerten. Der Urheber kann also zum Beispiel bestimmen, wer seine Werke öffentlich aufführen, senden oder auf Tonträger vervielfältigen und veröffentlichen darf. Für derartige Nutzungen steht ihm dem Gesetz nach eine angemessene Vergütung zu.

Angemessene Vergütung

Weil die unterschiedlichsten Rechte nur schwer von dem Urheber allein wahrgenommen werden können, übergeben die meisten ihre Nutzungsrechte treuhänderisch an eine Verwertungsgesellschaft. Bei Werken der Musik übernimmt diese Aufgabe die Gesellschaft für musikalische Aufführungs- und mechanische Vervielfältigungsrechte (GEMA).

GEMA

3.2 Interpret und Tonträgerhersteller

„Ausübender Künstler im Sinne dieses Gesetzes ist, wer ein Werk oder eine Ausdrucksform der Volkskunst aufführt, singt, spielt oder auf eine andere Weise darbietet oder an einer solchen Darbietung künstlerisch mitwirkt."

(§ 73 UrhG)

Das Urheberrecht schützt nicht nur den Urheber der Musik, sondern auch den ausübenden Musiker, also den Interpreten eines Werkes. Die zu dieser Gruppe gehörenden Sänger, Studiomusiker, Instrumentalisten und Dirigenten sind, sofern sie an der Aufführung eines Werks künstlerisch mitwirken, Inhaber von Leistungsschutzrechten. Ihre Rechte werden in dem zweiten mit „Verwandte Schutzrechte" überschriebenen Teil des Urheberrechts geregelt. *Leistungsschutzrecht*

Ähnlich wie der Urheber hat auch der Interpret Verbots- und Vergütungsrechte: Die Darbietung darf nur mit seiner Zustimmung aufgezeichnet, vervielfältigt, verbreitet und gesendet werden. Sobald aber die Aufnahme seiner Darbietung mit seiner Erlaubnis auf einem Tonträger veröffentlicht wurde, hat er dieses Mitspracherecht nicht mehr und die Musikaufnahme darf auch ohne seine Zustimmung gesendet werden. Dem Interpreten ist in diesem Fall aber eine angemessene Vergütung zu zahlen, was auch für Vermietung, Verleih und öffentliche Wiedergabe des Tonträgers gilt. *Verbotsrechte*

Angemessene Vergütung

Aber nicht nur Interpreten können Inhaber von Leistungsschutzrechten sein, auch Tonträgerherstellern, Veranstaltern und Sendern kann dieses Recht zustehen. Hat zum Beispiel eine Plattenfirma eine CD veröffentlicht, die im Radio gesendet wird, dann hat sie genau so wie die daran beteiligten Musiker für die Sendung der Aufnahme einen Vergütungsanspruch. Nach dem Gesetz muss sich der Musiker die erhaltene Vergütung mit dem Label teilen (§ 86 UrhG). *Vergütungsanspruch von Labels*

Weder Label noch Interpret können kontrollieren, wo ihre Aufnahmen öffentlich wiedergegeben, gesendet, verliehen oder vervielfältigt werden. Das Einfordern von Vergütungsansprüchen, die ihnen laut Gesetz zustehen, wird also ohne Hilfe kaum möglich sein. In Deutschland wird ihnen diese Arbeit daher von der Gesellschaft für Leistungsschutzrechte (GVL) abgenommen. *GVL*

4. GEMA
4.1 Der Verein

4.1.1 Im Auftrag des Urhebers
Die Aufgabe der GEMA

Radiostationen, Cafés, Fernsehsender, Konzertveranstalter, Tonträgerhersteller, Online-Anbieter und viele mehr nutzen und verwerten Musik. Egal, ob in Zahnarztpraxen, im Internet oder als Handy-
Klingelton in der U-Bahn, Musik ist überall. Als Hintergrundmusik
soll sie in Kaufhäusern die Umsätze nach oben schnellen lassen,
in Cafés für eine angenehme Atmosphäre sorgen oder bei privaten
Radiostationen als Werbeträger dienen. Sie ist ein Verkaufsargu-
ment für die Hersteller von Unterhaltungselektronik wie Hifi-Anlagen
sowie Computern, CD-Brennern und -Rohlingen. Jeder erhofft, sich
mit Musik einen geldwerten Vorteil zu verschaffen. So ist es nur zu
verständlich, dass der Urheber an der ertragssteigernden Wirkung
seiner Musik beteiligt werden soll, und deshalb steht ihm überall
dort, wo sie öffentlich genutzt wird, eine gesetzlich vorschrieben
Vergütung zu. Um diese Vergütung einzufordern, müsste der Urheber allen Musikverwertern persönlich die Nutzungsrechte an seiner
Musik, auch Lizenzen genannt, einräumen und zudem überprüfen,
dass auch nur die lizenzierten Titel verwendet werden. Das ist in
der realen und erst recht in der virtuellen Welt des Internet ein wohl
aussichtsloses Unterfangen. Hier greift ihm die Gesellschaft für musikalische Aufführungs- und mechanische Vervielfältigungsrechte,
kurz GEMA genannt, helfend unter die Arme.

Musikverwerter

*Geldwerter
Vorteil*

Lizenzen, Tarife und angemessene Vergütung

Die GEMA übernimmt die Mittler-Aufgabe zwischen Musikschaffenden und Musikverwertern: Sie vergibt Lizenzen für die öffentliche Nutzung von Musik und kassiert dafür, wie es das Gesetz fordert, eine angemessene Vergütung. Was „angemessen" bedeutet, ist im Gesetz nicht definiert, und deshalb von der Verwertungsgesellschaft selbst zu bestimmen. Welcher Betrag für eine bestimmte Nutzung zu entrichten ist, entscheidet sie aber nicht von Fall zu Fall, sondern nach den von ihr aufgestellten Tarifen.

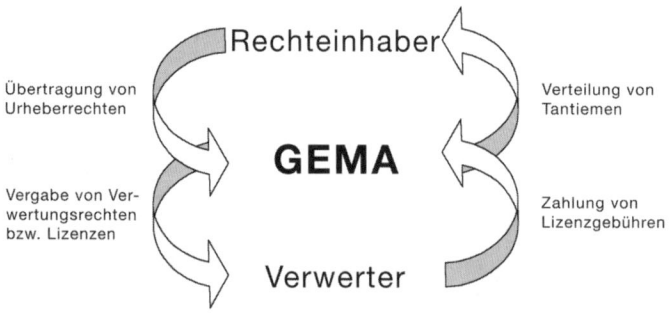

Abb. 1: Rechteinhaber wie Komponisten und Textdichter übertragen der GEMA in einem Berechtigungsvertrag die Verwertungsrechte an ihren Werken. So kann die GEMA von den Musikverwertern wie Rundfunk- und Fernsehsendern, Konzertveranstalter und Gastronomie-Betreibern Lizenzgebühren einfordern und diese als Tantiemen an die Urheber ausschütten. Die rechtliche Grundlage dafür bildet das Urheberrecht.

GEMA als Kontrollinstanz

Die GEMA vergibt nicht nur Lizenzen und kassiert dafür Gebühren, sie ist auch eine Kontrollinstanz, die überprüft, ob die Verwendung GEMA-pflichtiger Titel bei ihr gemeldet wurden. Wer zum Beispiel ein bei der GEMA angemeldetes Werk auf seiner Homepage spielt, ohne dafür eine Vergütung an die Verwertungsgesellschaft gezahlt zu haben, muss mit einer Abmahnung der GEMA rechnen.

Tantiemen und Verteilungsplan

Die eingenommenen Lizenzgebühren verteilt die Verwertungsgesellschaft als Tantiemen an ihre Mitglieder. Auch dies geschieht nicht willkürlich, sondern mit Hilfe eines komplexen Verteilungsplans.

Schnell erklärt: Lizenz – Tarif – Tantiemen

Lizenz

Das Wort „Lizenz" bedeutet Erlaubnis, Genehmigung, besonders zur Nutzung eines Patents. James Bond hat beispielsweise die Erlaubnis zum Töten. Wer die Lizenz zum Tönen beziehungsweise zur Verwertung eines Musikstücks haben will, muss sie sich von dem Urheber geben lassen. Ist der Urheber GEMA-Mitglied, ist die GEMA der Ansprechpartner des Musikverwerters. Sie nennt ihm die dafür zu entrichtende Lizenzgebühr.

Tarif

Die Bezeichnung „Tarif" beschreibt ein verbindliches Verzeichnis der Gebührensätze für bestimmte Leistungen. Die GEMA hat Tarife für die Nutzung von Musik aufgestellt, nach denen sie die Lizenzgebühren berechnet.

Tantieme

Der Begriff „Tantieme" bedeutet Gewinnbeteiligung. Ein Urheber, der an der Gewinnsteigerung, die durch den Einsatz seiner Musik erzielt wird, beteiligt wird, erhält Tantiemen. Der Geldbetrag entspricht der vom Verwerter gezahlten Lizenzgebühr minus einer von der Verwertungsgesellschaft erhobenen Bearbeitungsgebühr. Der allgemeine Begriff, der häufig für Lizenzgebühr und Tantieme verwendet wird, ist Vergütung.

Damit die GEMA die Rechte eines Urhebers wahrnehmen kann, muss er die ihm durch das Urheberrecht zustehenden Nutzungsrechte an seiner Musik an die GEMA treuhänderisch übertragen. „Treuhänderisch" meint hier, dass der Urheber seine Rechte nicht verliert, sondern sie nur der GEMA für einen bestimmten Zeitraum anvertraut. Grundlage dafür ist ein Berechtigungsvertrag, auch Wahrnehmungsvertrag genannt, den jeder, der die Dienste einer Verwertungsgesellschaft nutzen möchte, unterschreiben muss. Darin berechtigt er die Gesellschaft zur Wahrnehmung seiner Urheberrechte (siehe 4.2.1.3). *Berechtigungsvertrag*

Die Rechteübertragung an die GEMA geschieht allerdings mit einer wichtigen Einschränkung: Übertragen werden nur die kleinen Rechte. Diese Rechte bestehen an Werken, die auf Grund der Vielfältigkeit und Häufigkeit ihrer Verwendung nicht mehr individuell von ihrem Urheber wahrgenommen werden können. Hierzu zählen insbesondere die Werke der Unterhaltungsmusik. Zu den Werken des *Kleines und großes Recht* großen Rechts gehören dramatisch-musikalische Werke wie Opern und Musicals. Über diese Werke verfügen die Komponisten beziehungsweise deren Verlage selbst. Die Bezeichnungen „großes" und „kleines Recht" sind allerdings im Gesetz nicht definiert. In Zweifelsfällen erfolgt die Zuordnung daher in einem entsprechenden Fachgremium der GEMA.

Aufgaben der GEMA

- Abschluss von Wahrnehmungsverträgen mit den Urheberberechtigten
- Rechteeinräumung an Lizenznehmer
- Durchführung des Inkassos auf Grundlage von Tarifen
- Verteilung an Berechtigte
- Kontrolle der Rechtenutzung
- Schutz und Weiterentwicklung der Urheberrechte

4.1.2 Wer will, der wird!
Doppelter Kontrahierungszwang

Wahrnehmungs-zwang

Auf Grund der Tatsache, dass es neben der GEMA keine gleichbedeutende Verwertungsgesellschaft für Urheber musikalischer Werke in Deutschland gibt und sie damit eine Monopolstellung einnimmt, unterliegt sie einem doppelten Kontrahierungszwang. Das heißt einerseits, dass sie durch einen Wahrnehmungszwang nach innen verpflichtet ist, mit jedem Komponisten, Bearbeiter, Texter und Verleger einen Berechtigungsvertrag abzuschließen. So ist es in Paragraf 6 des Urheberrechtswahrnehmungsgesetz (UrhWG) geregelt.

„Die Verwertungsgesellschaft ist verpflichtet, die zu ihrem Tätigkeitsbereich gehörenden Rechte und Ansprüche auf Verlangen der Berechtigten zu angemessenen Bedingungen wahrzunehmen, ..."
(§ 6 Abs. 1 UrhWG)

Wer als Inhaber von Urheberrechten an Musikwerken GEMA-Mitglied werden will, der wird es auch, zumindest als angeschlossenes Mitglied.

Abschlusszwang

Andererseits hat die GEMA einen Abschlusszwang nach außen, der in Paragraf 11 UrhWG festgelegt ist. Sie muss deshalb jedem gestatten, Musik aus ihrem Repertoire gegen eine angemessene Vergütung zu nutzen.

„Die Verwertungsgesellschaft ist verpflichtet, auf Grund der von ihr wahrgenommenen Rechte, jedermann auf Verlangen zu angemessenen Bedingungen Nutzungsrechte einzuräumen oder Einwilligungen zu erteilen."
(§ 11 Abs. 1 UrhWG)

Die Tatsache, dass Verwertungsgesellschaften jedem die Nutzung eines veröffentlichen Werks, über dessen Nutzungsrechte sie verfügen, einräumen müssen, ist nicht überall gewünscht. So würden Tonträgerhersteller gerne selbst entscheiden, wann, wo und vor allem wie oft ein von ihnen produzierter Titel im Radio gespielt wird. Während früher noch der Airplay, das heißt die Sendung eines Titels, für seinen Verkauf und damit seiner Platzierung in den Verkaufscharts entscheidend war, hat sich das heute grundlegend geändert: Das ständige Spielen eines Titels im Radio – vor allem bei Sendern, deren Musikprogramm sich allein auf die Top40 der Single-Charts beschränkt – kann eine Sättigung zur Folge haben, die zu einem Rückgang der Abverkäufe führt. Wer einen Song zu oft hört, hat ihn sich irgendwann überhört und kauft ihn nicht mehr, ist die Schlussfolgerung.

Für Komponisten und andere Rechteinhaber, die der GEMA ihre Rechte übertragen haben, hat der Abschlusszwang die Konsequenz, dass sie nur noch in geringem Maße auf die Nutzung ihrer Werke Einfluss nehmen können. Wenn jedoch das Urheberpersönlichkeitsrecht durch die Entstellung eines Werks verletzt wird, kann der Urheber die Verwertung seiner Musik verbieten. *Urheberpersönlichkeitsrecht*

Entsprechend dem Urheberrechtswahrnehmungsgesetz lässt sich die Aufgabe der GEMA also auf zwei wesentliche Bereiche zusammenfassen:

1. Sie muss dafür sorgen, dass der Urheber eines musikalischen Werks eine angemessene finanzielle Beteiligung an dem geldwerten Vorteil erhält, der durch die Nutzung seiner Musik entsteht.

2. Sie muss außerdem den Musikverwertern zu angemessenen Bedingungen die Nutzungsrechte einräumen.

4.1.3 Ihre Geschichte –
Von den Anfängen bis heute

Mitte des 19. Jahrhunderts besuchte der Komponist Ernest Bourget mit seinem Kollegen Victor Parizot das Pariser Konzert-Café Ambassadeur. Sie tranken etwas und lauschten der Musik eines kleinen Orchesters. Da Bourget zur damaligen Zeit ein beliebter Komponist war, fanden sich in dem Programm auch einige Stücke von ihm. In dieser Situation musste der Komponist wohl auf den Gedanken gekommen sein, dass das Café einen Großteil seiner Beliebtheit der Musik und damit auch seinen Werken verdankte. Warum wurde er dann nicht an den Einnahmen des Cafés beteiligt? Als der Kellner die Rechnung brachte, weigerte sich Bourget zu bezahlen. Er begründete dies damit, dass er für die Aufführung seiner Musik auch kein Honorar erhalten habe und rechnete das Spiel seiner Musik mit den Getränken auf, die er bestellt hatte.

Da man sich nicht einigen konnte, wurde der Streit vor Gericht ausgetragen und das Tribunal de Commerce de la Seine entschied, dass der Wirt die Musik des Komponisten nicht mehr ohne dessen Genehmigung aufführen durfte. Grundlage für das Urteil war das ausschließliche Recht eines Urhebers, über die Aufführung seiner Werke entscheiden zu können, wie es 1791 im französischen Gesetz verankert wurde. Wegen Zuwiderhandlung musste der Wirt des Ambassadeurs auch eine Schadensersatzzahlung an Bourget leisten. Von dem Erfolg seiner Klage getragen, gründete der Komponist Ernest Bourget mit Victor Parizot, Paul Henrison und dem Verleger Jules Colombier eine Einrichtung zur Verwaltung der Aufführungsrechte an ihren Werken. Es entstand die „Agence Central", die Vorgängerin der heutigen französischen Verwertungsgesellschaft Société des Auteurs et Compositeurs et Editeur de Musique (SACEM) [13].

Agence Central

SACEM

Literatur-Urhebergesetz

In Deutschland wurde erst 1901 ein ähnliches Gesetz erlassen. Nach dem „Literatur-Urhebergesetz" (LUG) ist die Aufführung eines Werks nur mit der Zustimmung des Urhebers gestattet. Jeder Caféhaus-Betreiber und Konzertveranstalter war dadurch verpflichtet, sich von den Komponisten die Genehmigung für die Aufführung einzuholen. Es kam die Befürchtung auf, dass der mit der Rechteeinholung verbundene Mehraufwand zu einem Rückgang musikalischer Aufführungen führen könnte. Aus diesem Grund hat die Genossenschaft deutscher Tonsetzer (GDT) eine Möglichkeit gesucht, „den ganzen Verkehr zwischen den Urhebern oder sonstigen Inhabern von Aufführungsrechten und allen Veranstaltern öffentlicher Aufführungen durch eine Zentralstelle" zu leiten [13].

GDT

Geführt wurde der GDT von Richard Strauss, der als Mitbegründer der GEMA angesehen wird; zum Vorstand gehörten zudem weitere namhafte Komponisten wie Engelbert Humperdinck und Gustav Mahler.

Am 1. Juli 1903 war mit der Gründung der Anstalt für musikalische Aufführungsrechte (AFMA) eine Lösung gefunden, Urheber und Veranstalter über eine Zentralstelle zu vermitteln. Die AFMA gilt als *AFMA* Vorläuferin der heutigen GEMA. In einer Denkschrift aus dem Jahre 1904 hält die GDT die Grundsätze der ersten Verwertungsgesellschaft für musikalische Aufführungsrechte in Deutschland fest:

„Die Anstalt verfolgt keine privatwirtschaftlichen Zwecke. Sie ist nur eine Vermittlungsstelle. Einen Reservefonds sammelt sie nicht. Ein Geschäftsgewinn ist für sie ausgeschlossen. Von den eingegangen Verwaltungskosten werden die Verwaltungskosten abgezogen, ferner ein Betrag für die Unterstützungskasse von 10 % für die Unterstützungskasse der Genossenschaft. Sämtliche übrigen Einnahmen werden bis auf den letzten Pfennig an die berechtigten Tonsetzer, Textdichter und Verleger verteilt."
(AFMA, Denkschrift der Genossenschaft Deutscher Tonsetzer, Berlin 1904, S.46)

Bis aus der AFMA die GEMA wurde, sollten aber noch einige Jahrzehnte vergehen. Mit der Erfindung der Schallplatte galt es die Rechte für die mechanische Vervielfältigung – wie die Herstellung von Schallplatten bezeichnet wird – von Musikwerken zu verwalten. 1909 entstand deshalb die Anstalt für mechanisch-musikalische Rechte GmbH (AMMRE). Eine Gesellschaft, die sowohl die Verwertung von musikalischen Aufführungsrechten als auch die von mechanischen Vervielfältigungsrechten übernahm, wurde 1938 durch die Angliederung der AMMRE an die staatlich genehmigte Gesell- *AMMRE* schaft zur Verwertung musikalischer Urheberrechte (STAGMA) geschaffen. Sie ist mit der heutigen Gesellschaft für musikalische Aufführungs- und mechanische Vervielfältigungsrechte (GEMA) identisch. Die Umbenennung der STAGMA in GEMA erfolgte jedoch *STAGMA* erst nach dem zweiten Weltkrieg 1947. Zu Beginn der Satzung der GEMA heißt es ähnlich wie bei der AFMA: *GEMA*

„Zweck des Vereins ist der Schutz des Urhebers und die Wahrnehmung seiner Rechte im Rahmen dieser Satzung. Seine Einrichtung ist uneigennützig und nicht auf die Erzielung von Gewinn gerichtet."
(§ 2 Abs. 1 Satzung der GEMA)

Monopol Da es zur GEMA keine gleichwertige Alternative in Deutschland gibt, nimmt sie eine Monopolstellung ein. Diese wird vom Staat gebilligt, weil sie gleichermaßen im Interesse der Urheber als auch der Verwerter ist. Damit eine Verwertungsgesellschaft die durch ihre Monopolstellung entstehende Macht aber nicht missbraucht, wurde mit der 1965 durchgeführten Urheberrechtsreform auch das Urheber-

UrhWG rechtswahrnehmungsgesetz (UrhWG) erlassen, in dem die Rechte und Pflichten von Verwertungsgesellschaften geregelt sind. Entsprechend der in Paragraf 1 des UrhWG geregelten Erlaubnispflicht

Deutsches wurde der GEMA vom Deutschen Patentamt – es führt die Aufsicht
Patentamt über die Verwertungsgesellschaften in Deutschland – die Erlaubnis für ihre Tätigkeit erteilt. Wegen ihrer Monopolstellung unterliegt die

Kartellamt GEMA zudem der Aufsicht des Kartellamts.

Diese Monopolstellung gerät jedoch mehr und mehr ins wanken. So fordert die EU-Kommission, dass die Verwertungsgesellschaften der EU-Mitgliedstaaten bei bestimmten Verwertungsarten wie beispielsweise Online-Nutzung miteinander in Konkurrenz treten. Für eine Verwertungsgesellschaften heißt das, sie muss um Rechteinhaber und um Rechteverwerter werben. Ein Komponist kann schon heute wählen, ob er seine Rechte der GEMA in Deutschland oder aber einer Verwertungsgesellschaft im Ausland überträgt. Noch vergeben die Verwertungsgellschaften die ihnen übertragenen Rechte in ihrem jeweiligen Territorium. In Zukunft soll auch eine europaweite Rechtevergabe möglich sein. Für Online-Rechte, also die Rechte für die Nutzung von Musik im Internet, wurde dies bereits in Ansätzen verwirklicht. So haben die GEMA und EMI Music Publishing mit CELAS (Centralized European Licensing and Administrative Service) einen ersten One-Stop-Shop für die Vergabe von europaweiten Online-Rechten eingerichtet.

Die GEMA in Zahlen (Stand 2006)

Rechteinhaber national 62.690
Rechteinhaber international ....über 1 Million
Repertoire international .... über 5 Millionen
Mitarbeiter 1.128
Gesamterträge .... 874,378 Mio. Euro
Verwaltungskosten .... 121,673 Mio. Euro

4.1.4 Im Verbund mit anderen Verwertungsgesellschaften

Gegenseitigkeitsverträge

Die GEMA hat sich in Deutschland wie auch in der ganzen Welt mit anderen Verwertungsgesellschaften zusammengetan, um die Interessen ihrer Mitglieder besser vertreten zu können. So hat sie Gegenseitigkeitsverträge mit Schwestergesellschaften abgeschlossen, die die Rechte der GEMA-Mitglieder im Ausland wahrnehmen. Wird ein Song eines deutschen Komponisten nun in Frankreich gespielt, wird die dafür fällige Vergütung an die „französische GEMA", die SACEM entrichtet, die dann die Gelder an die GEMA weiterleitet. Umgekehrt kassiert die GEMA Lizenzgebühren, wenn Stücke französischer Komponisten in Deutschland gespielt werden und überweist sie an die SACEM. Für die Wahrnehmung der Aufführungs- und Senderechte bestehen solche bilateralen Verträge mit Verwertungsgesellschaften in über 40 Ländern, für die mechanischen Vervielfältigungsrechte in über 30 Ländern. Durch die Gegenseitigkeitsverträge vertritt die GEMA über eine Million Musikurheber aus aller Welt und vergibt die Lizenzen für mehr als 5 Millionen Werke.

Bilaterale Verträge

In den Gegenseitigkeitsverträgen, die zwischen europäischen Verwertungsgesellschaften abgeschlossenen wurden, sieht die EU-Kommission einen Verstoß gegen das europäische Kartellverbot. Mit der Auflösung der Gegenseitigkeitsverträge zeichnet sich folgende Entwicklung ab: Eine Verwertungsgesellschaft wird in Zukunft nicht mehr ein weltweites Musikrepertoire, sondern nur einen Teil davon vertreten. Die Nutzungsrechte können dann allerdings europaweit vergeben werden. Wie bereits beschrieben, können seit Beginn 2007 die europaweiten Online-Rechte für angloamerikanisches Repertoire von EMI Music Publishing bereits bei dem Lizenz-Service CELAS erworben werden.

Dachverbände: CISAC, BIEM und GESAC

Als Reaktion auf die zunehmende Globalisierung in der Unterhaltungsindustrie haben sich die Verwertungsgesellschaften in Dachorganisationen zusammengeschlossen, die sie als Forum und Interessenvertretungen gegenüber Regierungen, internationalen Organisationen und gegenüber der Europäischen Gemeinschaft nutzen. Dazu gehören die Confédération Internationale des Sociétés d'Auteurs et Compositeurs (CISAC), das Bureau International des Sociétés Gerant les Droits d'Enregistrement et de Reproduction

Dach-organisation

Mécanique (BIEM) und das Groupement Européen des Sociétés d'Auteurs et Compositeurs (GESAC). Zu den in diesen Verbänden erörterten Themen zählen zum Beispiel der Kampf gegen Internet-Piraterie und die Weiterentwicklung und Harmonisierung des Urheberrechts, aber auch die Verbesserung der Administration des musikalisches Weltrepertoires.

Projekte: Fast Track

Globale Administration von Musik

Das Projekt Fast Track ist im Rahmen des CISAC-Weltkongresses 2000 entstanden. Ziel des mit dem Untertitel „The Digital Copyright Network" versehenen Projekts ist es, mit Hilfe des Internets die Arbeitsabläufe zwischen den beteiligten Gesellschaften untereinander als auch mit ihren Mitgliedern zu beschleunigen und die Abwicklung von Lizenzvergaben an Lizenznehmer zu automatisieren.

Das Projekt Fast Track wird gemeinsam von den Verwertungsgesellschaften aus Deutschland (GEMA), USA (BMI), Frankreich (SACEM), Spanien (SGAE), Italien (SIAE), Österreich (AKM und Austro-Mechana), Belgien (SABAM) und der Schweiz (SUISA) sowie den Niederlanden (BUMA/STEMRA), Kanada (SOCAN) und Groß Britannien (MCPS-PRS) getragen.

Seine Umsetzung ist in drei Schritte geteilt: In einem ersten Schritt soll ein Netzwerk geschaffen werden, das allen beteiligten Verwertungsgesellschaften einen Austausch von Dokumentations- und Abrechnungsinformationen ermöglicht. In einem zweiten Schritt sollen die Mitglieder ihre Werke online anmelden und ihrer Mitgliederdaten selbst verwalten können. Der letzte Schritt soll schließlich Musikverwertern die automatische Online-Lizenzierung von Werken erlauben. In Ansätzen ist dies, zum Beispiel bei der Online-Lizenzierung Tonträger (siehe 4.3.4.3), bereits schon heute möglich. Das in Schritt Eins entwickelte System für den Austausch von Dokumentations- und Abrechnungsinformationen befindet sich derzeit in der Erprobungsphase. Es trägt den Titel DIDAS, der für Datenbank für ein integriertes Dokumentations- und Abrechnungssystem steht. Über eine Schnittstelle soll es den Datenaustausch mit anderen Verwertungsgesellschaften erlauben, wodurch eine globale Datenbank geschaffen werden kann. Der Abschluss von Phase Zwei, dem Online-Kommunikationssystem zwischen Mitgliedern und Verwertungsgesellschaft, war nach der Einführung von DIDAS für Ende 2003 geplant. Dann soll auch die Fast-Track-Online-Lizenzierung möglich sein, an deren Entwicklung die GEMA federführend beteiligt ist.

Datenbank für integriertes Kommunikations- und Abrechnungssystem

Zentralstelle für private Überspielungsrechte

In Deutschland hat die GEMA mit sieben weiteren Verwertungsgesellschaften – dazu gehören unter anderem die GVL, die VG Wort und die VG Bild-Kunst – die Zentralstelle für private Überspielungsrechte, kurz ZPÜ, gegründet. Die ZPÜ kassiert von den Herstellern von Aufzeichnungsgeräten und Leermedien die gesetzlich vorgeschriebene Vergütung für private Vervielfältigung.

ZPÜ

4.1.5 Mitglieder

Die GEMA hat die Rechtsform eines wirtschaftlichen Vereins. Zu ihren Vereinsmitglieder gehören Komponisten, Arrangeure, Textdichter und Verleger sowie deren Rechtsnachfolger. Die Mitglieder werden aber nicht nur in verschiedene Berufsgruppen geteilt, die GEMA unterscheidet auch in angeschlossene, außerordentliche und ordentliche Mitglieder.

Wirtschaftlicher Verein

Angeschlossenes Mitglied

2006 waren von insgesamt 62.690 Mitgliedern allein 53.371 angeschlossene Mitglieder (Stand: 31.12.2006). Für die Aufnahme als angeschlossenes Mitglieder sind bis auf die Unterzeichnung des Berechtigungsvertrags keine besonderen Bedingungen zu erfüllen. Angeschlossene Mitglieder sind, wie es in der Satzung der GEMA heißt, keine Mitglieder im Sinne des Vereinsrechts. Sie verfügen deshalb auch über kein direktes Mitspracherecht. Das heißt, sie können alle drei Jahre in der Mitgliederversammlung für außerordentlicher und angeschlossener Mitglieder 34 Delegierte wählen, die sie auf der Mitgliederversammlung der ordentlichen Mitglieder vertreten und dort bei Entscheidungen über Satzung, Verwaltung und Leitung des Vereins mitbestimmen. In der Satzung ist festgelegt, dass das Rechtsverhältnis zwischen angeschlossenen Mitgliedern und dem Verein, insbesondere auch dessen Beendigung, sich ausschließlich nach dem Berechtigungsvertrag richtet. Mit Kündigung des Vertrags endet auch die Mitgliedschaft. Zu der Gruppe der angeschlossenen Mitglieder gehören auch die Rechtsnachfolger, die selbst nicht schöpferisch tätig sind, aber die Rechte eines Urhebers geerbt haben, was unter anderem Vorteile bezüglich der Altersversorgung bietet.

Kein Mitglied im Sinne des Vereinsrechts

Kein direktes Mitspracherecht

Rechtsnachfolger

Außerordentliches Mitglied

Um außerordentliches Mitglied zu werden – im Jahr 2006 waren es 6.319, also knapp 10 Prozent aller Mitglieder –, muss ein Komponist,

Textdichter oder Verleger sein berufsmäßiges Können unter Beweis stellen. Dabei gibt es für Komponisten, Textdichter und Verleger unterschiedliche, in den Aufnahmeanträgen aufgeführten Aufnahmebedingungen. In der Regel erfolgt die Aufnahme als angeschlossenes Mitglied, wenn noch nicht alle Bedingungen für die außerordentliche Mitgliedschaft erfüllt werden. Außerordentliche Mitglieder haben zwar wie angeschlossene Mitglieder nur ein begrenztes Mitspracherecht im Verein, sie können aber nach fünf Jahren bei einem bestimmten Mindesteinkommen ordentliches Mitglied werden, was unter anderem Vorteile bezüglich der Altersversorgung bietet.

Option auf ordentliche Mitgliedschaft

Ordentliches Mitglied

Mindestaufkommen

Eine ordentliche Mitgliedschaft kann bei den Komponisten und Textdichtern nur von außerordentlichen Mitgliedern erworben werden, die in fünf aufeinander folgenden Jahren ein Mindestaufkommen von 30.677,51 Euro an Tantiemen vorweisen können. 2006 waren 3.000 Mitglieder, also weniger als 5 Prozent aller GEMA-Mitglieder, ordentliche Mitglieder. Trotz ihrer geringen Zahl tragen sie den wesentlichen Teil der eingenommenen Lizenzen. Aus diesem Grund wird verständlich, warum die kleinste Gruppe der Mitglieder nach der Vereinssatzung die größten Privilegien genießt. So können ordentliche Mitglieder Leistungen von der GEMA-Sozialkasse beziehen (siehe 4.1.9) und haben auf den jährlichen Mitgliederversammlungen für ordentliche Mitglieder ein direktes Mitspracherecht.

Leistungen von der GEMA-Sozialkasse

Mitgliederversammlungen

Mitspracherecht. Direktes Mitspracherecht

Mitgliederaufteilung 2006

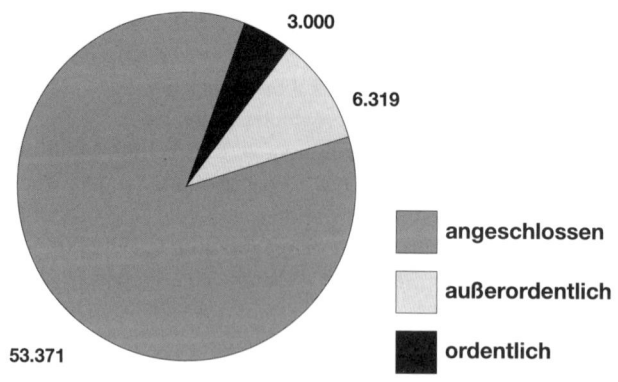

3.000

6.319

angeschlossen

außerordentlich

ordentlich

53.371

Beteiligung der GEMA-Mitglieder 2006 am Ergebnis 2005

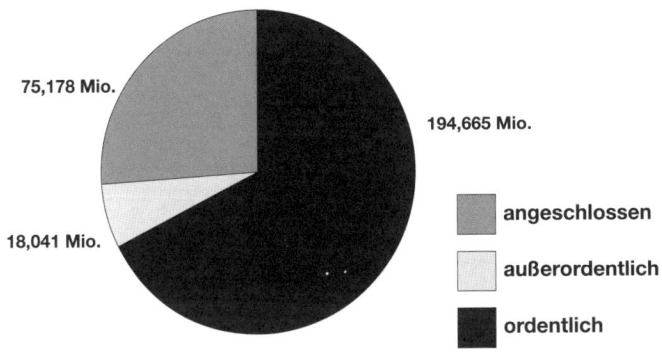

Abb. 2: Im Jahr 2006 sind von insgesamt 62.690 Mitgliedern nur knapp 5 Prozent ordentliche Mitglieder. Deren Tantiemen machen jedoch über die Hälfte des Gesamtertrags aus.

4.1.6 Organe

Jedes Jahr findet eine Hauptversammlung der ordentlichen Mitglieder statt. Hier wird vom Vorstand der Geschäftsbericht vorgelegt und gegebenenfalls über Änderungen von Satzung, Verteilungsplan und Berechtigungsvertrag debattiert. Alle vier Jahre werden außerdem Ausschüsse, Kommissionen und der Aufsichtsrat gewählt. Zu den Themen der Ausschüsse und Kommissionen gehören zum Beispiel Satzung, Tarife, Verteilungsplan und Beschwerden.

Ordentliche Hauptversammlung

Der Aufsichtsrat, der sich der Satzung nach aus sechs Komponisten, vier Textdichtern und fünf Verlegern zusammengesetzt, bildet die Interessensvertretung der Vereinsmitglieder. Diese Aufteilung – es wird in diesem Zusammenhang auch von Kuriensystem gesprochen – erscheint in Hinblick auf die Mitgliederstruktur allerdings ungewöhnlich. So sind die Verleger, die 2004 rund sieben Prozent der Mitglieder ausmachten, mit einem Drittel im Aufsichtsrat vertreten. Ein Grund für den hohen Verleger-Anteil kann in der Historie der Verwertungsgesellschaft gefunden werden. So war in der Gründerzeit der ersten Verwertungsgesellschaft ein Komponist bei der Verbreitung seiner Werke auf einen Verlag angewiesen. Da ein Verlag zu damaligen Zeiten einen Großteil zum Erfolg eines Werks beigetragen hat, wurde er entsprechend an den Tantiemen beteiligt. Bis heute erhalten Verlage bis zu 40 Prozent der Tantiemen für die

Aufsichtsrat

Verwertung von Musik. Ihr Vergütungsanspruch resultiert aus einer Regelung im Verlagsvertrag, gesetzlich vorgeschrieben ist er im Urheberrechtsgesetz jedoch nicht. Zu den Aufgaben des Aufsichtsrats gehört die Wahl des Vorstands, dem gegenüber er Weisungsrecht hat. Auch abzuschließende Tarifverträge bedürfen der Zustimmung des Aufsichtsrats.

Vorstand   Der Vorstand, der wiederum einen Vorstandsvorsitzenden hat, vertritt die GEMA gerichtlich und außergerichtlich und bildet die Geschäftsführung der GEMA-Mitarbeiter.

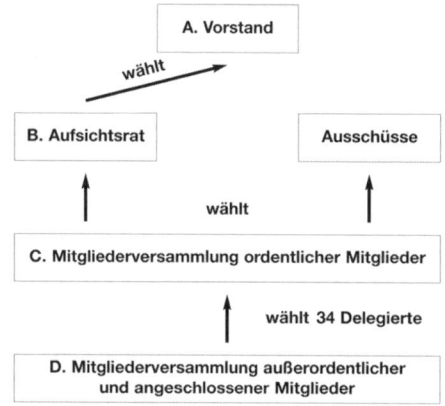

Abb. 3: Organe der GEMA 2007

A. Zu dem vom Aufsichtsrat gewählten Vorstand gehören Dr. Harald Heker, der ab 2007 den Vorstandsvorsitz übernommen hat, Prof. Dr. Jürgen Becker, stellvertretender Vorstandsvorsitzender, und Dipl.-Oec. Rainer Hilpert, zuständig für Wirtschaft und Finanzen. Der Vorstand vertritt die GEMA gerichtlich und außergerichtlich.

B. Der von den ordentlichen Mitgliedern für drei Jahre gewählte Aufsichtsrat soll die Interessen der GEMA-Mitglieder vertreten. Ihr Vorsitzender ist Schlagerkomponist Christian Bruhn („Zwei kleine Italiener", „Marmor, Stein und Eisen bricht"). Weitere prominente Mitglieder sind Stefan Waggershausen und Klaus Doldinger (Filmmusik zu „Das Boot").

C. Auf der jährlichen Mitgliederversammlung der ordentlichen Mitglieder wird unter anderem der Geschäftsberichtsbericht vom Vorstand entgegen genommen, der Aufsichtsrat gewählt und Änderungen von Satzung, Verteilungsplan und Berechtigungsvertrag beschlossen.

D. Ein Programmpunkt der jährlichen Mitgliederversammlung der außerordentlichen und angeschlossenen Mitgliedern ist der Vortrag des Geschäftsberichts durch den Vorstand. Außerdem werden alle drei Jahre 34 Delegierte gewählt, die an der ordentlichen Mitgliederversammlung teilnehmen dürfen.

4.1.7 Inkasso
4.1.7.1 Lizenzeinnahmen

Gastwirte

Discobetreiber

Gesangsvereine

Konzertveranstalter

Presswerke

Fernsehsender

Rundfunksender

Sängerbund, Sportbund

Gesamtverbände

Online-Dienstleister

Ausländische Verwertungsgesellschaften

Importeure

Geräte- und Leermedienhersteller

Aufnahme- und Mitgliedsbeiträge

Zinserträge

Abb. 4: Einnahmequellen
Jeder, der bei der GEMA gemeldete Werke öffentlich nutzen will, muss dafür eine Vergütung an die Verwertungsgesellschaft zahlen. Zu der Urheberabgabe der Musikverwerter kommen außerdem Mitgliedsbeiträge und Zinserträge aus Kapitalanlagen.

Die Ertragsquellen der GEMA sind so vielfältig wie die Verwertung von Musik. Historisch betrachtet gehört die öffentliche Aufführung zur ersten Nutzung, um deren Lizenzvergabe sich eine Verwertungsgesellschaft kümmerte. Dem entsprechend nannte sich die erste musikalische Verwertungsgesellschaft in Deutschland auch Anstalt für musikalische Aufführungsrechte (AFMA). Von ihr wurden zum Beispiel Caféhausbetreiber und Konzertveranstalter zur Kasse gebeten. Gesetzliche Grundlage bildete dafür das 1901 erlassene Literatur-Urhebergesetz (LUG). *Öffentliche Aufführung*

Eine neue Musiknutzung und den Ausgangspunkt für einen zweiten Wirtschaftszweig brachten Geräte zur mechanische Tonaufzeichnung. Mit dem 1877 von Thomas Edison erfundenen Phonografen und dem zehn Jahre später von Emil Berliner zum Patent angemeldeten Grammofon ließ sich Musik aufzeichnen und vervielfältigen. Mit der gesetzlichen Verankerung des Vergütungsanspruchs eines Urhebers für die mechanische Vervielfältigung seiner Werke *Mechanische Vervielfältigung*

29

entstand hier eine neue Vergütungspflicht. Für die Verwaltung der so genannten mechanischen Vervielfältigungsrechte wurde 1909 die Anstalt für mechanisch-musikalische Rechte GmbH (AMMRE) gegründet. Die von der GEMA heute noch verwendete Bezeichnung „mechanische Vervielfältigung", womit die Herstellung eines Tonträgers beschrieben wird, hat ihren Ursprung also in dieser Zeit. Auch der Begriff „mechanische Musik" – er bezeichnet das Abspielen von Musik auf einem Tonträger – ist historisch bedingt.

Sendung

Die Sendung von Musik als eine weitere Verwertungsart brachte der Rundfunk in den zwanziger Jahren, ein Jahrzehnt später folgte die Ausstrahlung von Musik im Fernsehen. Eine entsprechende Gesetzesänderung, die das Senden von Musik in Rundfunk und Fernsehen berücksichtigte, wurde erst 1965 in dem in weiten Teilen bis heute gültigen Urheberrechtsgesetz umgesetzt.

Mit der Weiterentwicklung der Kommunikationstechnik entstanden immer neue Nutzungsarten von Musik und damit Einnahmequellen.

Vermietung und
Verleihung

Dass auch das erwerbsmäßige Vermieten und Verleihen von Tonträgern angemessen vergütet werden muss, wurde 1972 im UrhG aufgenommen. Damit wurden zum Beispiel Büchereien und Videotheken „für das Vermieten oder Verleihen von Vervielfältigungsstükken eines Werks" zu einer Urheberabgabe verpflichtet.

Private
Vervielfältigung

Durch die Verbreitung der Musikkassette wurde das massenhafte Kopieren von Musik im privaten Rahmen möglich. Diese private Vervielfältigung stellte eine neue Musikverwertung dar, an der der Urheber eines musikalischen Werks ebenfalls beteiligt werden sollte. Das Problem war nur, dass sich das private Kopieren jeder Kontrolle entzog, eine nutzungsabhängige Vergütung war deshalb ausgeschlossen. Daher wurde auf alle Geräte und Medien, die eine Speicherung von Musik ermöglichen, eine Urheberabgabe erhoben. So wurde die Geräte- und Leerkassettenabgabe eingeführt. [1]

---

[1] Diese Pauschalabgabe stand in dem 2. Korb der Urheberrechtsnovelle zur Diskussion, sie wurde aber beibehalten. Nach Meinung der Hersteller von Kopiergeräten und Leermedien sei mit der Einführung von Digital Rights Management Systemen, wie sie im Apple iPod und Windows Media Player verwendet werden, das private Kopieren digitaler Inhalte mittlerweile durchaus kontrollierbar.

Schnell erklärt: Gesetzesgrundlagen für die Musikverwertung

In dem deutschen Urheberrechtsgesetz ist in Paragraf 32 festgelegt, dass der Urheber für die Einräumung von Nutzungsrechten einen Anspruch auf eine angemessene Vergütung hat. Bei der Nutzung wird zwischen körperlicher und unkörperlicher Form der Verwertung unterschieden.

Körperliche Verwertung		**betrifft**
§ 16 UrhG	Vervielfältigungsrecht	die Vervielfältigung von Musik auf Speichermedien wie CD, DVD-Audio und -Video sowie SACD
§ 17 UrhG	Verbreitungsrecht	den Verkauf eines Bild- beziehungsweise Tonträgers

Unkörperliche Verwertung		**betrifft**
§ 19 UrhG	Aufführungs-, Vortrags- und Vorführungsrecht	die Aufführung eines Werks zum Beispiel auf einem Konzert oder Betriebsfest
§ 19a UrhG	Recht der öffentlichen Zugänglichmachung	das Anbieten von Inhalten wie Musik durch Online- und Mobilfunk-Anbieter
§ 20 UrhG	Senderecht	die Sendung durch Radio oder Fernsehen
§ 21 UrhG	Wiedergabe durch Bild- oder Tonträger	Abspielen von CDs zum Beispiel in Gaststätten, Discos, öffentlichen Veranstaltungen
§ 22 UrhG	Recht der Wiedergabe von Funksendungen	Lautsprecherwiedergabe in Kaufhäusern, Friseursalons etc.
§ 27 UrhG	Vergütung für Vermietung und Verleihen	zum Beispiel Büchereien und Videotheken
§ 53 UrhG	Private Vervielfältigung	das Kopieren von Musik für den privaten Gebrauch
§ 54 UrhG	Geräte- u. Leermedien- abgabe	Hersteller von zum Beispiel Aufnahmegeräten und Speichermedien

Klonen Eine neue Dimension der privaten Vervielfältigung brachte die Digitalisierung von Musik. Sie ermöglichte ein verlustfreies Kopieren – die Musikindustrie spricht hier auch von Klonen – der Musik. Während die Aufnahme auf einer Musikkassette nur eine begrenzte Lebenszeit hat, bleibt die Qualität einer digitalen Aufnahme erhalten. Durch Computer und CD-Brenner wurde die digitale Vervielfältigung *Download* für jedermann möglich. Mit der Verbreitung des Internet entstanden *und Streaming* außerdem neue Nutzungsarten wie Download und Streaming von Musik. Mit der Novellierung des Urheberrechtsgesetzes im Jahre 2003 wurden die rechtlichen Rahmenbedingungen für die digitale Verwertung von Musik durch Internet und Mobilfunk geschaffen. Als neues Verwertungsrecht wird darin das Recht der öffentlichen Zugänglichmachung (§ 19a UrhG) geschaffen, worunter laut Gesetzestext das Recht verstanden wird, „das Werk drahtgebunden oder drahtlos der Öffentlichkeit in einer Weise zugänglich zu machen, dass es Mitgliedern der Öffentlichkeit von Orten und zu Zeiten ihrer Wahl zugänglich ist."

Von allen beschriebenen Verwertungsrechten bilden die Lizenzerträge aus der Vergabe von Aufführungs-, Sende- und Vervielfältigungsrecht bis heute die größten Einnahmen der GEMA. Im Jahr 2006 beliefen sich die Lizenzerträge insgesamt auf 874,4 Millionen Euro, davon stammen rund 70 % (598,4 Millionen Euro) aus der Vergabe von Aufführungs-, Vorführungs-, Sende-, Wiedergabe- sowie Vervielfältigungsrechten.

4.1.7.2 Urheberabgabe auf PC, CD- und DVD-Brenner

Urheberabgabe auf CD-Brenner: Ja oder nein? So lautet die in den letzten Jahren viel diskutierte Gretchenfrage, die zum Streit zwischen Herstellern von CD-Brennern und GEMA führte. Mit CD-Brennern können digitale Daten, egal welchen Inhalts, auf CD-ROM gespeichert und vervielfältigt werden; also auch Musik. Sie sind aber als Multifunktionsgeräte nicht ausschließlich zum Brennen von Musik gedacht, weshalb sie nicht als reines Aufnahmegerät betrachtet werden können. Ursprünglich stand ihr Einsatz als Speichermedium von Computerdaten im Vordergrund. Die steigende Zahl an Brenn-Software und billiger werdenden Rohlingen und Geräten führte allerdings dazu, dass die Verwendung von CD-Brennern für den Audiobereich eine immer größere Rolle spielt. Eine weitere Sensibilisierung erfährt das Thema durch das massenweise Kopieren von Musik auf CDs, das von der Musikindustrie als ein wesentlicher

Faktor für den Rückgang der Umsatzzahlen im Tonträgerbereich angesehen wird.

Gesetzlich steht dem Urheber für die private Vervielfältigung seiner Werke eine Vergütung zu. Nach § 54 des Urheberrechtsgesetz hat er gegen den Hersteller von Geräten und Leermedien, die erkennbar zur Vornahme solcher Vervielfältigung bestimmt sind, einen Anspruch auf eine angemessene Vergütung. Es stellen sich nun zwei Fragen: Ist ein CD-Brenner erkennbar zur Vornahme von Audiokopien bestimmt? Und wenn ja, wie sieht eine angemessene Vergütung aus?

§ 54 Vergütungspflicht für Vervielfältigung im Wege der Bild-/ Tonaufzeichnung

Die GEMA vertritt die Ansicht, dass der Urheber ein Recht auf eine angemessene Vergütung hat und beruft sich dabei auf § 54 UrhG. Die Hersteller von CD-Brennern sind dagegen anderer Ansicht: Die Brenner seien zum Speichern von Daten gedacht und nicht mit Geräten der Unterhaltungselektronik vergleichbar, ist etwa die Meinung von Hewlett-Packard. Da sich beide Parteien nicht einigen konnten, leitete die GEMA stellvertretend für die Zentralstelle für private Überspielungsrechte (ZPÜ) Ende 1999 beim deutschen Patentamt ein Verfahren gegen Hewlett-Packard ein und verklagte das Unternehmen auf Zahlung einer Urheberabgabe auf die von ihr in Deutschland angebotenen CD-Brenner.

Im Jahr darauf legte die Schiedsstelle beim Deutschen Patentamt fest, dass die CD-Brenner in die gesetzliche Vergütungspflicht für privates Überspielen einzubeziehen sind. Mit dem Verfahren wurde erstmals festgestellt, dass auch eine Vergütungspflicht für digitales Kopieren gilt. Die Höhe der Vergütung wurde mit 17 DM veranschlagt, darin enthalten sind 5 DM für Audio- und 12 DM für Video-Daten. Für jeden CD-Brenner müssten dem entsprechend 17 DM entrichtet werden. Hewlett-Packard war mit dem Urteil nicht einverstanden, das Verfahren ging vor das Landgericht Stuttgart. Doch Ende 2000 bestätigte auch das Landgericht die Vergütungspflicht für digitale Vervielfältigungen. Danach sind alle Hersteller und Importeure von CD-Brennern zu einer Urheberabgabe verpflichtet.

Vergütungspflicht für digitales Kopieren

Es kam zu einem Vergleich zwischen den Parteien. Man einigte sich darauf, dass Hewlett-Packard ab dem 22. November 2000 nicht wie ursprünglich 17 DM sondern 12 DM pro Brenner bezahlen muss. Die GEMA stimmte diesem starken Preisnachlass zu, damit Komponisten und Künstler, wie sie sagte, möglichst bald ihre Vergütung bekommen. Doch trotz der Einigung blieb die Urheberabgabe von Hewlett-Packard weiterhin aus. 2001 landete der Fall schließlich beim Oberlandesgericht Stuttgart. Auch hier bekam die GEMA Recht. Nachdem sich die damalige Bundesjustizministerin Prof. Dr. Herta Däubler-Gmelin eingeschaltet hat, konnte eine Einigung zwischen ZPÜ, stellvertreten durch die GEMA, und Geräte- und Leermedienhersteller erzielt werden. Die Höhe der Vergütung für CD-Brenner wurde tariflich auf 7,50 Euro festgelegt. Die von der ZPÜ bestimmte Urheberabgabe für CD-Rohlinge liegt bei 0,072 je Spielstunde. Für jeden DVD-Brenner zahlt der Gerätehersteller 9,21 Euro an die ZPÜ. DVDs werden mit 0,087 Euro berechnet. Geräte-Leermedienherstellern, die dem Bundesverband Informationswirtschaft, Telekommunikation und neue Medien e.V. (BITKOM) angehören, wird ein Nachlass von 20 % gewährt.

Keine Einigung Urheberabgabe auf PCs

Bei der Urheberabgabe auf PCs konnte sich die GEMA dagegen noch nicht mit ihren Forderungen durchsetzen. Mitte 2000 hat sie alle Hersteller und Importeure von Computern aufgefordert, die Geräteabgabe zu bezahlen, die, wie sie betont, nach § 54 UrhG von Geräteherstellern an Urheber für private Vervielfältigungen zu entrichten ist. Sie beruft sich dabei auch auf die Entscheidung der Schiedsstelle vom Mai 2000 – Urheberabgabe auf CD-Brenner –, nach der auch digitales Kopieren im privaten Rahmen vergütungspflichtig ist.

4.1.7.3 Tarifsystem

Wer in einem Lokal ein Glas Wasser bestellt, geht davon aus, dass er den gleichen Preis bezahlt wie alle anderen Gäste auch. Das sollte er auch können, denn unabhängig von Kleidung und Erscheinung seiner Gäste hat der Wirt für die Getränke einen Preis zu berechnen, den er in seiner Karte angibt. Gleiches gilt für die Lizenzvergabe einer Verwertungsgesellschaft. Statt einer Speisekarte haben sie allerdings Verzeichnisse, in denen genau aufgeführt ist, welche Gebühr für die jeweilige Musiknutzung zu entrichten ist. Diese *Tarife* Verzeichnisse werden Tarife genannt. So ist es in Paragraf 13 des Urheberrechtswahrnehmungsgesetz festgelegt, wo es heißt: „Die Verwertungsgesellschaft hat Tarife aufzustellen über die Vergütung, die sie auf Grund der von ihr wahrgenommenen Rechte und Ansprüche fordert."

Geldwerter Vorteil

Berechnungsgrundlage für Tarife soll in der Regel der durch die Musiknutzung erzielte geldwerte Vorteil sein. Eine nicht immer leicht zu fassende Forderung. Denn ob Hintergrundmusik zum Beispiel tatsächlich steigende Umsätze und damit einen geldwerten Vorteil bringt, konnte wissenschaftlich immer noch nicht belegt werden. Verwertungsgesellschaften können sich deshalb auch auf andere Berechnungsgrundlagen stützen.

Bei der Tarifberechnung sollen sie außerdem kulturelle und sozi- *Kulturelle und* ale Interessen berücksichtigen: So darf es zum Beispiel nicht dazu *soziale Interessen* kommen, dass das Spielen von Musik durch überhöhte Tarife un- bezahlbar und Musikkultur damit nur noch etwas für Wohlhabende wird. Ist ein Tarif schließlich ermittelt oder wird er geändert, muss dies im Bundesanzeiger veröffentlicht werden. Diese Angabe ist *Bundesanzeiger* dann verbindlich und lässt sich nicht ohne Weiteres ändern. Wird die Angemessenheit eines Tarifs von einem Musikverwerter in Frage gestellt, kann eine Schiedsstelle zur Klärung aufgerufen werden. *Schiedsstelle*

Im Wege eines Schiedsverfahrens geklärt wurde im Dezember 2006 der Tarif für Bildtonträger und Filmvideo. Tarifkonflikte bestehen unter anderem noch bei den Online-Rechten und der Lizenzerung für Klingeltöne.

Auf einige Tarife gewährt die GEMA einen Gesamtvertragsnachlass *Gesamtvertrags-* von 20 Prozent. Wer zum Beispiel nicht als Einzelverwerter eine *nachlass* Lizenz beantragt, sondern über einen Verband, dem können die Nutzungsrechte zu günstigeren Konditionen eingeräumt werden. Welche Vergünstigungen die GEMA den Verbänden einräumt, wird in Gesamtverträgen festgehalten. Solche Verträge bestehen zum Beispiel mit der IFPI (International Federation of the Phonographic Industry), ein Interessensverband der Tonträgerhersteller, und dem VUT (Verband unabhängiger Tonträgerunternehmen, Musikverlage und Musikproduzenten e.V.), in dem sich unter anderem Indepen- dent Labels zusammengeschlossen haben. Die Mitglieder der Ver- bände zahlen für die mechanische Vervielfältigung von Musik 20 Prozent weniger als die im Tarif festgelegte Gebühr. Aber auch mit Sportverbänden und Hotelfachverbänden werden Gesamtverträge geschlossen.

So wie es mittlerweile unzählige Nutzungsarten von Musik gibt, ist auch das Tarifwerk der GEMA zu einem umfangreichen Katalog an- gewachsen. Unterschieden werden darin derzeit 86 Einzeltarife, die *86 Einzeltarife* in zwölf Hauptbereiche gegliedert sind (siehe 4.3.6). Die Hauptbe- *12 Hauptgruppen* reiche orientieren sich im Wesentlichen an den im Urheberrechtsgesetz bestimmten Verwertungsrechten (siehe 4.1.6.1) und beinhalten dementsprechend Vervielfältigung (§ 16 UrhG) und Verbreitung (§ 17 UrhG) auf Ton- und Bildtonträgern, Aufführung (§ 19 UrhG) und Sendung (§ 20 UrhG) von Musik, Wiedergabe von Ton- und Bildtonträgern (§ 21 UrhG) und Funksendungen (§ 22 UrhG) und Vermietung und Verleih (§ 27 UrhG). Außerdem sind die Nutzungsrechte für Filmvorführungen, die Herstellung von Bildtonträgern, Importe von bespielten Tonträgern und Online-Verwertung zu einem Bereich zusammen gefasst.

4.1.7.4 Online-Tarife

Den Online-Tarif würde es nicht geben, hat die GEMA immer wieder betont. Sie sollte Recht behalten, denn es gab nicht einen, sondern gleich ein halbes Dutzend neuer Tarife für die Online-Nutzung von Musik.

Der Aufsichtsrat der GEMA hat Mitte Mai 2001 auf Vorschlag des Tarifausschusses die folgenden Tarife für die Online-Nutzung genehmigt und zur Veröffentlichung im Bundesanzeiger freigegeben: Tarife für Websites zu Präsentationszwecken (Tarif VR-W 1), Websites mit Electronic Commerce (Tarif VR-W 2), für Internet-Radios (Tarif S-VR/IntR) und zum Download angebotene Klingeltöne (Tarif VR-OD 1). Zwei wichtige Tarife kamen später hinzu, nämlich die für Music on Demand (MoD) mit Download (Tarif VR-OD 2) und ohne Download (Tarif VR-OD3). Insbesondere der Tarif für Musik-Downloads (Tarif VR-OD 2) und wurde und wird immer wieder auf die sich im Online-Vertrieb schnell verändernde Marktsituation angepasst.

Websites zu
Präsentations-
zwecken

Wer auf seiner für Präsentationszwecke eingerichteten Website Musik spielt, muss eine Urheberabgabe nach Tarif VR-W 1 bezahlen. Grundlage für die Berechnung der Lizenz sind die Zugriffe, auch Page Impressions genannt, innerhalb einer Website. Bei gewerblichen Websites beträgt die monatliche Vergütung für ein Werk 25 Euro, wenn innerhalb der Site nicht mehr als 25.000 Zugriffe im Monat erfolgten. Der Betreiber einer privaten Websites muss für die Nutzung von bis zu 10 Minuten der Werke des GEMA-Repertoires 25 Euro pro Jahr bezahlen. Die Page Impressions dürfen dabei pro Monat nicht höher als 2.000 sein.

Online-Verwertung
eigener Musik

Obgleich GEMA-Mitglieder in der Regel auch für die Nutzung ihrer eigenen Werke eine Vergütung zahlen müssen, hat die GEMA für die Präsentation eigener Werke auf der persönlichen Homepage eine

Sonderregelung geschaffen. „Wenn GEMA-Mitglieder ihre eigenen Werke auf ihrer Website zum Anhören (Streaming) präsentieren, fallen ... keine Vergütungen an", heißt es in einem Informationsschreiben der GEMA. Die Website des Mitglieds dürfe allerdings keinerlei kommerziellen Hintergrund haben.

Wer eine Webseite mit E-Commerce betreibt, muss tiefer in die Tasche greifen als bei der ausschließlich für Präsentationszwecke genutzten Website. Wie tief wird in Tarif VR-W 2 berechnet. Die GEMA unterscheidet hier Electronic-Commerce mit und ohne Musikangebote. Zur ersten Gruppe gehören Online-Shops, auf denen CDs bestellt werden können. Die meisten von ihnen bieten eine Prelistening-Funktion, mit der Ausschnitte eines Songs angehört werden können. Für Websites mit einer Zugriffszahl von bis zu 500.000 Page Impressions, auf denen 20 Hörproben mit einer maximalen Dauer von 45 Sekunden angeboten werden, beträgt die Vergütung laut Tarif 150 Euro. Das Problem dabei liegt für viele Online-Anbieter darin, dass sie den Betrag auch dann zahlen müssen, wenn sie keine einzige CD verkauft haben. Wer Musik allerdings nicht verkaufen, sondern als musikalische Untermalung seiner kommerziellen Website nutzen will, der zahlt für ein Werk aus dem GEMA-Repertoire monatlich 50 Euro. Die Anzahl der Page Impressions darf dabei allerdings nicht über 10.000 im Monat liegen.

Websites mit Electronic Commerce

Der Vergütungssatz für Internet-Radios ist in Tarif S-VR/IntR festgehalten. „S" steht für Sendung, „VR" für Vervielfältigung und „IntR" für Internet-Radio. Der Tarif wird ähnlich wie bei einem analogen Radiosender berechnet. Während sich die Vergütung beim traditionellen Radio nach der Senderreichweite richtet, wird beim Webradio die Anzahl der Empfänger, die das Programm gleichzeitig nutzen können, herangezogen. Die monatliche Mindestvergütung reicht von 25 Euro bei maximal 25 Empfängern bis zu 3.000 Euro bei über 10.000 Empfängern. Wie viel tatsächlich das Programm hören, spielt dabei keine Rolle. Außerdem wird die Sendezeit berücksichtigt, der Musikanteil im Programm und die Anzahl der von einen Internet-Radio gleichzeitig angebotenen Programme. Die Regelvergütung beträgt zehn Prozent der Einnahmen des Internet-Radio-Betreibers.

Internetradio

Auch Klingeltöne oder genauer gesagt Ruftonmelodien sind vergütungspflichtig, der entsprechende Tarif dafür heißt VR-OD 1. „VR" bedeutet Vervielfältigung und „OD" ist die Abkürzung für On Demand. Anbieter dieses Music-on-Demand-Angebots müssen

Ruftonmelodien

11 Prozent des Endkundenpreises oder bei kostenlosen Angeboten mindestens 0,092 Euro pro abgerufener Ruftonmelodie an die GEMA entrichten.

Music on Demand Bezüglich des Tarifs für Music-on-Demand (MoD) mit Download (VR-OD 2) und ohne Download (VR-OD3) konnte bislang keine Einigung zwischen GEMA und IFPI (International Federation of the Phonographic Industry) – der Verband vertritt größtenteils die Interessen der Major Labels – gefunden werden. Bei MoD-Angeboten sind im Wesentlichen zwei Rechte betroffen: Zum einen das Vervielfältigungsrecht wie bei der Herstellung von CDs, zum anderen das Recht der öffentlichen Zugänglichmachung, wie es in § 19a UrhG geregelt ist.

Die Verwertungsgesellschaften wollen für ihre Mitglieder eine angemessene Vergütung für beide Nutzungsrechte aushandeln. Die IFPI London ist, stellvertretend für die Tonträgerhersteller, weniger daran interessiert, für das neu eingeführte Recht der öffentlichen Zugänglichmachung eine Vergütung zu zahlen. Da durch Music-On-Demand-Angebote zwar steigende, aber immer noch keine wesentlichen Einnahmen zu verzeichnen sind, ist es für sie wichtig, die dabei entstehenden Unkosten möglichst gering zu halten. Dem entsprechend gering ist ihre Bereitschaft, höhere Vergütungssätze für Download-Angebote an die Verwertungsgesellschaften zu zahlen. Um auf internationaler Ebene mit den Tonträgerersteller verhandeln zu können, wurde von den Verwertungsgesellschaften die Arbeitsgruppe mit Vertretern der BIEM und der CISAC eingerichtet. In der BIEM haben sich die Verwertungsgesellschaften unterschiedlicher Länder zur Verwaltung der Vervielfältigungsrechte zusammengeschlossen, die CISAC ist der weltweite Dachverband der Verwertungsgesellschaften. Ziel der Arbeitsgruppe ist es, mit der IFPI London einen Rahmenvertrag für Music-on-Demand-Angebote auszuhandeln, der dann auf nationaler Ebene von den einzelnen Verwertungsgesellschaften umgesetzt werden kann.

Ein Problem bei den Verhandlungen soll bereits darin bestehen, dass nach Meinung der IFPI London für MoD-Angebote nur das Vervielfältigungsrecht, nicht aber das Recht der öffentlichen Zugänglichmachung gilt. Dieses Recht würde sie nur anerkennen, wenn die dafür zu entrichtende Vergütung gleich Null wäre. Dies wird von den Verwertungsgesellschaften jedoch abgelehnt. Sie fordern dagegen beim Musik-Download nicht nur eine Vergütung für das Recht der öffentlichen Zugänglichmachung, wie es im Gesetz vorgesehen ist, sondern auch einen höheren Tarif, als den für die mechanische Vervielfältigung. Sie begründen dies damit, dass die durch den Online-Vertrieb mögliche Kostenersparnis an den Urheber weiter gegeben werden muss. Durch den Direktvertrieb von Musik an den Endverbraucher werden Labels zunehmend zum Direktverwerter, wodurch die Gewinnbeteiligungen für Händler wegfallen. Auch die Kosten für Lagerhaltung, Distribution und Technik – dazu gehören zum Beispiel Verpackungskosten – würden geringer beziehungsweise ganz wegfallen, so die Argumentation. Vertreter der Tonträgerhersteller sind da jedoch anderer Meinung: Die wesentlichen Kosten bei der Veröffentlichung von Musik liege in ihrer Vermarktung. Die Herstellungskosten seien dagegen derart gering, dass Einsparungen in diesem Bereich kaum eine Auswirkung auf den Preis eines Musikprodukts haben.

Die GEMA hat für Musik-Downloads einen gestaffelten Tarif aufgestellt. Nach dem Tarif VR-OD 2 zahlen Betreiber von Download-Shops bis Ende 2005 eine Lizenzgebühr von 10 Prozent des Endverbraucherpreises beziehungsweise eine Mindestvergütung von 0,125 Euro pro Song. 2006 beträgt die Vergütung 12,5 Prozent, beziehungsweise mindestens 0,15 Euro und ab 2007 schließlich 15 Prozent beziehungsweise 0,175 Euro. Auf diesen Tarif wird, wie bei anderen Tarifen auch, ein Gesamtvertragsnachlass von 20 % gewährt.

Bei einem Online-Angebot, auf das global zugegriffen werden kann, stellt sich nicht nur die Frage nach der Höhe der Lizenzgebühr, es muss auch geklärt werden, in welchem Land die Musiknutzung lizenziert wird. Im Land des Urhebers, im Land des Anbieters einer Website oder im Land des Providers? Ursprünglich hat sich die GEMA mit Verwertungsgesellschaften aus den USA, Niederlande, Großbritannien und Frankreich darauf geeinigt, dass die Lizenzierung im Land des Servers zu erfolgen hat – der Standort wird durch die Angabe der Länderkennung, der so genannten Top-Level-Domain bestimmt, für Deutschland wäre es zum Beispiel „de", für Frankreich „fr". Dieser Ansatz erwies sich aber als nur bedingt geeignet, denn Online-Anbieter können ihr Musikangebot in Länder verlegen, die keine Verwertungsgesellschaft haben und sich auf diese Weise ihrer Vergütungsverpflichtungen entziehen. Eine bessere Lösung wurde vorerst darin gefunden, das in dem Land lizenziert wird, in dem sich der wirtschaftliche Standort des Online-Anbieters befindet. Darauf einigten sich auch internationale Verwertungsgesellschaften in dem

Ort der
Lizenzierung

Santiago und Barcelona Agreement. Mit der europaweiten Lizenzierung von Online-Rechten, die für Teile des Repertoires von EMI Music Publishing bereits möglich ist, wird dann aber auch diese Lösung hinfällig. Eine europaweite Lzenzierung erlaubt, dass der Betreiber eines Online-Shops von einer Verwertungsgesellschaft die Rechte erwirbt, um bestimmtes Repertoire europaweit zum Download anbieten zu dürfen.

4.1.8 Verteilung

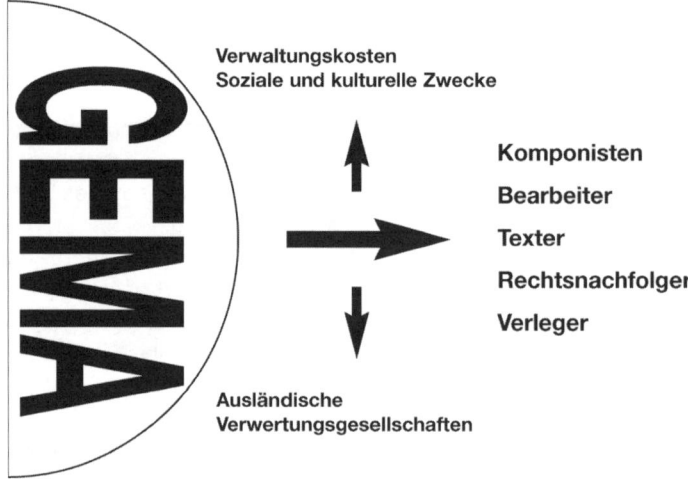

Verwaltungskosten
Soziale und kulturelle Zwecke

Komponisten
Bearbeiter
Texter
Rechtsnachfolger
Verleger

Ausländische
Verwertungsgesellschaften

Abb. 5: Verteilung der Tantiemen
Von der Verteilungssumme werden Verwaltungskosten, Ausgaben für soziale und kulturelle Zwecke und Gelder, die an ausländische Verwertungsgesellschaften abzuführen sind, abgezogen.

Gelder werden in Sparten aufgeteilt

Die Höhe der Verteilungssumme, die die GEMA an ihre Mitglieder ausschüttet, ergibt sich aus den von den Verwertern gezahlten Lizenzgebühren. Von diesem Betrag wird ein bestimmter Prozentsatz für die Verwaltungskosten der GEMA abgezogen, ein weiterer Teil geht an ausländische Verwertungsgesellschaften, mit denen Gegenseitigkeitsverträge geschlossen wurden.

Verteilungsplan

Die eingenommenen Gelder werden entsprechend der dafür vergebenen Nutzungsrechte nach unterschiedlichen Verteilungsplänen aufgeteilt. Die durch die Vergabe von Aufführungs- und Senderech-

ten erzielten Einnahmen werden nach Verteilungsplan A ausgeschüttet, die durch Tonträgerlizenzierung erwirtschafteten Erträge
durch den Verteilungsplan B, der vorläufige Verteilungsplan C gilt
für den Bereich Online-Lizenzierung.

4.1.8.1 Verteilungsplan A für das Aufführungs- und Senderecht

Die aus der Vergabe von Aufführungs-, Sende- und Wiedergabe-
rechten erzielten Erträge gehören neben der Tonträgerlizenzierung
zur wichtigsten Einnahmequelle der GEMA. 2006 machten sie mit
über 396,886 Millionen Euro einen Großteil (45,39 %) der Gesamt-
einnahmen aus. Der Betrag setzt sich aus den Erträgen von 20 unterschiedlichen Sparten zusammen, wie zum Beispiel der Sparte
U für Veranstaltungen von Unterhaltungs- und Tanzmusik oder der
Sparte KI für Musik im Gottesdienst. Die Verteilung der in der jeweiligen Sparte eingenommenen Erträge erfolgt separat.

Wie die Gelder in der Sparte U verteilt werden, soll im Folgenden
ausführlicher erläutert werden: Im Geschäftsjahr 2006 wurde von
den in der Sparte U erzielten Einnahmen ein Kostensatz von 22,3735
Prozent für die Tätigkeit der GEMA abgezogen. Die Verteilungssumme, die an die Rechteinhaber als Tantiemen ausgeschüttet wird,
ergibt sich nach einem Abzug von 10 Prozent für soziale und kulturelle Zwecke.[2] Zentrales Instrument bei der Verteilung der Tantiemen ist in der Sparte U ein verbessertes Verfahren zur Ermittung
der Aufführungszahlen, das so genannte Hochrechnungsverfahren
PRO. Bei dem PRO-Verfahren steht an erster Stelle die Frage: Wie
oft wurde ein Werk in welchen Monaten und in welchen der 12 Bezirksdirektionen[3] öffentlich aufgeführt? Die Antwort liefern „Musikfolge"-Formulare, die von Konzertveranstaltern ausgefüllt werden
(vgl. Kapitel 4.3.3.2). Darin ist anzugeben, welche Werke wann, wo
und wie oft aufgeführt wurden. Die GEMA geht davon aus, dass nur

*Abzug für
soziale und
kulturelle Zwecke*

PRO-Verfahren

---

[2] Damit wird der Forderung in §8 UrhWG nachgekommen, dass Verwertungsgesellschaften Vorsorge- und Unterstützungseinrichtungen für die
Inhaber der von ihr wahrgenommenen Rechte oder Ansprüche einzurichten haben.

[3] Ab Geschäftsjahr 1999 wurden die Bezirksdirektionen Dortmund, Düsseldorf und Köln zu der Bezirksdirektion Nordrhein-Westfalen (NRW) zusammengefasst. Für die Zwecke der räumlichen Gewichtung innerhalb des
PRO-Verfahrens bleiben die ehemaligen Bezirksdirektionen als einzelne
Sachgebiete bis auf weiteres erhalten, heißt es im GEMA-Jahrbuch.

ein Teil der Veranstalter das Formular ausfüllt. Im Jahr 2006 wurden nach Angaben der GEMA für 1/4 aller U-Musikveranstaltungen die Musikfolgen eingereicht, 1998 war es nur 1/7.

Vor der Einführung des Hochrechungsverfahrens PRO im Jahre 1998 wurden die belegten Veranstaltungen so behandelt, als stünden sie stellvertretend für alle Musikveranstaltungen. Es wurde eine einfache Hochrechnung durchgeführt, nach der jedes in einem Programm nachgewiesene Werk so verrechnet wurde, als ob es sieben Mal aufgeführt worden wäre. Diese siebenfache Aufführungszahl treffe, so die GEMA, allerdings in vielen Fällen nicht zu, besonders dann nicht, wenn bei U-Musikveranstaltungen die Interpreten auch gleichzeitig die Komponisten und Textdichter der aufgeführten Werke sind. Während sie ihre Aufführungen vollständig angeben und sich damit die Aufführungszahl ihrer Werke bei der bisherigen Hochrechnung versiebenfacht, tragen viele Veranstalter, die Standardwerke in ihrem Programm haben, diese entweder nicht ein oder geben die Musikfolge gar nicht ab. Beispielsweise wird von Alleinunterhaltern dargebotenes Standardrepertoire häufig nicht von den Veranstaltern in den Musikfolgen dokumentiert. Die Konsequenz ist, dass Standardwerke, auch wenn sie häufiger aufgeführt werden, mangels Listung bzw. Formular-Einreichung unterrepräsentiert sind. Mit dem Hochrechnungsverfahren PRO soll dies korrigiert werden. Mit dem PRO-Verfahren will die GEMA die tatsächlichen Aufführungszahlen mit einer höheren Genauigkeit ermitteln, als dies zuvor der Fall war. Wird beispielsweise ein Werk zur gleichen Zeit in unterschiedlichen Bezirksdirektionen aufgeführt, erhält es eine höhere Gewichtung.

PRO-Faktor

In dem PRO-Verfahren wird der Faktor 7, der sich bis 1998 aus dem Anteil der belegten Aufführungen ergeben hätte, durch den PRO-Faktor ersetzt. Die Höhe des PRO-Faktors hängt zum einen von Zeit und Ort der belegten Aufführung eines Werks, zum anderen von dem Anteil der belegten Veranstaltungen insgesamt ab. Mathematisch lässt sich der PRO-Faktor wie folgt berechnen:

PRO-Faktor = (MKZ x C x (1-P)) + P

MKZ = Matrix-Kennzahl

P = Anteil der belegten Aufführungen

C = Normierungsfaktor

Aus den im „Musikfolge"-Formular enthaltenen Zeit- und Ortsangaben einer Werkaufführung wird eine so genannte Matrix-Kennzahl berechnet. Dafür wird eine Matrix aus einer Zeit- und einer Ortachse gebildet. Die Zeitachse ist in 12 Monate und die Ortachse in 12 Bezirksdirektionen eingeteilt. Je nachdem, wann und wo ein Werk gespielt wurde, werden die Matrix-Felder gefüllt. Wird ein Werk im Monat in nur einer Bezirksdirektion aufgeführt, ist ein Matrix-Feld zu füllen. Wird es in einem Monat in zwölf Bezirksdirektionen gespielt, sind dementsprechend zwölf Matrix-Felder auszufüllen. Wird ein Werk in zwölf Monaten immer in einer Bezirksdirektion aufgeführt, sind es ebenfalls 12 Matrix-Felder. Die Anzahl aller gefüllten Matrix-Felder entspricht der Matrix-Kennzahl. Die Matrix-Kennzahl kann demnach zwischen 1 und 144 variieren. Mit P ist in der Gleichung der Anteil der belegten Aufführungen angegeben. Er betrug 1998 ein Siebtel und lag 2006 bei einem Viertel. Würden alle Musikfolgen eingereicht, wäre P gleich eins und der sich daraus resultierende PRO-Faktor betrüge ebenfalls eins. Eine Hochrechnung wäre in diesem Fall nicht mehr notwendig. C ist ein für das Hochrechnungs- verfahren benötigter Normierungswert, der von der GEMA in jedem Jahr neu bestimmt wird. 2006 betrug er 0,0140.

Matrix-Kennzahl

Region	Aufführungsmonat											
Augsburg												
Berlin												
Dortmund												
Dresden												
Düsseldorf												
Hamburg												
Hannover												
Köln							1	1				
München							1	1				
Nürnberg							1	1				2
Stuttgart							1	1				2
	1	1	1	1	1	1	1	1	1	1	1	2
	Jan.	Feb.	März	April	Mai	Juni	Juli	Aug.	Sep.	Okt.	Nov.	Dez.

Abb. 6: So könnte das Matrix-Feld einer Band aussehen, die über das ganze Jahr verteilt in dem gleichen Club spielt, in den Sommermonaten Juli und August auf Deutschland-Tournee ging und sich ein Zubrot bei Weihnachtsfeiern verdiente. Die Matrix-Kennzahl beträgt in diesem Fall 22. Ergänzend ist in den Kästchen angegeben, wie oft ein bestimmtes Werk in dem jeweiligen Monat in der ent- sprechenden Bezirksdirektion gespielt wurde. Diese Aufführungszahl hat aber mit der Matrix-Kennzahl nichts zu tun.

Anhand des in Abbildung 6 beschriebenen Falls soll exemplarisch die Tantieme berechnet werden, die für die Aufführung eines Werkes im Jahr 2006 an die Rechteinhaber ausgeschüttet wird. Die Matrix-Kennzahl beträgt in dem Fall 22, der Anteil der belegten Veranstal- tungen lag bei ¼ und der Normierungsfaktor C bei 0,0140. Daraus resultiert ein PRO-Faktor von 0,4810.

PRO-Faktor = 22 x 0,0140 x (1 - 0,25) + 0,25 = 0,4810

MKZ = 22

C = 0,0140

P = ¼ = 0,25

PRO-Abrechnungs-basis

Auf die Berechnung des PRO-Faktors aufbauend, wird nun die so genannte PRO-Abrechnungsbasis berechnet. Dafür wird zuerst die Summe aller belegten Aufführungen eines Werkes ermittelt. Sie beträgt in dem in der Abbildung gezeigten Beispiel 25. Die Summe wird – sofern es sich um eine U-VK-Veranstaltung handelt – mit dem PRO-Faktor gewichtet. [4] Das ergibt in dem genannten Beispiel eine gewichtete Aufführungszahl bzw. eine Abrechnungsbasis von 12,0250, kaufmännisch gerundet 12.

PRO-Abrechnungsbasis = Aufführungszahl eines Werkes x PRO-Faktor

= 25 x 0,4810

≈ 12

Punktwertsystem

Zur Ermittlung der Tantiemen, die den Rechteinhabern pro Werk ausgeschüttet werden, wird nun ein Punktwertsystem hinzugezogen. Damit soll erreicht werden, dass aufwendigere Werke höher vergütet werden als weniger aufwendige. Der Punktwert für ein Werk – er liegt zwischen 12 und 2.400 – wird bei Unterhaltungsmusik und ernster Musik nach unterschiedlichen Kriterien zugeordnet. Dabei stützt sich die GEMA im Wesentlichen auf die Angaben in der Werkanmeldung (siehe 4.2.2), in Einzelfällen wird eine Werkeinstufung durch den Werkausschuss vorgenommen. Von der Punktvergabe hängt unter anderem ab, wie viel ein Rechteinhaber für die Aufführung seines Werks erhält. Je mehr Punkte es gibt, desto höher sind die Tantiemen. In der Sparte U-Musik beträgt der Punktwert eines Werkes in den meisten Fällen 12.

U-Punkt

Darüber hinaus wird der Geldwert eines U-Punktes berechnet. Er ergibt sich aus der Division der innerhalb der in der Sparte U zur Verfügung stehenden Verteilungssumme durch die Gesamtzahl der in der in dieser Sparte vergebenen Punkte. 2006 betrug ein U-Punkt 0,3491 Euro. Durch die Multiplikation der Abrechnungsbasis (PRO-BAS) mit dem Punktwert eines Werkes und dem Geldwert eines Punktes wird schließlich die Ausschüttung für ein Werk in der Sparte U berechnet. Für die Aufführung eines Werkes wird in dem

---

[4] Handelt es sich dagegen um eine VK- oder Bäderveranstaltung, kommt ein weiterer Gewichtungsfaktor hinzu.

vorliegenden Beispiel eine Tantieme von 50,27 Euro an den bzw. die Rechteinhaber ausgeschüttet.

Ausschüttung pro Werk = PRO-Abrechnungsbasis x Punktwert eines Werkes
x Geldwert eines U-Punkts

$$= 12 \times 12 \times 0,3491 \text{ Euro}$$
$$\approx 50,27 \text{ Euro}$$

Über einen Zeitraum von 6 Halbjahren, nachdem ein Werk auf im Handel erhältlichen Industrieschallplatten veröffentlich worden und in der Abrechungsabteilung VR zur Abrechnung gekommen ist, wird zum U-Punkt auch ein M-Punkt berechnet. Bei einem Geldwert eines M-Punktes von 0,4046 Euro im Geschäftsjahr 2006 erhöhen sich die Tantiemen pro Werk gegebenenfalls um 58,26 Euro. *M-Punkt*

Ausschüttung pro Werk = PRO-Abrechnungsbasis x Punktwert eines Werkes
x Geldwert eines M-Punkts

$$= 12 \times 12 \times 0,4046 \text{ Euro}$$
$$\approx 58,26 \text{ Euro}$$

Insgesamt wird in diesem Beispiel für die Aufführung eines Werkes eine Tantieme von 108,53 Euro ausgeschüttet. Sind mehrere Rechteinhaber an einem Werk beteiligt, wird der ermittelte Betrag noch einmal nach einem bestimmten Verteilungsschlüssel (siehe Abb. 7) aufgeteilt. Hat zum Beispiel ein Komponist einen Song geschrieben, der von einem Verlag veröffentlicht wird, erhält der Komponist 8/12 und der Verlag 4/12 der Tantiemen, sofern nichts anderes vereinbart ist. Das Verhältnis zwischen Urheber- und Verlegeranteil bleibt nach dem regulären Verteilungsschlüssel immer gleich. Sind mehrere Urheber an dem Werk beteiligt, teilen sie den Urheberanteil von 8/12 untereinander auf, der Verlegeranteil bleibt davon unberührt. *Tantiemensplitting*

Komponist	Bearbeiter	Textdichter	Verleger
12/12			
8/12			4/12
8/12		4/12	
5/12		3/12	4/12
4/12	1/12	3/12	4/12

Abb. 7: Tantiemensplit bei Aufführung und Sendung
Der Anteil eines Urhebers hängt von der Zahl der Rechteinhaber insgesamt ab.
Der Verlegeranteil bleibt dagegen unverändert.

Bands, die ihre eigenen Songs auf Konzerten gespielt und auch immer angemeldet haben, profitierten von dem einfachen Hochrechnungsverfahren. Durch das Hochrechnungsverfahren PRO erhalten sie weniger Tantiemen. Bands, die ausschließlich Eigenrepertoire spielen, können das neue Hochrechnungsverfahren gegebenenfalls umgehen, indem sie ausschließlich bei der GEMA für ein Konzert eine Direktverrechnung beantragen. In diesem Fall werden die Tantiemen für ein Konzert anhand der von dem Veranstalter gezahlten Lizenzgebühren berechnet. (siehe Kapitel 4.3.3.3). Wann eine Direktverechnung lohnt, ist im Einzellfall bei der für das Konzert zuständigen Bezirksdirektion zu klären.

Sendung von Musik Die Ausschüttung beim Senderecht orientiert sich an einer Sendeliste. Sie entspricht der „Musikfolge" bei einer öffentlichen Aufführung von Musik. Um die Häufigkeit des Airplays (Sendung im Radio) ermitteln zu können, erhält die GEMA von den Rundfunksendern Sendelisten mit Angaben über Werkname und gespielter Sendeminuten. Um nun die Vergütung für eine Sendeminute zu bestimmen, wird die aus der Vergabe von Sendelizenzen erzielten Einnahmen durch die Zahl der gesamten Sendeminuten geteilt. Zur Berechnung der Ausschüttung für ein Werk, wird anschließend dessen Sendezeit im Radio mit der Vergütung für eine Sendeminute multipliziert.

4.1.8.2 Verteilungsplan B für das mechanische Vervielfältigungsrecht

Die durch die Vergabe von Vervielfältigungsrechten erzielten Erträge waren 2006 mit knapp 235,1 Millionen Euro die zweite, wichtige Haupteinnahmequelle der GEMA. Für jeden hergestellten Tonträger erhält die Verwertungsgesellschaft eine Lizenzgebühr, die sie *Abzug einer Kommission* nach Abzug einer Kommission an Komponisten, Texter und Verleger weitergibt. Berechnungsgrundlage für die Ausschüttung der Tonträgerlizenzen ist die Spieldauer und die hergestellte Stückzahl *Spieldauer und Stückzahl* eines Tonträgers. Die Stückzahl bezieht sich dabei in der Regel auf die Anzahl der hergestellten und nicht auf die tatsächlich verkauften Tonträger. Je höher Dauer und Stückzahl eines Werks, desto höher sind auch die Tantiemen für den Urheber.

Im Gegensatz zur Aufführungshäufigkeit und Punktbewertung eines Werks sind diese beiden Größen leichter und genauer zu bestimmen. 2002 hat die GEMA eine online-durchführbare Tonträgerlizenzierung eingeführt, wobei alle Angaben über die Tonträgerherstellung online eingetragen werden können. Ein wesentlicher Vorteil der Online-Registrierung liegt darin, dass die Richtigkeit des Angaben zum Teil automatisch geprüft, Verwaltungskosten gespart und Lizenzierungsvorgänge beschleunigt werden können (siehe 4.3.4.3).

Online-Lizenzierung

Auch bei der mechanischen Vervielfältigung werden die Tantiemen zwischen den Beteiligten aufgeteilt. Dies geschieht jedoch nach einem anderen Schlüssel als bei der Aufführung und Sendung von Musik. Beim Vergleich mit dem Verteilungsschlüssel im Bereich Aufführungs- und Senderecht fällt auf, dass der Komponist, sofern mehrere Rechteinhaber an dem Werk beteiligt sind, prozentual weniger an den Tantiemen beteiligt wird. Im Extremfall bedeutet dies sogar, dass ein Verleger mehr bei der Herstellung von Tonträgern verdient als ein Komponist.

Verteilungs-schlüssel

Komponist	Textdichter	Verleger
100		
50	50	
60		40
30	30	40

Abb. 8: Tantiemensplit bei mechanischer Vervielfältigung
Im Vergleich zu der Verteilung zwischen den Berechtigten beim Aufführungs- und Senderecht wird der Komponist beim mechanischen Vervielfältigungsrecht prozentual weniger beteiligt. Sein Anteil kann, wenn mehrere Rechteinhaber an dem Werk beteiligt sind, sogar unter den Verlegeranteil sinken.

Von einigen Unternehmen werden auf diese Weise durch die Nutzung von Verlagsrechten die Kosten für die Musiklizenzierung wieder eingespielt. Indem ein Label einen hauseigenen Verlag gründet und den Künstler bei Vertragsabschluss auch dazu verpflichtet, einen Verlagsvertrag zu unterzeichnen, ist es zu 40 Prozent an dessen Tantiemen beteiligt. Die Praxis, einen Verlag als reine Inkassogesellschaft zu führen, ist dabei nicht nur bei Plattenfirmen, sondern auch bei Fernsehsendern zu finden. Die einzige, wenn auch nicht unbedingt immer realisierbare Möglichkeit, sich dagegen zu wehren, ist, unter diesen Bedingungen auf den Vertrag zu verzichten.

4.1.8.3 Ausschüttung

Die Tantiemen werden zu unterschiedlichen Zeiten an die Rechteinhaber ausgezahlt. Für welche Musiknutzung die Vergütung bezogen wird, ist dem Kontoauszug zu entnehmen, den die GEMA an ihre Mitglieder verschickt (siehe 4.2.7). Die GEMA erstellt Jahres-, Halbjahres und Quartalsabrechnungen.

A. Jahresabrechnung

Aufführung   Am 1. April erfolgt die Abrechnung U-Musik (U). Hier werden alle bedacht, deren als Unterhaltungsmusik eingestufte Werke im vorangegangenen Jahr öffentlich aufgeführt wurden. Vorausgesetzt natürlich, dass die Veranstaltungen der GEMA gemeldet wurden. Ebenfalls am 1. April erfolgt die Abrechnung Ernste Musik (E). Sie enthält alle öffentlichen Aufführung von Werken der ernsten Musik, Bühnenmusiken und Musik in Gottesdiensten.

Sendung   Am 1. Juli folgt die Abrechnung Hörfunk (R) und die Abrechnung Fernsehen (FS). Jeder, dessen Musik im vergangenen Jahr im Radio und Fernsehen zu hören war, erhält zu dieser Zeit von der GEMA eine Abrechnung für die Sendung seiner Musik.

B. Halbjährlich

Vervielfältigung   Zu Jahresbeginn erfolgt die Ausschüttung der Tantiemen für die Vervielfältigung von Tonträgern (Pho VR) und Bildtonträgern (BT VR). Die in der ersten Hälfte des letzten Jahres von den Tonträgerherstellern kassierten Lizenzgebühren werden an die Urheber der vervielfältigten Werke verteilt. Die nächste Ausschüttung folgt Mitte des Jahres am 1. Juli.

C. Vierteljährlich

Auslands-   Eine vierteljährliche Tantiemenzahlung erhalten alle Urheber, deren
abrechnung   Musik im Ausland gespielt wird. Nach Eingang und Fertigstellung der Auslandsabrechnung, die über ein Jahr dauern kann, werden die Gelder zum ersten eines Quartals an die Mitglieder ausgeschüttet.

4.1.9 GEMA-Sozialkasse und -Stiftung

Die GEMA übernimmt nicht nur die Aufgabe eines zentralen Vermittlers zwischen Rechteinhaber und Musikverwertern, sie hilft auch Mitgliedern bei Krankheit, im Alter oder in besonderen Notfällen. Wer nicht mehr genug Geld verdient, um davon leben zu können,
GEMA-Sozialkasse   erhält von der GEMA-Sozialkasse eine einmalige oder wiederkehrende finanzielle Unterstützung. In diesen Genuss kann allerdings in der Regel nur jemand kommen, der mindestens fünf Jahre ordentliches GEMA-Mitglied war und über 60 Jahre alt ist. Insgesamt wurden 2006 52,7 Millionen Euro für kulturelle und soziale Zwecke bereitgestellt. Der Betrag ergibt sich zur Häfte aus den 10 Prozent der Erträge aus Aufführungs- und Senderechten und aus Zinserträge unverteilbarer Beiträgen.

Das soziale Engagement der GEMA betrifft auch die Förderung jün- *GEMA-Stiftung*
gerer Künstler durch Ausbildungshilfen, Unterstützung von musikalischen Produktionen, Wettbewerben und Publikationen. Hierfür hat
der Verein 1976 die GEMA-Stiftung gegründet. Die Fördergelder der
Stiftung stammen ausschließlich aus Erbschaften, Vermächtnissen,
Schenkungen und Spenden an die GEMA.

4.2 GEMA-Mitglieder

4.2.1 Mitgliedschaft: Ja oder nein?

Eine Aufnahme in die GEMA wird für Sie erst dann interessant, wenn Sie bereits Werke veröffentlicht haben. Wird Ihre Musik im Radio, Fernsehen, Kino oder anderweitig öffentlich aufgeführt, dann stehen Ihnen dafür Tantiemen zu. Das Inkasso dieser Gelder kann für Sie die GEMA übernehmen, wenn Sie ihr dafür in einem Berechtigungsvertrag die Rechte an Ihrer Musik übertragen.

Für Komponisten von Bühnenwerken wie Opern und Musicals kommt eine Mitgliedschaft nicht in Frage, wenn ihre Werke ausschließlich auf der Bühne aufgeführt und nicht in Radio oder Fernsehen gesendet oder auf Tonträger veröffentlicht werden. In diesem Fall werden die Verwertungsrechte durch den Komponisten selbst oder dessen Verlag wahrgenommen. Für noch unbekannte Bands, die auf Konzerten ihre eigene Musik spielen, ist eine Mitgliedschaft auch nicht immer die beste Lösung. Denn manche Veranstalter verrechnen unrechtmäßiger Weise die GEMA-Gebühr, die sie für ein Konzert zahlen müssen, mit der Gage der Musiker. Die GEMA-Gebühr erreicht die Musiker dann erst später und mit einem Abzug der Verwaltungskosten.

Mitgliedsbeitrag Für die Wahrnehmung Ihrer Nutzungsrechte berechnet die GEMA eine jährliche Mitgliedsbeitrag von 25,56 Euro und einen prozentualen Anteil an Verwaltungskosten, die die Verwertungsgesellschaft von den eingenommenen Lizenzgebühren abzieht. Bei der Wahrnehmung Ihrer Vervielfältigungsrechte – sie betrifft die Herstellung von Tonträgern – berechnet sie eine Kommission von bis zu 25 Prozent der von den Tonträgerherstellern gezahlten Lizenzgebühr.

Über die Frage, ob Sie die GEMA auch aufnehmen wird, brauchen Sie sich dagegen keine Gedanken zu machen. Denn die Verwertungsgesellschaft ist nach dem Urheberrechtswahrnehmungsgesetz dazu verpflichtet, Ihre Rechte auf Verlangen wahrzunehmen. *Aufnahme-* Sie müssen nur die deutsche Staatsbürgerschaft oder die eines *gebühr* anderen Mitgliedstaats der Europäischen Union haben. Die Aufnahmegebühr beträgt für Komponisten und Texter 51,13 Euro, für Verleger 102,26 Euro zzgl. Umsatzsteuer.

Mit der Unterzeichnung des Berechtigungsvertrags haben Sie bereits die wichtigste Voraussetzung erfüllt, um als angeschlossenes Mitglied aufgenommen zu werden (siehe 4.1.5.1). Um außerordentliches Mitglied zu werden, müssen Sie allerdings weitere Bedingungen erfüllen, die Sie auf dem Aufnahmeantrag für Urheber und Verleger finden (siehe 4.1.5.2). Ordentliches Mitglied können Sie erst werden, wenn Sie der GEMA mindestens fünf Jahre angehören und ein bestimmtes Mindesteinkommen vorweisen (siehe 4.1.5.3). Auf die Verteilung der Tantiemen hat die Art Ihrer Mitgliedschaft aber keinen Einfluss.

Die Aufnahmeanträge können Sie bei der Generaldirektion München, Direktion Mitglieder anfordern oder als pdf-File unter www.gema.de runterladen.

4.2.1.1 Aufnahmeantrag für Komponisten und Textdichter

Schon beim Überfliegen des Antrags wird deutlich, dass eine GEMA-Mitgliedschaft nur für Urheber vorgesehen ist, die bereits Werke veröffentlicht haben. Ansonsten könnten Sie in dem Aufnahmeantrag für Urheber bis auf die Angaben zu Ihrer Person kaum etwas ausfüllen, denn es wird danach gefragt, welche Ihrer Werke im Druck erschienen, welche auf Tonträger veröffentlicht, welche öffentlich aufgeführt, gesendet und für Filme geschrieben wurden.

9.1.1.1

Auf der letzten Seite des Antrags finden Sie die Aufnahmekriterien für Komponisten und Texter, die als außerordentliches Mitglied aufgenommen werden wollen. Textdichter haben dem Antrag fünf selbst verfasste Texte beizufügen, als Komponist müssen Sie fünf Kompositionen als Partitur oder Klavierauszug einreichen. Beide Berufsgruppen haben nachzuweisen, dass Ihre Werke veröffentlicht wurden. Damit dürften Komponisten und Produzenten wie Stephan Raab jedoch Schwierigkeiten haben. Raab soll bekanntlich keine Noten lesen können, eine eigenhändig geschriebene Partitur seiner Songs wird es dem entsprechend wohl nicht geben. Dennoch besteht kein Zweifel darüber, dass er zahlreiche Chart-Hits geschrieben hat. Für Komponisten überwiegend elektronisch produzierter Musik ist es generell schwerer, Ihre Produktionen mit einer grafischen Notation belegen zu können. Aber auch sie können in Ausnahmefällen

Aufnahmekriterien für außerordentliche Mitglieder

mit auf Tonträger aufgenommenen Produktionen ihre künstlerische Arbeit dokumentieren. Haben Sie ein musikalisches Fach studiert, dann legen Sie dem Antrag eine Kopie Ihres Abschlusszeugnis bei. In seltenen Fällen wird in einer Klausur geprüft, ob der Antragsteller über das für die Aufnahme als außerordentliches Mitglied notwendige handwerklichen Können verfügt.

Angaben
zur Person

Auf der ersten Seite des Aufnahmeantrags werden Angaben zu Ihrer Person abgefragt. Sollte in der Datenbank ein Mitglied mit gleichem Namen registriert sein, werden Sie gebeten, ein Pseudonym anzugeben oder durch einen Zusatz zu erweitern. Auf diese Weise soll die Möglichkeit einer Verwechslung ausgeschlossen werden.

Veröffent-
lichung

Den Daten zur Person folgt die Auflistung Ihrer veröffentlichten Werke. Dass die Musik veröffentlicht wurde, ist anhand von Programmheften, CDs oder ähnlichem Material nachzuweisen. Für jedes Werk werden Sie nach Titel, Komponist, Textdichter und Verleger gefragt. In der Werkanmeldung (siehe 4.2.2) entscheidet diese Angabe darüber, wer welchen Anteil der für die Werknutzung ausgezahlten Tantiemen erhält.

Komponist oder
Textdichter

Art der
Mitgliedschaft

Am Ende wird danach gefragt, ob Sie als Komponist oder Textdichter tätig sind – Sie können auch beides nennen – und ob Sie eine Aufnahme als angeschlossenes oder außerordentliches Mitglied beantragen. Bei einer angestrebten außerordentlichen Mitgliedschaft erwartet Sie gegebenenfalls eine Prüfung.

Gattungs-
zuordnung

Abschließend werden Sie gebeten, Ihre Werke einer bestimmten Gattung zuzuordnen. Die GEMA unterscheidet zum Beispiel in die großen Bereiche E- und U-Musik. Diese Zuordnung wird nicht immer möglich sein, da sich viele Komponisten in beiden Bereichen zuhause fühlen und manche Werke in den Zwischenbereich fallen. Bei der Anmeldung Ihrer Werke wird letztlich überprüft, welcher Sparte Ihre Musik zuzuordnen ist. Diese Klassifizierung ist insbesondere bei der Verteilung der Tantiemen von Bedeutung. In Zweifelsfällen wird die Zuordnung der Werke durch einen Fachausschuss vorgenommen.

Aufnahme-
bestätigung mit
Mitgliedsnummer

Sind alle Angaben gemacht, schicken Sie das Formular mit den entsprechenden Unterlagen an die Generaldirektion München, Direktion Mitglieder. Nach Prüfung Ihres Antrags erhalten Sie eine Aufnahmebestätigung entweder als angeschlossenes oder, wenn

Sie bereits die erforderlichen Bedingungen erfüllen, als außerordentliches Mitglied. Die Bestätigung enthält auch eine Mitglieds-, Konto- beziehungsweise Aktennummer, unter der Sie in Zukunft bei der GEMA geführt werden. Dem Schreiben sind Berechtigungsvertrag, Vereinssatzung, Verteilungsplan und Anmeldebögen für Originalwerke beigelegt.

4.2.1.2 Aufnahmeantrag für Verleger

Der Aufnahmeantrag für Verleger ähnelt äußerlich dem für Urheber, ein wesentlicher Unterschied besteht aber in den Aufnahmebedingungen für die außerordentliche Mitgliedschaft. Eine Klausur gibt es zum Beispiel nicht. Der Verleger hat der GEMA anhand von Belegexemplaren nachzuweisen, dass er einen Beruf als Musikverleger ausübt. Reichen Sie dafür mit dem Aufnahmeantrag die Notendruckausgaben von mindestens zwei Werken aus Ihrem Verlagsangebot ein und legen Sie außerdem die Kopien der mit den Urhebern dieser Werke geschlossenen Verlagsverträge bei. Die GEMA erwartet, dass die Notendruckausgaben in sauberer, gut lesbarer Notenschrift erstellt wurden und jedes Werk auf der ersten Seite ein Copyrightvermerk mit Jahreszahl als Fußnote enthält. Des Weiteren müssen über der ersten Notenseite Titel, Besetzungs- und Urheberangaben angegeben sein. Fotokopierte oder lediglich mit Büroklammern oder Klebeband zusammengefügte Belegexemplare werden nicht akzeptiert. Als Verleger von Unterhaltungsmusik wird von Ihnen die Vorlage von 50 Klavier-Einzelausgaben – wird von den meisten Antragstellern eingereicht – oder von 10 Salonorchester- oder 15 Blasmusik-Ausgaben verlangt. Die geforderten Besetzungen zeigen deutlich die historischen Wurzeln der GEMA zu Beginn des letzten Jahrhunderts.

9.1.1.2

Aufnahmekriterien für außerordentliche Mitgliedschaft

Die GEMA verlangt noch eine Kopie des aktuellen Handelsregisterauszuges oder, wenn Ihr Verlag nicht im Handelsregister eingetragen ist, eine Kopie der Gewerbeanmeldung. Sowohl auf dem Handelsregistereintrag als auch auf der Gewerbeanmeldung muss erkennbar sein, dass Sie Verleger von Musik sind.

Handelsregistereintrag oder Gewerbeanmeldung

Auf der ersten Seite des Aufnahmeantrags werden zu Beginn Angaben zu Ihrer Person und Ihrer Firma abgefragt. Dann werden Sie danach gefragt, welche Ihrer Werke im Druck erschienen sind, als Leihmaterial, Tonträger beziehungsweise Bildtonträger veröffentlicht, welche öffentlich aufgeführt und welche in Hörfunk und Fernsehen

Angaben zur Person

Veröffentlichung

gesendet worden sind. Mit entsprechenden Belegen wie Programmheften und Tonträgern ist dies nachzuweisen.

Art der
Mitgliedschaft

Am Ende des Formulars geben Sie an, ob Sie als angeschlossenes
oder außerordentliches Mitglied aufgenommen werden wollen. Den
ausgefüllten Antrag senden Sie mit den Unterlagen an die Generaldirektion München, Direktion Mitglieder.

Können Sie die Aufnahmebedingungen für die außerordentliche
Mitgliedschaft noch nicht erfüllen, besteht immer noch die Möglichkeit, als angeschlossenes Mitglied aufgenommen zu werden. Der
dafür notwendige Berechtigungsvertrag wird Ihnen in jedem Fall
von der GEMA zugeschickt.

4.2.1.3 Berechtigungsvertrag

📄 *9.1.1.3*

Das wichtigste Band zwischen Berechtigten und Verwertungsgesellschaften ist der Wahrnehmungsvertrag, der bei der GEMA auch
Berechtigungsvertrag genannt wird. Mit dem Vertrag übertragen Sie
der GEMA die Verwertungsrechte an Ihrer Musik. Erst durch diese

Rechte-
übertragung

Rechteübertragung ist es der Verwertungsgesellschaft überhaupt
möglich, die Rechte ihrer Mitglieder wahrzunehmen. Dies geschieht
allerdings nur für die so genannten kleinen Rechte, zu denen alle
Werke mit Ausnahme der „bühnenmäßigen Aufführungen dramatisch-musikalischer Werke wie Opern, Operetten und Musicals" gehören. Ein Sonderfall bildet dabei die Radio- und Fernsehsendung
von Werken, die zum großen Recht gehören. Hier werden die Senderechte auch von der GEMA wahrgenommen.

Nutzungsrechte

In Paragraf 1 des Vertrags werden auf fast zwei Seiten alle Nutzungsrechte wie Aufführungs-, Sende- und Vervielfältigungsrecht
aufgeführt, die die GEMA für Sie wahrnehmen soll. Kommen neue
Nutzungsarten dazu, müssen diese in dem Berechtigungsvertrag ergänzt werden, um von der GEMA ebenfalls wahrgenommen werden
zu können. Solch eine Ergänzung wurde zum Beispiel Mitte 2002 auf
der ordentlichen Mitgliederversammlung beschlossen. Die Rechte
der Aufnahme, Vervielfältigung und Verbreitung auf Ton-, Bildton-,
Multimedia-Datenträger wurde dabei um "Speichercard, DataPlay
Disc, DVD (Digital Versatile Disc), Twin Disc, Ton- und Bildtonträger
mit ROM-Part und entsprechende Träger mit Datenlink" ergänzt.
Die SACD von Sony wurde noch nicht berücksichtigt. Eine weitere Ergänzung bezieht sich auf das Angebot von Ruftonmelodien,

außerdem Freizeichenuntermalungsmusik – besser bekannt unter Ringbacktones – und mobilen Abspielgeräten mit Internetzugang.

Die GEMA geht davon aus, dass jedes Mitglied dieser Änderung zustimmt, wenn es nicht binnen 12 Wochen nach Erhalt der Information schriftlich widerspricht. Ob sich auf diese Weise Änderungen des Berechtigungsvertrages durchsetzen lassen, ist zu überprüfen. Die ausdrücklichen Zustimmung jedes Mitglieds durch seine Unterschrift einzuholen, wäre bei knapp 60.000 Mitglieder ein extrem hoher Verwaltungsaufwand, der auf diese Weise vermieden werden soll. Um sich zukünftig gegen etwaige Unstimmigkeiten abzusichern, hat die GEMA in Paragraf 6 des Berechtigungsvertrags folgenden Passus aufgenommen: „Abänderungen oder Ergänzungen sind dem Berechtigten schriftlich mitzuteilen. Die Zustimmung des Berechtigten zu Änderung oder Ergänzung gilt als erteilt, wenn er nicht binnen 12 Wochen seit Absendung der schriftlichen Mitteilung ausdrücklich schriftlich widerspricht; ... Die schriftliche Mitteilung erfolgt in dem der Mitgliederversammlung folgenden, an alle Mitglieder versandten ‚GEMA Brief'."

Üblicherweise haben Sie als Urheber das Recht, selbst zu bestimmen, wann, wie und wo Ihre Werke verwertet werden. In dem Moment aber, in dem Sie der GEMA mit der Unterzeichnung des Berechtigungsvertrags das ausschließliche Nutzungsrecht übertragen, verlieren Sie dieses Recht, denn im Gegensatz zu Ihnen steht der GEMA nicht das Recht zu, zu bestimmen, wer eine Lizenz zur Musiknutzung bekommt und wer nicht. Nach dem Urheberwahrnehmungsgesetz ist sie gezwungen, jedem Verwerter die Nutzung der von ihr verwalteten Musik zu angemessenen Bedingungen zu gestatten. Nur die Verletzung der Urheberpersönlichkeitsrechte gestattet Ihnen ein Nutzungsverbot.

Die Rechteübertragung erfolgt für drei Jahre und wird für weitere drei Jahre verlängert, sofern Sie nicht sechs Monate vor Vertragsende kündigen. Ursprünglich war von der EU-Kommission nur eine Vertragsdauer von einem Jahr vorgesehen. Doch unter der Bedingung, dass Angehörige der EU-Mitgliedstaaten die im Berechtigungsvertrag genannten Nutzungsrechte auch nur teilweise auf die GEMA übertragen können, wurde eine dreijährige Bindung zugelassen. Paragraf 10 des Vertrags „Der Vertrag wird mit Wirkung vom ... zunächst für die Dauer von sechs Jahren geschlossen," kann dem entsprechend gestrichen werden. Vor der Möglichkeit der teilweisen Streichung der Nutzungsrechte galt bei der GEMA noch das Motto „Ganz oder gar nicht!". Das

Vertragsdauer

heißt, Sie mussten sich entweder für eine vollständige oder gar keine Rechteübertragung entscheiden. Nun können Sie, wenn Sie zum Beispiel die Aufführungsrechte Ihrer Musik selbst übernehmen wollen, den entsprechenden Absatz streichen.

Werkanmeldung Bei der Werkanmeldung gilt die Alles-oder-nichts-Regel nach wie vor. Nach Paragraf 5 müssen Sie alle von Ihnen geschriebenen oder als Verleger veröffentlichten Titel der GEMA melden. Das Komponieren GEMA-freier Musik zum Beispiel für Werbung oder Fernsehen, bei der Sie die Vergütung für Nutzung Ihrer Musik selbst bestimmen, ist nach Vertragsabschluss nicht mehr gestattet. Ohne diese Regelung, so erklärt die GEMA, hätten die Berechtigten die Möglichkeit, einzelne besonders erfolgreiche Werke selbst zu verwalten und für diese die Konditionen mit den Verwertern selbst auszuhandeln. Eine solche Regelung würde, so die GEMA weiter, die Funktionsfähigkeit der Verwertungsgesellschaft in Frage stellen, weil sie den Verwertern kein vollständiges Repertoire zur Verfügung stellen könnte. Außerdem würde sie geringere Einnahmen erzielen, weil ihr die Urheber nur noch die weniger erfolgreichen Werke übertragen würden. Mit geringeren Einnahmen wäre die wirtschaftliche Grundlage, die Voraussetzung für die Genehmigung der GEMA durch das Deutsche Patentamt ist, aber nicht mehr gewährleistet.

Auch wenn Sie nicht mit den Konditionen einverstanden sein sollten, bleibt Ihnen, sofern die GEMA Ihre Rechte wahrnehmen soll, keine andere Wahl, als den Vertrag zu unterschreiben. Wenn Sie später einmal genügend Tantiemen verdienen und als ordentliches Mitglied ein direktes Mitspracherecht haben, können Sie den Berechtigungsvertrag immer noch ändern. Aber vielleicht wollen Sie das dann gar nicht mehr...

4.2.2 Werkanmeldung und Bearbeitungsgenehmigung

9.1.1.4 Das System GEMA als Rechtevermittler und Inkassogesellschaft kann nur funktionieren, wenn der Verwertungsgesellschaft bekannt ist, welche Werke Sie veröffentlicht haben. Für die Anmeldung gibt es spezielle Formulare, die Ihnen, nachdem Sie den Aufnahmeantrag gestellt haben, von der GEMA zugesendet werden. Die Angaben in dem so genannten GEMA-Anmeldebogen für Originalwerke haben eine zentrale *für Originalwerke* Bedeutung für die Bewertung Ihrer Musik innerhalb des GEMA-Verteilungsplans, wobei Werke der Sparte U meist mit 12 Punkten bewertet werden und eine differenzierte Punktbewertung nur bei der E-Musik vorgenommen wird.

Zu Beginn des Formulars wird nach Werktitel (Punkt 1), Gattung, Opuszahl und Tonart (Punkt 2) gefragt. Bei Gattung kann zum Beispiel Pop, Rock, Chanson oder Jazz eingetragen werden. Die Angaben zu Opus und Tonart werden ungewöhnlicher Weise nur bei der Anmeldung von ernster Musik erwartet, obwohl sich gerade zeitgenössische Musik von festen tonalen und harmonischen Zwängen längst befreit hat. Bei Gattung kann zum Beispiel Pop, Rock, Chanson oder Jazz eingetragen werden. Das war zu der Entstehungszeit der GEMA Anfang des 20. Jahrhunderts noch anders, heute ist die Angabe der Tonart dagegen weder für E- noch U-Musik relevant. Neu eingefügt wurden in Punkt 2 die Angaben über „Fernsehauftragskomposition" und „Werbemusik ohne Fremdanteile".

Gattung, Opus-zahl und Tonart

Bei der Spieldauer (Punkt 3) reicht zum Beispiel für Werke der Tanz-, Rock- und Popmusik eine ungefähre Zeitangabe, bei Werken der E-Musik ist eine genauere Angabe erforderlich, da sie für die Verteilung der Tantiemen berücksichtigt wird. Interessanter Weise wird bei Werken der E-Musik bis zu einer Stunde noch unterschieden, welche Dauer ein Werk hat. Alle Kompositionen, die länger als eine Stunde sind, werden jedoch gleich bewertet. Es wäre interessant, zu untersuchen, ob diese Regelung dazu geführt hat, dass vermehrt Werke komponiert werden, die genau eine Stunde lang sind.

Spieldauer

Wenn Sie die Musik eines anderen Komponisten bearbeiten oder in Ihren Song einbauen, geben Sie in dem Anmeldebogen Original-Titel und Urheber der verwendet Musik an (Punkt 4). Wichtig ist dabei, dass Sie sich von dem Rechteinhaber eine Bearbeitungsgenehmigung geben lassen, die Sie der Werkanmeldung beilegen. Denn ohne Bearbeitungsgenehmigung wird bei der GEMA keine Verrechnung Ihrer Bearbeitung erfolgen, das heißt, Sie erhalten keine Tantiemen.

Bearbeitungs-genehmigung

Die Angabe der an der Komposition beteiligten Urheber (Punkt 5) ist besonders für Bands interessant, die ihre Songs gemeinsam schreiben. Sie müssen sich einigen, wer an dem Song beteiligt ist, andernfalls gilt das Werk als nicht angemeldet. Generell erhalten alle angegebenen Komponisten den gleichen Anteil. Handelt es sich nicht um eine Neukomposition, sondern um die Bearbeitung eines urheberrechtlich freien Werks, ist ein Kreuz bei Bearbeiter zu setzen. Auch hier sind alle an der Bearbeitung Beteiligten zu nennen. Auch Komponisten bzw. Bearbeiter,

Komponisten

die kein GEMA-Mitglied sind, sind hier anzugeben, auch wenn ihr Vergütungsanteil von der GEMA einbehaltent wird.

Besetzung

Die Besetzung (Punkt 6) wird für die Bewertung der Werke der E-Musik herangezogen. Hier geben Sie an, ob Sie Ihre Musik für ein Soloinstrument, Chor, kleines oder großes Orchester geschrieben haben und wie viel selbstständige Stimmen die Partitur enthält. Den Wert eines Werks künstlich durch die Verdopplung von Stimmen zu erhöhen, ist dabei nicht möglich, denn parallel oder unisono geführte Stimmen werden wie eine Stimme betrachtet und gelten nicht als selbstständig. Anders verhält es sich dagegen beim Schlagwerk. Hier zählt nicht die Anzahl der selbstständigen Stimmen, sondern die Anzahl der Percussionisten. Je größer die Besetzung, desto höher die Bewertung. Für U-Musik sind Besetzungsangaben dagegen nicht erforderlich.

Textdichter

Bei der Nennung der Textdichter (Punkt 7) ist das gleiche zu beachten wie bei Punkt 5. Sind mehrere an der Entstehung des Texts beteiligt, ist anzugeben, wer daran mitgewirkt hat.

Verlagsvertrag

Haben Sie für das entsprechende Werk einen Verlagsvertrag abgeschlossen, müssen Sie dies in der Werkanmeldung ebenfalls angeben (Punkt 8). In diesem Fall übernimmt in der Regel der Verlag die Anmeldung Ihres Werks. Da er bei Aufführung und Sendung 4/12 beziehungsweise 40 Prozent bei der mechanischen Vervielfältigung Ihrer Tantiemen bekommt, ist es auch in seinem Interesse, das Werk pünktlich anzumelden.

Bearbeiter

9.1.1.5

Werknummer

Gibt es für die Druckversion einen Bearbeiter, geben Sie dies in der Werkanmeldung an (Punkt 9). Sind Sie der Bearbeiter, der das Werk anmeldet, legen Sie der Anmeldung die vom Urheber unterzeichnete Bearbeitungsgenehmigung bei. Darin bestätigt Ihnen der Urheber, dass Sie das genannte Werk bearbeiten dürfen und Ihnen der Bearbeiteranteil von in der Regel ein Zwölftel der Tantiemen zusteht. Die in der Genehmigung anzugebende Datenbankwerknummer finden Sie in der Online-Datenbank der GEMA für musikalische Werke.

Wenn Ihr Werk aus mehreren Werkteilen besteht, können Sie die Titel der einzelnen Sätze beziehungsweise musikalischen Abschnitte und deren Dauern angeben (Punkt 10).

Wurde Ihre Musik bereits auf Tonträger veröffentlicht, dann nennen Sie das Label und falls vorhanden den Interpreten (Punkt 11).

Schließlich müssen Sie erklären, dass Sie alle Angaben nach bestem Wissen und Gewissen gemacht haben (Punkt 12) und die Anmeldung gemäß § 5 des Berechtigungsvertrags erfolgt. Danach sind Sie dazu verpflichtet, alle Ihre veröffentlichten Werke der GEMA zu melden. Bei nicht ordnungsgemäßer Anmeldung, etwa durch eine falsche Angabe, verlieren Sie Ihren Vergütungsanspruch, solange das Werk nicht richtig angemeldet ist. Wenn Sie als Verleger eine Musik anmelden, versichern Sie, dass Sie mit dem Urheber einen Verlagsvertrag im Sinne des Gesetzes über das Verlagsrecht vom 19. Juni 1901 geschlossen haben. Außerdem haben Sie von dem verlegten Werk zwei Belegexemplare an das Deutsche Musikarchiv zu liefern. In Zusammenhang mit der Ergänzung in Punkt 2 wurde Punkt 12 erweitert. Verlage haben bei der Anmeldung einer Auftragskomposition zu einer Fernsehproduktion zu bestätigen, dass die Übertragung der Verlagsrechte nicht Voraussetzung für die Erteilung des Kompositionsauftrags war. Zur Erläuterung: Es ist durchaus verbreitet, dass sich Fernsehproduzenten oder -redakteure die Verlagsrechte einer Titelmelodie einer Fernsehproduktion sichern, um auf diese Weise an den Tantiemen für deren Ausstrahlung zu partizipieren.

Aktennummer

Überall, wo nach weiteren Rechteinhabern wie Texter, Bearbeiter und Verleger gefragt wird, ist die Aktennummer anzugeben, die jedes GEMA-Mitglied nach seiner Aufnahme erhält. Sie ist mit der Konto- beziehungsweise Mitgliedsnummer identisch. Die Angabe der Aktennummer ist natürlich nur für die beteiligten Rechteinhaber möglich, die Mitglied bei der GEMA sind.

Anmeldefristen

Für die Abgabe der Werkanmeldung gibt es bestimmte Fristen. Soll Ihr Werk bei der Abrechnung der ersten Jahreshälfte berücksichtigt werden, ist der Abgabeschluss der erste September, für die zweite Jahreshälfte ist es der erste März. Für den Fall, dass Ihnen Anmeldebögen ausgehen, können Sie bei der Generaldirektion Berlin, Abteilung Werkanmeldung neue Formulare bestellen oder sie auf der GEMA-Homepage in dem Bereich „Urheber" runterladen.

4.2.3 Datenbankausdruck

Datenbank-werknummer

Ihrer Werkanmeldung folgt eine Quittierung durch die GEMA in Form eines Datenbankausdrucks. Es enthält die Datenbankwerknummer, unter der Ihr Werk künftig verwaltet wird, außerdem eine Zusammenfassung der von Ihnen angegebenen Daten und den Verrechnungsschlüssel, mit dem das Werk im Verteilungsplan abgerechnet wird. Sind die Angaben nicht korrekt, können Sie dies der GEMA innerhalb von drei Monaten melden.

4.2.4 Kontoauszug

📄 9.1.1.6 Je nach dem in welcher Sparte Sie Tantiemen bezogen haben, bekommen Sie jährlich, halbjährlich oder pro Quartal einen Kontoauszug, in dem die Tantiemen entsprechend den Nutzungsarten aufgelistet sind. Wegen der zahlreichen Abkürzungen ist der Kontoauszug fast nur mit einer Übersetzungshilfe lesbar, die in dem GEMA-Jahrbuch enthalten ist. Heben Sie Ihre Kontoauszüge gut auf, da Sie sie noch für Ihre Steuererklärung brauchen.

In Kontoauszügen verwendete Abkürzungen (Auszug)

A AR	Auslandsabrechnung für Aufführungs-, Vorführungs-, Sende- und Wiedergaberecht
A VR	Auslandsabrechnung für Vervielfältigungsrecht
BK	Banküberweisung
GB	Gebühren
GB/VM	Gebühren für Veranstaltungsmeldung
M	Öffentliche Wiedergabe von Unterhaltungsmusik mittels mechanischer Vorrichtungen
NV	Nachverrechnung
PHO VR	Vervielfältigungsrecht an Tonträgern
R	Senderecht im Rundfunk und Wiedergaberecht bei öffentlicher Wiedergabe von Rundfunksendungen
RV	Rückverrechnung
U	Veranstaltungen von Unterhaltungs- und Tanzmusik
UD	U-Musik-Direktverrechnung (Nettoeinzelverrechnung)
UST	Umsatzsteuer
WT	Wertung
Zess	Zession (Abtretung einer Forderung auf Zahlung eines Geldbetrages an einen Dritten)

Auch wenn es zu Beginn mit einiger Mühe verbunden ist, sollten Sie den Kontoauszug genau überprüfen. Denn es kommt durchaus vor, dass Veranstalter Konzerte nicht melden und Komponisten damit leer ausgehen. Stellen Sie zum Beispiel fest, dass auf dem Kontoauszug keine Tantiemen aus der Sparte U (Veranstaltung von Unterhaltungs- und Tanzmusik) genannt sind, obwohl Ihre Musik in dieser Sparte aufgeführt wurde, dann können Sie dies bis zu zwölf Monate nach Abrechnung der GEMA reklamieren.

Noch besser prüfen lässt sich dies anhand einer Einzelaufstellung, die Sie gegen Gebühr bei der GEMA bestellen können und in der die Werke und die dafür ausgeschüttete Vergütung aufgeführt sind. *Einzelaufstellung* 📄 *9.1.1.7*

Die GEMA hat zwar ihre Lizenz-Wächter, die stichprobenartig kontrollieren, ob die auf einer Veranstaltung aufgeführte lizenzpflichtige Musik der GEMA gemeldet wurde. Doch eine hundertprozentige Kontrolle der Musiknutzung kann auch sie nicht gewährleisten. Sie ist daher auf die Mithilfe ihrer Mitglieder angewiesen.

So können Sie prüfen, ob Aufführungen Ihrer Werke in der GEMA-Abrechnung berücksichtigt wurden. Voraussetzung dafür ist allerdings, dass Ihnen bekannt ist, wo und wann Ihre Werke aufgeführt wurden. Insbesondere für Autorenmusiker, die ihre Musik ausschließlich selbst aufführen, dürfte das kein Problem sein. Lassen Sie sich von der GEMA eine Einzelaufstellung Ihrer Werke zuschicken. Darin finden Sie oben rechts Angaben zu dem Geldwert von U- und M-Punkt sowie den für das PRO-Verfahren relevanten Normierungswert C und der Programmanteil P (vgl. Kapitel 4.1.8.1). Für jedes einzelne Werk, an dem Sie als Rechteinhaber beteiligt sind, wird in der Einzelaufstellung Matrix-Kennzahl (MKZ), PRO-Abrechnungsbasis (PRO-BAS) sowie Ihr Anteil an den Rechten dieses Werkes und die dafür ausgeschüttete Tantieme genannt.

Anhand dieser Angaben und folgender Rechenformeln können Sie herausfinden, welche Aufführungszahl die Grundlage der ausgeschütteten Tantieme bildet, sofern es sich um U-VK-Veranstaltungen handelt und keine Potpourri-Aufführungen hinzuzurechnen sind:

PRO-Faktor = MKZ x C x (1-P) + P

belegte Aufführungszahl eines Werkes = PRO-Abrechnungsbasis ÷ PRO-Faktor

Wird die Matrix-Kennzahl MKZ beispielsweise mit 22 angegeben und die PRO-Abrechnungsbasis mit 12, dann ergibt sich für 2006 die belegte Aufführungszahl eines Werkes wie folgt:

C = 0,0140
P = 0,25
PRO-Faktor = 22 x 0,0140 x (1-0,25) + 0,25 = 0,4810
PRO-BAS = 12
belegte Aufführungszahl eines Werkes = 12 ÷ 0,4810 ≈ 25

Der Berechnung zufolge wurden durch Musikfolge-Formulare 24,95, kaufmännisch gerundet also 25 Aufführungen des Werkes belegt. Hat der Autorenmusiker das Werk häufiger aufgeführt, haben einige Veranstalter versäumt, die Musikfolge bei der GEMA zu melden. Die GEMA sollte darüber informiert werden, damit sie auf den Misstand reagieren kann.

Fallbeispiel   Dazu ein Fall aus der Praxis: Komponist Martin S. hat ein Problem. Nachdem er seinen Aufnahmeantrag und Berechtigungsvertrag ausgefüllt und unterschrieben an die GEMA zurück gesendet hatte, wurde er Anfang 2004 von der Verwertungsgesellschaft als angeschlossenes Mitglied aufgenommen. Er hat seit dem mehrere Titel auf CD veröffentlicht, die auch öffentlich in Konzerten aufgeführt worden sind. Alle auf der CD veröffentlichten Werke meldete er rechtzeitig bei der GEMA an, die ihm die Aufnahme der Titel in ihre Datenbank im Februar 2005 bestätigte. Martin S. stehen Tantiemen für die Vervielfältigung und Verbreitung auf Tonträger sowie für die Live-Aufführung seiner Werke zu. Doch bis heute hat er für keines der Werke einen Cent gesehen. Ein Anruf bei der GEMA genügte, um die Sache aufzuklären. Dort überprüfte man den Fall und fand die Ursache des Problems. Wie sich herausstellte, hatte weder der Tonträgerhersteller noch der Konzertveranstalter die Nutzung der Werke von Martin S. gemeldet. Infolge dessen konnte es für keines der Werke ein Inkasso geben und damit auch keine Tantiemen an den Musikautoren ausgezahlt werden. Nun wird die GEMA an den CD-Hersteller und den betreffenden Veranstalter. mit einer Nachforderung herantreten, damit Martin S. endlich doch noch zu seinen Tantiemen kommt.

4.2.5 Beendigung der Mitgliedschaft

Kündigung des Berechtigungs-vertrages   Eine angeschlossene Mitgliedschaft endet mit Kündigung des Berechtigungsvertrags, denn als angeschlossenes GEMA-Mitglied besteht eine vertragliche Bindung zwischen der Verwertungsgesellschaft und Ihnen nur über den Berechtigungsvertrag. Der Vertrag wird in der Regel für drei Jahre geschlossen und um weitere drei *Kündigungsfrist*   Jahre verlängert, wenn er nicht schriftlich gekündigt wird. Die Kündigungsfrist beträgt sechs Monate vor Ablauf der drei Jahre.

Als außerordentliches und ordentliches Mitglied müssen Sie außerdem bis spätestens sechs Monate vor Ablauf des Geschäftsjahres eine schriftliche Austrittserklärung einreichen. Sollte Ihr Berechtigungsvertrag erst nach Beendigung der außerordentlichen beziehungsweise ordentlichen Mitgliedschaft enden, werden sie solange bei der GEMA als angeschlossenes Mitglied geführt.

4.3 GEMA-Kunden

4.3.1 Sind Sie ein GEMA-Kunde?

Wenn Sie Musik der Öffentlichkeit zugänglich machen, sind Sie in den meisten Fällen ein Kunde der GEMA, denn für einen Großteil des weltweiten Musikrepertoires vergibt die GEMA bislang die Nutzungsrechte. Ausgenommen davon sind Werke, deren Urheber bislang nicht bei der GEMA beziehungsweise ihren Schwestergesellschaften gemeldet sind. Wollen Sie eine Musik aus dem GEMA-Repertoire verwenden, um damit zum Beispiel Ihre Homepage zu untermalen, müssen Sie diese Musiknutzung bei der Verwertungsgesellschaft anmelden und vergüten. Sind Sie nicht sicher, ob eine Musik GEMA-pflichtig ist oder nicht, sollten Sie die Werke und ihre Verwendung der GEMA angeben. Die Verwertungsgesellschaft überprüft dann, für welche Musik eine Vergütungspflicht besteht.

Ob Sie GEMA-Kunde werden, hängt also von zwei Fragen ab: Nutzen Sie die Musik öffentlich und werden die Rechte an der Musik, die Sie nutzen wollen, von der GEMA wahrgenommen?

Die Wiedergabe eines Werks ist nach Paragraf 15 Absatz 3 des Urheberrechtsgesetz öffentlich, „wenn sie für eine Mehrzahl von Mitgliedern der Öffentlichkeit bestimmt ist. Zur Öffentlichkeit gehört jeder, der nicht mit demjenigen, der das Werk verwertet, oder mit den anderen Personen, denen das Werk in unkörperlicher Form wahrnehmbar oder zugänglich gemacht wird, durch persönliche Beziehungen verbunden ist." Entscheidend ist also die persönliche Verbundenheit zum Veranstalter. Nur wenn zwischen allen anwesenden Personen eine wechselseitige persönliche Beziehung besteht, wie innerhalb einer Familie oder im Freundeskreis oder alle Gäste eine solche zum Veranstalter haben, ist demnach die Öffentlichkeit zu verneinen. Aber nicht nur die Beziehung der Personen untereinander, sondern auch die Anzahl der Teilnehmer ist demnach bei der Definition der Öffentlichkeit von Belang. Je größer der Personenkreis, desto mehr wird davon ausgegangen, dass es sich um eine öffentliche Veranstaltung handelt.

Öffentliche Wiedergabe

GEMA-
Reperoire

Ob eine Musik zum GEMA-Repertoire gehört und der Verwertungs-gesellschaft deshalb für ihre öffentliche Nutzung eine Urheberabgabe zu zahlen ist, wird in der Regel bei der Anmeldung geprüft. Das heißt, Sie melden der GEMA, welche Werke Sie wie nutzen möchten, die Verwertungsgesellschaft überprüft, für welche Werke sie die Rechte wahrnimmt und berechnet für diese Titel dann eine Lizenzgebühr. Wollen Sie eine Musik eines Urhebers verwenden, der nicht Mitglied bei der GEMA ist, müssen Sie sich die Nutzungsrechte direkt beim Urheber oder dessen Rechtevertreter wie zum Beispiel einem Verlag

Rechtefreie
Musik

einholen. Die Verwendung rechtefreier Musik – das sind zum Beispiel Werke von Komponisten, die vor siebzig Jahren gestorben sind – ist GEMA-frei, sie müssen die Nutzung also weder melden noch ver-

Bearbeitete
Fassung

güten. Zu beachten ist hier allerdings, dass die Verwendung einer bearbeiteten Fassung dieser Werke wieder geschützt und damit lizenzpflichtig sein kann. Ob es sich um eine bearbeitete Fassung des Werks handelt, lässt sich ebenfalls bei der GEMA klären.

Schadensersatz

Wer Musik ohne die Erlaubnis des Urhebers oder der GEMA verwer-tet, ist nach Paragraf 97 UrhG zum Schadensersatz verpflichtet. Die GEMA kann in diesem Fall den doppelten Tarifbetrag als Schaden-ersatz verlangen. Wer nicht zahlt, zahlt also doppelt.

GEMA-Kundentest

Wissen Sie, welche Arten der öffentlichen Musiknutzung lizenzpflichtig sind? Die wichtigsten Nutzungsarten im Überblick:

- *Aufführungen von Berufs- oder Hobbymusikern z.B. in Konzertsälen, Gaststätten und bei Vereinsfeiern*

- *Vorführungen von Filmen und Diaschauen z.B. in Kinos und Unis*

- *Wiedergabe von Ton- oder Bildtonträgern beziehungsweise Radio- oder Fernsehsendern in Geschäften, Cafés, Clubs, Discos usw.*

- *Sendung von Musik in Rundfunk und Fernsehen*

- *Vermieten und Verleihen von Medien in Videotheken und öffentlichen Bü-chereien*

- *Vervielfältigung von musikalischen Werken auf Ton- und Bildtonträgern wie CD, CD-ROM, SACD, DVD-Audio oder Video*

- *Musik im Internet, zum Beispiel in Downloadshops wie musicload oder Apple iTunes Musicstore*

4.3.2 Ihr Weg zur Lizenz

Die Kundenbetreuung ist bei der GEMA in drei Direktionen gegliedert: Außendienst, Industrie und Rundfunk und neue Medien. Jede
der Direktionen betreut andere Verwertungsarten von Musik. Wollen
Sie Musik in der Öffentlichkeit aufführen oder wiedergeben, dann ist
die Direktion Außendienst der richtige Bereich für Sie. Wollen Sie *Direktion*
dagegen Ton- oder Bildtonträger wie CDs, DVD-Audio oder -Video *Außendienst*
herstellen oder Musik online nutzen, dann wenden Sie sich an die
Direktion Industrie. Für Veranstalter von Hörfunk- oder Fernsehpro- *Direktion Industrie*
grammen beziehungsweise Internet-Radio oder -TV ist wiederum
die Direktion Rundfunk und neue Medien zuständig. Geht es um Fra- *Direktion Rundfunk*
gen zum Thema private Überspielungsrechte, ist die Zentralstelle *und neue Medien*
für private Überspielungsrechte, kurz ZPÜ, die richtige Anlaufstelle. *ZPÜ*
In der durch die GEMA vertretenen ZPÜ haben sich Verwertungsgesellschaften wie GVL, VG Wort und VG Bild-Kunst zusammengeschlossen. Die Adressen aller Direktionen finden Sie in der Adres-
senliste Kapitel 7.

Die GEMA ermöglicht Ihnen als Musikverwerter einen legalen und *Vorteile einer*
zentralen Zugriff auf einen großen Teil des musikalische Weltreper- *Verwertungs-*
toires. Sie müssen also nicht mit jedem Rechteinhaber einzeln ver- *gesellschaft*
handeln, sondern haben einen zentralen Ansprechpartner für die
Einräumung der Nutzungsrechte. Der Verwaltungsaufwand ist für
Sie als Musikverwerter dementsprechend geringer als bei direkter
Lizenzierung durch den Urheber. Aufwand und Lizenzgebühr verringern sich, wenn Sie mit der GEMA einen Jahresvertrag abschließen,
da Sie dann in der Regel nur einmal im Jahr eine Lizenzzahlung
vornehmen müssen. Die Kosten der Musiknutzung können Sie, sofern Sie Unternehmer sind, als Betriebsausgaben von der Steuer
absetzen.

Eine angemessene Vergütung für die Musiknutzung ist gesetzlich
vorgeschrieben, sie wird also mit oder ohne die GEMA fällig. Der
Unterschied besteht jedoch darin, dass Sie bei der Verwertungsgesellschaft eine tariflich festgelegte Vergütung zahlen, während
Sie mit dem Recheinhaber die Vergütung individuell aushandeln
müssten. Ein weiterer Unterschied besteht darin, dass der Rechteinhaber Ihnen das Nutzungsrecht verweigern kann, während die
GEMA einem Abschlusszwang unterliegt und Ihnen deshalb die
Nutzungsrechte jedes ihrer Werke zu angemessenen Bedingungen
einräumen muss.

65

4.3.3 Direktion Außendienst

Regionale
Musiknutzung

Die Direktion Außendienst ist in 10 Bezirksdirektionen untergliedert. Mit den Bezirksdirektionen ist die GEMA bei den Musikverwertern vor Ort, sie betreuen die regionale Musiknutzung zum Beispiel in Arztpraxen, Gaststätten, Geschäften, Hotels, Konzerthallen, Theatern und Vereinen, in denen Musik aufgeführt oder von Tonträgern wiedergegeben wird. Hier wird auch überprüft, ob Musikveranstaltungen der GEMA gemeldet wurden und, wenn dies nicht der Fall ist, eine Vergütungsforderung gestellt. Welche der Berzirksdirektionen für Ihre Region zuständig ist, können Sie der Adressübersicht in Kapitel 7 entnehmen.

4.3.3.1 Aufführung von Musik

Musikveranstalter

Wollen Sie als Veranstalter Musik aufführen, dann nehmen Sie mit der für Ihre Region zuständigen Bezirksdirektion Kontakt auf. Dies ist telefonisch, postalisch oder auch online möglich. Für die Online-Anfrage hat die GEMA ein eigenes Online-Formular erstellt, das Sie auf der Homepage unter "Musiknutzer" und der Rubrik "abspielen/ aufführen" finden. Hier können Sie Angaben zu Ihrer Person, Wohnsitz und Unternehmen machen, eine Beschreibung der gewünschten Musiknutzung ist in einem kleinen Textfeld möglich. Die Bezirksdirektion wird sich dann bei Ihnen melden und nach weiteren Informationen fragen, zum Beispiel nach Tag, Art und Ort der Musikaufführung, was der Eintritt kosten soll, nach der Bezeichnung des Veranstaltungsraums und dessen Personenfassungsvermögen. Die zu Ihrer Veranstaltung passenden Formulare werden Ihnen dann zugesendet.

Lizenz-Check

Das sollten Sie wissen, wenn Sie für die Aufführung GEMA-pflichtiger Musik eine Lizenz erwerben wollen:
- *Genaue Anschrift des Veranstalters*
- *Tag der Musikaufführung*
- *Art der Musikaufführung*
- *Ort der Musikaufführung*
- *Bezeichnung des Veranstaltungsraums*
- *Personenfassungsvermögen des Veranstaltungsraums, bei Veranstaltungen vor Stuhlreihen und Veranstaltungen im Freien*
- *Größe des Veranstaltungsraums*
- *Musikaufführungen mit und ohne Entgelt*

Auf Grund Ihrer Angaben errechnet die GEMA nach einem bestimmten Tarif die Lizenzgebühr für Ihre Veranstaltung. Ein Großteil der
Aufführungen werden nach Tarif U-VK abgerechnet. Er gilt für Un-
terhaltungs- und Tanzmusikaufführungen, Unterhaltungskonzerte,
Festzeltveranstaltungen, Musikaufführungen bei Varietéveranstaltungen, bunten Abenden, Modenschauen und ähnlichen Veranstaltungen. U steht dabei für Unterhaltungsmusik und VK für Varietés,
Gastspielunternehmen und Zirkusse. Bei diesem Tarif wird anders
als beim Tarif U-Büh die Größe des Veranstaltungsraums und der
Preis der Eintrittskarte zur Berechnung der Lizenzgebühr herangezogen. Dieser Tarif gilt zum Beispiel auch für Bands, die in Clubs
oder Gaststätten auftreten.

📄 9.1.5.1
Tarif U-VK für
Unterhaltungs-
und Tanzmusik-
aufführung

Was kostet Musik? Beispiel Konzertveranstaltungen

*Die Band Space Trax verknüpft in ihrer Musik perkussive Geräuschfragmente
zu Rhythmus-Pattern und verbindet sie mit elektronischen Flächensounds.
Space Trax ist bekannt für ungewöhnliche Auftrittsorte und soziale Eintritts-
preise. So findet ihr nächstes Konzert auf dem Hof eines leer stehenden
Plattenbaus in Dresden statt. Die Karte soll 10 Euro kosten.*

*Die Musiker der Band sind Mitglieder bei der GEMA und organisieren ihre
Konzerte selbst, das bedeutet, dass sie ihre Veranstaltungen selbst bei der
GEMA anmelden müssen. Für das Konzert in Dresden wird nach Tarif U-VK
eine Vergütung von 859 Euro zzgl. 7 Prozent Umsatzsteuer fällig. Dieser Vergütungssatz gilt für Veranstaltungen mit einer Fläche bis 2.000 qm und einem
Eintrittspreis von bis zu 10 Euro. Die Lizenzgebühr bekommt die Band, wenn
sie den Weg der Netto-Einzelverrechnung wählt (siehe Kapitel 4.3.3.3), später unter Abzug von 10 Prozent für soziale und kulturelle Zwecke und einer
Bearbeitungsgebühr von 25 % als Tantiemen wieder ausgezahlt.*

Sind Sie Mitglied einer Organisation, mit denen die GEMA einen Gesamtvertrag für diesen Tarif geschlossen hat, wird Ihnen ein Nachlass von 20 Prozent entsprechend den gesamtvertraglichen Vereinbarungen eingeräumt. Die Anmeldung für Einzelveranstaltung
sollte bis spätesten zehn Tage vor ihrer Durchführung bei der GEMA
eingegangen sein. Für regelmäßig stattfindende Veranstaltungen
können Sie mit der GEMA auch eine jährlich zu entrichtende Pauschalvergütung vereinbaren, was Zeit und Geld spart.

Tarif U-Büh für
Bühnenaufführung
Der seltener verwendete Tarif U-Büh gilt für die Rechte-Nutzung an Bühnenaufführungen aus vorbestehenden Werken des Kleinen Rechts im Zusammenhang mit Shows, Compilation-Shows, Revuen und ähnlichem. Die Abkürzung steht für Unterhaltungsmusik und Bühnenaufführung. In dem Tarif beträgt der Vergütungssatz 15 Prozent des geldwerten Vorteils des Veranstalters zuzüglich Umsatzsteuer, wobei als geldwerter Vorteil die aus dem Verkauf der Eintrittskarten erzielte Einnahmen betrachtet werden. In Abhängigkeit von der Saalgröße wird eine Pauschalvergütung erhoben, die mindestens gezalt werden muss, auch wenn bei der Veranstaltung keine einzige Karte verkauft wurde. Der in sechs Stufen gestaffelte Mindestsatz reicht von 31 Euro bei bis zu 100 Personen bis zu 245 Euro bei über 1.200 Personen.

4.3.3.2 Musikfolge

🗎 *9.1.2.1*
Musikprogramm

🗎 *9.1.2.2*
Aufführungsorte

🗎 *9.1.2.3*
Damit die GEMA die von den Musikverwertern kassierten Lizenzgebühren an die Urheber weitergeben kann, braucht sie von den Veranstaltern eine Liste der aufgeführten Werke. Dafür ist das Formular „Musikfolge" vorgesehen, das es in unterschiedlichen Versionen gibt. In der „Musikfolge" für eine Einzelveranstaltung mit Live-Musik wird nach dem Musikprogramm einer einzigen Veranstaltung gefragt, das Formular „Musikfolge für mehrere Einzelveranstaltungen" ist für Veranstaltung, die an unterschiedlichen Orten stattfinden. Zu Beginn wird der Name der Band beziehungsweise des Musikers angegeben, dann die Namen der unterschiedlichen Veranstalter und Veranstaltungsräume. Es folgt die Angabe des gespielten Programms. Hinter jedem Werk kann angekreuzt werden, auf welcher der Veranstaltungen es gespielt wurde. In der „Musikfolge für regelmäßige Veranstaltungen" wird nach dem Musikprogramm gefragt, dass in einem Monat an einem Veranstaltungsort gespielt wird. Darin ist neben dem Werknamen auch anzugeben, an welchen Tagen in dem Monat gespielt wurde. Die GEMA freut sich über jede Werkangabe, sollte sie auch noch so lückenhaft sein: „Auch unvollständige Angaben zu den einzelnen Musikwerken sind besser als gar keine," schreibt sie auf dem Formular.

4.3.3.3 Netto-Einzelverrechnung

Direktverrechnung
für Bands
Alle drei Versionen des Musikfolge-Formulars gibt es auch für die Direktverrechnung durch die aufführende Musiker. Die Direktverrechnung – sie wird auch Netto-Einzelverrechnung genannt – soll eine genauere und damit gerechtere Zuordnung der Lizenzgebühren an die Urheber erlauben, als es bei dem PRO-Verfahren möglich ist. Sie

ist besonders für Bands und Musiker interessant, die auf Großveranstaltungen überwiegend ihre eigenen Titel spielen. Besteht das Musikprogramm mindestens aus 80 Prozent eigenen Titeln, kann der Urheber bei der GEMA einen Antrag auf Direktverrechnung stellen. Den Antrag müssen alle Rechteinhaber der aufgeführten Werke unterschreiben. Als Mitglied einer Band, die auf Konzerten vor allem ihre eigene Musik spielt, sollten Sie die GEMA nach der Möglichkeit einer Netto-Einzelverrechnung fragen.

9.1.2.4

Die unterschiedlichen Formulare „Musikfolge" (siehe Anhang 9.1.2.1-7) sowie den Antrag auf Netto-Einzelverrechnung können Sie auch als PDF-File im Internet unter www.gema.de runterladen. Wählen Sie dafür auf der Homepage den Bereich „Musiknutzer", dann „PDF-Schnellsuche" und schließlich das gewünschte Formular. Praktischer Weise lassen sich in den PDF-Files der „Musikfolge" die Bezirksdirektionen durch Anklicken auswählen und ihre Adresse automatisch ändern. Zudem können Sie Ihre Angaben direkt in die Datei eintragen. Ein Verschicken per E-Mail ist allerdings noch nicht möglich.

Formulare als
Download erhältich

4.3.3.4 Wiedergabe von Musik

Wollen Sie nicht als Veranstalter von Live-Musik auftreten, sondern Musik auf Tonträger öffentlich wiedergeben, ist ebenfalls die GEMA-Bezirksdirektion Ihre erste Adresse. Anders als bei der Aufführung betrifft die Wiedergabe von Musik auf Tonträgern neben den Urheber- auch die Leistungsschutzrechte an einem Werk, also die Rechte, die durch die Aufzeichnung eines künstlerischen Werks entstehen. Für diese Rechte ist entsprechend nicht die GEMA, sondern die Gesellschaft für Leistungsschutzrechte zuständig (siehe Kapitel 5). Um von den Inhabern der Urheber- und Leistungsschutzrechte die Lizenz zur Wiedergabe des Tonträgers zu bekommen, brauchen Sie sich dennoch nur an die GEMA zu wenden, denn Sie übernimmt für die GVL das Inkasso. Das heißt, Sie melden Ihrer Bezirksdirektion, wo Sie Musikaufzeichnungen wiedergeben wollen – zum Beispiel in Café, Disco, Geschäft oder auf einem Straßenfest –, die Außendienststelle bestimmt mit dem für Ihre Musiknutzung passenden Tarif die Lizenzgebühr und berechnet zusätzlich einen Anteil für die GVL. Mit der an die GEMA gezahlten Vergütung erhalten Sie schließlich die Lizenz zur Wiedergabe von GEMA und GVL.

Tonträger-
wiedergabe

Urheber- und
Leistungsschutz-
rechte

Was kostet Musik? Beispiel Tonwiedergabe in Discos

DJ Tommy Berlin will einen Club in Berlin Mitte eröffnen. Die Kellergewölbe einer alten Brauerei mit einer Fläche von 2.000 qm scheinen ihm dafür genau die richtige Location zu sein. Bei der Aufstellung eines Betriebsplans berücksichtigt er auch die Kosten, die durch die Urheberabgaben an die GEMA entstehen. Nach dem Tarif M-U III 1c zahlt er bei unter sechzehn Veranstaltungen im Monat bei einer Veranstaltungsfläche von bis zu 100 qm 234,70 Euro, für jede weiteren 100 qm kommen 118,50 Euro dazu. Das macht bei 2.000 qm also 2.486,20 Euro monatlich. Mit den 26 Prozent GVL-Zuschlag ergibt das eine Lizenzgebühr von insgesamt 3.132,61 Euro zzgl. 7 Mehrwertsteuer.

Tarif M-U für Tonträgerwiedergabe

Die Vergütungssätze für einen Großteil der unterschiedlichen Musik-Wiedergabemöglichkeiten sind im Tarif M-U aufgeführt. Unter M ist die „öffentliche Wiedergabe von Unterhaltungsmusik mittels mechanischer Vorrichtung" zusammengefasst und U steht für Unterhaltungsmusik. Darin wird in allgemeine Vergütungssätze und Vergütungssätze für nicht regelmäßige und regelmäßige Tonträgerwiedergabe unterschieden. Bei den allgemeinen Vergütungssätzen wird das Eintrittsgeld und die Fläche des Veranstaltungsraums für die Berechnung der Lizenzgebühr pro Veranstaltung herangezogen. Bei der Lizenzberechnung für nicht regelmäßige Veranstaltungen werden für bestimmte Nutzungsarten einzelne Vergütungssätze aufgestellt. So kostet zum Beispiel die Lautsprecherwiedergabe auf einem Wagen wie bei der Love-Parade oder anderen Umzügen pro Tag pauschal 14,90 Euro zuzüglich 20 Prozent GVL-Zuschlag.

Regelmäßige Musikwiedergabe

Bei regelmäßiger Musikwiedergabe hängt die Höhe der Vergütung in den meisten Fällen von der Raumgröße ab. Als Geschäftsinhaber eines Ladens, in dem Hintergrundmusik gespielt wird, geben Sie die Verkaufsfläche an, als Discobetreiber die Größe des Veranstaltungsraums. Der pauschale Vergütungssatz ist mindestens für einen Monat zu entrichten. Schließen Sie einen Vierteljahres- oder Jahresvertrag ab, erhalten Sie von der GEMA einen Preisnachlass. Sind Sie Mitglied in einem Verband, mit dem die GEMA einen Gesamtvertrag geschlossen hat, erhalten Sie einen weiteren Rabatt von 20 Prozent.

> **Was kostet Musik? BeispielHintergrundmusik in Gaststätten**
>
> *Für Susi P. geht ein Wunsch in Erfüllung. Sie hat einen traumhaften Standort direkt am Gärtnerplatz in München gefunden, an dem sie ein Café eröffnen will. Ein Nichtraucher-Café mit minimalistischer Einrichtung auf 100 qm und ruhiger, leiser Musik soll es werden. Sie hat sich bei der Bezirksdirektion der GEMA in München erkundigt, was sie für die Hintergrundmusik zu bezahlen hat. Nach Tarif M-U III 1a muss sie bei einer Raumgröße von bis zu 100 qm 19,92 Euro inklusive GVL-Zuschlag bei Abschluss eines Monatsvertrags zahlen. Bei einem Vierteljahresvertrag – hier ist die Vergütung ein viertel Jahr im Voraus zu entrichten – reduziert sich der Preis auf monatlich 18,32 Euro. Bei einem Jahresvertrag sind es nur noch 16,64 Euro.*

Für die Wiedergabe berechnet die GEMA Pauschalbeträge. Das heißt, Sie zahlen unabhängig von der realen Nutzung einen festen Preis. Anders als bei der Aufführung von Musik wird bei der Tonträgerwiedergabe nicht nach der Musikfolge gefragt. Darauf hat die Verwertungsgesellschaft verzichtet, weil es kaum jemanden zuzumuten wäre, alle gespielten Titel zu notieren.

Pauschalvergütung

4.3.4 Direktion Industrie

Die Direktion Industrie ist auf die Einräumung von Vervielfältigungs- und Verbreitungsrechte an Musik aus dem GEMA-Repertoire spezialisiert. Zu ihren Kunden zählen im wesentlichen Tonträgerhersteller, Labels und neuerdings auch Online-Anbieter. Sie vergibt nicht nur Lizenzen für die neuesten Nutzungsarten wie Music-on-Demand, sondern sie bietet auch die modernste Art der Lizenzierung. Seit Mitte 2002 ist nämlich die Tonträgerlizenzierung auch online möglich (siehe 4.3.4.3).

Vervielfältigungs- und Verbreitungsrechte

	Industrieverträge			
Vertragsart	**Normalvertrag**	**Einzelvertrag**	**Einzelgenehmigung**	**Sonderpressung**
Vertragspartner	IFPI- und VUT-Mitglieder mit fortlaufenden Tonträgerproduktionen	DRMV- und VDM-Mitglieder mit 2 - 3 Veröffentlichungen im Jahr (kleinere Labels)	Produzenten einzelner Tonträgerproduktionen	Presswerke und Fertigungsstätten im Auftrage Dritter
Wesentliche Punkte	• *Vorzugsvergütungssätze* • *Vertragliche Nachlässe* • *Retourenregelung* • *Freiexemplare* • *Lizenzschwelle Lagerausgang* • *Vierteljährliche Abrechnungsperiode*	• *Vorzugsvergütungssätze* • *Vertragliche Nachlässe* • *Retourenregelung* • *Freiexemplare*		• *Vierteljährliche Abrechnungsperiode*

Abb. 9: Tonträgerlizenzierung
Die Verträge für die Herstellung von Tonträgern werden mit der Direktion Industrie geschlossen. Zu den wichtigsten Verträgen gehören die Industrieverträge, das sind IFPI-, VDM- und VUT-Vertrag, sowie Einzelgenehmigungen und Verträge für Sonderanfertigung.

Labelbetreiber

Wer als Labelbetreiber CDs herstellen und verbreiten will oder aber in kleinerem Rahmen eine Produktion mit seinem CD-Brenner vervielfältigen und dann unter die Leute bringen will, erhält die dafür notwendigen Rechte von der Direktion Industrie. Dort bestehen unterschiedliche Vertragsmöglichkeiten für Antragsteller, die keinem Verband angehören und für Antragsteller, die der IFPI, dem VUT oder dem VDM angehören. Antragsteller, die in keinem Verband Mitglied sind, können von der GEMA eine Einzelgenehmigung erhalten. IFPI-, VUT-und VDM-Mitglieder schließen mit der GEMA einen Industrievertrag ab, in dem sie besondere Konditionen erhalten (siehe Abb. 9).

Deutsche Landesgruppe der IFPI

Die IFPI vertritt weltweit die Interessen der Tonträgerhersteller; zur deutschen Landesgruppe der IFPI e.V. (International Federation of the Phonographic Industry) gehören über 400 Plattenfirmen – darunter auch Global-Player wie Universal Music, Sony BMG, Warner Music und EMI. Die deutsche Landesgruppe hat mit der GEMA einen Gesamtvertrag abgeschlossen, der ihren Mitgliedern zahlreiche Vergünstigungen bei der Tonträgerlizenzierung einräumt. Verbandsmitglieder schließen mit der GEMA einen auf diesen Vertrag

Normalvertrag

beruhenden Normalvertrag.

Um auch eine Interessensvertretung für kleinere Labels zu haben, wurde der VUT e.V. (Verband unabhängiger Tonträgerunternehmen, Musikverlage und Musikproduzenten) gegründet. Er hat ebenfalls mit der GEMA einen Normalvertrag ausgehandelt, wodurch VUT-Mitgliedern, zu denen mittlerweile auch Verleger und Produzenten gehören, gleich günstige Konditionen bei der Tonträgerlizenzierung zustehen wie Mitgliedern der IFPI. Auch der Verband Deutscher Musikschaffender und der Deutsche Rockmusikerverband (DRMV) haben mit der GEMA Gesamtverträge geschlossen, die Mitgliedern beider Verbände Sonderkonditionen bei der Tonträgerlizenzierung gewähren. Allen Verträgen ist gemein, dass die Berechnung der Lizenzgebühr auf Grundlage des Tarif VR-T-H 1 erfolgt, der für die Vergabe von Vervielfältigungs- und Verbreitungsrechten (VR) für Tonträger (T) zum persönlichen Gebrauch gilt.

VUT

VUT-Vertrag

Tarif VR-T-H 1 für
Tonträgerherstellung

Sollten Sie für Ihre Tonträgerproduktion Aufnahmen anderer Tonträger verwenden, sind neben den Urheberrechten auch die Leistungsschutzrechte der Tonträgerproduzenten und der Interpreten zu beachten. Die Rechte liegen in der Regel beim Tonträgerhersteller und müssen von diesem erworben werden. Mehr Informationen erhalten Sie dazu bei der IFPI.

4.3.4.1 Einzelgenehmigung für Tonträgerherstellung

Sofern Sie eine CD produzieren und verbreiten wollen und keinem Verband angehören, können Sie dafür von der Direktion Industrie in München eine Einzelgenehmigung erhalten. Dafür stellen Sie den Lizenzantrag für Tonträger bei der GEMA selbst. Auf dem bei der Direktion Industrie erhältlichen Antragsformular sind Angaben zum Presswerk, Vervielfältiger beziehungsweise Hersteller, außerdem zum Auftraggeber und zum herzustellenden Tonträger zu machen. Beim Feld für „Presswerk" sollten Sie nicht vergessen, die Fax-Nummer des Presswerks für eine Freistellung anzugeben, denn nachdem Sie die Tonträgerlizenz erworben haben, erhält das Presswerk von der GEMA eine Freistellung von der Lizenzpflicht. Erst dann darf das Presswerk mit der Herstellung der Tonträger beginnen. Beim Feld „Auftraggeber" notieren Sie Ihren Namen und Adresse, gegebenenfalls auch den Namen einer Ansprechperson. Hier wird danach gefragt, ob Sie Mitglied bei der GEMA und einem Verband sind. Diese Angaben sind für die Berechnung der Lizenzgebühr sehr wichtig, da es für GEMA-Mitglieder und Verbandsmitgliedern von IFPI, VUT und VDM Sonderregelungen gibt (siehe unten). Beim Feld „Tonträger" geben Sie an, um welche Art von Tonträger

🗎 *9.1.3.1*
Lizenzantrag für
Einzelgenehmigung
🗎 *9.1.3.2*

Presswerk

Auftraggeber

Tonträgerart

es sich handelt, ob es zum Beispiel eine Longplay-, Single-CD oder Minidisc ist. Dann wird nach Titel des Tonträgers, Interpret, Label und LC-Nummer gefragt.

Tragen Sie den Tag der Herstellung und, falls vorhanden, die Katalognummer der CD ein. Handelt es sich um eine Erstauflage, setzen Sie in dem dafür vorgesehenen Kästchen ein Kreuz. In diesem Fall kann eine bestimmte Stückzahl an Promotion-CDs vergütungsfrei gestellt werden, die Lizenzgebühr fällt entsprechend geringer aus. Es folgen Angaben über Gesamtspieldauer, Titelzahl, herzustellende Stückzahl und wie viele davon verkauft und wie viele für Promotion verwendet werden. Freiexemplare für Promotions-CDs gibt es allerdings nur bei Industrieverträgen, nicht dagegen bei Einzelgenehmigungen. Schließlich wird nach dem Händlerabgabepreis *Händlerabgabe-* (HAP) und den Endverbraucherpreis gefragt. Der HAP, auch Public *preis* Price for Dealers (PPD) genannt, ist der Preis, den ein Plattengeschäft im Einkauf für den Tonträger an den Hersteller bezahlt. Der Endverbraucherpreis ist logischerweise der Preis, mit dem der Tonträger im Laden erhältlich ist. Beide Preise werden in dem Formular ohne Umsatzsteuer angegeben.

Titelliste Auf Seite Zwei des Formulars schreiben Sie eine Titelliste, die die Namen der Stücke, deren Rechteinhaber und Spieldauer enthält. Außerdem geben Sie an, ob ein Titel in Gänze oder nur ein Werkteil verwendet wird. Als Werkteil gilt ein Ausschnitt mit Spieldauer von bis 1:45 Minuten, wenn in dieser Zeit nicht bereits das ganze Werk wiedergegeben wird.

Nachdem Ihr Formular bei der GEMA eingegangen ist, überprüft die Direktion Industrie zunächst, ob die angegebenen Titel zum GEMA-Repertoire gehören. Sollte keine GEMA-pflichtige Musik dabei sein, erhalten Sie eine entsprechende Bestätigung, die Sie an das beauftragte Presswerk weiterleiten. Handelt es sich dagegen um GEMA-pflichtiges Repertoire, wird eine Lizenzgebühr *9.1.5.3* berechnet, deren Höhe sich nach dem Tarif VR-T-H 1 richtet. Dabei wird wie bei den meisten Tarifen zwischen allgemeiner Vergütung und einer Mindestvergütung unterschieden, die – egal wie günstig die CD auch angeboten wird – auf jeden Fall zu entrichten ist. Die *Allgemeine* allgemeine Vergütung beträgt 10 Prozent des vom Auftraggeber *Vergütung* empfohlenen Endverbraucherpreises. Gibt es keinen empfohlenen *Mindest-* Endverbraucherpreis werden 13,75 Prozent des Händlerabgabe- *vergütung* preis berechnet. Als Mindestvergütung werden berechnet: 0,248

Euro für eine Single-CD mit einer Spieldauer bis 20 Minuten, die maximal fünf Werke oder 12 Werkteile enthalten darf, und 0,6199 Euro für eine Longplay-CD mit einer Spieldauer bis zu 80 Minuten, die bis zu 20 Werke oder 40 Werkteile enthalten darf. Als Werkteil wird der Ausschnitt eines Werks bezeichnet, der nicht länger als 1:45 Minuten sein darf, sofern in dieser Zeit nicht bereits das ganze Stück erklungen ist.

Die Mindestvergütung kommt zum Beispiel dann zum Tragen, wenn die prozentuale Vergütung unter der Mindestvergütung liegt. Das kann zum Beispiel dann der Fall sein, wenn CDs zu Niedrigpreisen verkauft werden, um Kunden ins Geschäft zu locken. Die Gewinne werden dabei nicht durch die CD, sondern durch den Verkauf anderer Produkte erzielt. Durch die Mindestvergütung ist den Rechteinhabern aber eine bestimmte Vergütung garantiert, selbst wenn der Endverbraucherpreis einer Longplay-CD unter 6,20 Euro sinkt oder verschenkt wird, muss der Lizenznehmer 0,6199 Euro für jede hergestellte CD bezahlen.

Fallbeispiel für Mindestvergütung

Der von der Direktion Industrie errechnete Betrag für die Einzelgenehmigung ist grundsätzlich zu bezahlen. Ob der Auftraggeber mit den hergestellten Tonträgern einen Gewinn macht oder nicht, spielt dabei keine Rolle.

Bei der Tonträger-Lizenzierung gibt es eine Sonderregelung für GEMA-Mitglieder: Wenn ein Komponist, der GEMA-Mitglied ist, für Promotionzwecke Tonträger mit ausschließlich eigenen Werken herstellt, muss er dafür keine Vergütung zahlen. Dazu wäre er eigentlich verpflichtet, da er in dem Berechtigungsvertrag die Vervielfältigungs- und Verbreitungsrechte an seinen Werken der GEMA übertragen hat. Bedingung ist, dass die Tonträger als „unverkäuflich" gekennzeichnet werden.

Sonderregelung für GEMA-Mitglieder

Was kostet Musik? Vervielfältigung und Verbreitung von Musik

Ihr Name ist Programm. Die Band „Housegemacht" bewegt sich mit ihrer Musik stilsicher im House-Bereich. Die Bandmitglieder haben einen kleinen, aber festen Fankreis, für den sie eine Longplay-CD produzieren wollen. Sie planen eine Eigenproduktion mit einer Auflage von 800 Stück, die CD soll für 8 Euro plus Umsatzsteuer im Laden um die Ecke erhältlich sein.

Auch wenn die Band selbst der Urheber aller CD-Titel ist, muss sie bei der Direktion Industrie die Lizenz zur Herstellung und Verteilung des Tonträgers erwerben. Die Lizenzgebühr pro CD beträgt bei Einzelgenehmigung 10 Prozent des Endverbraucherpreises, also 0,80 Euro; 80 Cent mal 800 ergibt den Gesamtbetrag von 640 Euro zuzüglich sieben Prozent Umsatzsteuer, den sie der GEMA schon vor dem Verkauf der CD überweisen muss. Als GEMA-Mitglieder bekommen die Bandmitglieder später den Betrag als Tantiemen-Ausschüttung unter Abzug der Verwaltungskosten wieder zurück.

4.3.4.2 Industrieverträge

Normalvertrag

Größere Labels, die der IFPI angehören, können mit der GEMA einen Industrievertrag abschließen, in dem die Bedingungen für alle folgende Lizenzanträge bestimmt werden. Zu den Industrieverträgen zählen die von IFPI und VUT mit der GEMA geschlossenen Normalverträge. Mitglieder der Verbände erhalten einen Nachlass von über 20 Prozent auf die im Tarif VR-T-H 1 festgelegten Vergütungssätze. Außerdem werden ihnen bei der Erstauflage eines Tonträgers vergütungsfreie Exemplare gewährt. So brauchen sie für bis zu 1.200 Single-CDs oder 900 Longplay-CDs, die zu Werbezwecken eingesetzt werden, keine Vergütung bezahlen. Damit einem Tonträgerhersteller diese Vorteile auch eingeräumt werden, muss er als IFPI-Mitglied ein Mindestaufkommen von 2.500 Euro im Quartal garantieren. Das heißt, dass er der GEMA in einem Vierteljahr mindestens 2.500 Euro an Lizenzgebühren bezahlt, was zum Beispiel bei der Herstellung von 2.313 CDs und einem HAP von 12 Euro erreicht wird. Weitere Voraussetzung sind unter anderem die Herausgabe von Katalogen und Veröffentlichung von Preislisten für den Einzelhandel und die Hinterlegung einer Garantiesumme von mindestens 2.500 Euro oder eine Bankbürgschaft für den entsprechenden Betrag. Die Tonträgerhersteller müssen zudem ein Zentrallager haben, in dem

*Gesamtvertrags-
nachlass von
20 Prozent*

*Vergütungsfreie
Promotion-CDs*

*Mindestaufkommen
von 2.500 Euro*

Zentrallager

Tonträgerein- und -ausgänge erfasst werden. Werden alle Voraussetzungen erfüllt, kann von einem IFPI-, aber auch von einem VUT-Mitglied der Normalvertrag abgeschlossen werden. Danach werden alle CD-Pressungen nach den im Normalvertrag vereinbarten Bedingungen lizenziert, die Antragstellung erfolgt im Rahmen eines besonders vereinbarten Anmelde- und Abrechnungsverfahrens.

Zum Vergleich: Bei einer Auflage von 100.000 Longplay-CDs mit einem HAP von 12 Euro sind bei einer Einzelgenehmigung 165.000 Euro zu bezahlen. Der Betrag ergibt sich aus der Multiplikation von 100.000 mal 12 mal dem regulären Vergütungssatz von 13,75 Prozent des Händlerabgabepreises. Bei einem Normalvertrag beträgt die Vergütung dagegen nur 108.108 Euro, da der Vergütungssatz bei 9,009 Prozent liegt. Werden außerdem 1.200 vergütungsfreie Exemplare, wie sie bei entsprechendem Nachweis der Bemusterung für Longplay-CDs gewährt werden, berücksichtigt, liegt der Lizenzbetrag bei 106.811 Euro. Das macht eine Differenz zur Einzelgenehmigung von 58.190 Euro. Solche Größenordnungen sind für Majors möglich, für Independents dagegen kaum.

Fallbeispiel für Normalverträge

Die Voraussetzungen wird von vielen Independents nicht erfüllt. Dennoch können auch sie als VUT-Mitglied seit Anfang 2006 einen Normavertrag mit der GEMA abschließen und auf diese Weise von ähnlichen Vergünstigungen wie IFPI-Mitglieder profitieren. Sie erhalten einen Gesamtvertragsnachlass von 20 Prozent, und ihnen steht die gleiche Zahl an Promotionexemplaren zu (siehe Abb. 10). VDM-Migliedern wird ebenfalls 20 Prozent Nachlass gewährt, die Zahl der Freiexemplare beträgt allerdings nur 500 Stück.

VUT- und VDM-Vertrag

Der erste Schritt, um mit der GEMA einen VUT- beziehungsweise VDM-Vertrag abschließen zu können, ist der Erwerb der Verbandsmitgliedschaft. Dann müssen Sie der GEMA ein Vergütungsaufkommen von mindestens 750 Euro garantieren – dieser Betrag ist bei einer Auflage von 694 CDs mit einem HAP von 12 Euro zu bezahlen, ohne Berücksichtigung von Freiexemplaren. Nach Abschluss des VUT- bzw. VDM-Vertrags mit der GEMA stellen Sie die Lizenzanträge wie bei der Einzelgenehmigung.

Vertragsbedingungen
9.1.3.4

9.1.3.5

Einzelgenehmigung	IFPI- und VUT-Mitglieder (Normalvertrag)	VDM- und DRMV-Mitglieder (Einzelvertrag)
	Vergütung pro Tonträger	
10 % vom Netto-Endverbraucherpreis oder 13,75 Prozent vom Netto-HAP	7,4 % vom Netto-Endverbraucherpreis oder 9,009 Prozent vom Netto-HAP (oder PPD)	
	Mindestvergütung pro Tonträger	
Single CD 0,2480 Euro Longplay CD 0,6199 Euro	Single CD 0,1984 Euro Longplay CD 0,4960 Euro	
	Maximale Freiexemplare für Promotionzwecke bei Erstauflage	
Demonstrationstonträger für GEMA-Mitglieder	1.200 Single-CDs oder Longplay-CDs	25 % je Erst- bzw. Folgeauflage maximal 500 Einheiten

Abb. 10: Vergütungssätze im Vergleich
Verbandsmitglieder von IFPI, VUT oder VDM erhalten einen Nachlass von über 20 Prozent des im Tarif VR-T-H 1 festgelegten Vergütungssatzes sowie eine bestimmte Anzahl an vergütungsfreien Tonträgern, die für Werbezwecke eingesetzt werden.

4.3.4.3 Tonträger-Lizenzierung Online

Für Einzellizenznehmer und VUT-Mitglieder besteht seit Mitte 2002 die Möglichkeit, ihre Tonträger online anzumelden und abzurechnen. Damit soll den jährlich rund 10.000 Einzellizenznehmern und der GEMA die Arbeit erleichtert werden. Es geht um Kostenersparnis und Verkürzung der Bearbeitungszeiten. Die Online-Lizenzierung wurde im Rahmen des Fast-Track-Projekts entwickelt, in dem sich Verwertungsgesellschaften unterschiedlicher Länder zusammengeschlossen haben (siehe 4.1.4).

Registrierung Und so funktioniert die Tonträgerlizenzierung online: Gehen Sie auf die Homepage der GEMA und klicken Sie den Bereich „Lizenzshop" an. Wählen Sie dort wiederum den Bereich „Tonträger" und ein neues Fenster öffnet sich. Als neuer Anwender müssen Sie sich erst registrieren, um den Service nutzen zu können.

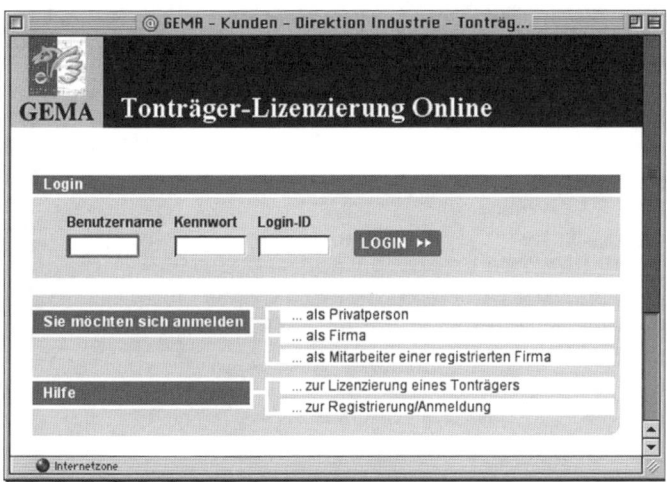

Login

Sie haben dabei die Wahl, dies als Privatperson, Firma oder Mitar- *Privatperson*
beiter einer bereits registrierten Firma zu tun. Privatperson bedeutet
hier nicht, dass Sie Ihre zuhause angefertigte Privatkopie der GEMA
melden müssen. Die Vergütung für die Privatkopie ist bereits durch
die Pauschalabgabe der Hersteller von Aufnahmegeräten und Leermedien entrichtet worden. Hiermit sind Personen gemeint, die keine
eigene Firma wie ein Label oder Tonstudio besitzen, aber dennoch
GEMA-pflichtige Musik vervielfältigen und verkaufen wollen.

Betreiben Sie dagegen ein Label oder wollen Sie als Band – sie hat *Firma*
die Rechtsform einer Gesellschaft bürgerlichen Rechts (GbR) – eine
eigene CD produzieren und vermarkten, dann melden Sie sich als
Firma an. Die Registrierung erfolgt in zwei Schritten: Zuerst melden
Sie Ihre Firma an. In dem dafür vorgesehenen Formular wird unter
anderem nach dem Geschäftsführer gefragt. Hier können Sie auch
eine für die Lizenzierung zuständige Person eintragen. Dann müssen
Sie mindestens noch einen Mitarbeiter der Firma registrieren, der
eigene Login-Daten für die Erfassung, Bearbeitung und Meldung
der Tonträgerproduktionen im System erhält. Die dafür erforderliche
Digital-Firmenkennzeichnung wird Ihnen bei der Erstanmeldung der
Firma zugewiesen.

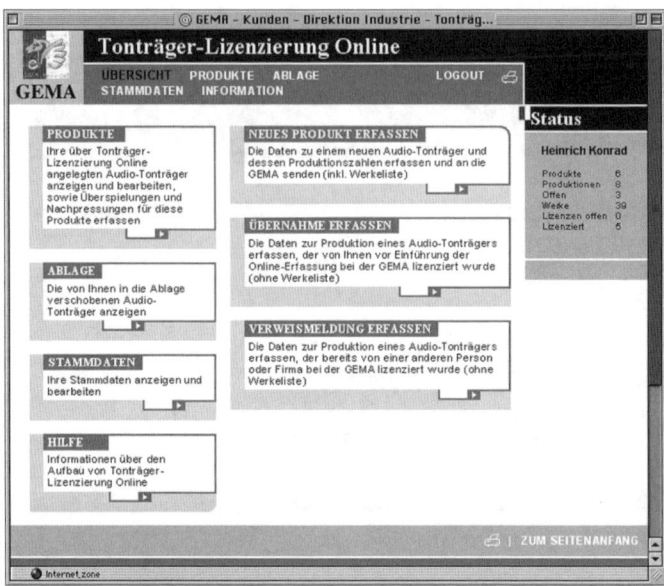

Übersicht der Online-Lizenzierung

Nach der Anmeldung haben Sie Zugriff auf die Online-Lizenzierung. Zum Verständnis der Seite ist es wichtig zu wissen, dass die GEMA bei der Online-Lizenzierung von Tonträgern zwischen Produkten und Produktionen unterscheidet. Mit Produkt ist die Zusammenstellung verschiedener Werke unabhängig von dem Tonträger, auf dem sie veröffentlicht werden, zu verstehen. Ein Produkt könnte zum Beispiel eine Compilation „Best of 2002" sein, zu der zehn Titel gehören. In der Produktion wird nun die Art des Tonträgers wie MC und CD und die Art der Produktion – das heißt, ob es sich um eine Erstauflage, Überspielung oder Nachpressung handelt – bestimmt. Unter einem Produkt werden also unter Umständen mehrere Produktionen zusammengefasst. So können zum Beispiel unter dem Produkt „Best of 2002" drei Produktionen zusammengefasst werden: Die Erstauflage auf CD, eine Überspielung auf MC und eine Nachpressung der CD.

Produkt und Produktion

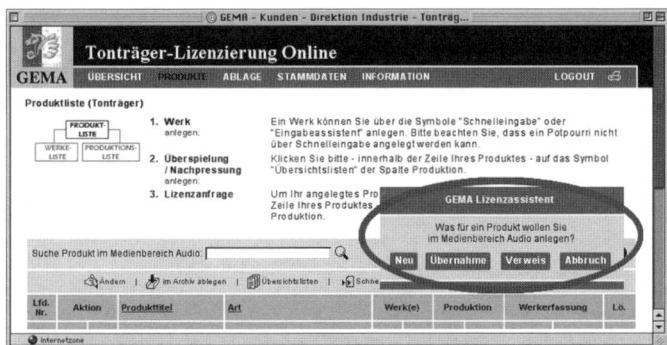

Produktliste mit GEMA-Lizenzassistent

Wollen Sie für die Herstellung und Verbreitung eines Tonträger eine Lizenz beantragen, gehen Sie folgendermaßen vor: Sie klicken auf der Übersicht-Seite auf das Feld „Produkte" und dort auf „neues Produkt anlegen". Dann bietet Ihnen der „GEMA-Lizenzassistent" unterschiedliche Optionen an, von denen Sie „neu" wählen. *Neues Produkt anlegen*

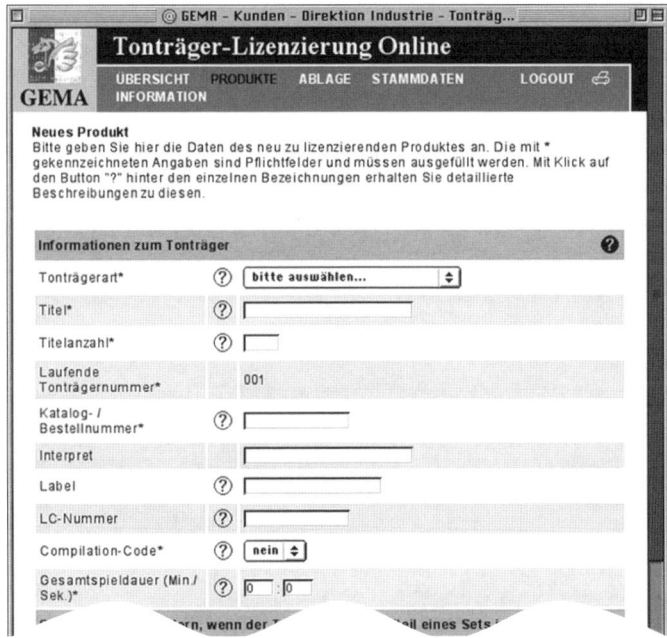

(?) |0

Setangaben (nur ändern, wenn der Tonträger Bestandteil eines Sets ist) (?)

Set-Katalognummer* (?) [   ]

Set-Titel (?) [   ]

Gesamtanzahl Tonträger im Set* [001]

Folgenummer des Tonträgers im Set* [001]

Information über die Produktion

Herstellung des Tonträgers zu folgendem Zweck* (?) [zum persönlichen (privaten) Gebrauch ⬍]
[   ] (Beschreibung)

Herstellungsdatum (TT/ MM/JJJJ)* (?) [09] / [09] / [2002]

Produktbereich* (?) [Normalverkauf ⬍]

Bitte nur bei VUT-Einzelinterimsvertrag ausfüllen

Sonderfertigung / Katalogware* (?) ◯ Sonderfertigung / ◯ Katalogware

Auftraggeber der Sonderfertigung (?) [   ] (Firmenbezeichnung)

Preisursprung* (?) * Preisursprung [Listenpreis ⬍]

Angaben zum Presswerk / Fertigungsstätte

Presswerk / Fertigungsstätte (?) Name* [   ]

Telefon [   ]

Fax [   ]

Ansprechpartner [   ]

eMail [   ]

Angaben zur Vergütungsanzahlung

Wurde eine Vergütungsanzahlung geleistet? (?) [nein ⬍]

(?) in welcher Höhe? [   ] EUR

Bankverbindung: Dresdner Bank München BLZ 700 800 00 Kto. 3 813 095 00

(?) Kontoinhaber: [   ]

(?) Verwendungszweck auf dem Überweisungsträger: [   ]

Datum des Zahlungsausganges (TT/ MM/JJJJ)* [   ] / [   ] / [   ]

Preisangaben (alles ohne Mwst.)

Hergestellte Stückzahl* (?) [   ]

Abgabe an den Einzelhandel (?) [   ] Stückzahl [   ] EUR Einzelhandelspreis

Abgabe an Endverbraucher (?) [   ] Stückzahl [   ] EUR Endverbraucherpreis

Promotion (?) [   ] Stückzahl

Sonstiges

Bemerkungen [   ]

[ABSENDEN ▸▸]

🖨 | ZUM SEITENANFANG

Online-Lizenzantrag

Bei der ersten Nutzung werden Sie gefragt, ob Sie Mitglied in einem Verband wie IFPI, VUT oder VDM sind. Dann wird die Lizenzgebühr entsprechend den im Gesamtvertrag mit dem VUT vereinbarten Konditionen berechnet (siehe 4.3.4.2). Haben Sie die Fragen beantwortet, erscheint ein Online-Lizenzantrag, in dem Sie ähnlich wie beim Lizenzantrag auf Papier Informationen zum Tonträger wie Tonträgerart, Titel und Anzahl der Werke sowie Gesamtspieldauer eintragen. Bislang ist hier noch keine Lizenzierung für DVDs möglich, das Format soll aber in Zukunft noch ergänzt werden. Sie werden nach dem Presswerk, der herzustellenden Stückzahl für Händler und Promotion und dem Preis gefragt. Die meisten der einzelnen Punkte werden erläutert. Haben Sie alles ausgefüllt, klicken Sie auf „Absenden". Ihr erstes Produkt erscheint in der Produktliste.

Lizenzantrag

Nach dem Abschicken des Lizenzantrags erscheint das Produkt in der Produktliste

Während Sie bisher nur die Anzahl der Titel und die Gesamtspielzeit des Tonträgers angegeben haben, müssen Sie nun die Werke angeben, die Sie in dem Produkt verwenden möchten. Klicken Sie dafür unter „Werkerfassung" auf „Schnelleingabe" oder „Eingabeassistent". Wählen Sie „Schnelleingabe" und es erscheint ein Formular, in dem Sie unter anderem Werktitel, Komponist und Spielzeit eingeben können.

Werkerfassung

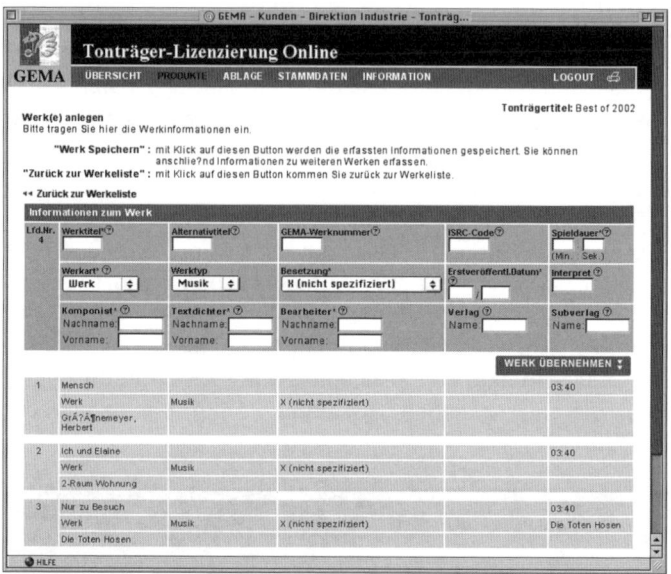

Werkerfassung

Nachdem Sie alle Angaben gemacht haben, klicken Sie auf „Werk übernehmen", ein neues, leeres Formular erscheint, in dem Sie das nächste Werk eintragen können. Führen Sie dies solange durch, bis Sie alle für die Produktion vorgesehenen Titel angemeldet haben und gehen Sie dann „zurück zur Werkeliste", wo Sie eine Übersicht der eingetragenen Werke bekommen.

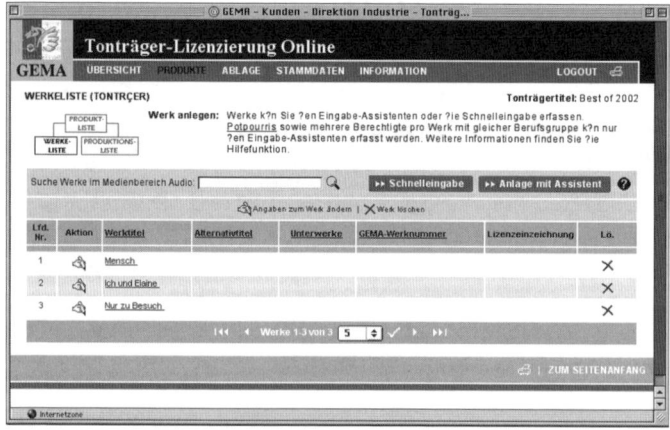

Werkeliste

Sind alle Werke für die Produktion eingetragen, klicken oben Links in dem Fenster auf „Produktionsliste". Von der Produktionsliste aus können Sie den Lizenzantrag an die GEMA senden. Unter „Aktion/Status" ist das Symbol für „Lizenzieren" abgebildet. Klicken Sie darauf, um Ihren Lizenzantrag an die GEMA zu übermitteln.

Produktionsliste

Beachten Sie unbedingt, dass Sie nach der Antragstellung die Angaben zu einer Produktion nicht mehr ändern können. Davor ist allerdings eine Korrektur jederzeit möglich. Ihre Eingaben des Lizenzantrags werden automatisch auf Vollständigkeit und bedingt auf Richtigkeit überprüft. Entspricht die eingegebene Gesamtzahl zum Beispiel nicht der Zahl der eingegeben Werke oder die Gesamtspielzeit nicht der Summe der Spielzeiten der einzelnen Werke, erscheint eine Fehlermeldung.

Ziel der GEMA ist es, Ihnen spätestens zwei Wochen nach Antragstellung den Lizenzbetrag online mitzuteilen. Einen Tag nach Eingang der Online-Nachricht bekommen Sie die Rechnung per Post zugeschickt. Mit Begleichung der Rechnung haben Sie die Lizenz zur Herstellung und Verbreitung des Tonträgers schließlich erhalten. Dies betrifft allerdings nur die Urheberrechte an einem Werk, nicht jedoch die Leistungsschutzrechte.

4.3.5 Direktion Rundfunk und neue Medien

Hörfunk, Fernsehen, Web-Radio und -TV

Als Veranstalter von Hörfunk- oder Fernsehprogrammen oder als Betreiber von Internetradio oder Web-TV wenden Sie sich an die Direktion Rundfunk und neue Medien, die wie die Direktion Industrie in München sitzt. Hier erhalten Sie die Senderechte, die Sie für die Ausstrahlung Ihrer Musikprogramme benötigen. Die beim Abspielen von Tonträgern betroffenen Leistungsschutzrechte der Musiker und Tonträgerhersteller können Sie bei der Gesellschaft für Leistungsschutzrechte (GVL) klären. Um überhaupt mit Ihrem Hörfunk- und Fernsehprogramm auf Sendung gehen zu dürfen,

Medienrechtliche Lizenz

benötigen Sie aber zudem eine medienrechtliche Lizenz, die Ihnen bei der für Sie zuständigen Landesmedienanstalt eingeräumt wird. Die Adressen der Landesmedienanstalten finden Sie im Internet unter www.alm.de.

4.3.5.1 Radiosender

Öffentlich-rechtliche Sender

Beim Hörfunk unterscheidet die GEMA in öffentlich-rechtliche und private Sender. Für die Landesrundfunkanstalten der ARD gilt der Tarif S-VR-Rdf 1, nach dem die Höhe der Vergütung von der Zahl der angemeldeten und nicht gebührenbefreiten Empfangsgeräte abhängt.

Private Rundfunkanbieter

📄 *9.1.5.4*

Anders verhält es sich bei Privatsendern, die darauf ausgerichtet sind, durch Werbung Gewinn zu erwirtschaften. An diesem Gewinn sollen die Urheber der Musik partizipieren. Als Grundlage zur Berechnung der Lizenzgebühren werden deshalb die Werbeeinnahmen eines Privatsenders herangezogen. In dem Tarif S-VR/T Hf-Pr, der für regionale, über Antenne empfangbare Rundfunkprogramme gilt, beträgt die Regelvergütung 6,2 Prozent der Werbeeinnahmen. Auf die tarifliche Vergütung erhalten Sie als Mitglied eines Rundfunkverbands wie dem Verband Privater Rundfunk und Telekommunikation (www.vprt.de) und der Arbeitsgemeinschaft Privater Rundfunk (www.privatfunk.de) einen Rabatt in Höhe von 20 Prozent, da die Verbände einen Gesamtvertrag mit der GEMA geschlossen haben. Sollte ein Privatsender keine wesentlichen Werbeeinnahmen erzielen, wird eine Mindestvergütung fällig, die sich nach der Zahl der im Sendebereich vorhanden Radiogeräte berechnet. Zur Klärung der Gerätezahl werden die Angaben vom statistischen Bundesamt in Wiesbaden herangezogen. Im Monat sind bei bis zu 50.000 Geräten 0,01023 Euro, bei 50.001 bis 500.000 Geräte 0,00511 Euro und bei über 500.000 Geräten 0,00153 Euro pro Empfangsgerät zu zahlen. Der Betrag verringert sich, wenn es sich nicht um ein Vollprogramm handelt, das 24 Stunden auf Sendung ist. Liegt die Sendezeit darunter, so ermäßigt sich die Vergütung dem Verhältnis entsprechend. Zusätzlich gibt es eine stufenweise Reduzierung, wenn das Programm kein reines Musikprogramm ist. Wer 12 Stunden sendet, zahlt somit nur die Hälfte der Mindestvergütung. Und für ein Radioprogramm, das nur zur Hälfte aus Musik besteht, gilt ebenfalls die Reduzierung der Mindestvergütung um 50 Prozent.

Hörfunk, terrestrisch, regional	
Regelvergütung zzgl. 7 % Umsatzsteuer	
6,2 % der Werbeeinnahmen	
Monatliche Mindestvergütung pro Gerät zzgl. 7 % Umsatzsteuer	
0 - 50.000 Geräte	0,01023 Euro
50.001 – 500.000 Geräte	0,00511 Euro
über 500.000 Geräte	0,00153 Euro
Sendezeit: Bei Vollprogramm 100 %, bei einer Sendezeit unter 24 Stunden entsprechend weniger	
Musikanteil: Bei reinem Musikprogramm 100 %, bei einem Musikanteil von bis zu 80, 60, 40, 20 oder 5 Prozent ermäßigt sich die Vergütung entsprechend stufenweise	

Abb. 15: Vergütungssätze des Tarif S-VR/T Hf-Pr

Für die Anmeldung eines privaten Hörfunkprogramm gibt es einen einseitigen Fragebogen, in dem alle für die Lizenzberechnung relevanten Daten anzugeben sind. Gefragt wird darin unter anderem nach Sendebereich, Höhe der Einwohnerzahl, nach den zu erwartenden Werbeeinnahmen im Jahr, der täglichen Sendezeit und dem Musikanteil im Programm. Das Formular können Sie sich auf der Homepage der GEMA in dem Bereich „Musiknutzer" runterladen.

Fallbeispiel für
Mindestvergütung

Ein Beispiel soll die Berechnung der Mindestvergütung nach S-VR/T Hf-Pr verdeutlichen: Ein Privatsender ist acht Stunden am Tag auf Sendung und spielt davon vier Stunden Musik; in seinem Sendegebiet gibt es 50.000 Empfangsgeräte. Aus der Anzahl der Radiogeräte ergibt sich eine Mindestvergütung von 511,50 Euro. Statt 24 Stunden werden nur 8 Stunden lizenziert, dem entsprechend reduziert sich die Vergütung auf ein Drittel, also 170,50 Euro. Da nur in der Hälfte der Sendezeit Musik gespielt wird, werden von diesem Betrag entsprechend der Staffelung nur 60 Prozent berechnet. Das ergibt eine monatliche Lizenzgebühr von 102,30 Euro zuzüglich Mehrwertsteuer.

4.3.5.2 Internetradio

Internetradios gibt es im Unterschied zum traditionellen Hörfunk in den unterschiedlichsten Arten. Die Spanne reicht vom klassischen Senden beziehungsweise Streaming von Inhalten, auf das der Hörer nur bedingt Einfluss nehmen kann, bis zum interaktiven Radio, bei dem der Hörer sich sein Radioprogramm selbst zusammenstellen kann.

Webradio Die Lizenzierung eines Internetradios, auf dessen Programm der Hörer keinen direkten Einfluss nehmen kann, entspricht der eines traditionellen Hörfunksenders. Die Klärung der Urheberrechte erfolgt bei der GEMA, die der Leistungsschutzrechte bei der GVL.

Tarif S-VR/IntR für Internetradios 9.1.5.5 Den Tarif für Internetradio S-VR/IntR hat die GEMA von dem für Tarif den terrestrischen Hörfunk abgeleitet, der über Antenne nur regional empfangen werden kann. Bei der Berechnung der Mindestvergütung wählt sie allerdings als Bezugsgröße die Zahl der technischen möglichen Empfänger und nicht die Zahl der Empfangsgeräte, denn die wäre ja weltweit mit den Rechnern mit Internet-Zugang gleichzusetzen. Die Mindestvergütung richtet sich deshalb nach der Zahl der gleichzeitig möglichen Zugriffe auf ein Online-Angebot.

Weltweite Sendung von Musik Anders als beim terrestrischen Hörfunk räumt die GEMA beim Internetradio die Rechte für eine weltweite Sendung von Musik ein. So sind die Vergütungssätze generell höher als die für den terrestrischen Hörfunk. Die Regelvergütung beträgt bei einem Internetradio mit bis zu 24 Kanälen 10 Prozent der Werbeeinnahmen, sie erhöht sich bei Mehrkanalradio ab 25 Kanälen auf 12 Prozent. Die Mindestvergütung richtet sich nach der Zahl der maximal möglichen gleichzeitigen Empfänger (siehe Abb. 16). Mindestens sind aber 25 Euro monatlich zu zahlen zzgl. 7 Prozent Mehrwertsteuer.

Internetradio, online, weltweit
Regelvergütung zzgl. 7 % Umsatzsteuer
10 % der Werbeeinnahmen bei bis zu 24 Kanälen
12 % der Werbeeinnahmen bei über 24 Kanälen
Monatliche Mindestvergütung zzgl. 7 % Umsatzsteuer bei bis zu
500 gleichzeitigen Empfängern   400 Euro
1.000 gleichzeitigen Empfängern   800 Euro
10.000 gleichzeitigen Empfängern   1.600 Euro
über 10.000 gleichzeitigen Empfängern 3.000 Euro
Sendezeit: Bei Vollprogramm 100 %, bei einer Sendezeit unter 24 Stunden entsprechend weniger
Musikanteil: Bei reinem Musikprogramm 100 %, bei einem Musikanteil von bis zu 80, 60, 40, 20 oder 5 Prozent ermäßigt sich die Vergütung entsprechend stufenweise

Abb. 16 Vergütungssätze des Tarif S-VR/IntR

Interaktives Radio

Um ein interaktives Internetradio handelt es sich dann, wenn Hörer direkt das Hörfunkprogramm bestimmen können oder es eine Playlist gibt und sie Titel überspringen können. Die Möglichkeit, den Beginn einer Online-Sendung wie bei Radioshows selbst zu bestimmen, gilt ebenfalls als interaktive Funktion.

Spartenkanäle

Als Mischform zwischen interaktivem und nicht-interaktivem Programm werden Spartenkanäle betrachtet, in denen eine bestimmte Zahl an Titeln in einer Endlosschleife wiederholt werden. Je geringer die Zahl, desto interaktiver das Angebot. Im Extremfall – bei der Wiederholung von nur einem Titel – würde aus dem Internetradio ein Music-on-Demand-Angebot. Werden interaktive Funktionen von einem Webradio angeboten, überprüft die GEMA, ob sie die Musikrechte nach dem Tarif für Internetradio oder dem für Music-on-demand einräumt.

Simulcasting

Programme, die zeitgleich zur terrestrischen Ausstrahlung im Internet übertragen werden, hier wird von Simulcasting gesprochen, werden von der GEMA nicht als eigenständiges Webradio betrachtet. Hier gitl der Tarif S-VR/THf-Pr.

Kostenvoranschlag

Haben Sie sich entschlossen, mit einem Internetradio online zu gehen, können Sie sich vor Sendestart ein Kostenvoranschlag von der GEMA aufstellen lassen. In der „Anfrage zur Vergütungshöhe eines Webradioprojekts" werden bereits alle Daten wie bei der Anmeldung eines Webradios erfragt. Das Formular können Sie sich auf der Homepage der GEMA als pdf-File runterladen und auf dem Computer ausfüllen. Die Anmeldung des Internetradios – das Formular finden Sie ebenfalls im Internet – ist dann bereits verbindlich. Während in der

Regel die Sendelizenz erst mit der Bezahlung der Vergütung erteilt wird, können Sie beim Internetradio bereits bei Eingang der Anmeldung bei der GEMA mit Ihrem Radioprogramm online gehen.

In dem GEMA-Lizenzshop können unter www.gema.de/lizenzshop die erforderlichen Webradiolizenzen auch online beantragt werden. Das Angebot gilt allerdings nur für Webradios mit bis zu drei URLs, bis zu neun Kanälen und bis zu 2.700 Hörern. Das Programm darf nicht interaktiv sein und die Netto-Einnahmen des Betreibers nicht über 430 Euro liegen.

4.3.6 Online-Nutzung

Die Lizenzvergabe für die Online-Nutzung von Musik wird je nach Nutzungsart von den Bezirksdirektionen, der Direktion Industrie und der Direktion Rundfunk und Neue Medien übernommen, weshalb sie in einem eigenen Kapitel Direktions-übergreifend vorgestellt wird.

Online-Tarife

Das Internet ist kein rechtsfreier Raum, wie die Gema immer wieder betont, denn auch hier gilt das Urheberrechtsgesetz. Ein neues insbesondere für das Internet geschaffenes Recht ist das „Recht der öffentlichen Zugänglichmachung", das in § 19a im Urheberrechtsgesetz aufgenommen worden ist. Darunter ist das Recht zu verstehen, Werke drahtgebunden zum Beispiel über das Internet, oder drahtlos zum Beispiel via Mobilfunk, in der Weise zu veröffentlichen, dass die Öffentlichkeit zu jeder Zeit an jedem Ort darauf zugreifen kann. Für diese Art der Musiknutzung ist ebenfalls eine gesetzliche Vergütungspflicht zu entrichten.

Ort der Lizenzierung

Durch die Verwendung der Musik im Internet wird sie weltweit verfügbar, eine private Nutzung ist daher ausgeschlossen. Wer im Internet Musik verwenden will, muss also dafür eine Lizenz erwerben, auch wenn er dies als Privatperson tut.

Lizenziert wird unabhängig vom Standort des Servers in dem Land des Musikverwerters beziehungsweise desjenigen, der für den Inhalt einer Website verantwortlich ist. Als Website-Betreiber in Europa müssen Sie also auch dann die Rechte bei einer Europäischen Verwertungsgesellschaft wie der GEMA einholen, wenn die auf Ihrer Website verwendeten Musikwerke auf einem Server in Tuvalu abgelegt sind wie zum Beispiel bei viva.tv.

Bei der Online-Musiknutzung sind neben dem Recht der öffentlichen Zugänglichmachung und dem Vervielfältigungsrecht bei Downloads oft auch das Herstellungs- und das Leistungsschutzrecht betroffen. Unter Herstellungsrecht wird das Recht zur Verbindung von Musikwerken mit Werken anderer Gattungen wie Text, Bild und Film verstanden. Wird eine Musik mit Bildern oder Texten verknüpft – zum Beispiel für eine Multimedia-Präsentation im Internet – bedarf es dafür einer gesonderten Genehmigung. Dieses Herstellungsrecht wird aber nicht von der GEMA wahrgenommen und ist daher beim Urheber beziehungsweise seinem Verlag selbst zu erwerben.

Recht der öffentlichen Zugänglichmachung

Herstellungsrecht

Werden Musikaufnahmen verwendet, wie zum Beispiel bei Music on Demand oder bei Realtone-Klingeltönen müssen die Leistungsschutzrechte der ausübenden Künstler und Produzenten an den Aufnahmen geklärt werden. Dieses Recht wird üblicherweise von den Tonträgerherstellern wahrgenommen. Mehr Informationen über die Leistungsschutzberechtigten erhalten Sie bei der Deutsche Landesgruppe der IFPI und beim VUT.

Leistungsschutzrechte

Auch wenn Sie eine als MIDI-File gespeicherte Musik verwenden möchten, müssen Sie bei dem Hersteller der MIDI-Datei die Rechte für deren Online-Verwertung einholen.

MIDI-Files

Um die Suche nach den Rechteinhabern eines bei der GEMA gemeldeten Musikwerkes zu erleichtern, hat die Verwertungsgesellschaft eine Online-Werkdatenbank eingerichtet. Sie finden die Datenbank direkt auf der Homepage der GEMA unter „Musikrecherche".

Online-Werkdatenbank

4.3.6.1 Websites zu Präsentationszwecken

Wollen Sie als Unternehmer oder Privatperson eine Website ohne E-Commerce mit GEMA-pflichtiger Musik untermalen, gilt der Tarif VR-W 1 für Websites Präsentationszwecken. Zur Berechnung der Lizenzgebühr werden die Page Impressions (Zugriffszahlen) mit Musiknutzung und die Nutzungsdauer herangezogen. Für die Anmeldung der zu verwendenden Musik hat die GEMA einen Meldebogen erstellt, den Sie bei der für Sie zuständigen Bezirksdirektion erhalten (siehe Adressliste). Zu Beginn nennen Sie auf dem Formular Ihre Rechnungsanschrift, dann kreuzen Sie an, ob es sich um eine gewerbliche oder private Website handelt oder um die einer nicht-gewerblichen Institution wie einem Verein. Sofern Herstellungsrechte betroffen sind, verlangt die GEMA einen Nachweis, dass Sie diese Rechte erworben haben. Tragen Sie die URL der Website ein und

9.1.5.9
Tarif VR-W 1 für Websites zu Präsentationszwecken

notieren Sie Anzahl der Page Impressions. Sollten Ihnen die Anzahl nicht bekannt sein, da Ihre Homepage noch neu ist, wird vorerst von einer Mindestzahl ausgegangen. Sie liegt für gewerbliche Sites bei 10.000 und für private Sites bei 2.000 Page Impressions pro Monat. Abschließend führen Sie in dem Formular alle Musikwerke mit Titel, Komponist, Datei-Format und Spieldauer auf.

Fallbeispiel für Tarif VR-W 1

Ein Beispiel soll die Berechnung der Lizenzgebühr nach dem Tarif VR-W 1 verdeutlichen: Für die Nutzung von 10 Minuten aus dem GEMA-Repertoire auf einer privaten Website, deren Page Impressions jährlich nicht über 2.000 liegen, ist eine Vergütung von 25 Euro pro Jahr an die GEMA zu bezahlen. Ist die Anzahl der Zugriffe mit Musiknutzung höher als 2.000 im Jahr und/oder werden mehr als insgesamt 10 Minuten der Werke des GEMA-Repertoires genutzt, wird die Vergütung wie bei einer gewerblich Nutzung berechnet, heißt es in dem Tarif VR-W 1.

	Lizenz	Maximale Zahl der Page-Impressions	Nutzungsdauer	Vergütung pro Werk zzgl. 7 % Umsatzsteuer
gewerbliche Website	5 Minuten eines Werkes	25.000 im Monat	1 Monat	25 Euro
private Website	10 Minuten GEMA-Repertoire	2.000 im Jahr	1 Jahr	25 Euro
nicht-gewerbliche Institution wie Verein	10 Minuten GEMA-Repertoire	25.000 im Jahr	1 Jahr	70 Euro

Abb. 11: Vergütungssätze des Tarif VR-W 1 für Websites ohne E-Commerce

4.3.6.2 Online-Tarif für GEMA-Mitglieder

Auch als GEMA-Mitglied müssen Sie für die Online-Verwertung eigener Werke eine Lizenz beantragen, wenn Sie der GEMA in dem Berechtigungsvertrag Ihre Rechte zur Online-Nutzung übertragen haben. Für Websites von GEMA-Mitgliedern zu Promotionszwecken von Eigenrepertoire gibt es allerdings eine vorerst bis Ende 2007 geltende Sonderregelung: Sie ist vergütungsfrei, sofern die Musik auf der Website des GEMA-Mitglieds als kostenloser Stream angeboten wird. Die Lizenz dafür kann online im Lizenzshop der GEMA unter www.gema.de/lizenzshop beantragt werden.

Sonderregelung

4.3.6.3 Websites mit E-Commerce

kommerzielles Warenangebot

9.1.5.10

Für Anbieter mit einem kommerziellen Warenangebot wie Amazon. de oder Bol.de gilt der Tarif VR-W 2. Wollen Sie eine Websites mit Electronic Commerce ins Netz stellen und darauf Musik aus dem GEMA-Repertoire verwerten, zum Beispiel als Hintergrundmusik oder Prelistening von angebotenen CDs, wird die dafür fällige Lizenzgebühr nach diesem Tarif berechnet. Darin wird zwischen E-Commerce mit Musik wie bei Online-Shops auf denen Musik-CDs bestellt werden können und E-Commerce mit sonstigen Waren und Dienstleistungen unterschieden. Auch hier werden die Page Impressions mit Musiknutzung und die Nutzungsdauer bei der Lizenzberechnung berücksichtigt.

	Maximale Zahl der Page-Impressions im Monat	Nutzungsdauer	Anzahl der Werke/ Spieldauer	Vergütung zzgl. 7 % Umsatzsteuer
Musik	500.000	1 Jahr	20/45 Sekunden	150 Euro
		1 Jahr	21-100/45 Sekunden	plus 2,50 pro Werk
sonst. Waren	10.000	1 Monat	1/5 Minuten	50

Abb. 13: Vergütungssätze des Tarif VR-W 2 für Websites mit E-Commerce (Stand: 30.12.2004)

Bei E-Commerce mit Musik wird davon ausgegangen, dass nicht ganze Werke sondern Werkausschnitte verwendet werden, die nicht länger 45 Sekunden sind. Diese Werkausschnitte werden zum Beispiel als Prelistenings von CDs eingesetzt und dienen dem Verkauf von Tonträgern. Websites mit einer Zugriffszahl von bis zu 500.000 Page Impressions monatlich zahlen für bis zu 20 Prelistenings eine Vergütung von 150 Euro im Jahr. Für jeden weiteren Werkausschnitt kommen im Jahr 2,50 Euro dazu. 30 Werkausschnitte kosten demnach 175 Euro (150 Euro für die ersten zwanzig Prelistenings und 25 Euro für die nächsten zehn). Liegt die Zahl der Page Impressions über 500.000, so erhöht sich der Betrag für weitere 100.000 Zugriffe um 10 Prozent.

E-Commerce mit Musik

Bei E-Commerce mit sonstigen Waren und Dienstleistungen beträgt die Vergütung pro Werk und Monat 50 Euro, sofern die Zahl der Zugriffe nicht über 10.000 liegt. Für weitere 10.000 Page Impressions sind im Monat zusätzlich 50 Euro je Werk zu bezahlen. Im Unterschied zum E-Commerce mit Musik kann die Spieldauer eines Werks bis zu 5 Minuten betragen. Liegt sie darüber, ist der Betrag, der sich aus der Zahl der Page Impressions ergeben hat, für jede weiteren 5 Minuten noch einmal zu zahlen. So ist zum Beispiel bei einer Website mit 20.000 Zugriffen im Monat für die monatliche Nutzung eines 10-minütigen Werks eine Vergütung von 200 Euro zu entrichten (50 Euro für die ersten 10.000 Zugriffe, weitere 50 Euro für die nächsten 10.000 Zugriffe. Die Vergütung von 100 Euro gilt für eine Spieldauer von 5 Minuten, für die weiteren 5 Minuten kommen noch einmal 100 Euro dazu, womit sich der Gesamtbetrag von 200 Euro ergibt).

E-Commerce mit sonstigen Waren

4.3.6.4 Music on Demand

Download und Streaming von Musik

Es hat einige Zeit gedauert, bis die GEMA Tarife für MoD-Angebote veröffentlicht hat. Vorerst hatte sie nur Einzelverträge mit Anbietern von Downloadshops geschlossen. Seit Anfang 2005 gilt für MoD-Angebote der in drei Stufen bis 2007 gestaffelte Tarif VR-OD 2. Der Tarif stößt bei den Major-Labels insbesondere in zwei Punkten auf Kritik: Zum einen meinen sie, dass der Lizenzschuldner nicht die Betreiber der Download-Shops, sondern die Labels sind. Zum anderen erscheint ihnen die in dem Tarif festgelegte Vergütung für MoD-Angebote unangemessen hoch. Die GEMA argumentiert dagegen, dass der nicht-physische Vertrieb von Musik günsitger sei und diese Kostenersparnis auch an die Urheber weitergegeben werden müsste. Nach Tarif VR-OD 2 sind seit Anfang 2007 für einen Download 15 Prozent des Endverbraucherpreises ausschließlich 19 % Mehrwertsteuer als Urheberabgabe zu entrichten. Mindestens wird pro Donwload jedoch 0,175 Euro berechnet. Ein Beispiel: 2007 werden 15 Prozent des Netto-Endverbraucherpreises eines Tracks an die GEMA abgeführt. Bei einem Download, der für 99 Cent angeboten wird, beträgt der Nettopreis rund 83,19 Cent. 15 Prozent davon sind 12,48 Cent, der Shop-Betreiber hat jedoch die Mindestvergütung von 17,50 Cent inkl. MwSt. zu entrichten. Denn erst ab einem Endverbraucherpreis von 1,39 Euro gilt die 15-Prozent-Berechnung. Gibt es keine Marktpreise für die Downloads – werden die Werke zum Beispiel nicht einzeln verkauft, sondern wie bei Napster als Abonnement angeboten – gelten andere Preise. 2007 werden in diesem Fall pro Song 0,2625 Euro berechnet. Auf alle Lizenzgebühren kommt die gesetzliche Mehrwertsteuer.

Was kostet Musik? Musik-Download

Mit der Rehabilitierung des deutschen Schlagers sind die Trixi-Schwestern wieder gut im Geschäft. Um mit der Zeit zu gehen, hat ihre Plattenfirma beschlossen, den kompletten Katalog der Künstlerinnen zu digitalisieren und als kostenpflichtigen Download anzubieten. Jeder Track kann mittlerweile in verschiedenen Online-Shops für einen Liebhaberpreis von 1,99 Euro runtergeladen werden. Nach dem Tarif VR-OD 2 haben die Shop-Betreiber im Jahr 2007 für jeden runtergeladenen Song 15 Prozent des Netto-Verkaufspreises an die GEMA zu entrichten. Da das Label VUT-Mitglied ist, erhält es einen Gesamtvertragsnachlas von 20 Prozent und muss dem entsprechend nur 12 Prozent pro Song abführen. Der Netto-Preis beträgt in dem beschrieben Fall 1,67 Euro, davon 12 Prozent sind 20 Cent. Auf diesen Betrag werden wiederum 7 Prozent MwSt. veranschlagt. Insgesamt gehen also 21,4 Cent an die GEMA

4.3.6.5 Downloads von Ruftonmelodien

Downloads von Klingeltönen werden nach dem Tarif VR-OD 1 abgerechnet. Darin werden die Einspeicherung, Übermittlung und der
Download von Musik in Form von Klingeltönen geregelt: 11 Prozent
vom Preis, den der Kunde des Online-Diensts für den Download
bezahlt, sind ausschließlich der gesetzlichen Mehrwertsteuer an
die GEMA zu entrichten. Werden die Ruftonmelodien durch andere
Beiträge wie Werbung oder Abo-Beiträge finanziert, gelten diese als
Vergütungsgrundlage. Für jedes abgerufene Werk mit einer Spieldauer von bis zu einer Minute und 45 Sekunden ist mindestens eine
Vergütung von 0,092 Euro zu bezahlen. Egal wie kurz der Werk-
Ausschnitt aus dem GEMA-Repertoire auch sein mag, sobald das
Werk erkennbar ist, muss dessen Verwertung lizenziert werden. Als
Anbieter von Ruftonmelodien sollten Sie außerdem darauf achten,
dass bei der Gestaltung eines Werks als Klingelton das Urheberper-
sönlichkeitsrecht gewahrt bleibt, das Werk also nicht entstellt wird.

Tarif VR-OD 1
für Downloads
von Ruftonmelodien
📄 *9.1.5.6*

	Regelvergütung	Mindestvergütung
105 Sekunden Ausschnitt	11 % vom Endkundenpreis exkl. MwSt.	0,092 Euro
weitere 105 Sekunden	zusätzlich 11 % vom Endkundenpreis exkl. MwSt.	0,092 Euro

Abb. 14 Vergütungssätze des Tarif VR-OD 1 für Downloads von Klingeltönen

4.3.7 GEMA-Tarifwerk

Das GEMA-Tarifwerk gliedert sich derzeit in 12 verwertungsrechtliche
Hauptbereiche und 86 nutzungstypische Einzeltarife.

1. Aufführung (Live-Musik)

U-VK	Veranstaltungen mit U-Musik
U	Regelmäßige Musik
U-T	U-Live-Musik in Tanzlokalen
VK	Variete, Kabarett, Zirkus, Gastspielunterneh-men, Fernsehsendungen
VK(G)	Regelmäßige Musik (Großhallenbetriebe/ Gastspielunternehmen)
E	Konzert E-Musik
E-P	Konzert E-Musik (pädagogische Zwecke)
Ch	Konzert von Chören
BM	Musik in Bühnen und Theatern
U-Büh	Bühnenaufführungen aus Werken des Kleinen Rechts im Zusammenhang mit Shows, Compi-lation Shows, Revuen etc.

WR-VR-B1	Musik in Kleinkunstbühnen
B	Musik in Kurorten (Kurverwaltung)
WR-K 1	Musik in Gottesdiensten
WR/ Wb	Musik mit Werbung

2. Wiedergabe von Tonträgern und Bildtonträgern

M-U	U-Musik mit Tonträgern
WR/MO	Musik in Verkehrsmitteln
BT	Musik mit Bildtonträgern
S-TV	Musik im Shop-TV (Instore TV) im Einzelhandel etc.
WR-TEL	Musik in Telekommunikation
W-T 2	Musik in Telefonwarteschleifen
WR-T-BAL	Musik in Ballettschulen
WR-KS	Musik in Kursen
WR-VR-K	Musik im Karneval (Training und Aufführung von Tanzgarden)
WR-VR-MES	Musik auf Messen und Ausstellungen
WR/ Wb	Musik mit Werbung
WR-N	Regelmäßige Musikwiedergaben mittels Tonträgern in Table-Dance-Lokalen, Striptease-Lokalen usw.
WR-Best	Musiknutzung bei Bestattungen
WR-OKJE	Musikwiedergabe in Einrichtungen der offenen Kinder- und Jugendarbeit

3. Wiedergabe von Funksendungen

R	Musik in Radiosendungen
WR-I-UHF	Musik im Unternehmenshörfunk
FS	Musik in Fernsehsendungen
WR-I-UFS	Musik im Unternehmensfernsehen
WR-S-T	Weiterleitung und Wiedergabe von Werken des GEMA-Repertoires bei Filmvorführungen in Videoeinzelkabinen
WR-S-E	Weiterleitung und Wiedergabe von Werken des GEMA-Repertoires bei Erotikfilmvorführungen in Videoeinzelkabinen

4. Filmvorführungen

T-F	Regelmäßige Vorführung (Kino)
T-R	Regelmäßige Vorführung (außerhalb Kino)
T	Einzelne Vorführung

| T-W-AV | Industriefilme, Lehrfilme, Dokumentationsfilme (inkl. Vervielfältigung) |
| T-Spe 1 | Vorführung von Filmen deutscher oder deutschausländischer Coproduktion im Ausland (in Ländern ohne Abgeltung der Vorführungsrechte) |

5. Weiterübertragung von Musik

W-T 1	Weiterleitung von Tonträgermusik (außer Gastronomie und Krankenhäuser)
W-BT 1	Weiterleitung von Bildtonträgermusik (außer Gastronomie, Krankenhäuser und Videoeinzelkabinen)
WR/Wb	Wiedergabe mit Werbung
W-S	Weiterleitung durch Großgemeinschaftsantennen und Kabelfernsehen
W-S 2	Weiterleitung durch eigene Verteileranlage (außer Gastronomie und Krankenhäuser)
WR-S 1	Weiterleitung in der Gastronomie
WR-S 2	Weiterleitung in Krankenhäuser

6. Vervielfältigung auf Tonträger und deren Verbreitung

VR-T-H 1	Handelsübliche Tonträger (persönlicher Gebrauch, z.B. Verkauf)
VR-T-H 2	für auf Tonträgern zur Verbreitung zum persönlichen Gebrauch als Beigaben zu Zeitschriften oder zu sonstigen Produkten oder zu Dienstleistungen, zur Promotion von Tonträgerveröffentlichungen und zum Vertrieb über besondere Vertriebswege
VR-T-H 3	für Musikvideos (Videoclips und Konzertvideos) auf DVD (Digital Versitile Disc) und deren Verbreitung zum persönlichen - privaten - Gebrauch
VR-A DT-H 1	Audio-Datenträger (persönlicher privater Gebrauch)
VR-T-Sp 1	Musikspielwerke
VR-T-T 1	Vervielfältigung durch Tonstudios im Auftrage Dritter (persönlicher Gebrauch)

VR-T-H 11	Interner Gebrauch in Schulen, bzw. für Unterrichtszwecke
VR-T-I	Eigene Vervielfältigung für den eigenen Gebrauch
VR-T-WB 1	Nichtöffentliche Wiedergabe in Werkräumen oder Büros
VR-T-G	Öffentliche Wiedergabe
VR-T-DK 1	Drehorgel-Walzen und Karton-Noten
VR-T-Rdf/A	Einmalige Hörfunksendung im Ausland (in Ländern ohne nationale Verwertungsgesellschaft)

7. Vervielfältigung auf Bildtonträger und deren Verbreitung

VR-BT-H 1	Verwertung von Musikvideos/Videoclips für die Vervielfältigung von Bildtonträgern (persönlicher Gebrauch, z.B. Verkauf)
VR-BT-H 2	Vervielfältigung von Werken auf Bildtonträger (persönlicher Gebrauch, z.B. Verkauf)
VR-AV DT-H 1	Audiovisuelle Datenträger (persönlicher Gebrauch)
VR-BT-Rdf 1	Nichtgewerbliche Vervielfältigung für nicht-öffentliche Vorführung
VR-BT-I	Eigene Vervielfältigung für eigene interne Vorführung
VR-BT-A 1	Entgeltliche Vertonung von Amateurfilmen für nichtgewerbliche, nichtöffentliche Vorführung
VR-BT-G	Öffentliche Vorführung
VR-BT-TH	Kinobox-Filme
VR-BT/ Wb-H 16	Werbespots in Kinos und im Fernsehen

8. Herstellung von Bildtonträgern (Benutzungsrecht für Masterband/ Nullkopie ohne Vervielfältigung)

VR-TH-F 1	Öffentliche Vorführung in Kinos
VR-TH-F 2	Öffentliche Vorführung außerhalb Kinos und für den privaten Gebrauch
VR-TH-W 1	Wochenschauen

9. Sendung und Vervielfältigung von Tonträgern und Bildtonträgern

S-VR-Rdf 1	Landesrundfunkanstalten (ARD)
S-VR/Fs-Pr	Privates Fernsehen regional
S-VR/KHf-Pr	Privater Hörfunk/Kabel regional
S-VR/THf-Pr	Privater Hörfunk terrestrisch regional

S-VR-HF   Laden- bzw. Unternehmenshörfunk
S-VR-FS   Laden- bzw. Unternehmensfernsehen
S-VR/IntR   Internetradio
S-VR-Rdf/A 1   Rundfunkstationen im Ausland (in Ländern ohne
                   Verwertungsgesellschaft)

10. Importe von bespielten Tonträgern

VR-T-J1   Verbreitung handelsüblicher Tonträger (persön-
                   licher Gebrauch, z.B. Verkauf)

11. Vermieten und Verleihen von bespielten Tonträgern und Bildtonträgern

V-T(P)   Vermietung oder Verleih von Tonträgern
                   (persönlicher privater Gebrauch)
V-BT   Vermietung oder Verleih von Bildtonträgern
                   (persönlicher privater Gebrauch)

12. Online-Verwertung von Musik

VR-OD 1   Klingeltöne als Music-on-Demand-
                   Angebot
VR-OD 2   Music-on-Demand mit Download
VR-OD 3   Music-on-Demand ohne Download
VR-W 1   Websites zu Präsentationszwecken
VR-W 2   Websites mit Electronic Commerce
S-VR/IntR   Internetradio

5. GVL
5.1 Die Gesellschaft

5.1.1 Geschichte und Auftrag

Um die Interessen der Musiker in Deutschland besser vertreten zu können, wurde im Jahre 1952 die Deutsche Orchestervereinigung e.V. (DOV) gegründet, deren wichtigstes Ziel die Verankerung des Leistungsschutzrechts für Musiker im Urheberrechtsgesetz war. Sie hat sich dafür eingesetzt, dass ausübenden Künstlern ähnliche Rechte wie Urhebern zuerkannt werden. Wer als Musiker eine Leistung zum Beispiel als Studiomusiker erbringt, der soll auch an der Verwertung seiner Leistung, zum Beispiel der Wiedergabe seiner Aufnahme im Radio, beteiligt werden. Außerdem soll es einem Musiker erlaubt sein, die Entstellung seiner Darbietung zu verbieten. 1965 wurden die von der DOV geforderten Leistungsschutzrechte schließlich als „verwandte Schutzrechte" in das Urheberrechtsgesetz aufgenommen. In dem jüngst überarbeiteten Urheberrechtsgesetz wurde der bereits seit 1965 bestehende Anspruch des Künstlers auf eine angemessene Vergütung gestärkt. Danach ist dem ausübenden Künstler eine angemessene Vergütung zu zahlen, wenn seine Darbietung erlaubterweise gesendet oder aber mittels Bild- oder Tonträger öffentlich wahrnehmbar gemacht wird (§ 77 UrhG).

Deutsche Orchester- vereinigung

Leistungsschutz der Musiker

Die Deutsche Landesgruppe der IFPI (International Federation of the Phonographic Industry)[5], der Interessenverband der Tonträger- hersteller, war darum bemüht, dass auch Hersteller von Tonträgern einen Leistungsschutz erhalten. Sie allein sollten über die Verviel- fältigung und Verbreitung der von ihnen hergestellten Tonträger ent- scheiden dürfen. Wie die Musiker sollten auch sie an der Verwertung ihrer Leistung wie die öffentlichen Wiedergabe oder Sendung ihres Tonträgers durch eine angemessene Vergütung beteiligt werden. In dem zweiten Teil des Urheberrechtsgesetzes aus dem Jahre 1965 wird ihnen wie den ausübenden Künstlern dieses Leistungsschutz-

International Federation of the Phonographic Industry

---

[5] Am 1. November 2007 wurden die Deutsche Landesgruppe der IFPI und der Bundesverband der Phonographischen Wirtschaft zum Bundesver- band Musikindustrie e.V. zusammengelegt.

*Vergütungs-
anspruch der
Tonträgerhersteller*

recht zuerkannt. Der Vergütungsanspruch ist heute in Paragraf 86 wie folgt geregelt: „Wird ein erschienener oder erlaubterweise öffentlich zugänglich gemachter Tonträger, auf den die Darbietung eines ausübenden Künstlers aufgenommen ist, zur öffentlichen Wiedergabe der Darbietung benutzt, so hat der Hersteller des Tonträgers gegen den ausübenden Künstler einen Anspruch auf angemessene Beteiligung an der Vergütung, die dieser nach § 78 Abs. 2 erhält." Das heißt, der Tonträgerhersteller wird an der Vergütung beteiligt, die ein Musiker für die öffentliche Nutzung seiner auf einem Tonträger aufgenommenen Musik erhält.

*Dauer des Leis-
tungsschutzrechts*

Der im Leistungsschutzrecht verankerte Vergütungsanspruch von ausübenden Künstlern und Tonträgerherstellern an der von ihnen erbrachten Leistung erlischt 50 Jahre nach der Veröffentlichung eines Tonträgers (§ 82 UrhG).

*Gesellschaft zur
Verwertung von Leis-
tungsschutzrechten*

Für die Wahrnehmung der Leistungsschutzrechte von Musikern und Tonträgerherstellern hat die Deutsche Orchestervereinigung gemeinsam mit der deutschen Landesgruppe der IFPI im Jahre 1959 die Gesellschaft zur Verwertung von Leistungsschutzrechten GmbH (GVL) gegründet. Ihre Aufgabe ist es zum einen, für die öffentliche Wiedergabe und private Vervielfältigung aufgenommener und gesendeter Live-Musik sowie für Sendung, öffentliche Wiedergabe, Weiterleitung in Kabelnetze und private Vervielfältigung erschienener Tonträger eine Vergütung einzuziehen. Zum anderen hat sie die von den Musikverwertern eingenommen Gelder nach bestimmten Verteilungsplänen an die Leistungsschutzberechtigten, also Musiker und Tonträgerhersteller zu verteilen. Wie die GEMA ist auch die GVL Mittler zwischen Rechteinhabern und den Musikverwertern.

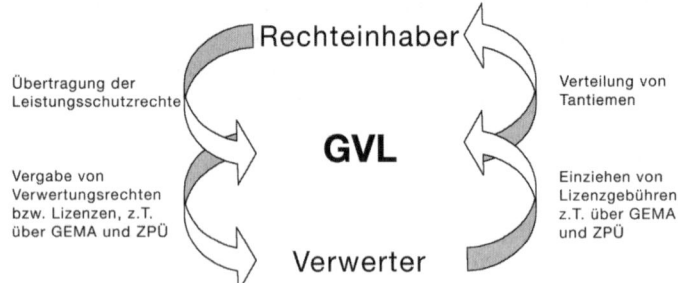

Übertragung der
Leistungsschutzrechte

Rechteinhaber

Verteilung von
Tantiemen

Vergabe von
Verwertungsrechten
bzw. Lizenzen, z.T.
über GEMA und ZPÜ

GVL

Einziehen von
Lizenzgebühren,
z.T. über GEMA
und ZPÜ

Verwerter

Abb. 17: Rechteinhaber wie ausübende Künstler und Tonträgerhersteller übertragen der GVL in einem Wahrnehmungsvertrag die Vergütungsansprüche für die Nutzung ihrer Leistung. So kann die GVL von den Musikverwertern Lizenzgebühren einfordern. Die rechtliche Grundlage dafür bildet das Leistungsschutzrecht.

Seit 1977 vergibt die GVL an Plattenfirmen einen mittlerweile fünf- *Labelcode*
stelligen Labelcode, der ein automatisches Erstellen von Sendelisten
bei den Rundfunkstationen ermöglicht. Dabei erhält jedes Label von
der GVL eine eigene LC-Nummer, mit der alle Veröffentlichungen
dieses Labels gekennzeichnet werden. Wird ein Titel nun im Radio
oder Fernsehen gespielt, werden die Sendeminuten unter der LC-
Nummer des Labels registriert. Damit wird eine genaue Zuordnung
der Sendeminuten pro Label möglich. Die Anzahl der Sendeminuten
pro Label wiederum bestimmt, wie hoch dessen Beteiligung an der
Verteilungssumme der GVL ist (siehe 5.1.5).

Aufgaben der GVL

- *Abschluss von Wahrnehmungsverträgen mit den Leistungsschutz-
  berechtigten*
- *Vergabe des Labelcodes an Tonträgerhersteller*
- *Wahrnehmung der Zweit- und Drittverwertungsrechte*
- *Einziehen der gesetzlich vorgeschriebenen Vergütung auf Grundlage
  von Tarifen*
- *Verteilung der Tantiemen an Berechtigte*

5.1.2 Gesellschaftsstruktur

Die Leitung der Gesellschaft wird von zwei Geschäftsführern übernommen. Der Verwaltungsapparat der GVL ist mit insgesamt 38 Angestellten wesentlich schlanker als der der GEMA, was sich im Wesentlichen daraus ergibt, dass das Inkasso, also das Einziehen der Lizenzgebühren, für die öffentliche Wiedergabe von der GEMA übernommen
wird. Aus diesem Grund fallen auch die Verwaltungskosten deutlich
geringer aus als bei der GEMA. Einmal im Jahr kommen die Vertreter
von DOV und IFPI bei der Gesellschafterversammlung der GVL zu- *Gesellschafterver-*
sammen, um gemeinsam den Jahresabschlussbericht abzunehmen. *sammlung*

Außerdem gibt es bei der GVL einen Beirat, dem 24 Leistungs- *Beirat*
schutzberechtigte angehören. Die Hälfte davon wird in der alle
drei Jahre stattfindenden Berechtigtenversammlung gewählt, die *Berechtigten-*
andere Hälfte von der Gesellschafterversammlung berufen. Die *versammlung*
Aufgabe des Beirats ist es, die von der Geschäftsführung vorgelegten Verteilungspläne abzunehmen. Sie bildet somit die Interessensvertretung der Leistungsschutzberechtigten in der Gesellschafterversammlung.

Die GVL in Zahlen (Stand 2004)

Leistungsschutzberechtigte:

    ausübende Künstler 112.700

    Tonträgerhersteller.. 6.000

Mitarbeiter 37

Gesamterträge .... 154 Mio. Euro

Verwaltungskosten.. 11 Mio. Euro

---

*Wahrnehmungs-
vertrag*

Zu den von der GVL vertretenen Leistungsschutzberechtigten gehören neben den Tonträgerherstellern Musiker aller Art, vom Solisten bis zum Chormitglied. Sie haben ihre Leistungsschutzrechte in einem Wahrnehmungsvertrag der Verwertungsgesellschaft übertragen. So kann die GVL die Rechtevergabe an die Musikverwerter, das Inkasso der dafür fälligen Vergütung und deren Verteilung an die Berechtigten übernehmen.

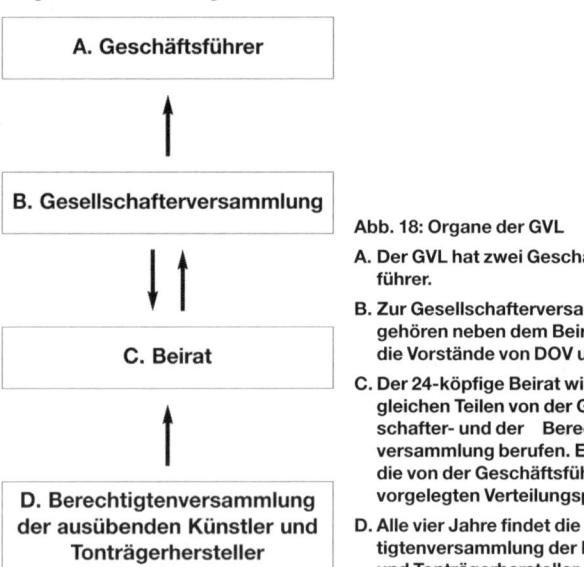

Abb. 18: Organe der GVL

A. Der GVL hat zwei Geschäftsführer.

B. Zur Gesellschafterversammlung gehören neben dem Beirat auch die Vorstände von DOV und IFPI.

C. Der 24-köpfige Beirat wird in gleichen Teilen von der Gesellschafter- und der Berechtigtenversammlung berufen. Er nimmt die von der Geschäftsführung vorgelegten Verteilungspläne ab.

D. Alle vier Jahre findet die Berechtigtenversammlung der Musiker und Tonträgerhersteller statt.

5.1.3 Verwertungsstufen von Musik

Bei der Verwertung von Musikdarbietungen, auch Auswertung genannt, werden drei verschiedene Stufen unterschieden: die Erst-, *Erstverwertung*
Zweit- und Drittverwertung. Zur Erstverwertung gehört die Aufnahme beziehungsweise Sendung von live dargebotener Musik. Bei dieser Verwertungsstufe hat der ausübende Künstler absolute Rechte,
das heißt, er allein entscheidet, zu welchen Bedingungen er sich
künstlerisch bei einer Tonträgerproduktion oder in Film, Funk und
Fernsehen einbringt. Vergütung und Rechteübertragung werden
dabei in Individualverträgen geregelt. Die Erstverwertungsrechte
werden also von dem ausübenden Musiker selbst wahrgenommen.

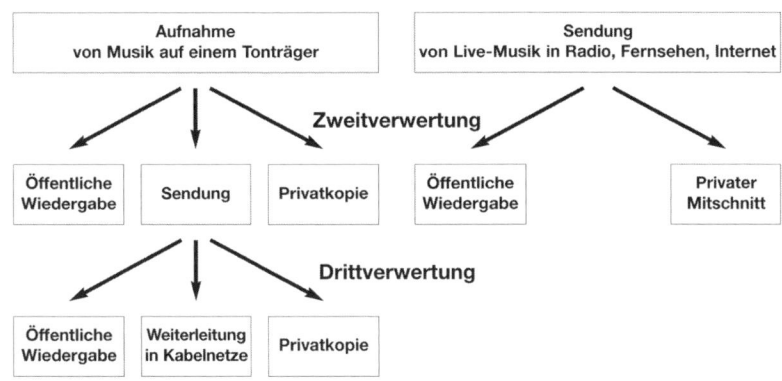

Abb. 19: Verwertungsstufen von Musik
Zur Erstverwertung gehört die Aufnahme und Sendung von Live-Musik, wobei Honorar und
Rechteübertragung individuell geregelt werden. Zur Zweitverwertung zählt die Nutzung von
aufgenommener bzw. gesendeter Live-Musik. Zur Drittverwertung gehört die Nutzung von
gesendeten Tonträgern. Eine angemessene Vergütung ist bei der Zweit- und Drittverwertung
gesetzlich vorgeschrieben, um deren Berechung und Inkasso kümmert sich die GVL.

Bei der Zweitverwertung besteht diese Möglichkeit nicht. Zur zweiten *Zweitverwertung*
Verwertungsstufe zählt die Nutzung von Tonträgern und Sendungen.
Öffentliche Wiedergabe von Musik-CDs oder Sendungen, deren privates Kopieren und auch der Mitschnitt eines im Rundfunk übertragenen Live-Konzerts sind Beispiele für Zweitverwertungen. Niemand
wird bislang einem Musiker vertraglich zusichern wollen und können, wie die Zweitauswertung seiner Leistung aussieht und ihm dafür
eine entsprechende Vergütung zahlen. Das liegt auch daran, dass
nur schwer kontrolliert werden kann, wer welche Tonträger öffentlich
wiedergibt oder kopiert beziehungsweise, wo eine im Rundfunk über-

Kein Verbotsrecht

tragene Live-Musik öffentlich wiedergegeben oder mitgeschnitten wird. Ein Verbotsrecht gibt es für die Zweitverwertung nicht, sobald ein Tonträger mit Zustimmung des Musikers veröffentlicht wurde, darf er im Radio gesendet und privat kopiert werden. Dass der Rechteinhaber hier aber nicht leer ausgeht, wird in dem Leistungsschutzrecht geregelt. Danach steht Musikern und Tonträgerherstellern für die Zweitverwertung eine angemessene Vergütung zu. Das Aushandeln und Einziehen dieser Vergütung ist Aufgabe der GVL.

Vergütungs-anspruch

Die gleiche gesetzliche Regelung gilt für die Drittverwertung, von der immer dann gesprochen wird, wenn gesendete Tonträger öffentlich wiedergegeben oder privat aufgenommen werden. Auch das Weiterleiten von Radio- und Fernsehsendung durch Kabelnetzbetreiber ist eine Drittauswertung. Musiker und Labels haben dafür ebenfalls einen gesetzlichen Anspruch auf eine angemessene Vergütung.

5.1.4 Inkasso

Hörfunk- und Fernsehsender

Diskotheken, Gaststätten, Hotels und Veranstalter

Hersteller von Auf-nahmegeräten und Leermedien

Öffentliche Bibliotheken

Kabelnetzbetreiber

Abb. 20: Einnahmequellen
Wer Werke öffentlich nutzen will, an denen Leistungsschutzrechte bestehen, muss dafür eine Vergütung bezahlen. Die Vergütung für die Sendung von Tonträgern wird von den GVL selbst eingezogen. Das Inkasso für die öffentliche Wiedergabe von Tonträgern und Sendungen übernimmt die GEMA und für die Privatkopie die ZPÜ.

Die von der GVL eingezogenen Lizenzgebühren stiegen seit ihrem Entstehen bis heute von unter 2,6 Millionen auf 154 Millionen Euro. Die Einnahmen setzen sich aus Sendevergütung, Vergütung für öffentliche Wiedergabe und private Vervielfältigung zusammen. Dem entsprechend ist das Inkasso der GVL in drei Tätigkeitsfelder gegliedert.

Das Inkasso der Vergütung für die Sendung von Tonträgern und Videoclips erfolgt in Form von Pauschalabgaben, die die Rundfunksender an die GVL zahlen. Dafür werden zwischen der Verwertungsgesellschaft und den Sendern Verträge geschlossen, in denen unter anderem die zu entrichtende Vergütungshöhe bestimmt ist. Die Abgabe der öffentlich-rechtlichen Sender richtet sich zum einen nach Einnahmen aus den Rundfunkgebühren und zum anderen nach der Höhe der Werbeeinnahmen. Mit den Verbänden der Privatsender hat die GVL einen Gesamtvertrag geschlossen. Die Vergütung bemisst sich hierbei ausschließlich an dem Werbeerlös. Die Vergütung für Tonträger- und Videoclip-Sendungen war 2005 mit 75 Millionen Euro die größte Einnahmequelle der GVL.

Pauschal-vergütung

Tonträger und Videoclip-Sendungen

Das Einziehen der Lizenzgebühren für die öffentliche Wiedergabe von Tonträgern und Rundfunksendungen wird von der GEMA übernommen. Die Zusammenarbeit erspart der GVL einen aufwendigen und kostenintensiven Außendienst. Für die GEMA bedeutet diese Aufgabe dagegen keinen wesentlichen Mehraufwand, denn sie vergibt ohnehin in ihren Bezirksdirektionen die Nutzungsrechte für die öffentliche Wiedergabe von GEMA-Repertoire an die Musikverwerter. Dafür hat sie Tarife aufgestellt, in denen die Vergütungshöhe für die jeweilige Nutzung festgelegt ist. Zusätzlich werden auf den ermittelten Lizenzbetrag bei Tonträgerwiedergabe 20 Prozent, bei Tonträgerwiedergabe in Diskotheken 26 Prozent und bei der Wiedergabe von Rundfunksendungen ebenfalls 26 Prozent für die GVL erhoben, womit der Vergütungsanspruch der Leistungsschutzberechtigten abgegolten wird. Die Einnahmen aus der öffentlichen Wiedergabe beliefen sich im Jahr 2005 auf 34 Millionen Euro.

Öffentliche Wiedergabe

Die dritte Einnahmequelle der GVL ergibt sich aus der Vergütung für die private Vervielfältigung von Musik. Alle Hersteller von Aufnahmegeräten, Leermedien und neuerdings auch von CD- und DVD-Brennern müssen eine Abgabe an Urheber und Leistungsschutzberechtigte entrichten. Auf Audiogeräte werden dabei 1,28 Euro, auf CD-Brenner 7,50 Euro und auf DVD-Brenner 9,21 Euro veranschlagt. Für jede Stunde Leermedium werden für Audio 0,0614 Euro und für Video 0,087 Euro berechnet.

Privatkopie

Schnell erklärt: Gesetzesgrundlagen für die Musikverwertung

In dem zweiten, mit „verwandte Schutzrechte" überschriebenen Teil des deutschen Urheberrechtsgesetzes wird dem Interpret und dem Tonträgerhersteller ein Vergütungsanspruch für die Sendung und die öffentliche Wiedergabe seiner Leistung zugesprochen.

Interpret
§ 77 UrhG Aufnahme, Vervielfältigung und Verbreitung
(1) Der ausübende Künstler hat das ausschließliche Recht, seine Darbietung auf Bild- oder Tonträger aufzunehmen.

(2) Der ausübende Künstler hat das ausschließliche Recht, den Bild- oder Tonträger, auf den seine Darbietung aufgenommen worden ist, zu vervielfältigen und zu verbreiten. § 27 ist entsprechend anzuwenden.

§ 78 UrhG Öffentliche Wiedergabe
(1) Der ausübende Künstler hat das ausschließliche Recht, seine Darbietung
1. öffentlich zugänglich zu machen (§ 19a),
2. zu senden, es sei denn, dass die Darbietung erlaubterweise auf Bild- oder Tonträger aufgenommen worden ist, die erschienen oder erlaubterweise öffentlich zugänglich gemacht worden sind,
3. außerhalb des Raumes, in dem sie stattfindet, durch Bildschirm, Lautsprecher oder ähnliche technische Einrichtungen öffentlich wahrnehmbar zu machen.

(2) Dem ausübenden Künstler ist eine angemessene Vergütung zu zahlen, wenn die Darbietung nach Absatz 1 Nr. 2 erlaubterweise gesendet, die Darbietung mittels Bild- oder Tonträger öffentlich wahrnehmbar gemacht oder die Sendung oder die auf öffentlicher Zugänglichmachung beruhende Wiedergabe der Darbietung öffentlich wahrnehmbar gemacht wird.

Tonträgerhersteller
§ 86 UrhG Anspruch auf Beteiligung
Wird ein erschienener oder erlaubterweise öffentlich zugänglich gemachter Tonträger, auf den die Darbietung eines ausübenden Künstlers aufgenommen ist, zur öffentlichen Wiedergabe der Darbietung benutzt, so hat der Hersteller des Tonträgers gegen den ausübenden Künstler einen Anspruch auf angemessene Beteiligung an der Vergütung, die dieser nach § 78 Abs. 2 erhält.

Um die Vergütung für die private Vervielfältigung zu regeln, wurde 1989 von den Verwertungsgesellschaften GEMA, GVL und VG Wort die Zentralstelle für private Überspielungsrechte (ZPÜ) gegründet. Zur Geschäftsführung und Vertretung der Gesellschaft ist die GEMA berechtigt. Sie übernimmt das Inkasso der Geräte- und Leermedienabgaben und deren Verteilung an die auszahlungsberechtigten Verwertungsgesellschaften. Bei der Audioverwertung gehen 42 Prozent der ZPÜ-Einnahmen an die GEMA, 42 Prozent an die GVL und 16 Prozent an die VG Wort. Bei der Videoverwertung geht die Hälfte der Erträge an die Filmverwertungsgesellschaften. 2005 belief sich Vergütungssumme für die private Vervielfältigung bei der GVL auf 38 Millionen Euro.

Zentralstelle für private Überspielungsrechte

Weitere Einnahmen kommen aus Vermietung und Verleih von veröffentlichten Tonträgern und Videos, außerdem durch Kabelnetzbetreiber für die Kabelweiterleitung von Rundfunksendungen.

Vermietung und Verleih

5.1.5 Verteilung

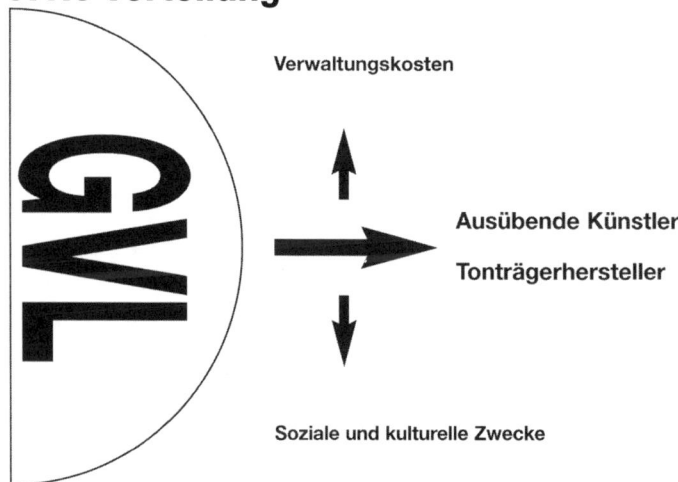

Abb. 21: Verteilung der Vergütung
Nach Abzug von Verwaltungskosten und der Ausgaben für soziale und kulturelle Zwecke werden die Einnahmen an die Rechteinhaber verteilt.

Das Vergütungsaufkommen der GVL betrug für 2005 insgesamt 151,2 Millionen Euro. Von diesem Betrag wurden 11 Millionen Euro für die Verwaltung und 3,5 Millionen Euro für kulturelle und soziale

Zwecke ausgegeben. Der verbleibende Betrag ging an die 112.700 ausübenden Künstler und 6.000 Tonträgerhersteller, die der Gesellschaft angehören.

Verteilungspläne
der GVL

Bei der Ausschüttung der Gelder wird in einem ersten Schritt der Gesamterlös in zwei Beträge geteilt. Der eine ist für die ausübenden Künstler, der andere für die Tonträgerhersteller. Wer welchen Anteil von der Gesamtvergütung bekommt, ist von der GVL auf einer gesetzlichen Grundlage festgelegt worden. In dem Leistungsschutzrecht besteht eine rechtliche Verknüpfung der Vergütungsansprüche von Musikern und Tonträgerhersteller. So ist der Tonträgerhersteller angemessen an der Vergütung des ausübenden Künstlers zu beteiligen, die dieser für die öffentliche Nutzung seiner auf einem Tonträger aufgenommenen Darbietung erhält (§ 86 UrhG). In welchem Verhältnis der Tonträgerhersteller zu beteiligen ist, hängt allerdings von der Art der Nutzung ab. Als zentrale Nutzungsarten werden

📄 9.2.1

in den Verteilungsplänen der GVL von 2005 Sendung, öffentliche Wiedergabe und Vervielfältigung sowie Vermietung und Verleih von veröffentlichten Tonträgern und Videos genannt.

Die Vergütungen für das Senden von Tonträgern und Videos und für Vermietung und Verleih werden in gleichen Teilen an Musiker und Labels ausgeschüttet. Die Vergütung für die öffentliche Wiedergabe und Vervielfältigung geht dagegen zu 64 Prozent an die Musiker und zu 36 Prozent an den Tonträgerhersteller. Nachdem der Gesamtertrag in einen Betrag für ausübende Künstler und einen für Tonträgerhersteller aufgeteilt wurde, erfolgt die Ausschüttung an die Leistungsschutzberechtigten nach einem Verteilungssystem für Künstler und einem für Tonträgerhersteller.

Berechtigter Nutzungsart	ausübender Künstler	Tonträgerhersteller
Sendung	50	50
Öffentliche Wiedergabe und private Vervielfältigung	64	36
Vermietung und Verleih	50	50

Abb. 22: Tantiemensplit für ausübende Künstler und Tonträgerhersteller
Für die Sendung von Tonträgern und deren Vermietung und Verleih bekommen Musiker und Label die Hälfte der Vergütung. Bei der öffentlichen Wiedergabe und der privaten Vervielfältigung erhält der Musiker 64 und das Label 36 Prozent der Vergütung.

Verteilungssystem für ausübende Künstler

Die Ausschüttung an die ausübenden Künstler richtet sich nach den Erträgen aus der Erstverwertung. Das bedeutet: Von der Höhe der Einnahme, die der Künstler für CD- und Videoproduktionen, Sendeauftritte und Engagements erhalten hat, hängt ab, wie hoch die Vergütung für die Zweit- und Drittverwertung ist, die er von der GVL erhält. Das Verteilungssystem geht davon aus, dass die künstlerische Leistung von Musikern, die bei der Erstverwertung ein hohes Einkommen vorweisen können, bei der Zweit- und Drittverwertung häufiger genutzt wird und dem entsprechend höher zu vergüten ist. Wer dagegen ohne Honorar an einer Produktion mitgewirkt hat, erhält keine Vergütung für die Zweit- und Drittauswertung. Dies wird seitens der GVL damit erklärt, dass keine Veranlassung besteht, den Verzicht auf eine Gegenleistung bei der Erstverwertung durch die Verteilungspläne zu korrigieren. Außerdem sei nicht mit einer Zweit- oder Drittverwertung zu rechnen, wenn die Leistung des ausübenden Künstlers auch im Bereich der Erstverwertung nicht zu einer Gegenleistung führt.

Erträge aus Erstverwertung

In dem Verteilungssystem für Künstler wird ein Musiker, der gegen ein einmal gezahltes Honorar eine CD produziert, von der GVL nur in dem Produktionsjahr eine Vergütung für deren Zweit- und Drittverwertung erhalten, auch wenn seine CD danach immer noch im Radio gespielt wird. Mit der Vergütung für das Produktionsjahr wird pauschal auch die Zweit- und Drittverwertung der kommenden Jahre abgegolten.

Vergütung nur im Produktionsjahr

Damit bei der Ausschüttung nicht nur die wenigen Großverdiener unter den Musikern den überwiegenden Teil der Einnahmen erhalten, werden die Einnahmen aus der Erstverwertung ab einem bestimmten Betrag nicht mehr in voller Höhe berücksichtigt. Dies geschieht mit einer fünfstufigen Staffelung, auch degressive Staffel genannt. So werden die Einnahmen eines Künstlers bis 50.000 Euro jährlich mit 100 Prozent und weitere 50.000 Euro hingegen nur noch mit 75 Prozent angerechnet. Bei 1,5 Millionen Euro liegt die Obergrenze der Einnahmen. Darüber liegende Einnahmen werden bei der Verteilung nicht mehr berücksichtigt. Auf diese Weise werden geringer Verdienende stärker an der Verteilungssumme beteiligt. Diese Fördermaßnahme wurde so gewählt, weil das Wahrnehmungsgesetz vorschreibt, kulturelle und soziale Belange zu berücksichtigen.

Ausschüttung

Degressive Staffel

Obergrenze

Ausschüttungs-quote

Um zu ermitteln, welche Vergütung ein Musiker für Tonträger von der GVL erhält, wird zuerst die Ausschüttungsquote ermittelt. Dafür wird der von der GVL erzielte Erlös durch die Summe der Einnahmen aus der Erstverwertung geteilt. Das ergab bei der letzten Verteilung 2005 einen Prozentsatz von 40,15. Der Betrag setzt sich zusammen aus einer Ausschüttungsquote von 26,91 Prozent für die Sendevergütung, 3,95 Prozent für die öffentliche Wiedergabe sowie für die private Vervielfältigung von Audio 4,57 und von Video 4,72 Prozent. Ein ausübender Künstler bekam also von der GVL rund fast die Hälfte der von ihm eingenommenen Honorare aus Erstverwertung als Vergütung für Zweit- und Drittverwertung ausgezahlt.

Fallbeispiel für Tantiemen-verteilung

Ein Beispiel: Belaufen sich die Einnahmen eines Musikers im Jahr auf 30.000 Euro, dann erhält der Musiker, sofern alle Einnahmen von der GVL anerkannt werden, eine Vergütung von rund 10.000 Euro. Die Ausschüttung an ausübende Künstler erfolgt im Dezember des folgenden Jahres.

jährliche Einnahmen	Anrechnung zu
bis 50.000 Euro	100 %
weitere 50.000 Euro	75 %
weitere 50.000 Euro	50 %
weitere 50.000 Euro	25 %
Alles Weitere	10 %

Abb. 23: Degressive Staffel der Einnahmen
Ab 50.000 Euro werden Einnahmen aus der Erstverwertung nicht mehr in voller Höhe angerechnet. Damit werden geringer verdienende Musiker stärker bei der Verteilung der Tantiemen beteiligt.

Zweit- und Dritt-verwertung

Warum sich die GVL bei der Verteilung an Musiker nicht an der Zweit- und Drittverwertung orientiert, wird damit begründet, dass nur schwer festgestellt werden kann, welche Leistung eines Musikers bei der Sendung, der öffentlichen Wiedergabe und der Kopie von Musik

Ausschüttung erfolgt nach Sendeminuten

wirklich genutzt worden ist. Dass die in anderen Ländern zu findende Verteilung nach Sendeminuten in Deutschland schwer umzusetzen ist, hat mehrere Gründe: Zum einen werden bei den Rundfunkanstalten nur die Leistungen von Tonträgerherstellern dokumentiert. Das heißt, wie oft die Musik eines Labels im Radio und Fernsehen wiedergegeben wurde, wird auf einer Sendeliste festgehalten, wie oft ein Künstler aufgetreten ist dagegen nicht. Werden also die aus den Sendelisten ermittelten Sendeminuten bei der Verteilung zu

Grunde gelegt, werden Live-Künstler gar nicht berücksichtigt. Sie haben aber auch einen gesetzlichen Anspruch auf eine angemessene Vergütung. Zum anderen liegt eine Schwierigkeit darin, dass in den Sendelisten nicht die Sendeminuten pro Werk, sondern nur pro Tonträgerhersteller dokumentiert werden. Es lässt sich anhand der Listen also nicht feststellen, wie oft die Aufnahme eines Musikers gesendet wurde. Auch bei einer möglichen Einzelerfassung der gespielten Werke müsste für jeden Titel einzeln bestimmt werden, mit welchem Anteil ein Musiker an dem Werk beteiligt ist. Es müsste zum Beispiel geklärt werden, welchen Leistungsanteil ein Sänger im Vergleich zu den Band-Musikern hat. Diese Probleme ergeben sich bei einer Orientierung an der Erstverwertung nicht.

Verteilungssystem für Tonträgerhersteller

Die Ausschüttung an die Tonträgerhersteller erfolgt nach Sendeminuten. Um die minuten-genaue Erfassung von Tonträgersendungen zu automatisieren, wurde 1977 die mittlerweile fünfstellige Labelcode-Nummer von der GVL eingeführt, wonach jedes bei der GVL angemeldete Label eine eigene Nummer erhält. Mit dieser Nummer werden alle Tonträger eines Labels gekennzeichnet. Von den Rundfunkstationen wird die Sendezeit eines Tonträgers unter der LC-Nummer des Labels registriert. Am Quartalsende werden schließlich alle Sendeminuten eines Label summiert. Um die Vergütungshöhe pro Sendeminute zu ermitteln, wird der Gesamterlös, der von der GVL für die Sendung von Tonträgern erzielt wurde, durch Summe aller Sendeminuten dividiert. Anschließend wird die Vergütung eines Labels bestimmt, indem die Vergütungshöhe pro Sendeminute mit den Sendeminuten eines Labels multipliziert wird. Die so berechnete Vergütung erhalten Tonträgerhersteller vierteljährlich ausgezahlt.

Tonträgerhersteller erfolgt nach Sendeminuten Labelcode

5.1.6 Internationale Zusammenarbeit

Ähnlich wie die GEMA hat auch die GVL Gegenseitigkeitsverträge mit ausländischen Verwertungsgesellschaften von ausübenden Künstlern und Tonträgerherstellern geschlossen. Darin ist entweder ein Vergütungsaustausch vereinbart, wenn die Verteilungssysteme der Verwertungsgesellschaften kompatibel sind, also beide die Verteilung an ausübende Künstler nach den Erträgen aus der Erstverwertung richten. In diesem Fall nimmt die GVL auch die Rechte von Mitgliedern ausländischer Verwertungsgesellschaften wahr und überweist ihnen die dafür eingezogenen Gebühren. Umgekehrt

Gegenseitigkeitsverträge

nehmen die Verwertungsgesellschaften im Ausland die Rechte der Berechtigten in Deutschland wahr.

Sind die Verteilungssysteme dagegen nicht kompatibel, zum Beispiel, wenn die Ausschüttung einer Verwertungsgesellschaft an ausübende Künstler nur auf Sendeminuten basiert, wird ein Vergütungsaustausch ausgeschlossen.

5.1.7 Kultur- und Sozialfond

Altkünstlerfond

Treueregelung

Im Gesellschaftsvertrag und den Verteilungsplänen der GVL ist vorgesehen, von den Verteilungsbeträgen bis zu 5 Prozent für soziale, kulturelle und kulturpolitische Zwecke zu verwenden. Im Jahr 2004 wurden dafür insgesamt 3,3 Millionen Euro verteilt. 1,05 Millionen Euro davon gingen in einen Altkünstlerfond, der für ältere freiberufliche Künstler eingerichtet wurde, die keine Honorare aus Erstverwertung mehr anmelden, deren Musik aber immer noch im Rundfunk gesendet wird. Um an dieser so genannten Treueregelung teilnehmen zu können, muss ein Künstler mindestens 20 Jahre der GVL angehören und davon mindestens 18 Jahre eine Vergütung von der GVL bezogen haben. Dass sich jemand der GVL anschließt, ohne Einnahmen aus der Erstverwertung nachzuweisen, reicht also nicht aus, um die Unterstützung zu erhalten. Zudem muss der Künstler ununterbrochen und ausschließlich freiberuflich tätig gewesen sein. Wer diese Voraussetzungen erfüllt, kann einen schriftlichen Antrag auf Beteiligung an der Treueregelung stellen. Bei 992 Berechtigten wurde im Jahr 2005 diese Beteiligung bewilligt. Sie erhielten eine Ausschüttung, die sich an den im Durchschnitt vom Künstler verdienten Tantiemen orientiert und mindestens 800 Euro, höchstens aber 3100 Euro im Jahr beträgt.

kulturelle und soziale Zwecke

Auch kulturpolitische Einrichtungen wie der Deutsche Musikrat und das ehemalige Deutsche Musikexportbüro GermanSounds erhalten von der GVL einen Förderungsbeitrag, der im Jahr 2005, zum Beispiel bei jeweils 100.000 Euro lag. Insgesamt wurden in dem Jahr 3,2 Millionen Euro für kulturelle, kulturpolitische und soziale Zwecke bereitgestellt.

5.2 GVL-Berechtigte

In der Zusammensetzung des Beirats spiegelt sich auch die Mit- *Mitgliederstruktur*
gliederstruktur der GVL wieder. Aus der Gruppe der ausübenden
Künstler sind darin Dirigenten, Instrumentalsolisten, Gesangs- und
Tanzsolisten, Orchester-, Chor- und Ballettmitglieder, Studiomusi-
ker, Schauspieler und künstlerisch Vortragende, Regisseure und
Veranstalter vertreten, die Gruppe der Hersteller von Videoclips und
Tonträgern sind im Beirat ebenfalls repräsentiert.

5.2.1 Ausübende Künstler
5.2.1.1 Mitgliedschaft: Ja oder nein?

Für die Erstauswertung, zum Beispiel die Produktion einer CD oder
die Sendung von Live-Musik, erhalten Sie als Musiker ein Honorar. Hier können Sie Vertragsbedingungen und Gage vorab klären.
Bei der Zweit- und Drittverwertung haben Sie dagegen weniger
Einfluss. Zur Zweitverwertung gehören zum Beispiel die öffentliche Wiedergabe von CDs in Discos, Cafés und Geschäften und
deren Sendung im Rundfunk. Verbieten können Sie diese Verwertung nicht, Sie können aber dafür eine Vergütung verlangen, denn
diese steht Ihnen nach dem Leistungsschutzrecht zu. Nun wird es
einem Einzelnen schwer fallen, einen genauen Überblick darüber
zu bekommen, wie oft seine CD wann und wo gespielt oder gesendet wird. Auch das Einfordern der daraus resultierenden Vergütung
wäre für jeden Einzelnen sehr zeitaufwendig. Diese Aufgabe kann
die GVL für Sie übernehmen. Das ist allerdings nur dann möglich,
wenn Sie Honorare aus Erstverwertung vorweisen können, wenn *Honorare aus*
Sie also zum Beispiel als Musiker oder Sänger an CD-Produktionen *Erstverwertung*
mitgewirkt haben, im Fernsehen aufgetreten sind oder Ihr Konzert
im Radio übertragen wurde. Denn nur wenn Sie Einnahmen für die
Erstverwertung bekommen haben, erhalten Sie auch von der GVL
eine Vergütung für die Zweit- und Drittverwertung. Wer für eine Stu-
dioaufnahme oder einen Live-Auftritt im Rundfunk keinen Lohn verlangt, geht dann auch bei der GVL leer aus.

Können Sie also Einnahmen aus Ihrer künstlerischen Tätigkeit belegen, ist eine Mitgliedschaft bei der GVL für Sie lohnenswert. Anders
als bei der GEMA ist die Mitgliedschaft bei der GVL kostenlos. Ein

weiterer Unterschied liegt darin, dass Sie eine Mindestausschüttung erhalten – sie lag 2006 bei 110 Euro. Ansonsten liegt die Ausschüttung für Zweit- und Drittverwertung, die Sie von der GVL bekommen, in der Regel bei einem Drittel Ihrer Erträge aus der Erstverwertung. Haben Sie zum Beispiel als Musiker bei CD-Produktionen 15.000 Euro verdient, erhalten Sie von der GVL also rund 5.000 Euro.

Um eine Vergütung für Zweit- und Drittverwertung zu erhalten, müssen Sie sich zum einen bei der GVL anmelden und zum anderen Ihre Honorare aus Erstverwertung nachweisen.

5.2.1.2 Anmeldung

Die Anmeldung bei der GVL ist denkbar einfach. Auf Anfrage erhalten Sie von der Verwertungsgesellschaft die Anmeldeunterlagen zugeschickt, zu denen der Wahrnehmungsvertrag für ausübende Künstler, der Gesellschaftsvertrag der GVL und ein Formular „Ergänzende Angaben für Bankverbindung und steuerliche Zwecke" gehört. Die Formulare können auch auf der Homepage der GVL (www.gvl.de) runtergeladen werden. Wer sie bis zum 30. April einreicht, wird an der Ausschüttung des Vorjahres beteiligt.

Wahrnehmungs-
vertrag für aus-
übende Künstler
📄 *9.2.2*

Der Wahrnehmungsvertrag ist die Grundlage für die Arbeit der GVL. Darin übertragen Sie der Verwertungsgesellschaft die Ihnen zustehenden Leistungsschutzrechte. Welche das im Einzelnen sind, wird in Abschnitt 1 des Wahrnehmungsvertrags aufgeführt. Außerdem übertragen Sie der Gesellschaft den Anspruch auf Zahlung einer Vergütung für die Zweit- und Drittverwertung Ihrer künstlerischen Leistung. Es bleibt Ihnen frei, einzelne Rechte nicht an die GVL zu übertragen oder deren Wahrnehmung auf Deutschland zu begrenzen. Das wäre dann von Bedeutung, wenn Ihre Rechte im Ausland eine andere Verwertungsgesellschaft vertreten soll. Dies wird allerdings von der GVL wegen des erhöhten Verwaltungsaufwands nicht empfohlen. Den Vertragsbeginn können Sie in Abschnitt 6 frei wählen, die Mindestlaufzeit des Vertrags beträgt zwei Jahre. Danach können Sie den Vertrag mit einer Frist von sechs Monaten zum Ende des Kalenderjahres kündigen.

Gesellschafts-
vertrag
📄 *9.2.3*

Was für die GEMA die Satzung ist, ist für die GVL der Gesellschaftsvertrag. In dem Gesellschaftsvertrag – er ist fester Bestandteil des Wahrnehmungsvertrags – wird zu Beginn der Aufgabenbereich der GVL dargestellt und die Grundregeln für die Verteilungspläne festgelegt. So ist im Vertrag bestimmt, dass die Gesellschaft keine Gewinne erzielen darf; zudem werden Aufgaben, Zusammensetzung und Wahl der Organe – das sind Geschäftsführung und Beirat – beschrieben. Mit Unterschrift des Wahrnehmungsvertrags stimmen Sie auch dem Gesellschaftsvertrag zu.

Abschließen sind in dem Formular „Ergänzende Angaben für Bankverbindung und steuerliche Zwecke", wie der Titel schon erkennen lässt, Ihre Bankverbindung zu nennen, die für die Überweisung der Vergütung verwendet werden soll. Bei den Angaben über Ihre Steuerpflicht wird zum einen danach gefragt, wo Sie einkommensteuerpflichtig sind. Wenn Sie nicht wie einst Wolfgang Joop ins Steuerparadies Monaco ausgewandert sind oder wie Michael Schumacher in der Schweiz Steuervorteile genießen, sondern ihren Wohnsitz in Deutschland behalten haben, werden Sie Ihr Kreuz bei „Ich bin in der Bundesrepublik unbeschränkt einkommensteuerpflichtig" setzen. Zum anderen wird nach der Umsatz- beziehungsweise Mehrwertsteuer gefragt. Umsatzsteuerpflichtig ist in der Regel jeder Freiberufler. Als Musiker, der von einzelnen Aufträgen lebt und in keinem Angestelltenverhältnis ist, unterliegen Sie der Umsatzsteuer. Das heißt, Sie müssen auf Ihre Honorare üblicherweise 7 Prozent Umsatzsteuer berechnen. In diesem Fall setzen Sie Ihr Kreuz bei „Ich versteuere meine Umsätze ..." Es gibt allerdings Ausnahmen, bei denen Sie keine Umsatzsteuer berechnen müssen. Wenn Ihr Jahresumsatz aus selbstständiger Arbeit unter 16.620 Euro liegt, ist keine Umsatzsteuer abzuführen. In diesem Fall setzen Sie Ihr Kreuz bei „Ich bin sog. Kleinunternehmer..." Als Schüler, Student oder Angestellter werden Sie vielleicht noch keine Einnahmen erhalten, die der Umsatzsteuer unterliegen. In diesem Fall kreuzen Sie „Ich habe noch keine Einnahmen ..." an.

Ergänzende Angaben
📄 *9.2.4*

5.2.1.3 Nachweis der Einnahmen aus Erstverwertung

In dem ersten Schritt haben Sie sich bei der GVL angemeldet. Um nun auch an der Ausschüttung beteiligt zu werden, müssen Sie Ihre jährlichen Einnahmen aus Erstverwertung anhand von Quittungen und Belegen nachweisen. Dafür versendet die GVL jedes Jahr bis zum 31. Januar einen Nachweisbogen, in dem Sie Ihre einzelnen Einnahmen angeben und die entsprechenden Belege und Quittungen der anzumeldenden Entgelte, beilegen. Anmeldefähige Einnahmen sind Honorare und Umsatzbeteiligungen, die Sie für Tätigkeiten als ausübender Künstler bei Hörfunk-, Fernseh-, Film-, Video- oder Tonträgeraufnahmen erhalten haben. Honorare sind

Nachweisbogen
📄 *9.2.5*

durch Verträge oder durch Honorarquittungen nachzuweisen, Umsatzbeteiligungen durch eine Lizenzabrechnungen. Haben Sie dafür keine Belege erhalten, können Sie die Einnahmen auch anhand von Kontoauszügen einreichen.

Vergütung für künstlerische Tätigkeit

Wichtig ist, das aus den Belegen hervorgeht, dass Sie die Vergütung für eine künstlerische Tätigkeit erhalten haben. Einnahmen für Tätigkeiten als Urheber oder für Aufgaben technischer, organisatorischer oder kaufmännischer Art werden nicht anerkannt. Künstlerische Produzenten von Tonträgern haben außerdem ein Belegexemplar oder Booklet einzureichen, aus dem ihr künstlerisches Mitwirken ersichtlich ist. Regisseure, Sprecher und Moderatoren für Hörfunk und Fernsehen haben zusätzlich ein Manuskript der Sendung vorzulegen.

Haben Sie als Mitglied einer Band Honorare erhalten, so können Sie nur den Anteil der Gage berechnen, der an Sie ausgezahlt wurde.

Alle Unterlagen senden Sie mit dem Nachweisbogen bis zum 30. Juni an die GVL. Sobald die GVL die Quittungen und Belege ausgewertet hat, erhalten Sie sie zurück. Die Ausschüttung erfolgt im darauf folgenden Dezember.

5.2.2 Tonträgerhersteller
5.2.2.1 Mitgliedschaft: Ja oder nein?

Für Label-Betreiber ist die Frage nach einer Mitgliedschaft bei der GVL schnell beantwortet: Wenn Sie ein eigenes Label gründen wollen, sollten Sie bei der GVL Mitglied werden und sich von der Verwertungsgesellschaft einen Labelcode geben lassen. Das ist

Vergütung für öffentliche Nutzung

deshalb für Sie wichtig, weil Ihnen für die öffentliche Nutzung Ihrer Produktionen eine gesetzliche Vergütung zusteht. Die GVL zieht bei den Musikverwertern wie Radiosender, Cafés und Hersteller von Aufnahmegeräten eine Gebühr für die Sendung, Wiedergabe und Vervielfältigung von Musik ein und verteilt sie an ausübende Künstler und Tonträgerhersteller. Sie erhalten also zusätzlich zu den Verkaufserlösen Ihrer Tonträger eine Vergütung für deren öffentlichen Nutzung. Grundlage für die Verteilung an Tonträgerhersteller sind die Sendeminuten Ihrer im Rundfunk gespielten Titel. Damit die Sendeminuten Ihrer CDs erfasst werden können, ist jeder Tonträger mit einem Labelcode zu kennzeichnen, den Sie von der GVL nach Ihrer Anmeldung bekommen.

5.2.2.2 Anmeldung

Auf Anfrage erhalten Sie bei der GVL die Anmeldeformulare für Tonträgerhersteller zugeschickt. Dazu gehören Wahrnehmungs- und Gesellschaftsvertrag, das Formular „Ergänzende Angaben für Bankverbindung und steuerliche Zwecke" und ein zweiseitiger „Fragebogen zum Antrag auf Abschluss eines Wahrnehmungsvertrags".

Damit die GVL für Sie von den Musikverwertern eine Vergütung einziehen kann, müssen Sie der Gesellschaft in dem Wahrnehmungsvertrag für Tonträgerhersteller Ihre Leistungsschutzrechte abtreten. Welche Rechte das im Einzelnen sind, wird in Paragraf 1 des Vertrags aufgeführt. Das Vertragsgebiet ist auf Deutschland beschränkt, die Vertragsdauer beträgt zunächst zwei Jahre. Sie können den Vertrag verlängern, dann läuft er auf unbestimmte Zeit und kann mit einer Frist von sechs Monaten zum Ende des Jahres gekündigt werden. Abschließend wird die Aufteilung der Vergütung zwischen Musikern und Tonträgerherstellern genannt. So geht die Vergütung bei der Sendung von Tonträgern zu gleichen Teilen an Musiker und Tonträgerhersteller. Mit Ihrer Unterschrift stimmen Sie gleichzeitig dem Gesellschaftsvertrag zu, der wie bei den ausübenden Künstlern Bestandteil des Wahrnehmungsvertrags ist (siehe 5.2.1.2).

Wahrnehmungsvertrag für Tonträgerhersteller
📄 *9.2.6*

Gesellschaftsvertrag

Das Formular „Ergänzende Angaben für Bankverbindung und steuerliche Zwecke" ist mit dem für ausübende Künstler identisch. Hier ist anzugeben, in welchem Land Sie einkommenssteuerpflichtig sind und ob Sie der Umsatzsteuer unterliegen.

Ergänzende Angaben

Welche Voraussetzungen Sie noch erfüllen müssen, um bei der GVL aufgenommen zu werden, erfahren Sie im „Fragebogen zum Antrag auf Abschluss eines Wahrnehmungsvertrags".

Fragebogen zum Antrag
📄 *9.2.7*

Punkt 1 – Eine Bedingung für die Aufnahme ist, dass Ihre Firma im Handelsregister eingetragen ist oder eine Gewerbeerlaubnis vorliegt. Eine entsprechende Kopie ist dem Antrag beizufügen. Hierbei ist im Wesentlichen darauf zu achten, dass alle Teilhaber vermerkt sind und der Begriff der Tonträgerproduktion beziehungsweise -herstellung in der Gewerbeart auftaucht. Mischgewerbe oder gar artfremde Gewerbe wie zum Beispiel Distribution, Promotion oder Marketing können sich beim Beantragen der GVL-Mitgliedschaft als nachteilig auswirken. Eine Gewerbeerlaubnis erhalten Sie beim Gewerbeamt.

Gewerbe

Label-Name Punkt 2 – In dem Fragebogen müssen Sie außerdem angeben, ob und unter welchem Label-Namen Ihre Tonträger vom Handel angeboten werden (Punkt 2a+b). Diesem Label-Namen wird von der GVL ein Labelcode zugeordnet. Die GVL empfiehlt die Eintragung eines Labels beim Deutschen Patentamt (www.dpma.de). Die Eintragung ist zwar kostenpflichtig, gewährleistet aber einen Schutz des Label-Namens. Eine Kopie der Eintragung in die Warenzeichenrolle ist dem Antrag beizulegen (Punkt 2c). Außerdem wird danach gefragt, wie viel Katalognummern Sie bereits bei dem Label veröffentlicht haben (Punkt 2d). Katalognummern sind von einem Label frei gewählte Bestellnummern, mit denen eine Tonträgerproduktion gekennzeichnet wird. Die GVL erwartet, dass unter Ihrem Label mindestens eine Produktion veröffentlicht wurde. Ein Belegexemplar dieser Produktion ist beizulegen.

Fertigungs- *rechnung* Punkt 3 – Zu dem Belegexemplar fügen Sie eine Fertigungsrechnung von dem Presswerk, in dem der Tonträger hergestellt wurde. Anzugeben ist auch die Stückzahl, die Sie bei der Erstpressung der Produktion anfertigen ließen. Sie darf eine bestimmte Mindestmenge nicht unterschreiten. Eine Auflage von 500 Stück wird von der GVL problemlos anerkannt.

Vertrieb Punkt 4 – Zudem ist anzugeben, von wem Ihre Tonträger vertrieben werden. Einen für den Handel vorgesehenen Katalog oder eine Kopie des Vertriebsvertrags ist dem Schreiben beizulegen. Können die Tonträger direkt bei Ihnen zum Beispiel über das Internet bezogen werden geben Sie „Eigenvertrieb" an.

Bemusterung Punkt 5 – Es folgt die Frage, ob Rundfunkanstalten von Ihnen bemustert werden. Haben Sie Musikredakteuren beim Rundfunk Ihre CDs zu Sendezwecken geschickt? Sie sollten dies bejahen können. Andernfalls wäre eine Anmeldung bei der GVL nutzlos, da die GVL-Ausschüttung von der Anzahl der Sendeminuten abhängt. Werden Ihre Produktionen nicht gesendet, erhalten Sie demnach auch keine Vergütung.

Sendeverträge Punkt 6 – Die Frage, ob mit einzelnen Rundfunkanstalten Sendeverträge abgeschlossen wurden, werden viele Antragsteller nur mit nein beantworten können.

Punkt 7 – Zu dem Belegexemplar (siehe Punkt 2d), das Sie dem Antrag beilegen, braucht die GVL weitere Unterlagen: Bei eigenen

Produktionen sind das alle Künstlerverträge der an der Produktion beteiligten Musiker. Bei Bandübernahmeverträgen ist dagegen zu beachten, dass der Lizenzgeber seine Leistungsschutzrechte für Vervielfältigung und Verbreitung und die daraus resultierenden Vergütungsansprüche auf Deutschland an Sie abgegeben hat.

Künstler- und Bandübernahme- vertäge

Punkt 8 - Hier können Sie angeben, ob Sie Titel produzieren, die nicht frei im Handel erhältlich sind, sondern über z.B. Mailorderversand oder als Download angeboten werden.

Mailorder

Punkt 9 – Wenn Sie Tonträger nach Deutschland importieren, dann geben Sie der GVL Namen und Anschrift des ausländischen Herstellers an und legen eine Kopie der mit den Herstellern abgeschlossenen Lizenzverträge bei.

Tonträgerimport

Punkt 10 – Hier wird gefragt, ob Sie Mitglied bei der Deutschen Landesgruppe der IFPI bzw. des Bundesverband Musikindustrie sind. Die Zugehörigkeit zu einem Verband ist allerdings nicht notwendig, um einen Wahrnehmungsvertrag mit der GVL abschließen zu können, und hat keine Auswirkung auf die Höhe der Vergütung. Die Ausschüttung der Vergütung erfolgt bei allen Tonträgerherstellern unabhängig von ihrer Verbandszugehörigkeit über die IFPI bzw. des Bundesverband Musikindustrie.

Verbandsmitglied

Punkt 11 – Viele Musikunternehmen sind nicht nur als Label, sondern auch als Verleger tätig. Trifft dies für Sie zu und ist Ihr Verlag Mitglied der GEMA, ist Frage 11 mit „Ja" zu beantworten.

Verlagstätigkeit

Punkt 12 – Als Tonträgerhersteller verpflichten Sie sich, gleich nach Veröffentlichung eines jeden Tonträgers zwei Exemplare davon an die Deutsche Bibliothek zu senden. Dort werden in der Abteilung Deutsches Musikarchiv alle in Deutschland veröffentlichten Werke erfasst.

Deutsches Musikarchiv

Punkt 13 – Abschließend erklären Sie sich damit einverstanden, jede Vergütungszahlung, die Sie irrtümlicher Weise erhalten haben, an die GVL zurückzuzahlen.

Haben Sie alle Fragen beantwortet und die Voraussetzungen für den Abschluss eines Wahrnehmungsertrags erfüllt, erhalten Sie von der GVL einen Labelcode. Damit Sie Ihre erste Produktion für die Bemusterung der Sender mit dem Labelcode versehen können, vergibt die GVL gegen Gebühr Klebeetiketten. Bei späteren Produktion ist der Labelcode schon beim Druck des Covers zu berücksichtigen.

Labelcode-Checkliste

Wer im Radio gespielt werden will und dafür eine Vergütung erhalten möchte, braucht einen Labelcode. Um ihn zu bekommen, müssen Sie einen Antrag bei der GVL stellen und folgende Unterlagen einreichen:

- *Kopie des Eintrags im Handelsregister bzw. Gewerbescheins*
- *Belegexemplar einer Veröffentlichung*
- *Fertigungsschein des Presswerks mit Angabe der Stückzahl. Die hergestellte Stückzahl sollte 500 Exemplare nicht unterschreiten.*
- *Entweder muss ein Vertriebsvertrag vorgelegt oder der Eigenvertrieb nachgewiesen werden.*
- *Kopie von Interpreten-, Bandübernahme- oder Lizenzverträgen oder eine eidesstattliche Erklärung, dass man selbst als einziger Urheber an der CD beteiligt ist.*

Die Anmeldeunterlagen gibt es auf der GVL-Homepage unter www.gvl.de.

5.2.2.3 Erfassung der Sendeminuten

Tonträger-Kennzeichnung mit LC-Nummer

Anders als ausübende Künstler brauchen Tonträgerhersteller keinen Nachweis der Einnahmen aus Erstverwertung erbringen, um bei der Ausschüttung berücksichtigt zu werden. Ihre einzige Aufgabe ist es, nach der Zuteilung des Labelcodes von der GVL jeden veröffentlichten Tonträger mit der LC-Nummer zu kennzeichnen. Dies ist für eine automatische Erfassung und Abrechnung der Sendeminuten pro Label notwendig. Die Rundfunkanstalten erstellen Sendelisten, in denen festgehalten wird, wie viel Sendeminuten die Musik eines Labels gespielt wurde. Diese Liste bildet bei der GVL die Grundlage für die Verteilung an die Tonträgerhersteller. Die Auszahlung der Vergütung für Labels erfolgt vierteljährlich.

5.3 GVL-Kunden

5.3.1 Sind Sie GVL-Kunde?

Generell gilt: Wer Tonträger öffentlich wahrnehmbar machen will, muss neben den von der GEMA wahrgenommenen Urheberrechten auch die Leistungsschutzrechten klären. Leistungsschutzrechte sind die Rechte der ausübenden Künstler an ihrer künstlerischen Darbietung beziehungsweise der Tonträgerhersteller an der Musikaufnahme. Während bei der Erstverwertung, also der Aufnahme und Sendung von Live-Musik, die Verwertungsrechte von dem Musiker selbst wahrgenommen werden, vergibt für die Zweit- und Drittverwertung die GVL die Rechte. Zur Zweitverwertung gehört die öffentliche Wiedergabe, Sendung und private Vervielfältigung von auf Tonträger aufgenommener oder live gesendeter Musik. Zur Drittverwertung zählt die öffentliche Wiedergabe, Weiterleitung in Kabelnetzen und private Vervielfältigung von im Rundfunk gesendeten Tonträgern (vgl. 5.1.3).

Öffentliche Nutzung von Tonträgern

Die GVL darf Ihnen keine der Verwertungsarten verbieten, sie darf allerdings die dafür gesetzlich vorgeschriebene angemessene Vergütung verlangen. Die Vergütung wird je nach Verwertungsart von unterschiedlichen Einrichtungen eingezogen. Wollen Sie Musikaufnahmen in Radio, Fernsehen oder Internet senden, wenden Sie sich direkt an die GVL. Wollen Sie dagegen Tonträger oder Radiosendungen in Cafés, Geschäften oder bei öffentlichen Veranstaltungen wiedergeben, ist die GEMA die richtige Anlaufstelle. Hersteller von Aufnahmegeräten und Leermedien, mit denen eine private Vervielfältigung von Musik möglich ist, richten Ihre Anfrage an die ZPÜ.

Senden, Wiedergeben und Vervielfältigen

GVL-Kundentest

Wissen Sie, für welche Arten der Musiknutzung Sie die Leistungsschutzrechte klären müssen? Die wichtigsten Nutzungsarten im Überblick:

- Sendung von Musikaufnahmen in Radio, Webradio oder Fernsehen
- Öffentliche Wiedergabe von Ton- oder Bildtonträgern beziehungsweise Radio- oder Fernsehsendungen in Geschäften, Cafés, Clubs, Discos usw.
- Vermieten und Verleihen von Ton- und Bildtonträgern. In Videotheken werden die Medien gegen Gebühr vermietet, in öffentlichen Büchereien kostenlos verliehen.

5.3.2 Sendung von Tonträgern

Urheber- und Leistungsschutzrechte

Veranstalter von Radio-, Webradio- und Fernsehprogrammen klären zum einen die Urheberrechte bei der GEMA, zum anderen die Leistungsschutzrechte bei der GVL. Öffentlich-rechtliche Sender haben direkt mit der Verwertungsgesellschaft einen Gesamtvertrag abgeschlossen. Die darin vereinbarte Pauschalvergütung richtet sich nach den Rundfunkgebühren und den Werbeeinnahmen. Danach erhält die GVL 1,1 Prozent der Radio- und 0,1 Prozent der Fernseherlöse. Der Anteil an den Radioerlösen wird bis 2009 auf 1,4 Prozent ansteigen. Private Sender zahlen in Hörfunk 5,58 Prozent und im Fernsehen 0,2 Prozent ihrer Werbeerlöse.

Bei privaten Hörfunkanbieter wird die Pauschalabgabe anhand der Werbeeinnahmen berechnet. Sofern der Anteil gesendeter Tonträger über 50 Prozent der gesamten Sendezeit ausmacht, sind 5,58 % der Werbeerlöse an die GVL abzuführen. Liegt die Sendezeit bei mindestens 25 Prozent sind 2,79 Prozent der Werbeerlöse als Pauschalabgabe zu bezahlen. Privatsender, die der Arbeitsgemeinschaft Privater Rundfunk (www.privatfunk.de) oder dem Verband Privater Rundfunk und Telekommunikation e.V. (www.vprt.de) angehören, erhalten einen Gesamtvertragsnachlass von 20 Prozent eingeräumt. Auf die ermittelte Vergütung sind sieben Prozent Umsatzsteuer hinzuzurechnen. Im Gegenzug zu dem von der GVL gewährten Nachlass von 20 Prozent verpflichten sich die Radiobetreiber, rechtzeitig die Einwilligung für den Sendebetrieb durch Abschluss eines Einzelvertrags (siehe 8.2) bei der GVL einzuholen, außerdem ihre Werbeerlöse aus dem Hörfunk vollständig anzugeben und quartalsweise Sendemeldungen über Gesamtsendezeit und Sendeminuten der einzelnen Labels einzureichen. Der Vertrag kann im Internet unter www.privatfunk.de im Bereich „Verträge" eingesehen werden.

Vergütung	Musikanteil
5,58 %	mind. 50 %
2,79 %	mind. 25 %
der Werbeerlöse	der gesamten Sendezeit

Abb. 24: Vergütungssätze des Hörfunk-Tarifs für Privatradios
Im Gegensatz zu den öffentlich-rechtlichen Sendern richtet sich die Vergütung
bei privaten Radiostationen nur nach den Werbeeinnahmen.

5.3.3 Öffentliche Wiedergabe von Tonträgern und Rundfunksendungen

Wer auf einem Straßenfest, in einem Café, Geschäft oder anderswo CDs oder andere Tonträger abspielen will, kann die dabei betroffenen Urheber- und Leistungsschutzrechte bei der GEMA klären. Das gleiche gilt für die öffentliche Wiedergabe von Rundfunksendungen. Die GEMA übernimmt sowohl für die Wiedergabe von Tonträgern als auch von Rundfunkendungen das Inkasso für die GVL. In der Praxis bedeutet das für Sie, dass Sie Ihre Lizenzanfrage an die für Sie zuständige Bezirksdirektion der GEMA richten (vgl. 4.3.3.4). Von dort bekommen Sie dann auch die Rechnung der Lizenzgebühr zugeschickt, mit deren Begleichung Sie die Lizenz zur öffentlichen Wiedergabe von Tonträgern beziehungsweise Rundfunksendungen erhalten.

Rechteklärung bei der GEMA

Die Höhe der zu entrichtenden Abgabe an Urheber- und Leistungsschutzberechtigte richtet sich nach den von der GEMA aufgestellten Tarifen, auf die ein bestimmter Zuschlag für die GVL berechnet wird. Bei der öffentlichen Wiedergabe von Musik auf Tonträgern – hier gilt der Tarif M-U – wird in der Regel 20 Prozent für die Leistungsschutzberechtigten hinzugerechnet. Bei der Wiedergabe von Radio- und Fernsehsendungen – es gilt der Tarif R und FS – beträgt der Zuschlag für die GVL 26 Prozent.

Tarif M-U für mechanische Wiedergabe

5.3.4 Private Überspielung

Hersteller von Aufnahmegeräten und Leermedien

Die Rechte für das Erstellen von Privatkopien muss nicht der Endverbraucher erwerben, der Zuhause CDs kopiert, sondern Hersteller und Importeure von Aufnahmegeräten und Leermedien. So ist es in Paragraf 54 des Urheberrechtgesetzes geregelt. Die Vergütung für Urheber- und Leistungsschutzberechtigte werden von Herstellern und Importeuren nicht direkt an die jeweilige Verwertungsgesellschaft wie GEMA, GVL und VG Wort entrichtet. Die Gesellschaften haben hierfür vielmehr eine Zentralstelle für private Überspielungsrechte (ZPÜ) eingerichtet, bei der die Überspielungsrechte

Pauschalvergütung

durch Zahlen einer pauschalen Geräte- beziehungsweise Leermedienabgabe eingeräumt werden. Die pauschale Geräteabgabe beträgt bei Audiogeräten 1,28 Euro, MP3-Playern mit eingebauten Speicher 2,56 Euro, CD-Brennern 7,50 Euro, DVD-Brennern 9,21 Euro und Videogeräten 9,21 Euro. Pro Stunde Leermedium sind bei Audio 0,0614 Euro und bei Video 0,087 Euro an die ZPÜ zu entrichten. Gerätehersteller die dem Bundesverband für Informationswirtschaft, Telekommunikation und neue Medien e.V., kurz BITKOM (www.bitkom.org), angehören, erhalten auf diese Vergütungssätze einen Gesamtvertrags-Nachlass von 20 Prozent.

6. KSK
6.1. Die Behörde

6.1.1 Geschichte und Aufgabe der Künstlersozialkasse

Die soziale Absicherung von freiberuflich tätigen Künstlern und Publizisten ist das Ziel des 1983 in Kraft getretenen Künstlersozialversicherungsgesetz (KSVG). Die Vorgeschichte zu dem Gesetz beginnt Anfang der siebziger Jahre, als der Bundestagsausschuss für Bildung und Wissenschaft die Regierung aufgefordert hat, einen Bericht über die soziale Lage der selbstständigen Künstler und Publizisten abzufassen. Nachdem der Bericht 1975 vorlag, hat der Gesetzgeber erkannt, dass selbstständige Künstler und Publizisten einen besonderen, sozialen Schutz erhalten müssen. Da sie meist stark schwankende und unregelmäßige Einkünfte haben, ist ihre Arbeitssituation mit der anderer Erwerbstätiger kaum vergleichbar.

Selbstständige Künstler und Publizisten

Künstlersozialversicherungsgesetz

Damit sie dennoch einen Versicherungsschutz erhalten, wurde das Künstlersozialversicherungsgesetz vom Gesetzgeber verabschiedet, das in seinen Grundzügen bis heute gültig ist. Danach erhalten selbstständige Künstler und Publizisten eine finanzielle Unterstützung bei ihren Beiträgen für Renten-, Kranken- und Pflegeversicherung. Wie der Angestellte eines Unternehmens zahlen die versicherten Künstler nur die Hälfte ihrer Sozialversicherungsbeiträge, die andere Beitragshälfte wird aus Bundesmitteln und einer Künstlersozialabgabe von Unternehmen, die künstlerische und publizistische Leistungen verwerten, finanziert. Dabei zahlen Unternehmen wie Tonträgerhersteller, Verlage und Konzertveranstalter 30 Prozent und der Bund 20 Prozent der Beiträge.

Renten-, Kranken- und Pflegeversicherung

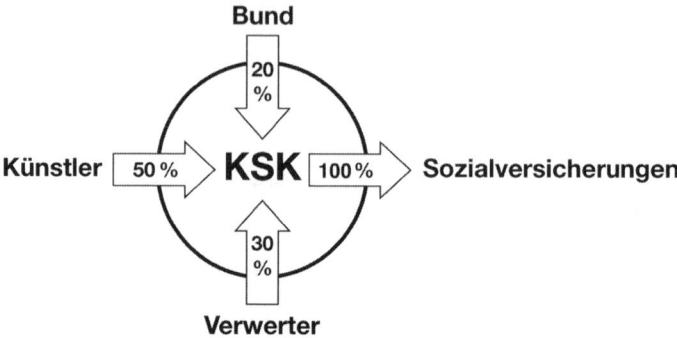

Abb. 25: Verwerter und Bund greifen Künstlern und Publizisten finanziell unter die Arme: Die Versicherungsbeiträge werden zur Hälfte von den Versicherungspflichtigen selbst getragen. 30 Prozent davon übernehmen die Verwerter, die restlichen 20 Prozent werden vom Bund bezahlt.

Es geht darum, künstlerisch oder journalistisch tätigen Freiberuflern wie Musikern, Malern und Redakteuren die gleiche soziale Absicherung wie Festangestellten zu bieten. Um von Bund und Wirtschaft die Hälfte der Renten-, Kranken- und Pflegeversicherungsbeiträge der versicherten Künstler und Publizisten einzuziehen, wurde die Künstlersozialkasse (KSK) eingerichtet. Eine beratende Funktion innerhalb der KSK übernimmt ein vom Bundesministerium für Ar-

Beirat beit berufener 24-köpfiger Beirat. Er setzt sich aus Vertretern der versicherten Künstler und der Verwerter zusammen. 2006 betrug das Haushaltsvolumen der KSK 556,3 Millionen Euro, der Bundeszuschuss belief sich dabei auf 105,15 Millionen Euro. Zusätzlich werden vom Bund die Verwaltungskosten der KSK getragen.

6.1.2 Prüfung der Versicherungspflicht
6.1.2.1 Künstlerische Tätigkeit

Die KSK zieht nicht nur die Beitragsanteile ein, sie überprüft auch, wer nach dem Künstlersozialversicherungsgesetz (KSKVG) versicherungspflichtig ist. Doch bei der Prüfung, ob bei dem Antragsteller eine Versicherungspflicht nach dem KSVG vorliegt, ergibt sich das Problem der Abgrenzung. Wer ist künstlerisch oder publizistisch tätig und wer nicht? Ein Konditormeister, der auf kunstvollste Weise Torten garniert, wird von der KSK nicht als Künstler anerkannt, auch der Beruf des Restaurators wird beispielsweise nicht als künstle-

Definition des rischer Beruf angesehen. Eine inhaltliche Definition des Begriffs
Künstlerbegriffs „Künstler" gibt es in dem Gesetz zwar nicht, dafür aber eine formale. „Künstler im Sinne dieses Gesetzes ist, wer Musik, darstellende

oder bildende Kunst schafft, ausübt oder lehrt. Publizist im Sinne dieses Gesetzes ist, wer als Schriftsteller, Journalist oder in anderer Weise publizistisch tätig ist", heißt es in Paragraf 2 des KSVG.

In dem Gesetz werden vier Bereiche unterschieden, in denen eine künstlerische Tätigkeit ausgeübt werden kann: Musik, Bildende Kunst, Darstellende Kunst und Wort. In dem Bereich Musik ist die Frage nach der künstlerischen Tätigkeit in den meisten Fällen mit ja zu beantworten. Schwieriger ist es dagegen in den Bereichen bildende Kunst und Wort. So bewegen sich Kunsthandwerker auf dem schmalen Grad zwischen Kunst und Handwerk, bei Übersetzern ist dagegen die Art des zu übersetzenden Textes von Bedeutung. Die Übersetzung einer Gebrauchsanweisung wird dabei weniger als Kunst betrachtet als die Übersetzung eines Romans. In Zweifelsfällen wird der Beirat hinzugezogen.

Musik, Bildende Kunst, Darstellende Kunst und Wort

Die KSK in Zahlen (Stand 31.01.2007)

Zahl der Versicherten im Bereich

Musik	*40.709*
Bildende Kunst	*55.489*
Darstellende Kunst	*18.442*
Wort	*38.211*
insgesamt:	*152.851*

Bundeszuschuss	*556,3 Mio. Euro*
Haushaltsvolumen	*105,15 Mio. Euro*

6.1.2.2 Selbstständigkeit

Die zweite Frage, der die KSK bei der Prüfung der Versicherungspflicht nachgeht, ist die nach der Selbstständigkeit. Nur wer seinen Beruf selbstständig ausübt und damit langfristig seinen Lebensunterhalt verdienen will, kann über die KSK versichert werden. In dem Gesetz zur Förderung der Selbstständigkeit vom 20. Dezember 1999 wurden fünf Kriterien aufgestellt, die gegen eine selbstständige Tätigkeit sprechen.

Ein Beschäftigtenverhältnis wird vermutet, wenn:

– die betroffene Person auf Dauer und im Wesentlichen nur für einen Auftraggeber tätig ist,

– ihr Auftraggeber entsprechende Tätigkeiten regelmäßig durch von ihm Beschäftigte verrichten lässt,

– die Tätigkeit nicht die typischen Merkmale unternehmerischen Handelns erkennen lässt,

– die Tätigkeit dem äußeren Erscheinungsbild nach derjenigen Tätigkeit entspricht, die die betroffene Person für denselben Auftraggeber zuvor auf Grund eines Beschäftigungsverhältnisses ausgeübt hatte und

– die betroffene Person ihrerseits keinen versicherungspflichtigen Arbeitnehmer mit einem Arbeitsentgelt von regelmäßig mehr als 400 Euro im Monat beschäftigt.

Abgrenzungs-
katalog

Trotz dieser Kriterien ist nicht immer klar, wann eine selbstständige Tätigkeit ausgeübt wird und wann ein Angestelltenverhältnis besteht. Zur besseren Abgrenzung wurde deshalb von den Verbänden der versicherten Künstler und Publizisten und der KSK ein Abgrenzungskatalog unter anderem für Orchester, Rundfunk und Theater sowie Film und Fernsehproduktionen erstellt. Danach sind Musiker und Instrumentalsolisten auch bei Abschluss eines Gastspielvertrags selbstständig, wenn sie an einer nur gelegentlich aufgeführten konzertanten Opernaufführung, einem Konzert, Liederabend oder ähnlichen mitwirken. Bei Orchesteraushilfen wird eine Selbstständigkeit anerkannt, wenn keine Probenverpflichtungen bestehen. Bei Urhebern wie Komponisten, Arrangeure und Textdichter, die von Theater oder Orchester einen Auftrag erhalten, wird generell von einer selbstständigen Tätigkeit ausgegangen.

Aufgaben der KSK

• *Prüfung, ob eine Versicherungspflicht nach dem KSVG besteht*
• *Einziehen von Beitragsanteil der Versicherten, Künstlersozialabgabe der abgabepflichtigen Unternehmen und Bundeszuschuss*

6.1.3 Soziale Absicherung für Musiker

Derzeit sind 152.851 Künstler über die KSK versichert (Stand: 31.01.2007). Rund 36 Prozent kommen davon aus dem Bereich Bildende Kunst, die zweitgrößte Gruppe bilden die Musiker mit knapp 27 Prozent. Die meisten von ihnen sind Musiklehrer, es folgen Rock-

und Popmusiker und Komponisten. Knapp ein Drittel der Musiker, so eine Statistik der KSK, ist zwischen 30 und 40 Jahre alt. In dieser Altersgruppe gibt es auch die meisten Berufseinsteiger. Viele Musiker wagen also relativ spät den Schritt in die Selbstständigkeit.

Hohe Einnahmen haben KSK-versicherten Musiker nicht zu erwarten, denn ihr Durchschnittseinkommen liegt bei 9.696 Euro im Jahr. Am besten schneiden die über 60-Jährigen ab, deren Einkommen bei 12.071 Euro jährlich liegt (Stand: 1.01.2005). Als Einkommen werden die Betriebseinnahmen minus den Betriebsausgaben verstanden. Dem Bericht der Bundesregierung über die soziale Lage der Künstlerinnen und Künstler in Deutschland 1999 zufolge weisen Textdichter und Dirigenten das größte Einkommen unter den Musikern auf, Jazz- und Rockmusiker gehören dagegen mit 14.517 DM zu den geringer Verdienenden.

Durchschnitts-einkommen

Beruf	Anzahl	Arbeitseinkommen im Jahr (DM)
Textdichter	215	26.837
Dirigenten	265	26.098
Komponisten	3.670	21.954
DJs	691	17.635
Instrumentalsolist „Ernste Musik"	1.618	15.433
Tanz- und Popmusiker	2.661	15.974
Jazz- und Rockmusiker	2.899	14.517

Abb. 26: Anzahl und Jahresarbeitseinkommen von Musikern
(Quelle: Bericht der Bundesregierung über die soziale Lage der Künstlerinnen und Künstler in Deutschland 1999)

6.1.4 Verwerter künstlerischer oder publizistischer Leistung

Nach dem KSVG sind Unternehmen (auch Verwerter genannt), die Werke und Leistungen selbstständiger Künstler und Publizisten gegen Honorar in Anspruch nehmen, zu einer Künstlersozialabgabe verpflichtet (§ 24 KSVG). Anfang 2007 waren das 56.802 Unternehmen, ein Fünftel davon sind Verlage und rund 17 Prozent Veranstalter von Aufführungen und Darbietungen künstlerischer Werke. Weniger als 10 Prozent der Künstlersozialabgabepflichtigen sind

Künstlersozial-abgabe

Tonträger-
hersteller
Hersteller bespielter Bild- und Tonträger wie Sony BMG, Universal, Warner Music und EMI. Abgabepflichtig sind außerdem Orchester und Chöre, Theater-, Konzert- und Gastspieldirektion, Galerien und Kunsthandel sowie Rundfunk und Fernsehen.

Künstlersozial-
abgabe-
Verordnung
Die Verwerter melden der KSK jährlich die Summe der Honorare, die sie an selbstständige Künstler und Publizisten gezahlt haben. Ein bestimmter Prozentsatz dieser Summe wird dann von den Verwertern als Künstlersozialabgabe an die KSK gezahlt. Der Prozentsatz wird jedes Jahr im September für das darauf folgende Jahr durch eine „Künstlersozialabgabe-Verordnung" des Bundesministeriums für Arbeit und Sozialordnung festgesetzt. 2007 liegt er bei 5,1 Prozent, 2008 wird er auf 4,9 Prozent gesenkt.

Durch diese Regelung wird bei den Sozialabgaben ein ähnliches Verhältnis zwischen selbstständigen Kunstschaffenden und Verwertern wie zwischen Arbeitnehmern und Arbeitgebern geschaffen, wo auch der Arbeitgeber einen Teil der Sozialversicherungsbeiträge des Arbeitnehmers übernimmt.

6.2. KSK-Versicherte

6.2.1 Sind Sie versicherungspflichtig?

Sich über die Künstlersozialkasse zu versichern, ist jedem freiberuflich tätigen Musiker grundsätzlich zu empfehlen, bedeutet es doch
für ihn eine finanzielle Entlastung bei den Abgaben an Renten-,
Kranken- und Pflegeversicherung. Denn sofern Sie eine künstleri- *Künstlerische*
sche Tätigkeit ausüben, übernimmt die KSK die Hälfte der Beitrags- *Tätigkeit*
zahlung.

Als Musiker haben Sie diese Grundvoraussetzung bereits erfüllt,
denn der Beruf des Musikers wird von der KSK eindeutig als künstlerische Tätigkeit anerkannt. Eine weitere Voraussetzung ist, dass
sie Freiberufler sind, also in keinem festen Angestelltenverhältnis *Freiberufler*
stehen. Spielen Sie zum Beispiel jeden Samstag von 22 bis 4 Uhr
in einem Club die von dem Veranstalter vorgegeben Musik, dann
wird die KSK dies unter Umständen nicht als selbstständige Tätigkeit anerkennen. Außerdem müssen Sie der Künstlersozialkasse
glaubhaft darlegen, dass Sie längerfristig Ihre Haupteinnahmen als *Langfristig Musiker*
selbstständiger Musiker erzielen werden. Der Hobbymusiker, der
hauptberuflich hinterm Bankschalter steht, hat keine Chance. Aber
auch der Musikstudent kann sich erst nach Studienabschluss über
die KSK versichern lassen.

Eine weitere Voraussetzung für die Versicherungspflicht nach dem *Mindest-*
KSVG bildet für die Mindesteinkommensgrenze von (Einnahmen *einkommen*
minus Ausgaben) 3.900 Euro, die für Berufseinsteiger nicht immer
zu erfüllen ist, denn wer seine Laufbahn als Musiker beginnt, wird
diese Summe oft noch nicht vorweisen können. Dennoch hat auch
er eine Chance, über die KSK versichert zu werden, denn für Berufsanfänger gibt es bei der Mindesteinkommensgrenze eine Sonderregelung. Haben Sie die freie Wildbahn als Musiker gerade erst betre-
ten, müssen Sie das erforderliche Einkommen noch nicht erreichen
und zahlen einen Mindestbeitrag - sofern Sie keine Kinder haben
- von rund 70 Euro für Renten-, Kranken- und Pflegeversicherung.
Als Berufsanfänger gilt ein Musiker innerhalb der ersten drei Jahre
nach der Aufnahme seiner künstlerisch-selbstständigen Tätigkeit.

Wer bereits vor dem 1. Juli 2001 als selbstständiger Musiker Geld verdient hat, ist sogar für fünf Jahre Berufsanfänger.

Tätigkeitsnachweis Schwierig für den Berufseinsteiger ist es, der KSK zu belegen, dass er es ernst mit seinem Freiberufler-Dasein meint und nicht bereits morgen den Job an den Nagel hängt. Gute Karten haben dabei alle, die ein Musikstudium vorweisen können. Auch Zeitungsberichte und Programmhefte, die die künstlerische Tätigkeit dokumentieren, sind hilfreich. Schreiben Sie, wer Ihre Auftraggeber sind, fügen Sie dem Anmeldeformular Kopien der gestellten Rechnungen und noch besser der Kontoauszüge bei, die die entsprechenden Zahlungseingänge zeigen. Belegen Sie anhand von Rechnungen Ihre Ausgaben für Musikinstrumente und Equipment. All das wird sich positiv auf die Entscheidung des Sachverständigen auswirken.

Die Prüfung Ihrer Versicherungspflicht dauert schätzungsweise zwei bis drei Monate. Und das kann eine lange Zeit sein, denn in dieser Zeit müssen Sie sich als selbstständiger Musiker erst einmal freiwillig bei einer gesetzlichen Krankenkasse versichern. Da sind dann meist schon mindestens 250 Euro für Kranken- und Pflegeversicherung pro Monat fällig. Beruhigend ist dabei nur, dass Ihnen die Hälfte des Betrags rückwirkend von der KSK erstattet wird. Aber natürlich nur dann, wenn Sie gemäß KSVG als versicherungspflichtig eingestuft werden.

Sind Sie nach dem KSVG versicherungspflichtig?

Damit Sie von der KSK die Hälfte Ihrer Sozialabgaben an Renten-, Kranken- und Pflegeversicherung erstattet bekommen, müssen im Wesentlichen drei Voraussetzungen erfüllen:

1. Sie sind Künstler oder Publizist.
2. Sie üben Ihre Tätigkeit selbstständig und nicht nur vorübergehend aus.
3. Sie sind hauptsächlich im Inland tätig.

6.2.2 Antragstellung für Musiker

📄 *9.3.1* Von der Startseite der neugestalten Homepage der Künstlersozialkasse (www.kuenstlersozialkasse.de) führt ein Link direkt zu dem Antragsformular, das als PDF-Datei runtergeladen werden kann.

Das Ausfüllen des sechsseitigen, sehr ausführlich kommentierten Formulars und das Zusammenstellen der Unterlagen ist im Vergleich zur Anmeldung bei GEMA und GVL relativ aufwendig. Nehmen Sie sich also etwas Zeit zur Bearbeitung.

Auf Seite 1 geben Sie Ihre Personalien, Anschrift und Bankverbindung an. Wohnen Sie in Berlin, ergänzen Sie bei Ihrer Anschrift, ob Ihr Wohnsitz in Ost- oder West-Berlin liegt. Das ist deshalb von Bedeutung, da für alte und neue Bundesländer auf unterschiedliche Weise die Beiträge für Renten-, Kranken- und Pflegeversicherung berechnet werden. Außerdem wird nach Ihrer Rentenversicherungsnummer gefragt. Wenn Sie schon einmal angestellt waren, haben Sie von der Bundesversicherungsanstalt für Arbeit (BfA) bereits eine Rentenversicherungsnummer erhalten, andernfalls wird der Eintrag später von der KSK vorgenommen.

Angaben zur Person

Bei Punkt 1 auf Seite 2 folgt die Bestimmung Ihrer Tätigkeit. Die KSK unterscheidet allgemein die vier Kunstbereiche Musik, Bildende Kunst, Darstellende Kunst und Wort. Hier sind mehrere Angaben, auch in unterschiedlichen Bereichen möglich. Spielen Sie zum Beispiel in einer Band und schreiben einige der Songs und Texte selbst, setzen Sie Ihr Kreuz bei M01, M02 und M13.

Tätigkeit

Die KSK erwartet von Ihnen Belege, mit denen Sie nachweisen, dass Sie Ihre künstlerische Tätigkeit hauptberuflich ausüben wollen. Bei Punkt 2 sind entsprechende Belege anzugeben. Als Nachweis kann dafür ein Musikstudium dienen, auch Verträge mit Veranstaltern, Zeitungsartikel über Konzerte und Werbematerial für Aufführungen sind ebenfalls geeignet. Sind Sie in einem Verband für Musiker wie dem Deutsche Rock- und Popmusikverband, dann legen Sie dem Antrag eine Rechnung für die gezahlten Mitgliedsbeiträge bei. Das beste Argument dafür, dass Sie Ihre Tätigkeit hauptberuflich ausüben, sind Zahlungseingänge von Auftraggebern. Reichen Sie eine oder besser mehrere Kopien von Kontoauszügen mit entsprechenden Zahlungseingängen ein. Aber auch Betriebsausgaben für Equipment, Miete eines Tonstudios und dergleichen werden von der KSK als Beweis für Ihre Gewinnerzielungsabsicht anerkannt.

Gewinnerzielungs-absicht

Bei Punkt 3 sollten Sie angeben können, dass Sie ausschließlich als selbstständiger Musiker tätig sind. Um nicht in den Verdacht der Scheinselbstständigkeit zu geraten, ist es wichtig, dass Sie mehrere Auftraggeber vorweisen können, Sie also Ihre Einnahmen

Selbstständigkeit

📄 *9.3.2*

nicht nur vom einen Unternehmen beziehen. In diesem Fall nämlich könnte die KSK verlangen, dass Sie Ihre Sozialabgaben über das Angestelltenverhältnis mit dem Auftraggeber regeln müssen. Ein weiteres Ausfüllen des Fragebogens hätte sich dann erübrigt. Bei Musikern, die in einer Band mitspielen, wird in der Regel von einer Selbstständigkeit ausgegangen. Trifft dies auf Sie zu, setzen Sie ihr Kreuz bei 3.2. vor "Einzelunternehmer", wenn Sie Solist sind, oder aber vor "gemeinsam mit anderen Personen", wenn Sie einer Band angehören.

Haupteinnahmen

Bei Punkt 4 geben Sie an, in welchem der vier Kunstbereiche Musik, Darstellende Kunst, Bildende Kunst/Design oder Wort Sie Ihre Haupteinnahmen erzielen. Ihre Angabe spezifizieren Sie mit dem Eintrag einer Kennziffer von Punkt 1. Haben Sie bei Punkt 1 mehrere Tätigkeiten angegeben, wählen Sie die Kennziffer Ihrer Haupttätigkeit. Für einen Rockmusiker kommt bei Frage vier wohl am ehesten die Angabe „M14" in Betracht, denn sie steht für die Tätigkeit als Jazz- und Rockmusiker. Eine Newcomer-Band, die Ihre eigenen Stücke schreibt, wird wohl vorerst nur mit ihren Konzerten Geld verdienen und später vielleicht auch nennenswerte Einnahmen durch Tantiemen erzielen können. Ihre Angabe wäre dann „M12" oder „M14".

Berufs-
anfängerzeit

Bei Punkt 5 geht es um die Bestimmung der Berufsanfängerzeit. Für Berufsanfänger gibt es verschiedene Sonderregelungen, die an spätere Stelle noch erklärt werden. Als Berufsanfänger gilt ein Musiker innerhalb der ersten drei Jahre seit der Aufnahme seiner künstlerisch, selbstständigen Tätigkeit. Wer bereits vor dem 1. Juli 2001 als selbstständiger Musiker Geld verdient hat, gilt für fünf Jahre als Berufsanfänger. Neben der Angabe über den Beginn Ihrer Musikerlaufbahn fragt die KSK nach Ihrer Berufsausbildung und Ihrem Werdegang als Musiker. Je länger Sie schon Geschäft sind, desto mehr wird von Ihnen erwartet, dass Sie Ihre Tätigkeit dokumentieren können.

Beschäftigung
von Angestellten

Bei Punkt 6 sollten Sie wissen, dass Künstler und Publizisten nicht über die KSK versichert werden, wenn sie zwei oder mehr Mitarbeiter beschäftigen. Für einen Musiker wird die Frage nach der Beschäftigung von Angestellten, vor allem wenn er Berufsanfänger ist, eher nicht von Bedeutung sein.

Jahreseinkommen

Bei Punkt 7 wird nach Ihrem Jahreseinkommen gefragt. Anhand dieses Betrags errechnet die KSK die Höhe Ihrer Beiträge für Renten-,

Kranken- und Pflegeversicherung. Als Einkommen wird nach dem Steuerrecht die Differenz von Betriebseinnahmen und Betriebsausgaben verstanden. Wenn Sie von allen eingenommenen Honoraren die Kosten für Equipment, Fahrt, Unterkunft und andere betrieblich bedingte Ausgaben abziehen, erhalten Sie Ihr Einkommen. Als Berufsanfänger können Sie hier nur einen Schätzwert angeben, der bei mindestens 3.900 Euro liegen sollte. Denn bei diesem Betrag liegt das Mindestarbeitseinkommen eines Künstlers, um überhaupt nach dem KSVG versichert werden zu können. Ob Sie am Jahresende diese Einkünfte tatsächlich vorweisen können, ist allerdings – solange sie als Berufsanfänger eingestuft werden – noch nicht relevant. Sollten Sie sich im Laufe des Jahres bei der KSK anmelden, geben Sie nur das Einkommen an, das Sie glauben, von diesem Zeitpunkt an bis zum Jahresende zu verdienen. Melden Sie sich zum Beispiel Mitte des Jahres an, dann sollte der geschätzte Wert entsprechend der Mindesteinkommensgrenze nicht unter 1.950 Euro liegen.

Mindestein-kommensgrenze

KSK-Checkliste

Dem „Fragebogen zur Prüfung der Versicherungspflicht nach dem KSVG" sollten Sie folgende Unterlagen beizulegen:

- *Fotokopie des Personalausweises oder Reisepasses gegebenfalls Fotokopie der Geburtsurkunde Ihres Kindes*
- *Abschlusszeugnisse Ihrer musikalischen Ausbildung, falls vorhanden*
- *Belege Ihrer künstlerischen Tätigkeit. Hierzu gehört alles, mit dem Sie Ihre hauptberufliche Tätigkeit als Musiker dokumentieren können. Angefangen von Zahlungseingängen verschiedener Auftraggeber über Zeitungsberichte bis hin zu allen Ausgaben, die Sie für Ihre Berufsausübung hatten.*
- *Aktueller Gehaltsnachweis Ihres Arbeitgebers, sofern Sie zum Zeitpunkt der Antragstellung angestellt sind, oder Bewilligungsbescheid des Arbeitsamts, sofern Sie zum Zeitpunkt der Antragstellung Arbeitslosengeld beziehen.*
- *Mitgliedsbescheinigung Ihrer Krankenkasse gemäß § 175 SGB V*

Sind Sie zum Zeitpunkt der Antragstellung arbeitsunfähig, können dies bei Punkt 8 angeben. Eine entsprechende Krankschreibung ist dem Antrag beizulegen.

Bei Punkt 9 geht es um den Tätigkeitsort. Nur wer in Deutschland arbeitet, kann über die KSK versichert werden.

Tätigkeitsort

Bei Punkt 10 wird danach gefragt, wo in Deutschland Sie Ihre Tätigkeit ausüben. Das ist deshalb relevant, da zwischen Ost- und West-Deutschland die Beitragsätze immer noch unterschiedlich berechnet werden.

Nebentätigkeit
9.3.3

In den Punkten 11 bis 12 soll bestimmt werden, welche Einkünfte Sie aus anderen Beschäftigungen neben Ihrer Tätigkeit als Musiker haben. Sind Sie fest angestellt und üben Sie noch eine andere nicht künstlerische Nebentätigkeit aus? Oft ist es notwendig, seine Einkünfte durch einen Nebenjob aufzubessern. Liegt der Verdienst dabei nicht über 400 Euro und die Arbeitszeit pro Woche nicht über 15 Stunden, hat dies keinen Einfluss auf die Versicherung über die KSK.

Renten-
versicherung
9.3.4

In den Punkten 13 bis 19 folgen Angaben zur Rentenversicherung. Die meisten der aufgeführten Fragen werden Sie als Musiker mit „Nein" beantworten.

Studium

Bei Punkt 20 wird danach gefragt, ob Sie ein Studium absolvieren. Für Studierende ist eine Versicherung über die KSK in der Regel nicht möglich. So werden selbstständige Musiker nicht nach dem KSVG kranken- und pflegeversichert, wenn Sie ordentlich Studierende sind und die selbstständige Tätigkeit nur als Nebentätigkeit ausüben. Haben Sie dagegen ein Studium neben Ihrer hauptberuflichen Tätigkeit zur Weiterbildung aufgenommen, könnte dies eventuell doch möglich sein. Wehr- oder Zivildienstleistende (Punkt 21) werden ebenfalls nicht nach dem KSVG versichert.

Kranken- und
Pflegeversicherung
9.3.7

Die Punkte 22 bis 25 betreffen die Kranken- und Pflegeversicherung. Als Angestellter werden die Sozialversicherungsbeiträge von Ihrem Arbeitgeber übernommen. In diesem Fall beantworten Sie Frage 22 mit ja und ergänzen Sie, aus welchem Grund Sie bereits versichert sind. Privatversicherte geben den Namen ihrer Versicherung bei Punkt 23 an.

Mitglieds-
bescheinigung

Wollen Sie als gesetzlich Krankenversicherte bei Ihrer Versicherung bleiben, nennen Sie bei Punkt 24 den Namen Ihrer Krankenkasse. Dem Antrag ist eine entsprechende Mitgliedsbescheinigung beizulegen, die Sie telefonisch bei Ihrer Krankenkasse anfordern können. Wollen Sie die Kasse wechseln, müssen Sie diese Mitgliedsbescheinigung bei der Kasse Ihrer Wahl anfordern.

Sozialversicherungsbeiträge im Vergleich

Versicherung über die KSK

Bei einem geschätzten Jahreseinkommen von 4.900 Euro beträgt der monatliche an die KSK zu entrichtende Versicherungsbeitrag 78,40 Euro für Versicherte ohne Kinder. Dieser Betrag gilt für einen Beitragssatz von 9,95 Prozent in der Rentenversicherung, 7,25 Prozent in der Krankenversicherung und ein vom Versicherten alleine zu tragender Zusatzbeitrag von 0,9 Prozent sowie 1,1 Prozent in der Pflegeversicherung (Stand: 2007). Dieser Beitrag ist mindestens von einem Versicherten zu leisten.

Rentenversicherung	40,63 Euro
Krankenversicherung	29,60 Euro
Pflegeversicherung	4,49 Euro
Zusatzbeitrag	3,68 Euro
monatliche Beitragshöhe	**78,40 Euro**

Freiwillige Versicherung

Bei gleichem Jahreseinkommen muss dagegen ein Freiberufler, der nicht über die KSK versichert ist, allein für Kranken- und Pflegeversicherung 282,06 Euro bezahlen (Beispiel gilt für Techniker Krankenkasse).

Krankenversicherung	246,23 Euro
Pflegeversicherung	35,83 Euro
monatliche Beitragshöhe	**282,06 Euro**

Bei Punkt 25 geht es um den Anspruch auf Krankengeld. Das Problem für jeden Freiberufler ist, dass er kein Geld verdient, wenn er nicht arbeitet. Ein Krankengeld steht ihm als Mitglied einer gesetzlichen Krankenkasse ab dem 43. Tag zu, was aber bei einem geschätzten Jahreseinkommen von 3.900 Euro gerade man 8,41 Euro pro Tag beträgt (siehe Abb. 27). Einem Angestellten geht es da besser: Sein Einkommen wird ihm von seinem Arbeitgeber im Krankheitsfall für einen bestimmten Zeitraum in voller Höhe weiter bezahlt. Das können Sie als Selbstständiger zwar nicht erreichen, doch haben Sie als gesetzlich Krankenversicherter die Möglichkeit, einen früheren Krankengeldanspruch ab dem 15. Krankheitstag zu beantragen. Dafür kann der Kassenbeitrag bis zu 6 Prozent steigen. Diesen Erhöhungsbetrag müssen Sie selbst tragen, denn eine KSK-Zulage gibt es hier nicht. Außerdem können Sie zusätzlich eine private Krankentagegeldversicherung abschließen. Der Beitrag, den Sie ebenfalls aus eigener Tasche zahlen müssen, richtet sich dabei

Krankengeld
📄 9.3.6

nach der Höhe des Tagegeldes, dem ersten Zahlungstag, sowie dem Alter und Geschlecht.

geschätztes Einkommen	*3.900,00 Euro*
geteilt durch 360 Arbeitstage	*10,83 Euro*
davon 70%	*7,58 Euro*
Abzug des Betrags zur	
Gesetzlichen Krankenversicherung	*0,75 Euro*
(9,95% im Jahr 2007)	
Gesetzlichen Krankenversicherung	*0,08 Euro*
(1,1% im Jahr 2007)	
Krankengeld pro Tag	**8,41 Euro**

Abb. 27: Berechnung des gesetzlichen Krankengeldanspruchs ab dem 43. Tag

Befreiung von der gesetzlichen Krankenversicherungspflicht
📄 *9.3.7*

In zwei Fällen ist eine Befreiung von der gesetzlichen Krankenversicherungspflicht möglich (siehe Punkt 26 und 27): Berufsanfänger und Höherverdienende können sich privat versichern lassen. Für Berufsanfänger mit geringem Einkommen ist die gesetzliche Krankenversicherung jedoch in jedem Fall günstiger. Für eventuelle Sonderleistungen, die nicht von der gesetzlichen Krankenkasse getragen werden, ist der Abschluss einer privaten Zusatzversicherung zu empfehlen. Der Beitrag dafür ist allerdings vom Versicherten selbst zu zahlen. Für Höherverdienende ist im Einzelfall zu prüfen, ob sich der Wechsel zu einer privaten Krankenversicherung lohnt. Sind Sie an einer Befreiung von der gesetzlichen Krankenversicherungspflicht interessiert, können Sie bei der KSK einen dafür vorgesehenen Vordruck Abschnitt anfordern.

Elterneigenschaft

Abschließend folgt bei Punkt 28 die Frage, ob Sie Kinder haben. Wenn ja, ist dies anhand einer Geburtsurkunde zu belegen. Für Eltern gilt ein niedrigerer Beitragssatz für die Pflegeversicherung als für Kinderlose.

📄 *9.3.8*
Bestätigungsschreiben

Nun fehlt nur noch Ihre Unterschrift. Das Formular schicken Sie mit allen Unterlagen (siehe Checkliste) an die Künstlersozialkasse. Kurz darauf erhalten Sie von der KSK ein Bestätigungsschreiben, in dem der Eingangstermin Ihres Antrag noch einmal genannt wird. Zu diesem Zeitpunkt wird, sofern Sie keine andere Angabe gemacht haben, die Versicherung über die KSK beginnen.

Bis Sie den Feststellungsbescheid darüber erhalten, ob Sie über die
KSK versichert werden, können mehrere Monate vergehen. Er enthält neben der Angabe über die Versicherungspflicht, den Zeitraum,
in dem Sie als Berufsanfänger gelten. In einem späteren Schreiben
wird Ihnen dann die Höhe Ihrer monatlich zu zahlenden Beiträge für
Renten-, Kranken- und Pflegeversicherung genannt.

Feststellungs-
bescheid
9.3.9

9.3.10

7. Adressenliste

Generaldirektion der GEMA

Generaldirektion in Berlin
Bayreuther Straße 37
10787 Berlin
Tel.: (0 30) 212 45 00
Fax: (0 30) 212 45 – 950
Internet: www.gema.de
E-Mail: gema@gema.de

Generaldirektion in München
Rosenheimer Straße 11
81667 München
Tel.: (0 89) 480 03 – 00
Fax: (0 89) 480 03 – 969
Internet: www.gema.de
E-Mail: gema@gema.de

GEMA-Kommunikation
Rosenheimer Straße 11
81667 München
Tel.: (0 89) 480 03 – 421
Fax: (0 89) 480 03 – 424

GEMA – Direktion Industrie
Rosenheimer Straße 11
81667 München

GEMA – Direktion Hörfunk und neue Medien
Rosenheimer Straße 11
81667 München

Direktion Musikprogramme in Köln
Media Park 2
50670 Köln
Tel.: (02 21) 499 65 – 0
Fax: (02 21) 499 65 – 65
E-Mail: musikprogramme@gema.de

Mitgliederabteilung der GEMA

Mitgliederbüro in Berlin
Bayreuther Straße 37
10787 Berlin
Tel.: (0 30) 212 45 – 919

Mitgliederbüro in München
Rosenheimer Straße 11
81667 München
Tel.: (0 89) 480 03 – 200/ – 204

GEMA-Bezirksdirektionen

GEMA-Bezirksdirektionen	Zuständigkeitsbereich
Augsburg	**Bayern:**
Stettenstraße 6/8	Reg.-Bez. Schwaben
86150 Augsburg	**Baden-Württemberg:**
Tel.: (08 21) 503 08 – 0	Reg.-Bez. Südwürttemberg-
Fax: (08 21) 503 08 – 88	Hohenzollern, Reg.-Bez.
E-Mail: bd-a@gema.de	Südbaden
Berlin	**Berlin**
Keithstraße 7	**Brandenburg**
10787 Berlin	**Mecklenburg-Vorpommern**
Tel.: (030) 2 12 92 – 0	
Fax: (030) 2 12 92 – 795	
E-Mail: bd-b@gema.de	

GEMA-Bezirksdirektionen	Zuständigkeitsbereich
Dresden Zittauer Straße 31 01099 Dresden Tel.: (03 51) 81 84 – 60 Fax: (03 51) 81 84 – 700 E-Mail: bd-dd@gema.de	**Sachsen** **Sachsen-Anhalt** **Thüringen**
Hamburg Schierenberg 66 22145 Hamburg Tel.: (040) 67 90 93 – 0 Fax: (040) 67 90 93 – 11 67 90 93 – 88 E-Mail: bd-hh@gema.de	**Hamburg** **Schleswig-Holstein** **Niedersachsen:** vom Reg.-Bez. Lüneburg: Stadt- kreis Lüneburg, Landkreise Harburg, Lüchow-Dannenberg, Lüneburg, Soltau, Uelzen, Reg.-Bez. Stade **Bremen**
Hannover Blücherstraße 6 30175 Hannover Tel.: (05 11) 28 38 – 0 Fax: (05 11) 81 74 –10 E-Mail: bd-h@gema.de	**Niedersachsen:** Reg.-Bez. Hannover Reg.-Bez. Braunschweig Reg.-Bez. Weser-Ems Landkreis Celle Altkreis Fallingbostel
München Rosenheimer Straße 11 81667 München Tel.: (089) 480 03 – 01 Fax: (089) 480 03 – 940 E-Mail: bd-m@gema.de	**Bayern:** Reg.-Bez. Oberbayern, Reg.-Bez. Niederbayern
Nordrhein-Westfalen Südwall 17-19 44137 Dortmund Tel.: (02 31) 577 01 – 0 Fax: (02 31) 577 01 – 120 E-Mail: bd-nrw@gema.de	**Nordrhein-Westfalen**

GEMA-Bezirksdirektionen	Zuständigkeitsbereich
Nürnberg	**Bayern:**
Johannisstraße 1	Reg.-Bez. Mittelfranken,
90419 Nürnberg	Reg.-Bez. Oberfranken,
Sachgebiet Oberpfalz/Mittel-	Reg.-Bez. Unterfranken,
franken:	Reg.-Bez. Oberpfalz
Tel.: (09 11) 933 59 – 291	
Fax: (09 11) 933 59 – 252	
Sachgebiet Ober- u. Unterfranken:	
Tel.: (09 11) 933 59 – 290	
Fax: (09 11) 933 59 – 253	
E-Mail: bd-n@gema.de	
Stuttgart	**Baden-Württemberg:**
Herdweg 63	Reg.-Bez. Stuttgart,
70174 Stuttgart	Reg.-Bez. Karlsruhe ohne
Tel.: (07 11) 22 52 – 6	Stadtkreis Baden-Baden und
Fax: (07 11) 22 52 – 800	Landkreise Rastatt, Calw,
E-Mail: bd-s@gema.de	Freudenstadt;
	Reg.-Bez. Tübingen: nur Stadt-
	kreis Ulm, Landkreis Alb-Do-
	nau teilweise
Wiesbaden	**Hessen**
Abraham-Lincoln-Straße 20	**Saarland**
65189 Wiesbaden	**Rheinland-Pfalz**
Tel.: (06 11) 79 05 – 0	
Fax: (06 11) 79 05 – 197	
E-Mail: bd-wi@gema.de	

ZPÜ

Zentralstelle für private Überspielungsrechte
Rosenheimer Straße 11
81667 München
Tel.: (0 89) 480 03 – 00
Fax: (0 89) 480 03 – 290
E-Mail: zpue@gema.de

GVL

Gesellschaft für Verwertung von Leistungsschutzrechten mbH
Podbielskiallee 64
14195 Berlin
Tel.: (030) 484 83 – 600
Fax: (030) 484 83 – 700
Internet: www.gvl.de
E-Mail: gvl@gvl.de

KSK

Künstlersozialkasse
Gökerstraße 14
26384 Wilhelmshaven
Telefon: (0 44 21) 7543 - 9
Telefax: (0 44 21) 7543 - 586
Internet: www.kuenstlersozialkasse.de
E-Mail: auskunft@kuenstlersozialkasse.de

DMV

Deutscher Musikverleger-Verband e.V.
Friedrich-Wilhelm-Str. 31
53113 Bonn
Tel.: (0228) 5397012
Fax: (0228) 5397070
Internet: www.dmv-online.com
E-Mail: dmv@musikverbaende.de

Bundesverband Musikindustrie e.V.

(vormals Deutsche Landesgruppe der
IFPI e.V. und Bundesverband der
Phonographischen Wirtschaft e.V.)
Oranienburger Str. 67/68
10117 Berlin
Tel.: (030) 59 00 38 – 0
Fax: (030) 59 00 38 – 3
Internet: www.ifpi.de
E-Mail: verbaende@phono.de

VUT

Verband unabhängiger Tonträger-
unternehmen, Musikverlage und
Musikproduzenten e.V.
Wrangelstrasse 66
10997 Berlin
Tel.: (030) 615 07 516
Fax: (030) 612 89 184
Internet: www.vut-online.de
E-Mail: info@vut-online.de

VDM

Verband deutscher Musikschaffender
Kaiser-Friedrich-Allee 1-3
52074 Aachen
Tel.: (0241) 92 09 – 277
Fax: (0241) 92 09 – 278
Internet: www.vdm-musik.de
E-Mail: verband@vdm-musik.de

8. Literaturverzeichnis

[1] Andryk, Ulrich: Musikerrechts-Lexikon. Neustadt/ Wied 2000.

[2] Berndorff, Barbara/ Berndorff, Gunnar/ Eigler, Knut: Musikrecht. Bergkirchen 2007.

[3] Branchenhandbuch Musikmarkt. Starnberg 2006.

[4] Buchholz, götz: Ratgeber Freie. Stuttgart 1998.

[5] GEMA Geschäftsbericht 2006. München 2007.

[6] Groll, Klaus Michael: Noten, Recht und Paragrafen. Wilhelms-haven 1998.

[7] Jahnke, Marlis: Der Weg zum Popstar. Mainz 1998.

[8] Jahrbuch der Phonografischen Wirtschaft. Starnberg 2007.

[9] Jasper, Lothar Th./ Mehrmann, Elisabeth/ Schoppmann, Petra: BGB-Gesellschaften. Düsseldorf 1995.

[10] Prof. Dr. Jürgen Becker (Hrsg.): GEMA-Jahrbuch 2006/2007. Baden-Baden.

[11] Lyng, Robert: Die Praxis im Musik-Business. Bergkirchen 2007.

[12] Lyng, Robert: Musik & Moneten. Bergkirchen 2007.

[13] Moser, Dr. Rolf/ Scheuermann, Dr. Andreas (Hrsg.): Handbuch der Musikwirtschaft. München 1999.

[14] Schöttler, Winfried: Mein Recht als Musiker. München 1999.

9. Anhang

Im Anhang finden Sie folgende Formulare und Verträge:

9.1.1.1 Aufnahmeantrag für Urheber

Aufnahmeantrag für Urheber

Name *(bürgerlicher Name)*

Vorname

Straße

PLZ/Ort

Telefon

Telefax

Mobil

E-Mail

Internet

Steuerlicher Wohnsitz

Evtl. ständiger Künstlername

Evtl. bei Werkveröffentlichungen benutztes Pseudonym

Geburtsdatum

Geburtsort

Staatsangehörigkeit

Hauptberuf/Nebenberuf

Zugehörigkeit zu einer Verwertungsgesellschaft

Einzelheiten über Berufsausbildung

Folgende Werke sind im Druck erschienen

Titel des Werkes	Komponist	Textdichter	Verleger	Erscheinungsdatum

9. GEMA-Formulare f. Komponisten, Textdichter u. Verleger

9.1.1.1 Aufnahmeantrag für Urheber – Seite 2

GEMA

Aufnahmeantrag für Urheber

Folgende Werke sind auf Tonträger oder Bildtonträger vervielfältigt worden

Titel des Werkes	Komponist	Textdichter	Verleger	Tonträgerhersteller/ Presswerk	Katalog-Nr./ Erscheinungsjahr

Folgende Werke sind öffentlich aufgeführt worden

Titel des Werkes	Komponist	Textdichter	Verleger	Veranstaltungs- tag	Veranstaltungs- ort	Veranstalter

GEMA, GVL & KSK

9.1.1.1 Aufnahmeantrag für Urheber – Seite 3

GEMA

Aufnahmeantrag für Urheber

Formulardaten Speichern

Folgende Werke sind im Hörfunk oder im Fernsehen gesendet worden

Titel des Werkes	Komponist	Textdichter	Verleger	Tag und Zeit der Sendung	Name der Rundfunkanstalt

Zu folgenden Tonfilmen ist Musik geschrieben worden

Titel des Werkes	Komponist	Textdichter	Jahr der Erstaufführung	Produktionsfirma

Ich versichere, dass meine Angaben der Wahrheit entsprechen, und dass an meinen Werken Dritten keine Nutzungsrechte eingeräumt wurden (soweit dies doch geschehen ist, gibt darüber die Anlage Auskunft).

Ich bin als ☐ Komponist ☐ Textdichter tätig und beantrage die Aufnahme als ☐ angeschlossenes ☐ außerordentliches Mitglied *(Zutreffendes bitte ankreuzen)*.

Bei den im Aufnahmeantrag genannten Werken handelt es sich um _____
(Bitte eine Gattungsbezeichnung angeben, beispielsweise Ernste Musik, Unterhaltungsmusik, Tanzmusik, Pop-, Jazz-, Rock-Musik).

Ich verpflichte mich, dem Aufnahmeausschuss bei Beantragung der Aufnahme als außerordentliches Mitglied alle von ihm geforderten Auskünfte zu erteilen und mich gegebenenfalls der Klausur zu unterziehen.

Ort, Datum

eigenhändige Unterschrift

152

9.1.1.1 Aufnahmeantrag für Urheber – Seite 4

HINWEISE
zum Aufnahmeantrag für Urheber

A Die Satzung der GEMA unterscheidet zwischen ordentlichen, außerordentlichen und angeschlossenen Mitgliedern. Die Bezeichnung „angeschlossenes Mitglied" führt der Berechtigte, der weder die Voraussetzungen der außerordentlichen noch der ordentlichen Mitgliedschaft erfüllt, mit der Unterzeichnung des Berechtigungsvertrages.

B Die Aufnahme als außerordentliches Mitglied ist von folgenden Bedingungen abhängig:

1. Aufnahmeanträgen von Komponisten sollen 5 vom Antragsteller selbst verfasste und eigenhändig geschriebene Originalmanuskripte oder deren Ablichtungen in Form von Partituren, Klavierauszügen oder anderen geeigneten Unterlagen und Aufnahmeanträgen von Textdichtern 5 ausschließlich vom Antragsteller verfasste Texte beigefügt werden.

2. Der Antragsteller hat gleichzeitig nachzuweisen, dass diese Werke öffentlich aufgeführt, gesendet oder auf Tonträger oder Bildtonträger vervielfältigt und verbreitet worden sind.

3. Falls ein Antragsteller die Aufnahme zugleich als Komponist und als Textdichter beantragt, sind die Aufnahmebedingungen für jede Berufsgruppe zu erfüllen.

Urheber unter den Antragstellern haben ferner im Rahmen einer Klausur nachzuweisen, dass sie selbst über das berufsmäßige Können verfügen.

Bei Komponisten kann der Aufnahmeausschuss von einer Klausur Abstand nehmen, wenn der Antragsteller ein an einer Musikhochschule mit Erfolg absolviertes Kompositionsstudium nachweist oder durch Vorlage von Partituren oder auf andere Weise die Gewissheit gewonnen wird, dass der Antragsteller über das berufsmäßige Können verfügt. Bei Textdichtern kann der Aufnahmeausschuss von einer Klausur Abstand nehmen, wenn der Antragsteller als Autor künstlerischen Ruf besitzt bzw. bereits erfolgreich hervorgetreten ist oder der Ausschuss aufgrund der vorgelegten Texte die Gewissheit gewonnen hat, dass der Antragsteller die künstlerischen und praktischen Fähigkeiten eines Textdichters besitzt.

C Ein Antragsteller, der die Aufnahmebedingungen nicht oder noch nicht in vollem Umfang erfüllt, hat die Möglichkeit, mit der GEMA einen Berechtigungsvertrag als angeschlossenes Mitglied abzuschließen. Das gleiche gilt, wenn die Aufnahme als außerordentliches Mitglied abgelehnt wurde.

Der Erwerb der ordentlichen Mitgliedschaft setzt u. a. eine fünfjährige außerordentliche Mitgliedschaft voraus.

D Die Aufnahme als Urheber (Komponist und/oder Textdichter) ist abhängig von der Zahlung einer Aufnahmegebühr von 51,13 € zuzüglich Umsatzsteuer in der jeweils gesetzlich vorgeschriebenen Höhe.

Der Antragsteller verpflichtet sich, einen jährlichen Mitgliedsbeitrag zu zahlen, der gegenwärtig 25,56 € beträgt. Der erste Mitgliedsbeitrag ist bei der Aufnahme zu entrichten. Die späteren Mitgliedsbeiträge werden mit dem Aufkommen verrechnet. Falls jedoch das Aufkommen nicht die Höhe des Mitgliedsbeitrages erreicht, verpflichtet sich der Antragsteller, die Differenz zwischen dem Aufkommen und dem Mitgliedsbeitrag nach Abschluss des Geschäftsjahres zu begleichen.

Senden Sie bitte das ausgefüllte Formular zusammen mit den oben genannten Unterlagen an:

▸ GEMA
Direktion Mitglieder
Rosenheimer Str. 11, 81667 München

Unsere Mitarbeiter stehen Ihnen auch gerne für weitere Erläuterungen zur Verfügung.

▸ Telefon: 089-48003-642
▸ Fax: 089-48003-240
▸ E-Mail: mg@gema.de

9.1.1.2 Aufnahmeantrag für Musikverleger

Aufnahmeantrag für Musikverleger

Name der Firma *(Angabe der vollständigen Firmenbezeichnung)*

Straße   PLZ/Ort

Telefon   Telefax   Mobil

E-Mail   Internet

Rechtsform der Firma *(Einzelperson, Einzelfirma, OHG, KG, GmbH, AG)*, bei Einzelfirmen, OHG, KG u.s.w. ist ein Handelsregisterauszug beizufügen, außerdem ist jedem Antrag die gewerbepolizeiliche Anmeldung beizufügen

Gründungsdatum der Firma (TT.MM.JJJJ)

Name/Geburtsdatum (TT.MM.JJJJ)des Inhabers, Geschäftsführers oder persönlich haftenden Gesellschafters der Firma

Hauptberuf/Nebenberuf

Zugehörigkeit zu einer Verwertungsgesellschaft

Einzelheiten über Berufsausbildung des Antragstellers

Folgende Werke sind im Druck erschienen

Titel des Werkes	Komponist	Textdichter	Verleger	Erscheinungsdatum

9.1.1.2 Aufnahmeantrag für Musikverleger – Seite 2

GEMA

Aufnahmeantrag für Musikverleger

Manuskriptwerke, soweit es sich um Leihmaterial handelt

Titel des Werkes	Komponist	Textdichter

Folgende Werke sind auf Tonträger oder Bildtonträger vervielfältigt worden

Titel des Werkes	Komponist	Textdichter	Verleger	Tonträgerhersteller/ Presswerk	Katalog-Nr./ Erscheinungsjahr

9.1.1.2 Aufnahmeantrag für Musikverleger – Seite 3

GEMA

Aufnahmeantrag für Musikverleger

Formulardaten Speichern

Folgende Werke sind öffentlich aufgeführt worden

Titel des Werkes	Komponist	Textdichter	Verleger	Veranstaltungs-tag	Veranstaltungs-ort	Veranstalter

Folgende Werke sind im Hörfunk oder im Fernsehen gesendet worden

Titel des Werkes	Komponist	Textdichter	Verleger	Tag und Zeit der Sendung	Name der Rundfunkanstalt

Es wird versichert, dass meine/unsere Angaben der Wahrheit entsprechen. Ich/wir beantrage(n) die Aufnahme als Musikverleger, und zwar als angeschlossenes/außerordentliches Mitglied. Ich/wir verpflichte(n) mich/uns, dem Aufnahmeausschuss bei Beantragung der außerordentlichen Mitgliedschaft alle von ihm geforderten Auskünfte zu erteilen.

Bei den im Aufnahmeantrag genannten Werken handelt es sich um

(Bitte eine Gattungsbezeichnung angeben, beispielsweise Ernste Musik, Unterhaltungsmusik, Tanzmusik, Pop-, Jazz-, Rock-Musik).

Ort, Datum

Stempel, Unterschrift

9.1.1.2 Aufnahmeantrag für Musikverleger – Seite 4

HINWEISE
zum Aufnahmeantrag für Musikverleger

A Die Satzung der GEMA unterscheidet zwischen ordentlichen, außerordentlichen und angeschlossenen Mitgliedern. Die Bezeichnung „angeschlossenes Mitglied" führt der Berechtigte, der weder die Voraussetzungen der außerordentlichen noch der ordentlichen Mitgliedschaft erfüllt, mit der Unterzeichnung des Berechtigungsvertrages.

B Voraussetzung für eine Aufnahme als Verlag ist der Nachweis einer musikverlegerischen Tätigkeit. Der Nachweis ist erbracht, wenn Werke der Musik aufgrund schriftlich im Sinne des geltenden Verlagsgesetzes geschlossener Verlagsverträge vervielfältigt und verbreitet werden. Darunter sind nur die handelsübliche Herstellung und der handelsübliche Vertrieb von Noten (auch als Leihmaterial) zu verstehen. Die Aufnahme als außerordentliches Mitglied ist von folgenden Bedingungen abhängig:

1. Der antragstellende Verlag hat neben einer angemessenen verlegerischen Tätigkeit nachzuweisen, dass seine Verlagswerke öffentlich aufgeführt, gesendet oder auf Tonträger oder Bildtonträger vervielfältigt und verbreitet worden sind.

2. Der antragstellende Verlag hat durch Vorlage von Belegexemplaren den Umfang seiner Verlagstätigkeit nachzuweisen. Bei Anträgen von Verlagen der Unterhaltungs- und Tanzmusik ist die verlegerische Tätigkeit in der Regel durch Vorlage von 50 handelsüblichen Klavier- oder Akkordeon-Einzelausgaben oder von 10 Salonorchester- oder 15 Combi- (im Sinne eines kleinen Orchesterarrangements) oder Blasmusikausgaben nachzuweisen.

3. Vorlage eines Handelsregisterauszuges nach dem neuesten Stand.

C Ein Musikverlag, der die Aufnahmebedingungen für die außerordentliche Mitgliedschaft noch nicht im vollen Umfange erfüllt, hat die Möglichkeit, mit der GEMA einen Berechtigungsvertrag als angeschlossenes Mitglied abzuschliessen.

D Die Aufnahme als Musikverlag ist abhängig von der Zahlung einer Aufnahmegebühr von 102,26 € zuzüglich Umsatzsteuer in der jeweils gesetzlich vorgeschriebenen Höhe.

Der antragstellende Musikverlag verpflichtet sich, einen jährlichen Mitgliedsbeitrag zu zahlen, der gegenwärtig 25,56 € beträgt. Der erste Mitgliedsbeitrag ist bei der Aufnahme zu entrichten. Die späteren Mitgliedsbeiträge werden mit dem Aufkommen verrechnet. Falls jedoch das Aufkommen nicht die Höhe des Mitgliedsbeitrages erreicht, verpflichtet sich der Antragsteller, die Differenz zwischen dem Aufkommen und dem Mitgliedsbeitrag nach Abschluss des Geschäftsjahres zu begleichen.

▸ ▸ ▸ Bitte reichen Sie zusammen mit dem Aufnahmeantrag handelsübliche Notendruckgaben für mindestens zwei Werke Ihres Verlagsrepertoires als Nachweis einer musikverlegerischen Tätigkeit sowie Kopien der mit den Urhebern dieser Werke geschlossenen Verlagsverträge ein und legen Sie uns eine Kopie des Handelsregisterauszuges vor. Sollte der Verlag nicht im Handelsregister eingetragen sein, bitten wir Sie, uns eine Kopie der Gewerbeanmeldung zu überlassen. Bitte beachten Sie in diesem Zusammenhang, dass sowohl aus dem Handelsregisterauszug als auch aus der Gewerbeanmeldung der Betrieb eines Musikverlages ersichtlicher Unternehmensgegenstand sein muß.

▸ ▸ ▸ Als handels- oder branchenüblich werden nur solche Druckausgaben angesehen, die in sauberer, gut lesbarer Notenschrift erstellt worden sind (es empfiehlt sich einen Notengraphiker zu beauftragen oder einen Computer mit professionellem Notenschreib-Programm als Grundlage für den Druckauftrag zu verwenden) und bei denen der Copyrightvermerk nebst Jahreszahl und Firmierung auf der ersten Notenseite eines jeden Werkes als Fußnote erscheint. Ferner müssen über der ersten Notenseite eines jeden Werkes Titel und Urheberangaben angebracht sein. Nicht branchenüblich sind fotokopierte und/oder lediglich mit Heft- oder Büroklammern oder Klebeband zusammengefügte Belegexemplare. Über die Branchenüblichkeit von Druckexemplaren können Sie sich auch im Musikhandel informieren.

▸ ▸ ▸ Bitte fragen Sie vor Druckbeginn bei der GEMA an, ob eine Verwendung der gewählten Firmierung möglich ist oder zu Verwechslungen mit bereits bestehenden Verlagen führen könnte.

Senden Sie bitte das ausgefüllte Formular zusammen mit den oben genannten Unterlagen an:

Unsere Mitarbeiter stehen Ihnen auch gerne für weitere Erläuterungen zur Verfügung.

▸ GEMA
Direktion Mitglieder
Rosenheimer Str. 11, 81667 München

▸ Telefon: 089-48003-642
▸ Fax: 089-48003-240
▸ E-Mail: mg@gema.de

9.1.1.3 Berechtigungsvertrag

GEMA
GESELLSCHAFT FÜR MUSIKALISCHE AUFFÜHRUNGS-
UND MECHANISCHE VERVIELFÄLTIGUNGSRECHTE

Berechtigungsvertrag

(Neufassung aufgrund der Beschlüsse der ordentlichen Mitgliederversammlung vom 28. / 29. Juni 2005)

zwischen dem unterzeichneten

Urheber ....

Musikverleger (Musikverlag)[1] ....

Rechtsnachfolger des ....

- im folgenden kurz Berechtigter genannt -

und

der GEMA Gesellschaft für musikalische Aufführungs- und mechanische Vervielfältigungsrechte, vertreten durch ihren Vorstand
in 10787 Berlin, Bayreuther Str. 37,

- im folgenden kurz GEMA genannt -.

§ 1

Der Berechtigte überträgt hiermit der GEMA als Treuhänderin für alle Länder alle ihm gegenwärtig zustehenden und während der Vertragsdauer noch zuwachsenden, zufallenden, wieder zufallenden oder sonst erworbenen Urheberrechte in folgendem Umfang zur Wahrnehmung nach Maßgabe der folgenden Bestimmungen:

a) Die Aufführungsrechte an Werken der Tonkunst mit oder ohne Text, jedoch unter Ausschluss der bühnenmäßigen Aufführung dramatisch-musikalischer Werke, sei es vollständig, als Querschnitt oder in größeren Teilen.

Bühnenmusiken, soweit sie nicht integrierender Bestandteil des Bühnenwerkes sind, Bühnenschauen, Filmbegleitmusik, Einlagen in Revuen, Einlagen in Operetten, Possen und Lustspielen, melodramatische und Kabarettaufführungen sind Gegenstand dieses Vertrages, soweit es sich nicht um die Aufführung von Bestandteilen dramatisch-musikalischer Werke in anderen Bühnenwerken handelt.

b) Die Rechte der Hörfunk-Sendung mit Ausnahme der Sendung dramatisch-musikalischer Werke, sei es vollständig, als Querschnitt oder in größeren Teilen [2].

c) Die Rechte der Lautsprecherwiedergabe einschließlich der Wiedergabe von dramatisch-musikalischen Werken durch Lautsprecher.

d) Die Rechte der Fernseh-Sendung mit Ausnahme von dramatisch-musikalischen Werken, sei es vollständig, als Querschnitt oder in größeren Teilen [2].

e) Die Rechte der Fernseh-Wiedergabe einschließlich der Wiedergabe von dramatisch-musikalischen Werken.

f) Die Filmvorführungsrechte einschließlich der Rechte an dramatisch-musikalischen Werken.

g) Die Rechte der Aufführung und Wahrnehmbarmachung mittels der gemäß Abs. h) hergestellten Vorrichtungen, mit Ausnahme

   aa) der bühnenmäßigen Aufführung dramatisch-musikalischer Werke, sei es vollständig, als Querschnitt oder in größeren Teilen;

   bb) der Wahrnehmbarmachung dramatisch-musikalischer Werke in Theatern im Sinne von § 19 Abs. 3 UrhG.

h) Die Rechte der Aufnahme auf Ton-, Bildton-, Multimedia- und andere Datenträger einschließlich z. B. Speichercard, DataPlay Disc, DVD (Digital Versatile Disc), Twin Disc, Ton- und Bildtonträger mit ROM-part und entsprechende Träger mit Datenlink, sowie die Vervielfältigungs- und Verbreitungsrechte an diesen Trägern.

Das Recht, Werke der Tonkunst (mit oder ohne Text) in Datenbanken, Dokumentationssysteme oder in Speicher ähnlicher Art einzubringen.

Das Recht, Werke der Tonkunst (mit oder ohne Text), die in Datenbanken, Dokumentationssysteme oder in Speicher ähnlicher Art eingebracht sind, elektronisch oder in ähnlicher Weise zu übermitteln, einschließlich z. B. für mobile Internetnutzung und für Musiktauschsysteme.

Die Rechtsübertragung erfolgt zur Nutzung der Werke der Tonkunst (mit oder ohne Text) auch als Ruftonmelodien und als Freizeichenuntermalungsmelodien.

Die Rechtsübertragung erfolgt jeweils vorbehaltlich der Regelung nach Abs. i).

Die vorgenannten Rechte umfassen nicht die graphischen Rechte, insbesondere nicht das Recht am Notenbild oder Textbild.

Die Vergütungsansprüche aus §§ 27 Abs. 1 und 2, 52 a sowie 54, 54 d Abs. 1, 54 e, 54 f, 54 g und 54 h UrhG; dazu gehören die Vergütungsansprüche aus § 27 Abs. 2 UrhG für Musiknoten.

Für Vervielfältigung dramatisch-musikalischer Werke - vollständig, im Querschnitt oder in größeren Teilen - zum persönlichen oder sonstigen eigenen Gebrauch durch Ton- oder Bildtonträger bleibt dem Berechtigten das Vervielfältigungsrecht vorbehalten, soweit es sich um die Wahrnehmung gegenüber Theatern handelt.

---

[1] Handelt es sich nicht um eine Einzelperson, so ist die Angabe der Rechtsform des Verlages erforderlich (z. B. Einzelfirma, OHG, KG, GmbH, AG). Der Berechtigungsvertrag muss in solchen Fällen durch die im Handelsregister eingetragenen Vertretungsberechtigten unter Hinzufügung des Firmenstempels unterschrieben werden.

[2] Die Rechte zur zeitgleichen, unveränderten und vollständigen Weiterverbreitung dramatisch-musikalischer Werke in Fernseh- und Hörfunkprogrammen im Sinne und im Umfang der EG-Richtlinie 93 / 83 vom 27.9.1993 werden der GEMA von den betroffenen Berechtigten durch gesondertes Mandat übertragen.

Mg 8 - 10/05 MgB/He

9.1.1.3 Berechtigungsvertrag – Seite 2

i) (1) Die Rechte zur Benutzung eines Werkes (mit oder ohne Text) zur Herstellung von Filmwerken oder jeder anderen Art von Aufnahmen auf Bildtonträger sowie jeder anderen Verbindung von Werken der Tonkunst (mit oder ohne Text) mit Werken anderer Gattungen auf Multimedia- und andere Datenträger oder in Datenbanken, Dokumentationssystemen oder in Speichern ähnlicher Art, u. a. mit der Möglichkeit interaktiver Nutzung, mit der Maßgabe, dass GEMA und Berechtigter sich gegenseitig von allen bekannt werdenden Fällen benachrichtigen. Der GEMA werden diese Rechte unter einer auflösenden Bedingung übertragen.

Die Bedingung tritt ein, wenn der Berechtigte der GEMA schriftlich mitteilt, dass er die Rechte im eigenen Namen wahrnehmen möchte. Diese Mitteilung muss innerhalb einer Frist von vier Wochen erfolgen; bei subverlegten Werken beträgt die Frist drei Monate. Die Frist wird von dem Zeitpunkt an berechnet, zu dem der Berechtigte im Einzelfall Kenntnis erlangt hat. In der Mitteilung des Berechtigten an die GEMA über einen ihm selbst bekannt gewordenen Einzelfall muss die Erklärung enthalten sein, ob er die Rechte im eigenen Namen wahrnehmen möchte. Der Rückfall tritt nur ein, soweit es sich um die Benutzung zur Herstellung eines bestimmten Filmwerkes oder sonstigen Bildtonträgers oder Multimedia- oder anderen Datenträgers oder die Verbindung mit Werken anderer Gattungen in einer bestimmten Datenbank, einem bestimmten Dokumentationssystem oder einem bestimmten Speicher ähnlicher Art handelt. Bei Filmwerken schließt der Rückfall das Recht zur Vervielfältigung und Verbreitung ein, soweit es sich um Werke handelt, die zur öffentlichen Vorführung in Lichtspieltheatern oder zur Sendung bestimmt sind. Bei sonstigen Aufnahmen auf Bildtonträger beschränkt sich der Rückfall auf die Befugnis, die Zustimmung zur Werkverbindung und zur Herstellung von 50 gesondert zu kennzeichnenden Vervielfältigungsstücken für Einführungszwecke zu erteilen. Unberührt bleiben die Rechte für Fernsehproduktionen im Sinne von Abs. (3).

(2) Gegenüber Wochenschau-Herstellern ist die GEMA selbst zur Vergabe der Filmherstellungsrechte befugt, soweit es sich nicht um Auftragskompositionen und -texte handelt, die von einem Berechtigten einem bestimmten Wochenschau-Unternehmen zur ausschließlichen Benutzung für Wochenschauen gegeben und dementsprechend der GEMA gemeldet worden sind.

Der Berechtigte hat jedoch das Recht, die Wochenschau-Herstellungsrechte an ausländische Wochenschau-Hersteller von sich aus ohne Zustimmung der GEMA zu vergeben.

(3) Bei Fernsehproduktionen vergibt die GEMA die Herstellungsrechte an Fernsehanstalten und deren eigene Werbegesellschaften insoweit, als es sich um Eigen- oder Auftragsproduktionen für eigene Sendezwecke und Übernahmesendungen handelt. Die Einwilligung des Berechtigten ist jedoch erforderlich, wenn Dritte an der Herstellung beteiligt sind oder wenn die Fernseh-Produktionen von Dritten genutzt werden sollen. Das gilt insbesondere für Koproduktionen.

(4) In jedem Falle bleiben jedoch die Rechte bei Fernsehproduktionen und anderen Bildtonträgern bis auf die der GEMA vorbehaltenen Rechte dem Berechtigten vorbehalten, wenn es sich handelt um

aa) vorbestehende dramatisch-musikalische Werke, sei es vollständig, als Querschnitt oder in größeren Teilen;

bb) die Benutzung eines Werkes (mit oder ohne Text) zur Herstellung eines dramatisch-musikalischen Werkes;

cc) die Verwendung von Konzertliedern, Schlagern oder Einlagen aus dramatisch-musikalischen Werken in anderen dramatisch-musikalischen oder dramatischen Werken oder in Fernsehproduktionen oder bei anderen Bildtonträgern, die eine Verbindung mehrerer Musiktitel unter einem Leitgedanken und mit einem Handlungsfaden darstellen. Bei Fernsehproduktionen bleibt in allen diesen Fällen dem Berechtigten das Einwilligungsrecht vorbehalten. Die Einwilligung kann jedoch, soweit es sich um Eigen- oder Auftragsproduktionen für eigene Sendezwecke und Übernahmesendungen der Fernsehanstalten und deren eigener Werbegesellschaften handelt, vom Berechtigten nicht von der Zahlung einer Vergütung abhängig gemacht werden. Wird die Einwilligung erteilt, erfolgt Verrechnung nach Maßgabe des Verteilungsplanes.

k) Unberührt bleibt die Befugnis des Berechtigten, die Einwilligung zur Benutzung eines Werkes (mit oder ohne Text) zur Herstellung von Werbespots der Werbung betreibenden Wirtschaft, z. B. im Rundfunk (Hörfunk und Fernsehen) zu erteilen.

Nicht vom Berechtigten werden der GEMA übertragen die Rechte zur Bearbeitung, Umgestaltung und / oder Kürzung eines Werkes der Tonkunst (mit oder ohne Text) zur Verwendung als Ruftonmelodie und / oder Freizeichenuntermalungsmelodie. Die Befugnis des Berechtigten, die Einwilligung in die Verwendung solcher Werkfassungen im Einzelfall zu erteilen, bleibt unberührt. Es bleibt bei der Übertragung der unter Ziff. 1 h) aufgeführten Nutzungsrechte an die GEMA.

l) Diejenigen Rechte, die durch künftige technische Entwicklung oder durch Änderung der Gesetzgebung entstehen und erwachsen, soweit sie den Rechten in den Absätzen a) bis i) entsprechen.

§ 2

Soweit der Berechtigte über die Rechte gegenwärtig nicht verfügen kann, überträgt er sie für den Fall, dass ihm die Verfügungsbefugnis wieder zufällt. Die Übertragung umfasst die vorgenannten Rechte auch insoweit, als der Berechtigte sie durch Rechtsnachfolge erlangt oder erlangt hat.

§ 3

Die GEMA ist berechtigt, die ihr vom Berechtigten übertragenen Rechte im eigenen Namen auszuüben, die auszuwerten, die zu zahlende Gegenleistung in Empfang zu nehmen und über den Empfang rechtsverbindlich zu quittieren, die ihr übertragenen Rechte an Dritte ganz oder zum Teil weiter zu übertragen oder die Benutzung zu untersagen, alle ihr zustehenden Rechte auch gerichtlich in jeder der GEMA zweckmäßig erscheinenden Weise im eigenen Namen geltend zu machen.

§ 4

Die Ansprüche des Berechtigten gegen die GEMA sind nur nach Vereinbarung mit der GEMA abtretbar. Die GEMA ist berechtigt, für die Bearbeitung von Pfändungen und Abtretungen - mit Ausnahme von Beitragsabtretungen an die Berufsverbände - zu Lasten ihres Berechtigten (Schuldners) eine den Unkosten entsprechende Verwaltungsgebühr zu erheben.

Bei Vorauszahlungen tritt der Berechtigte seine Zahlungsansprüche bis zur Tilgung der Vorauszahlungen unwiderruflich an die GEMA ab.

9.1.1.3 Berechtigungsvertrag – Seite 3

§ 5

Der Berechtigte verpflichtet sich, der GEMA alle unter diesen Vertrag fallenden Werke auf den von ihr ausgegebenen Formularen, insbesondere unter Angabe des Titels und der Gattung der Werke, der Namen der Komponisten, Textdichter, Verleger und auch eines eventuellen Pseudonyms anzumelden, ein vervielfältigtes Exemplar jedes angemeldeten Werkes zur Registrierung vorzulegen und die Richtigkeit seiner Angaben hinsichtlich seiner Urheberschaft in der von der GEMA vorgeschriebenen Form nachzuweisen.

Für Werke, die der Berechtigte nicht ordnungsgemäß anmeldet, verliert er gegenüber der GEMA den Anspruch auf Verrechnung bis zur ordnungsgemäßen Anmeldung.

Der Berechtigte verpflichtet sich, der GEMA für die Feststellung seiner Rechte jede erforderliche Auskunft zu erteilen.

§ 5 a

Der Berechtigte darf die Tarifpartner der GEMA oder anderer Verwertungsgesellschaften weder direkt noch indirekt an seinem Aufkommen beteiligen, damit diese bei der Nutzung des GEMA-Repertoires bestimmte Werke des Berechtigten in ungerechtfertigter Weise bevorzugen. Im Falle der Zuwiderhandlung ist der Berechtigte verpflichtet, einen Betrag in der Höhe an die Sozialkasse der GEMA abzuführen, in der er den Tarifpartner an seinem Aufkommen beteiligt hat. Übersteigt der an den Tarifpartner abgeführte Betrag die auf den Berechtigten entfallende Vergütung für das betroffene Werk, so ist nur diese Vergütung an die Sozialkasse der GEMA abzuführen.

Die anderen Vorschriften der Satzung über satzungswidriges Verhalten bleiben unberührt.

§ 6

a) Satzung wie Verteilungsplan, auch soweit künftig die Satzung oder der Verteilungsplan geändert werden sollte, bilden einen Bestandteil dieses Vertrages.

Beschließt die Mitgliederversammlung in Zukunft Abänderungen oder Ergänzungen des Berechtigungsvertrages, so gelten auch diese Abänderungen oder Ergänzungen als Bestandteil des Berechtigungsvertrages.

Abänderungen oder Ergänzungen sind dem Berechtigten schriftlich mitzuteilen. Die Zustimmung des Berechtigten zur Änderung oder Ergänzung gilt als erteilt, wenn er nicht binnen zwölf Wochen seit Absendung der schriftlichen Mitteilung ausdrücklich schriftlich widerspricht; auf diese Rechtsfolge ist er in der Mitteilung hinzuweisen. Die schriftliche Mitteilung erfolgt in dem auf die Mitgliederversammlung folgenden, an alle Mitglieder versandten „GEMA Brief".

Der Berechtigte erklärt, Satzung und Verteilungsplan ausgehändigt erhalten zu haben.

b) Der Berechtigte, der seinen Verpflichtungen aus der Satzung, dem Verteilungsplan und dem Berechtigungsvertrag nicht nachkommt, ist verpflichtet, die der GEMA durch seinen Verzug entstandenen Kosten zu erstatten.

§ 7

Der Berechtigte verpflichtet sich, jeden Wechsel des Wohnsitzes und der Staatsangehörigkeit, jede Änderung der Firma, ihrer Inhaber- und Gesellschafterverhältnisse oder in der Zeichnung der Firma, jede Verlegung der Niederlassung sowie jeden Fall der Inverlagnahme oder des Verlagswechsels unverzüglich der GEMA anzuzeigen.

Wird die Anzeige der Adressenänderung vom Berechtigten oder im Todesfall durch seinen Rechtsnachfolger unterlassen und lässt sich die neue Adresse des Berechtigten nicht durch Rückfrage bei der für den letzten Wohnsitz zuständigen Meldebehörde feststellen, so ist die GEMA berechtigt, den Berechtigungsvertrag zum Ende des Geschäftsjahres vorzeitig zu kündigen, in dem die negative Nachricht der Meldebehörde eingegangen ist. Die Kündigung erfolgt in diesem Falle durch eingeschriebenen Brief, der an die letzte der GEMA bekannt gegebene Adresse zu richten ist. Nach Ablauf eines weiteren Geschäftsjahres kann der Aufsichtsrat über die bis zur Beendigung des Vertrages etwa vorhandenen Guthaben nach eigenem Ermessen bestimmen, falls der Berechtigte bis dahin keine eigene Verfügung getroffen hat.

§ 8

1. Der Berechtigte verpflichtet sich, bei erstmaligem Vertragsabschluss einmalig eine vom Aufsichtsrat festzusetzende Aufnahmegebühr an die GEMA zu entrichten.

2. Der Berechtigte verpflichtet sich, einen vom Aufsichtsrat festzusetzenden jährlichen Mitgliedsbeitrag an die GEMA zu entrichten.

   Bei Vertragsabschluss ist der Mitgliedsbeitrag im Voraus zu bezahlen. In den Folgejahren wird der Mitgliedsbeitrag jährlich dem Mitgliedskonto des Berechtigten belastet und gegen die in dem betreffenden Jahr anfallenden Gutschriften verrechnet. Soweit die für den Berechtigten anfallenden Gutschriften die Höhe des Mitgliedsbeitrages nicht erreichen, ist der Berechtigte zur umgehenden Zahlung des Differenzbetrages an die GEMA verpflichtet. Erreichen die für den Berechtigten erfolgenden Gutschriften die Höhe des Mitgliedsbeitrages in drei aufeinander folgenden Jahren nicht, so kann die GEMA den Berechtigungsvertrag zum Ende des darauf folgenden Geschäftsjahres vorzeitig schriftlich kündigen oder die weitere Wahrnehmung seiner Rechte davon abhängig machen, dass der Mitgliedsbeitrag bei Beginn des Geschäftsjahres im Voraus entrichtet wird.

3. Im Gegensatz zu der Regelung über die Verteilung der Erträge aus dem Aufführungsrecht gilt vorbehaltlich anderweitiger Beschlüsse für die Verteilung der Erträge aus dem Vervielfältigungsrecht der Grundsatz, dass der GEMA aus diesen Erträgen eine Kommission in Höhe von bis zu 25 % zusteht.

§ 9

Für die Rechtsnachfolge im Vertragsverhältnis sind die allgemeinen gesetzlichen Bestimmungen maßgebend, soweit nicht die GEMA-Satzung und dieser Vertrag abweichende Bestimmungen enthalten.

Im Falle des Todes des Berechtigten wird der Berechtigungsvertrag mit den Erben fortgesetzt. Sind mehrere Erben vorhanden, so müssen diese ihre Rechte durch einen gemeinsamen Bevollmächtigten ausüben. Bis zum Nachweis der Erbfolge und der Bestellung

9. GEMA-Formulare f. Komponisten, Textdichter u. Verleger

9.1.1.3 Berechtigungsvertrag – Seite 4

eines Bevollmächtigten ist die GEMA zu Auszahlungen nicht verpflichtet. Die GEMA kann verlangen, dass der Nachweis der Erbfolge durch einen Erbschein, die Vorlage eines Testamentsvollstreckerzeugnisses oder sonstiger vom Nachlassgericht auszustellender Urkunden geführt wird. Sie kann auch verlangen, dass die Bevollmächtigung durch öffentlich beglaubigte Urkunden nachgewiesen wird.

Werden innerhalb von zwei Jahren nach dem Tode des Berechtigten keine Erbansprüche geltend gemacht und erreichen die für die unbekannten Erben erfolgenden Gutschriften in zwei aufeinander folgenden Jahren die Höhe des Mitgliedsbeitrages nicht, so endet der Berechtigungsvertrag zum Ende des darauf folgenden Geschäftsjahres.

§ 10

Der Vertrag wird mit Wirkung vom .... zunächst für die Dauer von sechs Jahren geschlossen. Falls der Vertrag nicht ein Jahr vor Ablauf schriftlich gekündigt wird, verlängert er sich jeweils um sechs Jahre.

§ 11

Mit Beendigung des Vertrages fallen die Rechte an den bisherigen Berechtigten zurück, ohne dass es einer besonderen Rückübertragung bedarf. Jedoch soll zur Vermeidung einer Störung der öffentlichen Musikpflege die Auseinandersetzung bezüglich der zurückfallenden Urheberrechte in der Weise erfolgen, dass die Musikverbraucher, deren Verträge vor Beendigung dieses Berechtigungsvertrages für die Nutzung von Werken des ausgeschiedenen Berechtigten abgeschlossen wurden und über den Zeitpunkt des Ablaufs des Berechtigungsvertrages hinaus bestehen, für die ganze Dauer ihrer Verträge zur Nutzung befugt bleiben.

Die Verrechnung der demnach etwa noch auf den ausgeschiedenen Berechtigten entfallenden Erträge erfolgt nach den Bestimmungen des Verteilungsplanes der GEMA.

§ 12

Wird die GEMA aufgelöst, so gilt dieser Vertrag zum Ende desjenigen Vierteljahres als gekündigt, welches auf das Vierteljahr folgt, in dem der Auflösungsbeschluss durch die zuständige Staatsbehörde genehmigt ist.

§ 13

Der Erfüllungsort dieses Vertrages ist der Sitz der GEMA, durch den auch der Gerichtsstand für Streitigkeiten zwischen den Parteien aus diesem Vertrage bestimmt wird.

§ 14

Dieser Vertrag, von dem der Berechtigte eine Ausfertigung erhält, wird von beiden Teilen unterzeichnet. Soweit zwischen den vertragsschließenden Parteien bereits ein Vertragsverhältnis bestanden hat, tritt dieser Vertrag an die Stelle der bisherigen Vereinbarungen.

§ 15

Zu Änderungen des Berechtigungsvertrages bedarf es der für Satzungs- und Verteilungsplan-Änderungen erforderlichen Mehrheit in der Mitgliederversammlung.

§ 16
Besondere Vereinbarungen

Auf den Berechtigungsvertrag finden die Vorschriften des § 3 Ziff. 2 der Satzung der GEMA Anwendung. Die Rechtsübertragung erfolgt demgemäß für drei Jahre, jedoch mindestens bis zum Jahresende nach Ablauf des dritten Jahres, und verlängert sich jeweils um drei Jahre, falls keine Kündigung unter Einhaltung einer Frist von sechs Monaten zum Ende des jeweiligen Drei-Jahres-Zyklus erfolgt. Ausgenommen von der Rechtsübertragung werden folgende Länder - Nutzungsarten - :

Berlin, den ...., den ....

GEMA

Gesellschaft für musikalische Aufführungs-
und mechanische Vervielfältigungsrechte

Der Vorstand:

DER BERECHTIGTE

(Handelt es sich nicht um eine Einzelperson, so ist Angabe der Rechtsform des Verlages erforderlich [z. B. Einzelfirma, OHG, KG, GmbH, AG]. Der Berechtigungsvertrag muss in solchen Fällen durch die im Handelsregister eingetragenen Vertretungsberechtigten unter Hinzufügung des Firmenstempels unterschrieben werden.)

161

9.1.1.4 Werkanmeldung

GEMA-ANMELDEBOGEN
FÜR ORIGINALWERKE
(Auszufüllen bei Erstanmeldung für jedes Werk einzeln
in Druckschrift oder Schreibmaschine)

GEMA-DATENBANKNUMMER
(falls bereits bekannt)

1. WERKTITEL

2. GATTUNG

Opus: Tonart:

Fernsehauftragskomposition (s.Ziff 12):

Werbemusik ohne Fremdanteile:

3. SPIELDAUER   MIN.   SEK.   (Dauer einzelner Werkteile bitte auf einem Extra-Blatt hinter dem jeweiligen Titel angeben)

4. FOLGENDE MELODIEN, MOTIVE ODER TEXTTEILE ANDERER URHEBER WURDEN VERWENDET:

ORIGINALTITEL:

URHEBER:

NAME	VORNAME/N		UMFANG

Bitte ankreuzen!

5. KOMPONIST

BEARBEITER* (*Sofern das bearbeitete Original urheberrechtlich frei ist)

1.
2.
3.
4.

NAME	VORNAME/N	Anteile in %	MITGLIEDSNUMMER

6. BESETZUNG
(Originalfassung)

ANZAHL DER SELBSTÄNDIG GEFÜHRTEN STIMMEN:
SOLI   CHOR   KL.ORCH. GR.ORCH.   ANZAHL D. SPIELER

JA   NEIN
F.D.DRUCK BESTIMMT?

7. TEXTDICHTER
(Originalfassung)

1.
2.
3.
4.

NAME	VORNAME/N	Anteile in %	MITGLIEDSNUMMER

SPRACHE:

Weitere Textierung in einer anderen Sprache

NAME	VORNAME/N		MITGLIEDSNUMMER

TITEL: SPRACHE:

8. VERLAG
(Vollständige Firmenbezeichnung)

1.
2.
3.

		Anteile in %	MITGLIEDSNUMMER

Verlagsvertrag - gültig ab   Datum des Erscheinens im Druck

Sind dem Verleger die Aufführungs- und mechanischen Vervielfältigungsrechte von den Urhebern für den Fall, dass diese keiner Verwertungsgesellschaft angehören, vorsorglich zur treuhänderischen Verwaltung übertragen worden?   JA   NEIN

Ausnahmen im Verlagsvertrag
(Vertragsdauer, Gebiet, Sparten, Schlüssel):

9. BEARBEITER
(z.B. der Druckausgabe)

NAME	VORNAME	MITGLIEDSNUMMER

Besetzung der Bearbeitung:

Erscheinungsdatum der Bearbeitung im Druck:

10. UNTERTITEL
(bzw. Titel od. Textanfänge einzelner Werkteile)

11. TONTRÄGER
(BILDTONTRÄGER)

INTERPRET:

12. ERKLÄRUNGEN

Diese Werkanmeldung erfolgt gemäß §5 des Berechtigungsvertrages zugleich für die (übrigen) Urheber des Werkes. Soweit das Werk als verlegt angemeldet wird, wird versichert, dass mit dem / den Urheber(n) ein Verlagsvertrag im Sinne des Gesetzes über das Verlagsrecht vom 19.06.1901 geschlossen worden ist.
Wenn es sich beim vom Verlag angemeldeten Werk um eine Auftragskomposition zu einer Fernsehproduktion (Fernseh-auftragskomposition) handelt, bestätigt der Verlag hiermit gemäß Verteilungsplan A Abschnitt XIV Ziff 1 Abs. 4 und 5, dass die Übertragung der Verlagsrechte nicht Bedingung oder Voraussetzung für die Erteilung des Kompositionsauftrags war.
Es wird versichert, dass alle Angaben auf diesem Anmeldebogen nach bestem Wissen und Gewissen gemacht wurden.

13. UNTERSCHRIFT
(Stempel und Unterschrift des Anmeldenden, bei Verlagen des Zeichnungsberechtigten)

MITGLIEDSNUMMER	DATUM	UNTERSCHRIFT

14. GEMA-VERMERKE

EINGANG	BELEGNUMMER	REGISTRIERT

Dok 28 / EXCEL07

Postanschrift: GEMA, Postfach 30 12 40, 10722 Berlin   Bitte Ausfüllhinweise beachten!

Formulardaten Speichern

9.1.1.4 Werkanmeldung – Seite 2

Hinweise zum Ausfüllen des GEMA-Anmeldebogens für Originalwerke

In Fällen, in denen mehr Angaben erforderlich sind, als sich an der betreffenden Stelle des Formulars unterbringen lassen, können diese unter Angabe der jeweiligen Randziffer auf einem besonderen Blatt beigefügt werden.

zu 1: Es ist hier der Originaltitel des anzumeldenden Werkes anzugeben. Opus- und Tonartangaben werden nur bei Werken der ernsten Musik erwartet.

zu 2: Zur Gattungsbezeichnung dienen alle für die nähere Kennzeichnung eines Werkes verwendbaren Begriffe wie z.B. Archivmusik, Bühnenmusik, Chanson, Elektronik, Fantasie, Foxtrott, Free Jazz, Intermezzo, Jazz, Kantate, Konzert, Lied, Marsch, Motette, Oratorium, Ouvertüre, Polka, Popmusik, Potpourri, Rock, Rumba, Sonate, Suite, Symphonie, Tango, Walzer, Werbemusik. Handelt es sich um **Werbemusik**, ist in Ziff 2 anzukreuzen, wenn **keine Fremdanteile** benutzt wurden. Bei Verwendung von Fremdanteilen, s. Ziff 4.
Bei Opern, Operetten, Musicals und Ballettmusiken ist zu beachten, dass es sich hier um Werke des GROSSEN RECHTS handelt, die nur eingeschränkt von der GEMA wahrgenommen werden.
NEU: Für Auftragskompositionswerke zu Fernsehproduktionen **(Fernsehauftragskompositionen)**, die **von Verlagen ab dem 01.01.2007** angemeldet werden, gilt: Voraussetzung für die Beteiligung eines Verlages ist eine schriftliche, werkbezogene Bestätigung durch den Verlag an die GEMA, dass die Übertragung der Verlagsrechte nicht Bedingung oder Voraussetzung für die Erteilung des Kompositionsauftrags war.

zu 3: Spieldauerangaben sind bei Werken der U-Musik in der Kategorie der 12 Punkte-Bewertung als circa-Angaben ausreichend, da sie für die Verrechnung nicht relevant sind. Bei Werken der ernsten Musik ist die Angabe des im Verteilungsplan A unter Abschnitt X und XII genannten Spieldauerbereichs ausreichend.

zu 4: Originaltitel von verwendeten Volksweisen oder anderer im Original urheberrechtlich freier Werke sind hier zu nennen. Wurden urheberrechtlich geschützte Werke verwendet, ist generell die Genehmigung der Rechteinhaber der geschützten Werke in Kopie beizufügen. Die immer noch weit verbreitete Ansicht, dass 8 oder auch 4 Takte ohne Zustimmung benutzt werden dürfen, ist falsch. **Ohne Vorlage einer Bearbeitungsgenehmigung kann keine Verrechnung erfolgen.**

zu 5: Es muss angekreuzt sein, ob es sich um eine Komposition oder um die Bearbeitung eines im Original urheberrechtlich freien Werkes handelt.
Es sind immer **alle** am Werk beteiligten Komponisten bzw. Bearbeiter anzugeben – unabhängig davon, ob sie Mitglied einer Verwertungsgesellschaft sind oder nicht. Die Vornamen müssen zur eindeutigen Identifizierung vollständig sein. Der Name einer Gruppe genügt als Urheberangabe nicht.
Bei der Bearbeitung eines urheberrechtlich nicht mehr geschützten Werkes sind Titel und Komponist - soweit bekannt – in Ziff 4 anzugeben. Ist der Komponist nicht bekannt, so kann in Ziff 4 die Angabe: DP, TRAD., VOLKSWEISE oder UNBEKANNT erfolgen. Der oder die Bearbeiter des freien Originals ist/sind in Ziff 5 zu nennen. Für den Fall, dass ein urheberrechtlich freies Werk benutzt wurde, jedoch ein über die normale Bearbeiterbeteiligung von 3/12 hinausgehender Anspruch auf den halben oder sogar vollen Komponistenanteil erhoben wird, bitten wir darum, der Anmeldung eine Kopie der benutzten Originalvorlage sowie der eigenen Fassung beizufügen.
Bei der Vertonung von vorbestehenden geschützten Texten muss die Vertonungsgenehmigung in Kopie beigefügt werden, da sonst ebenfalls keine Verrechnung möglich ist.

zu 6: Um eine korrekte Bewertung eines Werkes der ernsten Musik bei der Abrechnung vornehmen zu können, werden genaue Angaben über die Anzahl der selbständig geführten Stimmen - nicht der mitwirkenden Orchester- oder Chormitglieder - erbeten. Bei Schlagzeug, Schlagwerk und Perkussion ist bei Werken der E-Musik die Anzahl der Spieler von Bedeutung.
Bei Werken der U-Musik ist eine detaillierte Besetzungsangabe entbehrlich. Hier kann in der freien Zeile über den Kästen die Besetzung wie beispielsweise: KL.BES. (kleine Besetzung), S.O. (Salonorchester), ENS. (Ensemble), ELEKTRONIK, COMPUTER etc. angegeben werden.

zu 7: Die Hinweise zu Ziff 5 gelten entsprechend. Existieren mehrere Textfassungen in verschiedenen Sprachen gleichberechtigt nebeneinander, sind diese im ersten Abschnitt anzugeben. Hier erhält jeder

9.1.1.4 Werkanmeldung – Seite 3

Textdichter bei Vorkommen seiner Version den vollen Textdichteranteil. Vom Rechtsinhaber autorisierte Spezial- bzw. Parodietextdichter sind im zweiten Abschnitt anzugeben. Sie werden - nur bei Vorkommen ihrer Version - mit dem halben Textdichteranteil beteiligt.

zu 8: Bei Anmeldung durch den Urheber ist diese Ziffer nur auszufüllen, wenn tatsächlich ein (von allen Werkbeteiligten) unterzeichneter Vertrag mit einem Musikverlag vorliegt. **Produktionsverträge sind in der Regel keine Verlagsverträge.**
Erscheint das Werk unter einer Editionsbezeichnung des Verlages, ist nur diese vollständige Editionsbezeichnung mit der eventuell eigenen Editionsmitgliedsnummer anzugeben.

zu 9: Hier soll - falls vorhanden - der autorisierte Bearbeiter des vorgenannten geschützten Werkes angegeben werden. Wird die Anmeldung vom Bearbeiter selbst vorgenommen, ist unbedingt eine Kopie der Bearbeitungsgenehmigung beizufügen, sonst ist keine Beteiligung möglich. Die Anmeldung von reinen Tonträger-Arrangements geschützter Werke ist zu unterlassen, da deren Beteiligung im Verteilungsplan nicht vorgesehen ist. Diese Bearbeitungen können auf Antrag im Schätzungsverfahren der Bearbeiter berücksichtigt werden.

zu 10: Weitere Titel bzw. Inhaltsangaben sind besonders bei Werken angebracht, die aus mehreren einzeln aufführbaren Sätzen oder Teilen bestehen, wie z.B. Zyklen, Kantaten, Bühnenmusiken und Suiten, aber auch Mixen und anderen Versionen. Die Dauer der einzelnen Werkteile ist hinter dem jeweiligen Titel zu nennen.

zu 11: Tonträger- bzw. Bildtonträgertitel, Label, Katalognummer und Interpretenangaben sind fakultativ, falls das Werk bereits auf einem Tonträger / Bildtonträger veröffentlicht wurde.

zu 13: Die Mitgliedsnummer des Anmeldenden und seine Unterschrift (bei Urhebern mit bürgerlichen Namen) werden hier erwartet. Ohne diese Angaben ist die Anmeldung ungültig.
Wichtig: Anmeldeberechtigt sind nur Beteiligte am Werk bzw. deren durch die GEMA authentifizierte berechtigte Vertreter.

9.1.1.5 Bearbeitungsgenehmigung

Formulardaten Speichern

GEMA-Datenbank-Werknummer

Bearbeitungsgenehmigung

(gilt nur für ein Werk)

Ich bestätige hiermit, daß Herr/ Frau:

mein Werk (Verlagswerk):

mit meiner ausdrücklichen Genehmigung für:

bearbeitet hat und berechtigt ist, diese Bearbeitung
der GEMA anzumelden.

Herrn / Frau _____ steht somit

der Bearbeiteranteil nach § 4.1 und 2 der Allgemeinen
Grundsätze des Verteilungsplans zu.

Datum/ Name des Komponisten/ Verlages/ Unterschrift

9.1.1.6 Kontoauszug

GEMA

GESELLSCHAFT FÜR MUSIKALISCHE AUFFÜHRUNGS-
UND MECHANISCHE VERVIELFÄLTIGUNGSRECHTE
Direktion Ausschüttung

GEMA, Postfach 80 07 67, 81607 München

Herrn
Genius Urheber
Rosenheimer Str. 11

81667 München

Muster

Hauptkonto
Kontoauszug Nr.: 3 / 2002
Buchungszeitraum
01.04.2002 bis 30.06.2002

Da der Kontoauszug eine wichtige Grundlage für
Ihre Steuererklärung darstellt, empfehlen wir
sorgfältige Aufbewahrung.

999999 Urheber, Genius
Bitte obige Mitgliedsnummer bei Schriftwechsel immer angeben

	04.07.2002	NETTO EUR	BRUTTO EUR	
Saldo-Vortrag:		DEM: 0,00	EUR: 0,00	H
A AR 2002 K		1.000,00	1.070,00	H
UST 7% auf EUR 1.000,00		70,00		H
A VR 2002 T		500,00	535,00	H
UST 7% auf EUR 500,00		35,00		H
R 2001 K		2.000,00	2.140,00	H
UST 7% auf EUR 2.000,00		140,00		H
R VR 2001 T		1.500,00	1.605,00	H
UST 7% auf EUR 1.500,00		105,00		H
FS 2001 K		3.000,00	3.210,00	H
UST 7% auf EUR 3.000,00		210,00		H
FS VR 2001 T		1.800,00	1.926,00	H
UST 7% auf EUR 1.800,00		126,00		H
PHO VR 2 2001 K		15.000,00	16.050,00	H
UST 7% auf EUR 15.000,00		1.050,00		H
PHO VR 2 2001 T		10.000,00	10.700,00	H
UST 7% auf EUR 10.000,00		700,00		H
Gebühren Fotokopien		20,00	23,20	S
UST 16% auf EUR 20,00		3,20		S
Gebühren GEMA-Jahrbuch		6,69	7,16	S
UST 7% auf EUR 6,69		0,47		S
BK Guthaben			37.205,64	S

Saldo: DEM: 0,00 EUR:0,00 S
Ihre Steuernummer: 1234/123/12345
Zusammenstellung der Buchungen:

	Gutschriften (H)	
	DEM	EUR
Vergütungen zum UST-Satz 7,00 %	68.062,89	34.800,00
zuzügl. 7% Ust	4.764,39	2.436,00

	Belastungen (S)	
	DEM	EUR
Kosten zum UST-Satz 7,00 %	13,08	6,69
zuzügl. 7% UST	0,92	0,47
Kosten zum UST-Satz 16,00 %	39,12	20,00
zuzügl. 16 % UST	6,26	3,20

Die EURO-Beträge sind zum offiziellen Kurs (1,95583) einzeln in DEM umgerechnet
Steuernummer der GEMA: 27/666/50863

Irrtum vorbehalten !
Postbank München   (BLZ 700 100 80) Konto 263 66-803
Dresdner Bank München (BLZ 700 800 00) Konto 3 813 09 500

9.1.2.1 Einzelveranstaltung

GEMA

GESELLSCHAFT FÜR MUSIKALISCHE AUFFÜHRUNGS-
UND MECHANISCHE VERVIELFÄLTIGUNGSRECHTE

Musikfolge

für eine Einzelveranstaltung [1]
(Live-Musik)

GEMA

Bezirksdirektion Berlin

Keithstraße 7

10787 Berlin

< erst Bezirksdirektion wählen,

< < dann Adresse aktualisieren

Wird durch GEMA ausgefüllt
Programm-Nr.
Eingangsstempel

Veranstalter	_____
Straße	_____
PLZ	||||| Ort _____
Veranstaltungs-raum	_____
Straße	_____
PLZ	||||| Ort _____
Art der Veranstaltung	_____

(z.B.: Tanz / Unterhaltungsmusik / Konzert / Gesellige Veranstaltung / Straßenfest / ...)

Veranstaltung am _____ von _____ Uhr bis _____ Uhr

Name der Kapelle _____

Name des Musikleiters _____

Straße _____

PLZ \|\|\|\|\| Ort _____

Anzahl der Musiker und Sänger _____ Art der Besetzung _____

(z.B.: Alleinunterhalter / Tanzband / Rockgruppe / Orchester / Blaskapelle / ...)

GSZ
\|\|\|\|\|

Progr.-Kennz.

Inkasso

Liz. BD

Veranst. BD

Musiker-Nr.
\|\|\|\|\|

GEMA-Mitglieds-Nr.
(falls bekannt)
\|\|\|\|\|

Auch unvollständige Angaben zu den einzelnen Musikwerken sind besser als gar keine!

Nr.	GEMA-Werk-Nr. (falls bekannt)	P/F [2]	Titel des Musikwerkes	Komponist	Bearbeiter [3]	Verleger [3]
1	||||||					
2	||||||					
3	||||||					
4	||||||					
5	||||||					
6	||||||					

Bitte mit Schreibmaschine oder in deutlich lesbarer Blockschrift ausfüllen!
Unterschriften auf der Rückseite bitte nicht vergessen!

Ad-F 4/5(4) 3/2003 Wilk

9.1.2.1 Einzelveranstaltung – Seite 2

Nr.	GEMA-Werk-Nr. (falls bekannt)	P/F[2]	Titel des Musikwerkes	Komponist	Bearbeiter[3]	Verleger[3]
7						
8						
9						
10						
11						
12						
13						
14						
15						
16						
17						
18						
19						
20						
21						
22						
23						
24						
25						
26						
27						
28						
29						

Für evtl. weitere Werke bitte ein neues Formular, Kopie oder Beiblatt anfügen.

[1] Bei Veranstaltungen, in denen mindestens 80% Werke eines Urhebers bzw. einer Urhebergemeinschaft im Sinne der §§ 8 und 9 UrhG (mehrere Miturheber) aufgeführt werden, besteht auf Antrag der Urheber die Möglichkeit einer Netto-Einzelverrechnung (Direktverrechnung); falls diese beabsichtigt ist, benutzen Sie bitte das Direkt-Verrechnungs-Formular "Musikfolge für eine Einzelveranstaltung (Live-Musik) bei Netto-Einzelverrechnung".

[2] Potpourris stets mit einem <P> kennzeichnen.
Bei Werkfragmenten (Pausen- und Vorlaufmusik, Zwischen- und Schlußmusik, Titel- und Erkennungsmusiken) bitte den angegebenen Titel mit <F> kennzeichnen.

[3] Die Druckbearbeiter und Verleger immer angeben, wenn Notenmaterial verwandt wurde.

Die GEMA verpflichtet sich, die Bestimmungen des Datenschutzes einzuhalten.

Es wird versichert, daß alle Angaben über die Musikaufführung nach bestem Wissen gemacht worden sind.

Datum	Unterschrift des Ausfertigers	Datum	Unterschrift des Veranstalters

Formulardaten Speichern

9.1.2.2 Mehrere Einzelveranstaltungen

GEMA

GESELLSCHAFT FÜR MUSIKALISCHE AUFFÜHRUNGS-
UND MECHANISCHE VERVIELFÄLTIGUNGSRECHTE

**Beispiel zur Ausfertigung des Musikfolge-Formulars
für mehrere Einzelveranstaltungen**

1. Veranstaltung am __25.03.2003__ von ___18:00___ Uhr bis ___23:00___ Uhr

Veranstalter __HANS MÜLLER__

Straße __DORFSTR. 17__

PLZ | 5 | 1 | 5 | 1 | 9 | Ort: __ODENTHAL__

Muster

Veranstaltungsraum __BERGISCHER LÖWE__

Straße __RATHAUSPLATZ__

PLZ | 6 | 5 | 9 | 1 | 5 | Ort: __BERGISCH GLADBACH__

Art der Veranstaltung __KONZERT__
(z.B.: Tanz / Unterhaltungsmusik / Konzert / Gesellige Veranstaltung / Straßenfest / ...)

2. Veranstaltung am __18.05.2003__ von ___17:00___ Uhr bis ___20:30___ Uhr

Veranstalter __JOSEF SCHMITZ__

Straße __HAUPTSTR. 28__

PLZ | 8 | 0 | 6 | 6 | 7 | Ort __MÜNCHEN__

Veranstaltungsraum __ZUR GOLDENEN GANS__

Straße __MÜNCHNER ALLEE 15__

PLZ | 8 | 0 | 6 | 6 | 7 | Ort __MÜNCHEN__

Art der Veranstaltung __TANZ__
(z.B.: Tanz / Unterhaltungsmusik / Konzert / Gesellige Veranstaltung / Straßenfest / ...)

Nr.	GEMA-Werk-Nr. (falls bekannt)	P/F	Titel des Musikwerkes			Veranstaltungen 1 2 3 4 5 6
	Komponist		Bearbeiter	Verleger		1 2 3 4 5 6
1	0 1 3 5 7 9 6		ACH WIE IST DIE WELT SO SCHÖN			
	K. MUSTERMANN		A. SCHLAUBERGER	TREUHAND-VERLAG		X 2 3 4 5 6
2	9 8 7 6 5 4 3	P	AM ENDE DER WELT			
	JOHN LUDWIG		FRITZ MUSIKUS	WALD UND WIESE		1 X 3 4 5 6
3	5 5 0 8 4 0 7	F	YELLOW LEMONS			
	ANTONIO BELLO		JEAN DUPONT	THEMSE-VERLAG		X X 3 4 5 6
4	1 2 0 0 7 9 9		ROSAROTE WOLKEN			
	W. LIEBLICH		GERD GLÜCKLICH	KLEEBATT-VERLAG		1 X 3 4 5 6

Ad-F 4/11(2) 3/2003 Wilk

9.1.2.2 Mehrere Einzelveranstaltungen – Seite 2

GEMA
GESELLSCHAFT FÜR MUSIKALISCHE AUFFÜHRUNGS-
UND MECHANISCHE VERVIELFÄLTIGUNGSRECHTE

Musikfolge
für mehrere Einzelveranstaltungen [1)]
(Live-Musik)

Wird durch GEMA ausgefüllt
Programm-Nr.
Eingangsstempel

GEMA
Postfach 30 12 40

10722 Berlin

GEMA-Mitglieds-Nr.
(falls bekannt)

Name der Kapelle _____

Name des Musikleiters _____

Straße _____

PLZ | | | | | | Ort _____

Anzahl der Musiker und Sänger _____ Art der Besetzung _____
(z.B.: Alleinunterhalter / Tanzband /
Rockgruppe / Orchester / Blaskapelle / ...)

Wird durch GEMA ausgefüllt
Musiker-Nr.

1. Veranstaltung am _____ von _____ Uhr bis _____ Uhr

GSZ

Veranstalter _____

Straße _____

Progr.-Kennz.

PLZ | | | | | | Ort _____

Inkasso

Veranstaltungsraum _____

Straße _____

Liz. BD

PLZ | | | | | | Ort _____

Veranst. BD

Art der Veranstaltung _____
(z.B.: Tanz / Unterhaltungsmusik / Konzert / Gesellige Veranstaltung / Straßenfest / ...)

2. Veranstaltung am _____ von _____ Uhr bis _____ Uhr

GSZ

Veranstalter _____

Straße _____

Progr.-Kennz.

PLZ | | | | | | Ort _____

Inkasso

Veranstaltungsraum _____

Straße _____

Liz. BD

PLZ | | | | | | Ort _____

Veranst. BD

Art der Veranstaltung _____
(z.B.: Tanz / Unterhaltungsmusik / Konzert / Gesellige Veranstaltung / Straßenfest / ...)

Bitte mit Schreibmaschine oder in deutlich lesbarer Blockschrift ausfüllen!
Unterschrift auf der letzten Seite bitte nicht vergessen!

Ad-F 4/7(5) 1/2004 Wilk

9.1.2.2 Mehrere Einzelveranstaltungen – Seite 3

	Wird durch GEMA ausgefüllt

3. Veranstaltung am _____ von _____ Uhr bis _____ Uhr

Veranstalter _____

Straße _____

PLZ | | | | | | Ort _____

Veranstaltungsraum _____

Straße _____

PLZ | | | | | | Ort _____

Art der Veranstaltung _____
(z.B.: Tanz / Unterhaltungsmusik / Konzert / Gesellige Veranstaltung / Straßenfest / ...)

GSZ

Progr.-Kennz.

DM/EUR | Inkasso

Liz. BD

Veranst. BD

4. Veranstaltung am _____ von _____ Uhr bis _____ Uhr

Veranstalter _____

Straße _____

PLZ | | | | | | Ort _____

Veranstaltungsraum _____

Straße _____

PLZ | | | | | | Ort _____

Art der Veranstaltung _____
(z.B.: Tanz / Unterhaltungsmusik / Konzert / Gesellige Veranstaltung / Straßenfest / ...)

GSZ

Progr.-Kennz.

DM/EUR | Inkasso

Liz. BD

Veranst. BD

5. Veranstaltung am _____ von _____ Uhr bis _____ Uhr

Veranstalter _____

Straße _____

PLZ | | | | | | Ort _____

Veranstaltungsraum _____

Straße _____

PLZ | | | | | | Ort _____

Art der Veranstaltung _____
(z.B.: Tanz / Unterhaltungsmusik / Konzert / Gesellige Veranstaltung / Straßenfest / ...)

GSZ

Progr.-Kennz.

DM/EUR | Inkasso

Liz. BD

Veranst. BD

6. Veranstaltung am _____ von _____ Uhr bis _____ Uhr

Veranstalter _____

Straße _____

PLZ | | | | | | Ort _____

Veranstaltungsraum _____

Straße _____

PLZ | | | | | | Ort _____

Art der Veranstaltung _____
(z.B.: Tanz / Unterhaltungsmusik / Konzert / Gesellige Veranstaltung / Straßenfest / ...)

GSZ

Progr.-Kennz.

DM/EUR | Inkasso

Liz. BD

Veranst. BD

9.1.2.2 Mehrere Einzelveranstaltungen – Seite 4

Nr.	GEMA-Werk-Nr. (falls bekannt)	P/F[2]	Titel des Musikwerkes							
	Komponist		Bearbeiter[3]	Verleger[3]	Veranstaltungen[4] 1 2 3 4 5 6					
65										
					1	2	3	4	5	6
66										
					1	2	3	4	5	6
67										
					1	2	3	4	5	6
68										
					1	2	3	4	5	6
69										
					1	2	3	4	5	6
70										
					1	2	3	4	5	6
71										
					1	2	3	4	5	6
72										
					1	2	3	4	5	6
73										
					1	2	3	4	5	6
74										
					1	2	3	4	5	6
75										
					1	2	3	4	5	6

Für evtl. weitere Werke bitte ein neues Formular, Kopie oder Beiblatt anfügen.

[1] Bei Veranstaltungen, in denen mindestens 80% Werke eines Urhebers bzw. einer Urhebergemeinschaft im Sinne der §§ 8 und 9 UrhG (mehrere Miturheber) aufgeführt werden, besteht auf Antrag der Urheber die Möglichkeit einer Netto-Einzelverrechnung (Direktverrechnung); falls diese beabsichtigt ist, benutzen Sie bitte das Direkt-Verrechnungs-Formular "Musikfolge für mehrere Einzelveranstaltungen (Live-Musik) bei Netto-Einzelverrechnung".

[2] Potpourris stets mit einem <P> kennzeichnen.
Bei Werkfragmenten (Pausen- und Vorlaufmusik, Zwischen- und Schlußmusik, Titel- und Erkennungsmusiken) bitte den angegebenen Titel mit <F> kennzeichnen.

[3] Die Druckbearbeiter und Verleger immer angeben, wenn Notenmaterial verwandt wurde.

[4] Bitte ankreuzen, auf welcher Veranstaltung das Werk aufgeführt wurde.

Die GEMA verpflichtet sich, die Bestimmungen des Datenschutzes einzuhalten.

Es wird versichert, daß alle Angaben über die Musikaufführungen nach bestem Wissen gemacht worden sind.

_____   _____
Datum   Unterschrift des Ausfertigers

9.1.2.3 Regelmäßige Veranstaltungen

GEMA

GESELLSCHAFT FÜR MUSIKALISCHE AUFFÜHRUNGS-
UND MECHANISCHE VERVIELFÄLTIGUNGSRECHTE

Musikfolge

für regelmäßige Veranstaltungen
innerhalb eines Monats[1]
im selben Veranstaltungsraum
bei 1 Veranstaltung pro Tag
(Live-Musik)

GEMA

Bitte Bezirksdirektion wählen

Wird durch GEMA ausgefüllt
Programm-Nr.
Eingangsstempel

< erst Bezirksdirektion wählen,

< < dann Adresse aktualisieren

		GSZ
Veranstalter	_____	
Straße	_____	Progr.-Kennz.
PLZ	⌶⌶⌶⌶⌶ Ort _____	
Veranstaltungs-		Inkasso
raum	_____	
Straße	_____	Liz. BD
PLZ	⌶⌶⌶⌶⌶ Ort _____	Veranst. BD
Art der Veranstaltung	_____	
	(z.B.: Tanz / Unterhaltungsmusik)	Musiker-Nr.
Veranstaltungen an	_____ Tagen im Monat _____ Jahr	

Ich bitte um Zusendung von _____ Stück Musikfolgen an ☐ den Veranstalter ☐ die Kapelle.

		GEMA-Mitglieds-Nr.
Name der Kapelle	_____	(falls bekannt)
Name des Musikleiters / Bandleaders	_____	
Straße	_____	
PLZ	⌶⌶⌶⌶⌶ Ort _____	
Anzahl der Musiker und Sänger _____ Art der Besetzung _____		
	(z.B.: Alleinunterhalter / Tanzband / Rockgruppe / Orchester / Blaskapelle / ...)	

[1] Bei Veranstaltungen, in denen mindestens 80% Werke eines Urhebers bzw. einer Urhebergemeinschaft im Sinne der §§ 8 und 9 UrhG (mehrere Miturheber) aufgeführt werden, besteht auf Antrag der Urheber die Möglichkeit einer Netto-Einzelverrechnung (Direktverrechnung); falls diese beabsichtigt ist, benutzen Sie bitte das Direkt-Verrechnungs-Formular "Musikfolge für regelmäßige Veranstaltungen (Live-Musik) bei Netto-Einzelverrechnung".

[2] Potpourris stets mit einem <P> kennzeichnen. Bei Werkfragmenten (Pausen- und Vorlaufmusik, Zwischen- und Schlußmusik, Titel- und Erkennungsmusiken) bitte den angegebenen Titel mit <F> kennzeichnen.

[3] Die Druckbearbeiter und Verleger immer angeben, wenn Notenmaterial verwandt wurde.

Die GEMA verpflichtet sich, die Bestimmungen des Datenschutzes einzuhalten.

Bitte mit Schreibmaschine oder in deutlich lesbarer Blockschrift ausfüllen!
Unterschriften auf den folgenden Seiten bitte nicht vergessen!

Ad-F 4/6(6) 1/2006 Wilk

9.1.2.3 Regelmäßige Veranstaltungen – Seite 2

Blatt 2

**Die Uhrzeiten der Veranstaltungen
an den einzelnen Tagen im Monat**

Monat:

Tag				
1	von Uhr		bis Uhr	
2	von Uhr		bis Uhr	
3	von Uhr		bis Uhr	
4	von Uhr		bis Uhr	
5	von Uhr		bis Uhr	
6	von Uhr		bis Uhr	
7	von Uhr		bis Uhr	
8	von Uhr		bis Uhr	
9	von Uhr		bis Uhr	
10	von Uhr		bis Uhr	
11	von Uhr		bis Uhr	
12	von Uhr		bis Uhr	
13	von Uhr		bis Uhr	
14	von Uhr		bis Uhr	
15	von Uhr		bis Uhr	
16	von Uhr		bis Uhr	
17	von Uhr		bis Uhr	
18	von Uhr		bis Uhr	
19	von Uhr		bis Uhr	
20	von Uhr		bis Uhr	
21	von Uhr		bis Uhr	
22	von Uhr		bis Uhr	
23	von Uhr		bis Uhr	
24	von Uhr		bis Uhr	
25	von Uhr		bis Uhr	
26	von Uhr		bis Uhr	
27	von Uhr		bis Uhr	
28	von Uhr		bis Uhr	
29	von Uhr		bis Uhr	
30	von Uhr		bis Uhr	
31	von Uhr		bis Uhr	

9. GEMA-Formulare für Veranstalter von Live-Musik

9.1.2.3 Regelmäßige Veranstaltungen – Seite 3

Veranstaltungstag(e) für jedes Musikwerk bitte durch Ankreuzen markieren!   Blatt 3

Nr.	GEMA-Werk-Nr. (falls bekannt)	P/F²⁾	Titel des Musikwerkes	Komponist	Bearbeiter ³⁾	Verleger ³⁾
1						
	1 2 3 4	5 6	7 8 9 10 11 12 13 14 15 16	17 18 19 20 21	22 23 24 25 26	27 28 29 30 31
2						
	1 2 3 4	5 6	7 8 9 10 11 12 13 14 15 16	17 18 19 20 21	22 23 24 25 26	27 28 29 30 31
3						
	1 2 3 4	5 6	7 8 9 10 11 12 13 14 15 16	17 18 19 20 21	22 23 24 25 26	27 28 29 30 31
4						
	1 2 3 4	5 6	7 8 9 10 11 12 13 14 15 16	17 18 19 20 21	22 23 24 25 26	27 28 29 30 31
5						
	1 2 3 4	5 6	7 8 9 10 11 12 13 14 15 16	17 18 19 20 21	22 23 24 25 26	27 28 29 30 31
6						
	1 2 3 4	5 6	7 8 9 10 11 12 13 14 15 16	17 18 19 20 21	22 23 24 25 26	27 28 29 30 31
7						
	1 2 3 4	5 6	7 8 9 10 11 12 13 14 15 16	17 18 19 20 21	22 23 24 25 26	27 28 29 30 31
8						
	1 2 3 4	5 6	7 8 9 10 11 12 13 14 15 16	17 18 19 20 21	22 23 24 25 26	27 28 29 30 31
9						
	1 2 3 4	5 6	7 8 9 10 11 12 13 14 15 16	17 18 19 20 21	22 23 24 25 26	27 28 29 30 31
10						
	1 2 3 4	5 6	7 8 9 10 11 12 13 14 15 16	17 18 19 20 21	22 23 24 25 26	27 28 29 30 31
11						
	1 2 3 4	5 6	7 8 9 10 11 12 13 14 15 16	17 18 19 20 21	22 23 24 25 26	27 28 29 30 31
12						
	1 2 3 4	5 6	7 8 9 10 11 12 13 14 15 16	17 18 19 20 21	22 23 24 25 26	27 28 29 30 31
13						
	1 2 3 4	5 6	7 8 9 10 11 12 13 14 15 16	17 18 19 20 21	22 23 24 25 26	27 28 29 30 31
14						
	1 2 3 4	5 6	7 8 9 10 11 12 13 14 15 16	17 18 19 20 21	22 23 24 25 26	27 28 29 30 31
15						
	1 2 3 4	5 6	7 8 9 10 11 12 13 14 15 16	17 18 19 20 21	22 23 24 25 26	27 28 29 30 31
16						
	1 2 3 4	5 6	7 8 9 10 11 12 13 14 15 16	17 18 19 20 21	22 23 24 25 26	27 28 29 30 31
17						
	1 2 3 4	5 6	7 8 9 10 11 12 13 14 15 16	17 18 19 20 21	22 23 24 25 26	27 28 29 30 31
18						
	1 2 3 4	5 6	7 8 9 10 11 12 13 14 15 16	17 18 19 20 21	22 23 24 25 26	27 28 29 30 31

Es wird versichert, daß alle Angaben über die Musikaufführungen nach bestem Wissen gemacht worden sind.

Datum	Unterschrift des Ausfertigers	Datum	Unterschrift des Veranstalters

175

9.1.2.4 Antrag auf Nettoeinzelverrechnung

**Antrag auf Nettoeinzelverrechnung (Direktverrechnung)
gemäß Abschnitt XIII. B. Abs. 3 der Ausführungsbestimmungen
zum Verteilungsplan der GEMA für das Aufführungs- und Senderecht**

<u>Hier</u>: Musikfolge(n) mit Veranstaltung(en) am / von bis: _____

Name der Kapelle _____

Name der Musikleiters _____

Straße _____

PLZ _____ Ort _____

Hiermit beantrage(n) ich / wir die Nettoeinzelverrechnung (Direktverrechnung) als <u>Rechteinhaber</u> an dem (den) in der (den) vorgenannten Veranstaltung(en) aufgeführten Werk(en):

_____

Urheber 1 (Name, Vorname)   Unterschrift

_____

Urheber 2 (Name, Vorname)   Unterschrift

_____

Urheber 3 (Name, Vorname)   Unterschrift

_____

Urheber 4 (Name, Vorname)   Unterschrift

_____

Urheber 5 (Name, Vorname)   Unterschrift

_____

Urheber 6 (Name, Vorname)   Unterschrift

_____

Urheber 7 (Name, Vorname)   Unterschrift

_____

Verleger 1 (Name, Vorname)   Unterschrift

_____

Verleger 2 (Name, Vorname)   Unterschrift

_____

Verleger 3 (Name, Vorname)   Unterschrift

Formulardaten Speichern

9.1.2.5 Einzelveranstaltung bei Netto-Einzelverrechnung

GEMA
GESELLSCHAFT FÜR MUSIKALISCHE AUFFÜHRUNGS-
UND MECHANISCHE VERVIELFÄLTIGUNGSRECHTE

GEMA

Musikfolge
für eine Einzelveranstaltung
(Live-Musik)
bei Netto-Einzelverrechnung
(DIREKTVERRECHNUNG)

Wird durch GEMA ausgefüllt

Programm-Nr.

Eingangsstempel

GSZ

Veranstalter _____

Straße _____

PLZ | | | | | | Ort _____

Progr.-Kennz.

Veranstaltungs-raum _____

Inkasso

Straße _____

Liz. BD

PLZ | | | | | | Ort _____

Veranst. BD

Art der Veranstaltung _____
(z.B.: Tanz / Unterhaltungsmusik / Konzert / Gesellige Veranstaltung / Straßenfest / ...)

Musiker-Nr.

Veranstaltung am _____ von _____ Uhr bis _____ Uhr

| | | | | |

Name der Kapelle _____

GEMA-Mitglieds-Nr. (falls bekannt)

Name des Musikleiters _____

Straße _____

| | | | | |

PLZ | | | | | | Ort _____

Anzahl der Musiker und Sänger _____ Art der Besetzung _____
(z.B.: Alleinunterhalter / Tanzband / Rockgruppe / Orchester / Blaskapelle / ...)

Nr.	GEMA-Werk-Nr. (falls bekannt)	P/F[1]	Titel des Musikwerkes	Komponist	Bearbeiter[2]	Verleger[2]
1						
2						
3						
4						
5						
6						
7						
8						

Bitte mit Schreibmaschine oder in deutlich lesbarer Blockschrift ausfüllen!
Unterschriften auf der letzten Seite bitte nicht vergessen!

Ad-F 4/8(2) 3/2003 Wilk

9.1.2.5 Einzelveranstaltung bei Netto-Einzelverrechnung – Seite 2

Nr.	GEMA-Werk-Nr. (falls bekannt)	P/F[1]	Titel des Musikwerkes	Komponist	Bearbeiter [2]	Verleger [2]
71						
72						
73						
74						
75						
76						
77						
78						
79						
80						
81						
82						
83						
84						
85						
86						
87						
88						
89						
90						
91						

[1] Potpourris stets mit einem <P> kennzeichnen.
Bei Werkfragmenten (Pausen- und Vorlaufmusik, Zwischen- und Schlußmusik, Titel- und Erkennungsmusiken) bitte den angegebenen Titel mit <F> kennzeichnen.

[2] Die Druckbearbeiter und Verleger immer angeben, wenn Notenmaterial verwandt wurde.

Die GEMA verpflichtet sich, die Bestimmungen des Datenschutzes einzuhalten.

Es wird versichert, daß alle Angaben über die Musikaufführung nach bestem Wissen gemacht worden sind.

VOLLSTÄNDIGKEITSBESTÄTIGUNG

Der Veranstalter erklärt mit seiner Unterschrift die Vollständigkeit nicht nur des Musikprogramms einer einzelnen Gruppe bzw. eines einzelnen Musikleiters, sondern die Vollständigkeit des gesamten Live-Musikprogramms der Veranstaltung.

Die zu dieser Veranstaltung aufgeführten Werke sind das vollständige Live-Musikprogramm der Veranstaltung.

_____ _____
Datum   Unterschrift des Ausfertigers

_____ _____
Datum   Unterschrift des Veranstalters

Formulardaten Speichern

9.1.2.6 Mehrere Einzelveranstalungen bei Netto-Einzelverrechnung

GEMA
GESELLSCHAFT FÜR MUSIKALISCHE AUFFÜHRUNGS-
UND MECHANISCHE VERVIELFÄLTIGUNGSRECHTE

Musikfolge
für mehrere Einzelveranstaltungen
(Live-Musik)
bei Netto-Einzelverrechnung
(DIREKTVERRECHNUNG)

GEMA
Postfach 30 12 40

10722 Berlin

Wird durch GEMA ausgefüllt
Programm-Nr.
Eingangsstempel

Name der Kapelle _____

Name des Musikleiters _____

Straße _____

PLZ | | | | | | Ort _____

Anzahl der Musiker und Sänger _____ Art der Besetzung _____

(z.B.: Alleinunterhalter / Tanzband /
Rockgruppe / Orchester / Blaskapelle / ...)

GEMA-Mitglieds-Nr.
(falls bekannt)

Wird durch GEMA ausgefüllt
Musiker-Nr.

1. Veranstaltung am _____ von _____ Uhr bis _____ Uhr

Veranstalter _____

Straße _____

PLZ | | | | | | Ort _____

Veranstaltungsraum _____

Straße _____

PLZ | | | | | | Ort _____

Art der Veranstaltung _____

(z.B.: Tanz / Unterhaltungsmusik / Konzert / Gesellige Veranstaltung / Straßenfest / ...)

GSZ

Progr.-Kennz.

Inkasso

Liz. BD

Veranst. BD

2. Veranstaltung am _____ von _____ Uhr bis _____ Uhr

Veranstalter _____

Straße _____

PLZ | | | | | | Ort _____

Veranstaltungsraum _____

Straße _____

PLZ | | | | | | Ort _____

Art der Veranstaltung _____

(z.B.: Tanz / Unterhaltungsmusik / Konzert / Gesellige Veranstaltung / Straßenfest / ...)

GSZ

Progr.-Kennz.

Inkasso

Liz. BD

Veranst. BD

Bitte mit Schreibmaschine oder in deutlich lesbarer Blockschrift ausfüllen!
Unterschriften auf den letzten Seiten bitte nicht vergessen!

Ad-F 4/10(2) 3/2003 Wik

9.1.2.6 Mehrere Einzelveranstalungen bei Netto-Einzelverrechnung – Seite 2

	Wird durch GEMA ausgefüllt

3. Veranstaltung am _____ von _____ Uhr bis _____ Uhr

GSZ

Veranstalter _____

Progr.-Kennz.

Straße _____

PLZ |__|__|__|__|__| Ort _____

DM/EUR | Inkasso

Veranstaltungsraum _____

Straße _____

Liz. BD

PLZ |__|__|__|__|__| Ort _____

Veranst. BD

Art der Veranstaltung _____
(z.B.: Tanz / Unterhaltungsmusik / Konzert / Gesellige Veranstaltung / Straßenfest / ...)

4. Veranstaltung am _____ von _____ Uhr bis _____ Uhr

GSZ

Veranstalter _____

Progr.-Kennz.

Straße _____

PLZ |__|__|__|__|__| Ort _____

DM/EUR | Inkasso

Veranstaltungsraum _____

Straße _____

Liz. BD

PLZ |__|__|__|__|__| Ort _____

Veranst. BD

Art der Veranstaltung _____
(z.B.: Tanz / Unterhaltungsmusik / Konzert / Gesellige Veranstaltung / Straßenfest / ...)

5. Veranstaltung am _____ von _____ Uhr bis _____ Uhr

GSZ

Veranstalter _____

Progr.-Kennz.

Straße _____

PLZ |__|__|__|__|__| Ort _____

DM/EUR | Inkasso

Veranstaltungsraum _____

Straße _____

Liz. BD

PLZ |__|__|__|__|__| Ort _____

Veranst. BD

Art der Veranstaltung _____
(z.B.: Tanz / Unterhaltungsmusik / Konzert / Gesellige Veranstaltung / Straßenfest / ...)

6. Veranstaltung am _____ von _____ Uhr bis _____ Uhr

GSZ

Veranstalter _____

Progr.-Kennz.

Straße _____

PLZ |__|__|__|__|__| Ort _____

DM/EUR | Inkasso

Veranstaltungsraum _____

Straße _____

Liz. BD

PLZ |__|__|__|__|__| Ort _____

Veranst. BD

Art der Veranstaltung: _____
(z.B.: Tanz / Unterhaltungsmusik / Konzert / Gesellige Veranstaltung / Straßenfest / ...)

9.1.2.6 Mehrere Einzelveranstalungen bei Netto-Einzelverrechnung – Seite 3

Nr.	GEMA-Werk-Nr. (falls bekannt)	P/F [1]	Titel des Musikwerkes			
	Komponist		Bearbeiter [2]	Verleger [2]	Veranstaltungen [3] 1 2 3 4 5 6	
65						
					1 2 3 4 5 6	
66						
					1 2 3 4 5 6	
67						
					1 2 3 4 5 6	
68						
					1 2 3 4 5 6	
69						
					1 2 3 4 5 6	
70						
					1 2 3 4 5 6	
71						
					1 2 3 4 5 6	
72						
					1 2 3 4 5 6	
73						
					1 2 3 4 5 6	
74						
					1 2 3 4 5 6	
75						
					1 2 3 4 5 6	
76						
					1 2 3 4 5 6	

[1] Potpourris stets mit einem <P> kennzeichnen.
Bei Werkfragmenten (Pausen- und Vorlaufmusik, Zwischen- und Schlußmusik, Titel- und Erkennungsmusiken) bitte den angegebenen Titel mit <F> kennzeichnen.
[2] Die Druckbearbeiter und Verleger immer angeben, wenn Notenmaterial verwandt wurde.
[3] Bitte ankreuzen, auf welcher Veranstaltung das Werk aufgeführt wurde.

Die GEMA verpflichtet sich, die Bestimmungen des Datenschutzes einzuhalten.

Es wird versichert, daß alle Angaben über die Musikaufführungen nach bestem Wissen gemacht worden sind.

_____   _____
Datum   Unterschrift des Ausfertigers

9.1.2.6 Mehrere Einzelveranstalungen bei Netto-Einzelverrechnung – Seite 4

VOLLSTÄNDIGKEITSBESTÄTIGUNG

Der Veranstalter erklärt mit seiner Unterschrift die Vollständigkeit nicht nur des Musikprogramms einer einzelnen Gruppe bzw. eines einzelnen Musikleiters, sondern die Vollständigkeit des gesamten Live-Musikprogramms der Veranstaltung.

Die zu dieser Veranstaltung aufgeführten Titel sind das vollständige Live-Musikprogramm der Veranstaltung.

1. Veranstaltung

| Datum der Veranstaltung | Name des Veranstalters | Datum | Unterschrift des Veranstalters |

Die zu dieser Veranstaltung aufgeführten Titel sind das vollständige Live-Musikprogramm der Veranstaltung.

2. Veranstaltung

| Datum der Veranstaltung | Name des Veranstalters | Datum | Unterschrift des Veranstalters |

Die zu dieser Veranstaltung aufgeführten Titel sind das vollständige Live-Musikprogramm der Veranstaltung.

3. Veranstaltung

| Datum der Veranstaltung | Name des Veranstalters | Datum | Unterschrift des Veranstalters |

Die zu dieser Veranstaltung aufgeführten Titel sind das vollständige Live-Musikprogramm der Veranstaltung.

4. Veranstaltung

| Datum der Veranstaltung | Name des Veranstalters | Datum | Unterschrift des Veranstalters |

Die zu dieser Veranstaltung aufgeführten Titel sind das vollständige Live-Musikprogramm der Veranstaltung.

5. Veranstaltung

| Datum der Veranstaltung | Name des Veranstalters | Datum | Unterschrift des Veranstalters |

Die zu dieser Veranstaltung aufgeführten Titel sind das vollständige Live-Musikprogramm der Veranstaltung.

6. Veranstaltung

| Datum der Veranstaltung | Name des Veranstalters | Datum | Unterschrift des Veranstalters |

Formulardaten Speichern

9.1.2.7 Regelmäßige Veranstaltungen bei Netto-Einzelverrechnung

GEMA

GESELLSCHAFT FÜR MUSIKALISCHE AUFFÜHRUNGS-
UND MECHANISCHE VERVIELFÄLTIGUNGSRECHTE

GEMA
Postfach 30 12 40

10722 Berlin

Musikfolge

für regelmäßige Veranstaltungen
innerhalb eines Monats
im selben Veranstaltungsraum
bei 1 Veranstaltung pro Tag
(Live-Musik)
bei Netto-Einzelverrechnung
(DIREKTVERRECHNUNG)

Wird durch GEMA ausgefüllt
Programm-Nr.
Eingangsstempel

Veranstalter _____

Straße _____

PLZ | | | | | | Ort _____

Veranstaltungs-
raum _____

Straße _____

PLZ | | | | | | Ort _____

Art der Veranstaltung _____
(z.B.: Tanz / Unterhaltungsmusik)

Veranstaltungen an Tagen im Monat Jahr
_____ _____

GSZ						
Progr.-Kennz.
Inkasso
Liz. BD
Veranst. BD
Musiker-Nr.

Name der Kapelle _____
Name des Musikleiters / _____
Bandleaders

Straße _____

PLZ | | | | | | Ort _____

Anzahl der Musiker und Sänger _____ Art der Besetzung _____
(z.B.: Alleinunterhalter / Tanzband /
Rockgruppe / Orchester / Blaskapelle / ...)

GEMA-Mitglieds-Nr.
(falls bekannt)

| | | | | | |

[1] Potpourris stets mit einem <P> kennzeichnen.
Bei Werkfragmenten (Pausen- und Vorlaufmusik, Zwischen- und Schlußmusik, Titel- und Erkennungsmusiken) bitte den angegebenen Titel
mit <F> kennzeichnen.
[2] Die Druckbearbeiter und Verleger immer angeben, wenn Notenmaterial verwandt wurde.
Die GEMA verpflichtet sich, die Bestimmungen des Datenschutzes einzuhalten.

VOLLSTÄNDIGKEITSBESTÄTIGUNG

Der Veranstalter erklärt mit seiner Unterschrift die Vollständigkeit nicht nur des Musikprogramms einer einzelnen
Gruppe bzw. eines einzelnen Musikleiters, sondern die Vollständigkeit des gesamten Live-Musikprogramms der
Veranstaltung.

**Die zu diesen Veranstaltungen aufgeführten Werke sind das vollständige Live-Musikprogramm der jeweiligen
Veranstaltung.**

Bitte mit Schreibmaschine oder in deutlich lesbarer Blockschrift ausfüllen!
Unterschriften auf den folgenden Seiten bitte nicht vergessen!

Ad-F 4/9(4) 1/2006 Wik

9.1.2.7 Regelmäßige Veranstaltungen bei Netto-Einzelverrechnung – Seite 2

Blatt 2

**Die Uhrzeiten der Veranstaltungen
an den einzelnen Tagen im Monat**

Monat:

Tag 1	von Uhr		bis Uhr	
2	von Uhr		bis Uhr	
3	von Uhr		bis Uhr	
4	von Uhr		bis Uhr	
5	von Uhr		bis Uhr	
6	von Uhr		bis Uhr	
7	von Uhr		bis Uhr	
8	von Uhr		bis Uhr	
9	von Uhr		bis Uhr	
10	von Uhr		bis Uhr	
11	von Uhr		bis Uhr	
12	von Uhr		bis Uhr	
13	von Uhr		bis Uhr	
14	von Uhr		bis Uhr	
15	von Uhr		bis Uhr	
16	von Uhr		bis Uhr	
17	von Uhr		bis Uhr	
18	von Uhr		bis Uhr	
19	von Uhr		bis Uhr	
20	von Uhr		bis Uhr	
21	von Uhr		bis Uhr	
22	von Uhr		bis Uhr	
23	von Uhr		bis Uhr	
24	von Uhr		bis Uhr	
25	von Uhr		bis Uhr	
26	von Uhr		bis Uhr	
27	von Uhr		bis Uhr	
28	von Uhr		bis Uhr	
29	von Uhr		bis Uhr	
30	von Uhr		bis Uhr	
31	von Uhr		bis Uhr	

9. GEMA-Formulare für Veranstalter von Live-Musik

9.1.2.7 Regelmäßige Veranstaltungen bei Netto-Einzelverrechnung – Seite 3

Veranstaltungstag(e) für jedes Musikwerk bitte durch Ankreuzen markieren!   Blatt 3

Nr.	GEMA-Werk-Nr. (falls bekannt)	P/F[1]	Titel des Musikwerkes	Komponist	Bearbeiter [2]	Verleger [2]

Die Tabelle enthält für die Nummern 1 bis 18 jeweils eine Zeile mit den ankreuzbaren Tagen 1 bis 31:

1 | 2 | 3 | 4 | 5 | 6 | 7 | 8 | 9 | 10 | 11 | 12 | 13 | 14 | 15 | 16 | 17 | 18 | 19 | 20 | 21 | 22 | 23 | 24 | 25 | 26 | 27 | 28 | 29 | 30 | 31

Es wird versichert, daß alle Angaben über die Musikaufführungen nach bestem Wissen gemacht worden sind.

_____   _____   _____   _____
Datum   Unterschrift des Ausfertigers   Datum   Unterschrift des Veranstalters

185

9.1.3.1 Lizenzantrag Tonträger

Lizenzantrag Tonträger

Verbreitung an das Publikum zum persönlichen Gebrauch

Tonträgerherstellung zum Vertrieb über:
(bitte entsprechend ankreuzen, bei Fehlen wird 1 angenommen)

☐ 1. den normalen Tonträgerfachhandel
2. eine Sonderproduktion (Anfrage inkl. Angebot der GEMA bitte in Kopie beifügen.)

Benötigen Sie eine Freistellung an das Presswerk?
Falls ja, bitte immer die Faxnummer des Presswerkes angeben. ☐ ja ☐ nein

Angaben zum Presswerk:
Vervielfältiger / Hersteller:

Name

PLZ / Ort
Auftragsnummer

Ansprechpartner:
Herr / Frau
Faxnummer

Angaben zum Auftraggeber: Bei GBR, Einzelfirma, GmbH etc. bitte immer unter Angabe des Gesellschafters, Inhabers, Geschäftsführer etc.
Auftraggeber ist immer Rechnungsempfänger!

Name:

Straße
PLZ / Ort

GEMA-Mitglied: ☐ ja ☐ nein   IFPI-Mitglied: ☐ ja ☐ nein   sonstige Verbände:

Ansprechpartner:
Herr / Frau
e-mail:
Telefon
Fax

Angaben zum herzustellenden Tonträger:
Meldung zur Herstellung einer
z. B. CD, MAXI-CD,MC,LP,MAXI-S, Single etc.

Interpret:

Tonträgertitel:
Label:
LC-Nr.:

Katalog- / Bestellnummer:

Gesamtspieldauer: Min: Sek   Gesamttitelzahl des Tonträgers:

Tag der Herstellung: ___ Tag ___ Monat ___ Jahr

Herzustellende bzw.   davon für   Erstauflage: Nachauflage:
hergestellte Stückzahl: den Verkauf: zur Promotion:

Listenabgabepreis an den
Einzelhandel (ohne MwST.):   Euro   oder   Listenabgabepreis an den Endverbraucher (ohne MwST.):   Euro

Der Auftraggeber (Lizenznehmer) bestätigt die Kenntnisnahme der vorliegenden Lizenzierungsgrundlagen der GEMA zur Herstellung von handelsüblichen Tonträgern und erklärt mittels rechtsgültiger Unterschrift sein Einverständnis.

_____   _____
Ort, Datum   Unterschrift, Stempel (falls vorhanden)

GEMA
Direktion Industrie
Rosenheimer Str. 11, 81667 München
Tel.: 089-48003-800 / Fax 089-48003-779
Steuer-Nr.: 27/666/50863

Das umrandete Feld ist von der GEMA auszufüllen

Freistellung (bzw.
Schreiben an Auftraggeber)   Datum   SBKZ

Sichtkontrolle: Datum   SBKZ

Erfassung: Datum   SBKZ

Einzeichnung: Datum   SBKZ

Tonträgerart: Eigenrepertoire: ☐ ja ☐ nein

Eingangsnummer:

lfd. Nr.:

Lizenznehmernummer:

Anmeldenummer:

Bitte den Bogen komplett und gut leserlich ausfüllen!
Lückenhaft oder unleserlich ausgefüllte Bogen können nicht bearbeitet werden!
Hinweis:
Die Einräumung der Nutzungsrechte ist erst nach Bezahlung der Rechnung der GEMA erfolgt.
Einzeltitel des Tonträgers bitte auf der Rückseite bzw. 2. Seite eintragen!

Stand: 05.10.05

9.1.3.1 Lizenzantrag Tonträger – Seite 2

GEMA

Direktion Industrie

Rosenheimer Str. 11, 81667 München

Tel.: 089-48003-800 / Fax: 089-48003-779

Steuer-Nr.: **27/666/50863**

Lizenzantrag Tonträger - Titelliste

wenn bekannt, bitte ankreuzen: GEMA-Repertoire: ☐   nicht GEMA-pflichtiges Repertoire: ☐

Name des Auftraggebers - bitte in Kurzform (z. B. Müller, München) wiederholen.

Tonträgertitel:
(Bitte von der Vorderseite übertragen)

Best.-/Kat.Nr.:
(Bitte wiederholen)

Lfd Nr.	Original- Werktitel	Komponist(en) = K oder Bearbeiter = B (Vor- und Zuname)	Textdichter (Vor- und Zuname)	Originalverlag = OV oder Subverlag = SV (Vor- und Zuname)	** W / F	Spield. je Werk Min / Sek

Formulardaten Speichern

** W = Werk (Spieldauer > 1'45"); F= Fragment (gekürztes Werk, Spieldauer< 1'45")
Mit seiner Unterschrift bestätigt der Auftraggeber, alle Angaben nach bestem Wissen und Gewissen gemacht zu haben.

Lückenhaft oder unleserlich ausgefüllte Bögen können nicht bearbeitet werden!

Vor- und Zuname

Stand: 05.10.05

187

9.1.3.2 Infos zum Antrag

GENERALDIREKTION MÜNCHEN
Direktion Industrie

Hinweise zum Ausfüllen des „Lizenzantrag Tonträger"
*Pflichtfelder sind mit * gekennzeichnet.*

Vorderseite
Alle Angaben im umrandeten Feld freilassen!

Tonträgerherstellung zum Vertrieb über:
Bitte kreuzen Sie an, ob der betreffende Tonträger über den „normalen Tonträgerfachhandel" oder als „ein Sonderprodukt" verbreitet wird. Die Vergütungssätze VR-T-H 2 (sog. Sonderherstellungen) gelten insbesondere für Tonträger als Beigaben zu Zeitschriften oder sonstigen Produkten oder Dienstleistungen, des Weiteren für Tonträger zur Promotion von Tonträgerveröffentlichungen und für Tonträger, die über besondere Vertriebswege (andere Vertriebswege als der Tonträgerfachhandel) veröffentlicht werden. Die Vergütungssätze gelten für Schallplatten, Musikkassetten, Compact Discs, Minidiscs und Digital Compact Cassetten.
Um ggf. einen Nachlass auf die Lizenzierung über den Tarif VR-T-H 2 für Sonderherstellungen zu erhalten, muss dieser vor Inanspruchnahme der Rechte bei der GEMA beantragt werden. Bitte senden Sie in diesem Fall vor Herstellung eine diesbezügliche E-Mail-Anfrage an Herrn Direktor Nicklas (E-Mail: rnicklas@gema.de) unter Angabe der Eckdaten, wie Tonträgerart, Herstellungsmenge, Verbreitungsart, Anzahl der Musikwerke etc., zu der jeweiligen Produktion. Im Falle eines Sonderprodukts legen Sie Ihrer Tonträgermeldung bitte ein Schreiben mit Informationen zur Art der Sonderproduktion bzw. des Vertriebsweges bei.
Sofern Sie keine Angaben machen, wird immer der Vertrieb über den „normalen Tonträgerfachhandel" angenommen!

Angaben zum Presswerk
Die Angabe des Presswerkes hilft uns, den Abgleich Ihrer Meldung mit der Meldung des Presswerkes durchzuführen.
Die Presswerksangabe (mit Telefax-Nummer) wird insbesondere für eine eventuelle Freistellungserklärung benötigt!

Freistellung:
Sollte das Presswerk (Fertigungsstätte) eine Bestätigung von der GEMA benötigen, dass die urheberrechtliche Lizenzierung der Tonträger von Ihnen als Auftraggeber direkt gegenüber der GEMA vorgenommen wird, kreuzen Sie dies bitte auf dem „Lizenzantrag Tonträger" an. Sofern es sich um GEMA-pflichtiges Repertoire handelt, erhält das Presswerk eine entsprechende Freistellung innerhalb von 10 Arbeitstagen. Mit der Freistellung entbindet die GEMA das Presswerk aus der Mitverantwortung für die ordnungsgemäße Einholung der Lizenz, da der Auftraggeber die Lizenzierungsverpflichtung mit der Lizenzantragstellung und der GEMA-Rechnungs-Begleichung übernimmt.
Bei Feststellung von PAI- bzw. DP-Repertoire durch die GEMA wird ein entsprechendes Schreiben an den Auftraggeber versandt. Dieses Schreiben ersetzt die ansonsten notwendige Freistellung und dient auch zur Vorlage für das von Ihrer Firma mit der vorliegenden Tonträgerherstellung beauftragte Presswerk.

*Angaben zum Auftraggeber
Auftraggeber ist in diesem Sinne der für die Tonträgerherstellung wirtschaftlich Verantwortliche. Dieser ist auch der Rechnungsempfänger! Sofern eine Firma (GmbH, GbR oder dgl.) als Auftraggeber fungiert, **beachten Sie bitte, dass bei einer Einzelfirma immer der/die Inhaber/in dieser Firma, bei einer Gesellschaft bürgerlichen Rechts mindestens einer der Gesellschafter und bei einer GmbH der/die Geschäftsführer/in anzuführen ist/sind.** Bitte geben Sie auch immer an, unter welcher Telefonnummer Sie tagsüber für evtl. Rückfragen zu erreichen sind. Die Frage nach der Mitgliedschaft bei der **GEMA**, der **IFPI** (die IFPI ist der Dachverband der Tonträgerhersteller), VUT (Verband unabhängiger Tonträger-Hersteller) VDM (Verband Deutscher Musikschaffender) und/oder DRMV (Deutscher Rockmusiker Verband) hat für die GEMA informativen Charakter und kann unter bestimmten Bedingungen zu einer günstigeren Lizenz führen. Fehlende Angaben hierzu werden mit **"nein"** bewertet.
Ist der Unterzeichner des Lizenzantrages nicht identisch mit dem Auftraggeber der Tonträgerherstellung, sind zur Unterschrift des Lizenzantragstellers in leserlicher Form Vor- und Zuname sowie seine Anschrift anzugeben.

*Angaben zum Tonträger
In der Anlage "Vergütungsbedingungen für Einzelgenehmigungen" sind alle gängigen Audio-Tonträgerarten mit den numerischen Codes der GEMA aufgeführt. Tragen Sie in das Kästchen bei der Frage "Meldung zur Herstellung einer:" die Tonträgerart (z. B. CD-LP) oder den GEMA-Code (z. B. 31) ein.

Interpret:
Geben Sie hier bitte den ausübenden Künstler an. Handelt es sich um einen Sampler, so tragen Sie bitte "Diverse" ein.

Label/Label-Code (LC-Nummer):
Sollten Sie den Tonträger unter einem bestimmten "Label" veröffentlichen, so tragen Sie hier bitte die Firmierung ein. Für Informationen bezüglich des Label-Codes (LC-Nummer) wenden Sie sich bitte an die GVL, Tel.: 030-484 83-600. Der LC-Code dient zur Abrechnung der Leistungsschutzrechte zwischen den Sendern und der GVL.

Tonträgertitel:
Zur besseren Identifizierung geben Sie bitte den Titel des Tonträgers an. Sollten Sie für den Tonträger keinen Gesamttitel vergeben haben, tragen Sie hier bitte den Titel des ersten Werkes ein.

Katalog-/oder Bestellnummer:
Dies ist die von Ihnen oder Ihrem Vertrieb frei zu wählende (auch alphanumerische) Nummer, unter welcher der Tonträger z. B. zu bestellen ist. Sollten Sie keine Katalog- bzw. Bestellnummer vergeben haben, tragen Sie hier "ohne Nummer" ein.
Die Vergabe einer Katalog- bzw. Bestellnummer ist zur Identifizierung des Tonträgers hilfreich.

GEMA
Gesellschaft für
musikalische Aufführungs-
und mechanische
Vervielfältigungsrechte

Rosenheimer Str. 11
81667 München
Tel. +49(0) 89/48 00 3-00
Fax +49(0) 89/48 00 3-779
www.gema.de

Bankverbindung
Dresdner Bank AG München
BLZ 700 800 00 / Kto.-Nr. 3 813 095 00
Swift/BIC DRES DE FF 700
IBAN DE42 7008 0000 0381 3095 00

Stand: 02.03.06

1 von 2

9.1.3.2 Infos zum Antrag – Seite 2

GENERALDIREKTION MÜNCHEN
Direktion Industrie

*Tag der Herstellung:
Sollte Ihnen der genaue Herstellungstag nicht bekannt sein, genügt auch z. B. "Juli 2006" oder "7/2006".
*Gesamtspieldauer:
Angabe der Gesamtlänge aller wiedergegebenen Werke (Musik inkl. Sprache, jedoch ohne Pausen) in Minuten und Sekunden.
*Gesamttitelzahl des Tonträgers:
Angabe aller auf dem Tonträger befindlichen Werke, Fragmente sowie Sprach- oder Geräuschtitel (Sprach- bzw. Geräuschtitel können zusammengefasst werden).
*Erstauflage bzw. Nachauflage:
Teilen Sie uns bitte mit, ob es sich bei dem Tonträger um eine Erstauflage (Erstherstellung) oder Nachauflage (Nachpressung) handelt.
*Herzustellende bzw. hergestellte Stückzahl:
Angabe der beim Presswerk bestellten Stückzahl (bei bereits erfolgter Pressung die hergestellte Stückzahl). Eine spätere Vernichtung der Tonträger hat auf den Lizenzanspruch der GEMA keine Auswirkung!
Davon für den Verkauf bzw. zur Promotion:
Aufteilung, wie viel Tonträger von der Gesamtauflage für den Verkauf bzw. für die Promotion (Werbung, kostenlose Abgabe) verwendet werden.
*Listenabgabepreis für den Einzelhandel oder Listenabgabepreis für den Endverbraucher:
Bitte geben Sie immer nur einen Preis an! Sollte allerdings ein "Mischvertrieb" stattfinden, nehmen Sie bitte Rücksprache mit der Infostelle der Direktion Industrie (Telefon: 089 48003-800). Sollte die Tonträgerherstellung rein für die Promotion sein, bitte einen Betrag von EURO 0,00 eintragen.
Rückseite
*Bitte wiederholen Sie unbedingt den Namen des Auftraggebers, den Tonträgertitel und die Katalog- / Bestellnummer!
*Original-Werktitel:
Bitte geben Sie immer den Originaltitel des wiedergegebenen Werkes an! Der Name der Gruppe (Band) oder des Labels pro Werk ist nicht anzugeben. Sprach- bzw. Geräuschtitel können zusammengefasst werden.
**W oder **F
Ergibt sich u. a. aus der Spieldauer des wiedergegebenen Werkes. Angespielte Werke unter 1'45" = F (Fragment), größer 1'45" = W (Werk).
*Komponisten oder Bearbeiter sowie Textdichter:
Bitte immer die bürgerlichen Vor- und Zunamen bzw. bei einer Verwertungsgesellschaft registrierte Pseudonyme oder Künstlernamen angeben. Der Name einer Gruppe (Band) ist hier nicht ausreichend.
Original- bzw. Subverlag:
Wenn bekannt, sollten Sie hier die jeweiligen Verlage eintragen. Falls ein Verlag die Rechte an dem Werk hält, handelt es sich um ein Pflichtfeld.
*Spieldauer je Werk:
Die Spieldauer ist pro Werk anzugeben. Die Verteilung an die Berechtigten erfolgt spieldaueranteilig oder nach Mindestvergütung. Geben Sie den Sprachanteil (falls vorhanden) zusammengefasst in einer Zeile an.
Repertoirekennzeichnung
Die GEMA wird dem Auftraggeber die Kennzeichnung der in den Inhaltsmeldungen aufgeführten Werke mitteilen. Dabei werden derzeit folgende Abkürzungen verwendet:

GEMA	=	geschützt und durch die GEMA vertreten
PM	=	Pas membre (Nicht-Mitglied) = geschützt, jedoch nicht durch die GEMA vertreten
PAI	=	Propriétaire actuellement inconnu (Rechtseigentümer derzeit unbekannt)
DP	=	Domain public (Allgemeingut, im unbearbeiteten Original urheberrechtlich frei)

Lizenzantrag Mitglieder - Eigenrepertoire
Fordern Sie bitte das Formular „Lizenzantrag Mitglieder-Eigenrepertoire" bei unserer Infostelle Tel.: 089-480 03-800 oder per e-mail: info-ind@gema.de an, wenn von Ihrer Produktion höchstens 500 Tonträger hergestellt werden und Sie Ihr eigenes Repertoire verwenden. Bei Mengenüberschreitung sowie bei Nachpressungen wird der Tonträger gesamt zum Tarif VR-T-H 1 abgerechnet.
Tragen Sie die Werknummern der verwendeten Werke sowie alle Urheber und Verlage auf die 2. Seite des Lizenzantrages. Bedingung für den Tarif für Mitglieder mit eigenem Repertoire ist, dass alle an den Werken beteiligten Urheber und Verlage durch ihre Unterschrift dem Tarif zustimmen. Diese Lizenzierung kann nicht über das Internet erfolgen.
Nummerieren Sie bitte die Zeilen der Werkeliste, (lfd. Nr.) in dem Fall, dass mehrere Miturheber beteiligt sind.

Bei fehlender Unterschrift des Auftraggebers kann der Lizenzantrag nicht bearbeitet werden!

GEMA
Gesellschaft für
musikalische Aufführungs-
und mechanische
Vervielfältigungsrechte

Stand: 02.03.06

Rosenheimer Str. 11
81667 München
Tel.: +49(0) 89/48 00 3-00
Fax: +49(0) 89/48 00 3-779
www.gema.de

Bankverbindung:
Dresdner Bank AG München
BLZ: 700 800 00 / Kto.-Nr.: 3 813 095 00
Swift/BIC: DRES DE FF 700
IBAN: DE42 7008 0000 0381 3095 00

2 von 2

9.1.3.3 Vergütungsbedingungen

GEMA
Direktion Industrie
Rosenheimer Str. 11, 81667 München
Tel.: 089 48003-800 / Fax: 089 48003-779

Vergütungsbedingungen für Einzelgenehmigungen, gültig ab 01.01.1999
entsprechend dem Tarif VR-T-H 1

Preisgrundlage: Endverbraucherpreis (EVP) vermindert um die MwSt.: Lizenzsatz 10,0000 %

Preisgrundlage: PPD (Detailverkaufspreis) = Abgabe an den Einzelhandel (Händlerabgabepreis - HAP), vermindert um die MwSt.: Lizenzsatz 13,7500 %

Mitgliedern von Organisationen, mit denen die GEMA einen Gesamtvertrag für den Tarif VR-T-H 1 geschlossen hat, wird im Rahmen der Einzelgenehmigung ein Nachlaß auf die jeweili[ge] Vergütung gewährt.

Tonträger- arten: (TTA)	GEMA Code TTA	*Erlaubte Spieldauer in Minuten	*Erlaubte Werke- anzahl	*Erlaubte Fragmente- anzahl	Netto-Vergü- tung bei HAP in %	Netto-Vergü- tung bei EVP in %	Mindest- vergütung in EURO
17/45-Single	12	8	2	6	13,7500	10,0000	0,1473
30/45 Maxi-Single	18	16	4	12	13,7500	10,0000	0,2639
30/45 MS-Remix ***	19	40	8	------	13,7500	10,0000	0,2639
17/45 EP	13	16	4	12	13,7500	10,0000	0,1753
17/33 EP	14	20	6	18	13,7500	10,0000	0,2743
25/33 LP	15	30	10	24	13,7500	10,0000	0,3627
45/25 Maxi-Single	17	16	4	12	13,7500	10,0000	0,1753
30/33 LP	16	60	16	28	13,7500	10,0000	0,4836
30/33 LP-Comp.	16	60	20/24**	40/48**	13,7500	10,0000	0,4836
MC	26	60	16	28	13,7500	10,0000	0,3720
MC-Comp.	26	60	20/24**	40/48**	13,7500	10,0000	0,3720
DMC	27	120	32	56	13,7500	10,0000	0,6199
Single-MC	22	8	2	6	13,7500	10,0000	0,1473
Maxi-MC	23	16	4	12	13,7500	10,0000	0,2639
CD-Single	34	23	5	12	13,7500	10,0000	0,2480
CD-Maxi-Single	32	23	5	12	13,7500	10,0000	0,2480
CD-MS-Remix ***	38	40	8	------	13,7500	10,0000	0,2480
CD-LP	31	80	20	40	13,7500	10,0000	0,6199
CD-LP-Comp.	31	80	24	48	13,7500	10,0000	0,6199

Telefonische Anfragen bitte an die Info-Stelle der Direktion Industrie (089-48003-800)
Faxanfragen bitte an 089-48003-779 stellen!
* Überschreitungen dieser Grenzen führen zu Überlizenzen!
** Nur bei gleichzeitiger CD-Veröffentlichung
*** Remix = Ein Werk in verschiedenen Versionen (Mixes)
Hinweis: W = Werk (Spieldauer > 1'45"); F = Fragment angespieltes Werk, Spieldauer < 1'45")

9.1.3.4 VUT Einzelvertrag

NUR ZUR ANSICHT

EINZELVERTRAG

für die Vervielfältigung und Verbreitung von Tonträgern
für VUT-Mitglieder

Juli 2002

1

9.1.3.4 VUT Einzelvertrag – Seite 2

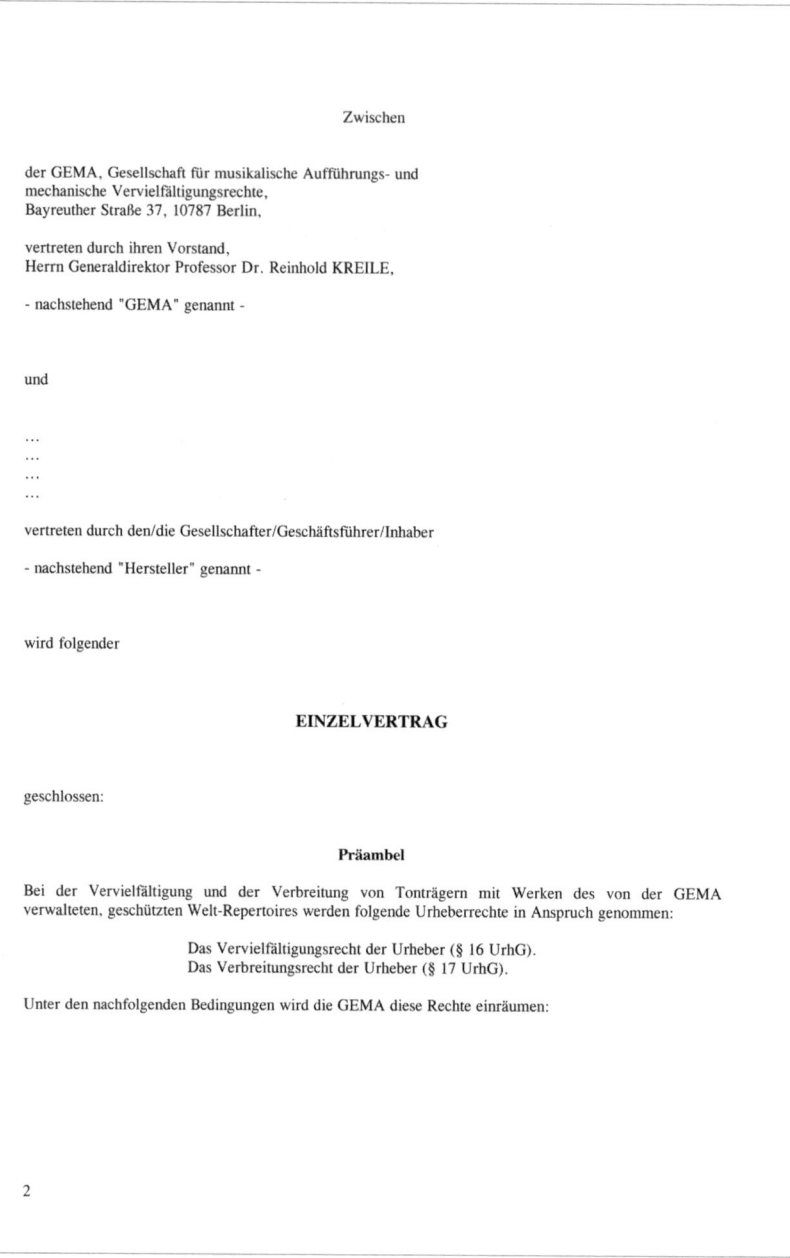

Zwischen

der GEMA, Gesellschaft für musikalische Aufführungs- und
mechanische Vervielfältigungsrechte,
Bayreuther Straße 37, 10787 Berlin,

vertreten durch ihren Vorstand,
Herrn Generaldirektor Professor Dr. Reinhold KREILE,

- nachstehend "GEMA" genannt -

und

...
...
...
...

vertreten durch den/die Gesellschafter/Geschäftsführer/Inhaber

- nachstehend "Hersteller" genannt -

wird folgender

EINZELVERTRAG

geschlossen:

Präambel

Bei der Vervielfältigung und der Verbreitung von Tonträgern mit Werken des von der GEMA
verwalteten, geschützten Welt-Repertoires werden folgende Urheberrechte in Anspruch genommen:

Das Vervielfältigungsrecht der Urheber (§ 16 UrhG).
Das Verbreitungsrecht der Urheber (§ 17 UrhG).

Unter den nachfolgenden Bedingungen wird die GEMA diese Rechte einräumen:

2

9.1.3.4 VUT Einzelvertrag – Seite 3

1. **Vertragsgegenstand**

    a) Gegenstand des Vertrages sind Tonträger, wie sie am 1. Juli 1997 bekannt sind und bereits ausgewertet werden:

    -   Vinylschallplatten (45 U/Min. - 33 U/Min.)
    -   Compact Disc-Singles 7 oder 12 cm
    -   Compact Discs normal von nur 12 cm
    -   Analog-Kassetten
    -   Digital Compact Cassetten (DCC)
    -   Minidiscs (MD)

    DAT sind von diesem Vertrag ausgenommen. Jede andere Form der mechanischen Vervielfältigung muß Gegenstand eines gesonderten Vertrages werden.

    b) Der Gegenstand des Vertrages ist ausdrücklich auf die in den Katalogen, Katalognachträgen und Neuerscheinungslisten des Herstellers aufgeführten Tonträger beschränkt, die der Hersteller unter seiner oder seinen Marken für den Verkauf an das Publikum zum privaten Gebrauch in Verkehr bringt und die der Öffentlichkeit nach den Gepflogenheiten des Einzelhandels zur Verfügung gestellt werden.

2. **Verpflichtungen der GEMA**

    a) Die GEMA verpflichtet sich, die nicht ausschließlichen Rechte zur Vervielfältigung und Verbreitung für die vom Hersteller in den Inhaltsmeldungen aufgeführten Werke, die zum GEMA-Repertoire gehören, für die gemeldete Tonträgerstückzahl einzuräumen, wenn der Hersteller seine Verpflichtungen aus diesem Vertrag erfüllt, insbesondere die in Rechnung gestellte Vergütung fristgemäß entrichtet.

    Eine urheberrechtliche Lizenz gilt als rückwirkend nicht eingeräumt, wenn Leistungsschutzrechte nach dem deutschen Urheberrechtsgesetz im Hinblick auf die vervielfältigten und verbreiteten Tonträger verletzt worden sind.

    Zwischen GEMA und Hersteller herrscht Einigkeit darüber, daß die GEMA befugt ist, Auskunft gegenüber Dritten zu erteilen, wenn diese nachweisen und glaubhaft machen, daß sie selbst im Besitz von Leistungsschutzrechten sind und darlegen, daß diese Leistungsschutzrechte durch den Hersteller verletzt seien.

    b) Für die Kennzeichnung der Werke in der Inhaltsmeldung werden von der GEMA die folgenden Abkürzungen verwendet:

    GEMA = geschützt und durch die GEMA vertreten

    PM   = Pas membre
             (Nicht-Mitglied – geschützt, jedoch nicht durch die GEMA vertreten)

    PAI   = Propriètaire actuellement inconnu
             (Rechtseigentümer derzeit unbekannt)

    SAI   = Status actuellement inconnu
             (Rechtsstatus derzeit unbekannt)

3

RA   =   Refus d'annotation
(Verweigerung einer Einzeichnung, z.B. wegen fehlender oder ungenügender Angaben auf der Anmeldung)

VVB   =   Vervielfältigungs- und Vertriebsverbot

c) Für die bei der Bearbeitung der Inhaltsmeldung als nicht zum GEMA-Repertoire gehörig identifizierten Werke hat die GEMA keine Wahrnehmungsberechtigung. Der Hersteller ist in diesem Fall verpflichtet, die Rechte direkt beim Urheberberechtigten einzuholen.

Sollte sich jedoch zu einem späteren Zeitpunkt für ein oder mehrere Werke, die in der Inhaltsmeldung mit PM, PAI oder SAI gekennzeichnet wurden (siehe 2. b)), die Wahrnehmungsberechtigung der GEMA herausstellen, besteht bei entsprechender Mitteilung der GEMA die Verpflichtung zu unverzüglicher Einholung der Vervielfältigungs- und Verbreitungsbefugnis, die mit Zahlung des von der GEMA in Rechnung gestellten Vergütungsbetrages im Rahmen gegenständlicher Bedingungen als erteilt gilt.

d) Die GEMA wird das Preßwerk bzw. die Fertigungsstätte von Ansprüchen aus der Vervielfältigung und Verbreitung von Werken, die zum GEMA-Repertoire gehören, freistellen, wenn der Hersteller die in Rechnung gestellte Vergütung bezahlt hat.

3. **Vergütung**

a) Der Hersteller entrichtet an die GEMA die Vergütungen entsprechend den anliegenden Vergütungssätzen VR-T-H 1 zu diesem Vertrag.

b) Erfolgt die Vergütungsberechnung nach dem veröffentlichten höchsten Abgabepreis für den Detailhandel, wird dieser Preis (PPD) Gegenstand einer Anpassung von pauschal 9 %, die durch die gewöhnlich darauf gewährten Fakturennachlässe begründet ist.

c) Von der Lizenzbasis wird bei der Vergütungsberechnung auf der Grundlage des veröffentlichten höchsten Abgabepreises für den Detailhandel ein Pauschalabzug für Technik und Verpackungskosten in Höhe von 10 % eingeräumt. Erfolgt die Vergütungsberechnung auf der Basis des gebundenen/empfohlenen Detailverkaufspreises, beträgt der Pauschalabzug 7,5 % auf diesen Preis.

Bei Einbeziehung des vorgenannten Abzuges sowie der Anpassung gemäß vorstehendem Absatz b) ergibt sich folgende Berechnung für die Preisgrundlage "höchster Abgabepreis für den Detailhandel" für die Tonträgerkategorien, ausgenommen Digital Compact Cassette (DCC) und Minidisc (MD):

PPD

Vergütungssatz	11,00 %	)	
./. Rabattanpassung pauschal	9,00 %	)	= Vergütungssatz
./. Technikabzug pauschal	10,00 %	)	netto 9,009 %

Bei Einbeziehung des vorgenannten Abzuges ergibt sich folgende Berechnung für die Preisgrundlage "gebundener/empfohlener Detailverkaufspreis", ausgenommen Digital Compact Cassette (DCC) und Minidisc (MD):

DVP/EVP

Vergütungssatz	8,00 %	)	= Vergütungssatz
./. Technikabzug pauschal	7,50 %	)	netto 7,40 %

4

9. GEMA-Formulare für Tonträgerhersteller

d) Zusätzlich zu den in Ziffern 3. b) und 3. c) genannten Abzügen findet auf Digital Compact Cassetten (DCC) und Minidiscs (MD) ein vorübergehender Abzug für die Dauer des Vertrages Anwendung.

Dieser Abzug wird wie folgt berechnet:

Auf den PPD berechnete Vergütungen:

Vergütungssatz	11,00 %	)		
./. Rabattanpassung pauschal	9,00 %	)		
./. Technikabzug pauschal	10,00 %	)	=	Vergütungssatz
./. vorübergehender Abzug	25,00 %	)		netto 6,757 %

Auf den Detailverkaufspreis berechnete Vergütungen:

Vergütungssatz	8,00 %	)		
./. Technikabzug pauschal	7,50 %	)	=	Vergütungssatz
./. vorübergehender Abzug	25,00 %	)		netto 5,55 %

e) Bei Berechnung der Vergütung sind Mehrwertsteuer, Kaufsteuer, Steuer auf Verkäufe, Luxussteuer und jede andere identische oder vergleichbare Steuer abzugsfähig.

f) Der Hersteller wird der GEMA eine Preisliste mit den veröffentlichten Detailverkaufspreisen oder, falls nicht vorhanden, die Liste mit den Listenabgabepreisen für den Detailhandel (PPD) zur Verfügung stellen. In den Fällen, in denen der Vertrieb der Tonträger über eine Vertriebsfirma an den Detailhandel erfolgt, ist der GEMA die Liste der Vertriebsfirma mit den Listenabgabepreisen für den Detailhandel (PPD) zur Verfügung zu stellen. Diese Listen sind auf dem laufenden zu halten. Wenn der Hersteller nicht in der Lage ist, die vereinbarten Preislisten der GEMA zur Verfügung zu stellen oder Zweifel an den zugrunde zu legenden Preisen bestehen, wird der Hersteller rechtzeitig mit der GEMA eine Vereinbarung über die Berechnung der Vergütung entsprechend den vorgenannten Vergütungssätzen treffen.

4. **Fälligkeit der Vergütungen, Retouren und Freiexemplare**

a) Die Vergütungen sind bei Verlassen der Tonträger aus dem Preßwerk/der Fertigungsstätte fällig.

b) Der Hersteller kann, sofern sein Vertriebssystem Retouren zuläßt, von den vergütungspflichtigen Tonträger-Stückzahlen folgende pauschalen Mengenabzüge für Retouren vornehmen:

bei Schallplatten und CDs:

I.	45 UpM 17 cm Single	5 %
II.	45 UpM 17 cm EP	5 %
III.	45 UpM Maxi-Single	5 %
IV.	33 UpM 17 cm EP	5 %
V.	33 UpM 25 cm LP	5 %
VI.	33 UpM 30 cm LP	5 %
VII.	CD Single 7 oder 12 cm	5 %
VIII.	CD normal, nur 12 cm	5 %

5

bei Musikkassetten:

I.	Single-Kassette	bis zu 8 Minuten	5 %
II.	Maxi-Kassette	bis zu 16 Minuten	5 %
III.	bis zu 16 Minuten		5 %
IV.	bis zu 30 Minuten		5 %
V.	bis zu 60 Minuten		5 %
VI.	bis zu 120 Minuten		5 %

c) Die Tonträger einer Neuerscheinung, wie sie in den anliegenden Vergütungssätzen definiert sind, werden zu Zwecken der nationalen und internationalen Werbung des Herstellers und zu Rezensionszwecken (einschließlich Fachpresse und Programmgestalter) wie folgt vergütungsfrei belassen:

Single-Schallplatten bzw. Maxi-Singles oder CD-Singles oder CD-Maxi-Singles oder Musikkassetten vergleichbarer Spieldauer maximal bis zu 25 % der Erst- und Folgeauflagen, jedoch nicht mehr als bis zu 500 Exemplaren insgesamt;

EP-Schallplatten bzw. Maxi-EP oder Musikkassetten mit vergleichbarer Spieldauer maximal bis zu 25 % der Erst- und Folgeauflagen, jedoch nicht mehr als bis zu 500 Exemplaren insgesamt;

LP-Schallplatten/MD/DCC/Musikkassetten (auch Minialben, Doppelalben und Mehrfachalben vergleichbarer Spieldauer) oder CD-LP maximal bis zu 25 % der Erst- und Folgeauflagen, jedoch nicht mehr als bis zu 500 Exemplaren insgesamt.

Diese Tonträger müssen auf den Etiketten deutlich lesbar den Eindruck oder den Stempel "Unverkäuflich" tragen. Diese Tonträger, die nicht kommerziell und nur gratis vertrieben werden dürfen, müssen zu Kontrollzwecken in den Tonträgermeldungen des Herstellers erscheinen.

d) Tonträger mit Werkauszügen aus dem Tonträgerangebot des Herstellers, die lediglich zur Verkaufsförderung seiner Abnehmer oder zur Information seiner Mitarbeiter dienen, sind bis zu 500 Exemplaren von der Vergütungszahlung nach diesem Vertrag freigestellt, wenn sie erkennbar als unverkäufliches Info-Muster gekennzeichnet sind und die Exemplare nicht das vollständige Werk wiedergeben. Dies gilt nicht für Tonträger, die andere Werbung als solche für das Tonträgerangebot des Herstellers enthalten.

5. **Verpflichtungen des Herstellers**

a) Als Regelverfahren für die Inhaltsmeldungen mit Abrechnung gilt die Meldung über die Internetschnittstelle der GEMA für die Tonträgerlizenzierung. Soweit der Hersteller nicht die Möglichkeit hat, über das Internet die Inhaltsmeldungen und Abrechnungen vorzunehmen, gilt das Meldeverfahren gemäß anliegendem Formular bzw. in entsprechender Struktur auf Datenträger vor der Auslieferung der Tonträger aus dem Preßwerk/der Fertigungsstätte.

Veränderungen der Verfahrensweise werden einvernehmlich zwischen GEMA und VUT vereinbart.

b) Der Hersteller verpflichtet sich, die Rechnungen der GEMA, die auf den Meldungen gemäß vorstehender Ziffer 5. a) beruhen, fristgemäß auszugleichen.
Als Zahlungstermin bestimmt die GEMA einen Kalendertag, der einer Frist von "7 Tagen nach Erhalt der Rechnung" entspricht.

c) Die Etiketten bzw. Vervielfältigungsstücke müssen mit folgenden Angaben versehen sein:

6

9. GEMA-Formulare für Tonträgerhersteller

9.1.3.4 VUT Einzelvertrag – Seite 7

"Alle Urheber- und Leistungsschutzrechte vorbehalten.
Kein Verleih! Keine unerlaubte Vervielfältigung,
Vermietung, Aufführung, Sendung!"

Titel des wiedergegebenen Werkes bzw. der wiedergegebenen Werke, Name des Komponisten,
des Textdichters, ggf. des Bearbeiters des Textes und/oder der Musik und, soweit bekannt, den
Namen des Verlegers.

Im Falle der ordnungsgemäß festgestellten technischen Unmöglichkeit und vorbehaltlich der
gesetzlichen Bestimmungen können die Titel- und Urheberangaben auch auf den Plattentaschen
bzw. Einlegeblättern angebracht werden.

Eindruck "GEMA" auf den Etiketten bzw. Vervielfältigungsstücken.

Bestellnummer auf den Etiketten bzw. Vervielfältigungsstücken und auf den Plattentaschen
bzw. Einlegeblättern.

Label, sofern vorhanden, auf den Etiketten bzw. Vervielfältigungsstücken.

d) Das von der GEMA eingeräumte urheberrechtliche Nutzungsrecht umfaßt keine
Leistungsschutzrechte.

Unbeschadet der von der GEMA einzuholenden Rechte zur Vervielfältigung und Verbreitung
von Tonträgern mit GEMA-Repertoire wird der Hersteller daher auf die Beachtung der
entsprechenden Leistungsschutzrechte hingewiesen.

e) Die Verwendung von Werkteilen setzt die Einwilligung der Berechtigten voraus. Das Urheber-
Persönlichkeitsrecht darf nicht verletzt werden. Unberührt bleibt die Frage der
Materialentschädigung für sog. reversgebundene Werke. Soweit erforderlich, ist diese Frage
zwischen dem Hersteller und den in Betracht kommenden Berechtigten unmittelbar zu regeln.

f) Der Hersteller räumt der GEMA ein Kontrollrecht ein, welches den Kontrolleuren der GEMA
freien Zutritt zu den Werkstätten, Lagern und Büros des Lizenznehmers ermöglicht. Das
Zutrittsrecht darf weder verweigert, noch verzögert werden.

Der Hersteller wird den Kontrolleuren der GEMA alle Unterlagen zugänglich machen, die eine
umfassende betriebliche Kontrolle der Aufnahme und der Pressungen bzw. Fertigungen
sicherstellen.
Die GEMA ist berechtigt, bei Aufnahme und/oder Pressungen bzw. Fertigungen im Ausland
dieses Kontrollrecht von ihrer ausländischen Schwestergesellschaft ausüben zu lassen.

Der Hersteller verpflichtet sich gegenüber der GEMA, daß die genannten Kontrollen durch die
GEMA auch im jeweiligen Preßwerk bzw. der Fertigungsstätte durchgeführt werden können
und von diesem auch geduldet bzw. die erforderlichen Auskünfte erteilt werden.

7

GEMA, GVL & KSK

6. Sanktionen und Auflösung des Vertrages

(1) Wenn der Hersteller

a) irgendeine seiner finanziellen Verpflichtungen nach dem vorliegenden Vertrag nicht erfüllt, insbesondere bei seinen Zahlungsverpflichtungen in Verzug gerät und ungeachtet dessen, was im nachstehenden Absatz (3) gesagt ist,

b) der GEMA nicht die Möglichkeit zur Kontrolle gemäß den Bestimmungen des vorliegenden Vertrages einräumt,

c) wiederholt trotz Mahnungen der GEMA irgendeine der anderen Verpflichtungen aus dem vorliegenden Vertrag nicht erfüllt und insbesondere in den Aufnahmemeldungen nicht alle Werke angibt, die aufgenommen werden sollen oder nicht, wie im Vertrag verlangt, vollständige und korrekte Angaben macht,

d) Meldungen mit empfindlichen Lücken oder erheblicher Verspätung gegenüber den festgelegten Fristen vorlegt,

ist die GEMA 15 Tage, nachdem der Hersteller eine erfolglos gebliebene Aufforderung erhalten hat, die ihm durch eingeschriebenen Brief mit Rückschein zuzustellen ist, berechtigt, ein Herstellungs- und Vertriebsverbot gegenüber dem Hersteller bezüglich der Werke des GEMA-Repertoires auszusprechen, und/oder den vorliegenden Vertrag aufzulösen, ohne daß diese Auflösung dem Hersteller Schadensersatzansprüche geben kann und unbeschadet aller Schadensersatzansprüche zugunsten der GEMA.

(2) Falls der Hersteller eine der nachstehenden Verpflichtungen nicht erfüllt, zahlt er der GEMA Zinsen zu einem Satz, der 1,5 % über dem jeweiligen Diskontsatz der Deutschen Bundesbank liegt:

a) Im Falle fehlender Meldungen gemäß vorstehender Ziffer 5. a) erstrecken sich die Zinsen auf den Vergütungsbetrag, der aus den bei Ablauf dieser Frist nicht gelieferten Meldungen resultiert,

b) jede nicht zu dem vorgesehenen Fälligkeitstermin gezahlte Summe löst die Zahlung der gleichen täglichen Zinsen aus.

(3) Wenn der Hersteller innerhalb von 15 Tagen nach Ablauf der Fristen gemäß Absatz (2) vorstehend seine Verpflichtungen nicht erfüllt und nicht die fälligen Zinsen gezahlt hat, ist die GEMA außerdem berechtigt, den vorliegenden Vertrag im Einklang mit den Bestimmungen des vorstehenden Absatzes (1) aufzulösen, ausgenommen, wenn es sich um die erste festgestellte Unzulänglichkeit bei den Meldungen gemäß vorstehender Ziffer 5. a) handelt.

8

9.1.3.4 VUT Einzelvertrag – Seite 9

7. **Vertragsdauer und Vertragsanpassung**

Der vorliegende Einzelvertrag gilt für den Zeitraum ab xxx und wird ersetzt durch den zwischen der GEMA und dem Verband unabhängiger Tonträgerunternehmen e. V. zu vereinbarenden Einzelvertrag für die Zeit ab xxx.

Die GEMA ist berechtigt, den Vertrag mit einer Frist von drei Monaten zu kündigen, unter folgenden Voraussetzungen:

a) Der Hersteller ist nicht mehr VUT-Mitglied.

b) Nach Art und Umfang des Geschäftsbetriebs des Herstellers liegen die Voraussetzungen für den Abschluß eines Industrievertrages vor.

c) Beträgt das jährliche Vergütungsaufkommen des Herstellers mehr als € 10.000,-- im Jahr, so ist die GEMA berechtigt, eine angemessene Sicherheitsleistung (in Höhe eines Viertels des Jahresaufkommens) und monatliche Vorauszahlungen (ein Zwölftel des Jahresaufkommens) zu verlangen.

....
(Ort / Datum)

....
(Firmenstempel / Unterschrift)

9

9.1.3.5 VUT Vergütungssätze

GEMA   gültig ab 01. Juli 1997

Vergütungssätze
zu Ziffer 3. a) des Einzelvertrages für Mitglieder des VUT
entsprechend dem Tarif VR-T-H 1
für die
Vervielfältigung von Werken des GEMA-Repertoires
auf handelsüblichen Tonträgern (Schallplatten, Musikkassetten,
Compact Discs, Minidiscs und Digital Compact Cassetten)
und deren Verbreitung zum persönlichen Gebrauch

Nettobeträge zuzüglich z. Zt. 7 % Umsatzsteuer

I. Vergütungen

1.   Allgemeine Vergütung

a)   Prozentvergütung

Die Vergütung beträgt, vorbehaltlich nachstehenden Absatzes, 11 % (Vorzugssatz) des vom Hersteller veröffentlichten höchsten Abgabepreises für den Detailhandel (ausschließlich Mehrwertsteuer) für den betreffenden Tonträger.

Wendet der Hersteller im Inland gebundene oder empfohlene Detailverkaufspreise an und werden diese Preise allgemein von der Öffentlichkeit bezahlt, wird die Vergütung mit 8 % (Vorzugssatz) von diesen Preisen (ausschließlich Mehrwertsteuer) berechnet.

Die veröffentlichten höchsten Abgabepreise für den Detailhandel und die gebundenen oder empfohlenen Detailverkaufspreise bestimmen sich nach den am Tage der Tonträgerauslieferung geltenden veröffentlichten Preislisten des Herstellers bzw. des Verbreiters.

Wenn der Hersteller nicht in der Lage ist, Preislisten zur Verfügung zu stellen, wird die Vergütung auf der Grundlage des ganz allgemein von den anderen inländischen Herstellern für die jeweilige Tonträgerkategorie praktizierten Preises (ausschließlich Mehrwertsteuer) festgelegt, es sei denn, der Hersteller hat rechtzeitig eine Vereinbarung über die Berechnung der Vergütung mit der GEMA getroffen, die im Ergebnis den vorstehenden Absätzen entspricht.

Bei der Berechnung der Vergütung werden die Abzüge gemäß Ziffer 3. des Einzelvertrages für Mitglieder des VUT berücksichtigt.

In den Fällen, in denen die von den Listenpreisen berechnete Prozentvergütung zu einer Vergütung führt, die unter der nachstehenden Mindestvergütung liegt, ist die Mindestvergütung zu entrichten.

Seite 1 von 6

9.1.3.5 VUT Vergütungssätze – Seite 2

b) Mindestvergütung (Vorzugssatz)

Mindestvergütung und Höchstzahl von Werken bzw. Werkteilen auf einer
Schallplatte:

Kategorie	Anzahl der geschützten Werke je Schallplatte	Mindestvergütung je Schallplatte	
		DM	EUR
45/17 N (Spieldauer bis zu 8 Min.)	bis zu 2 Werke oder bis zu 6 Werkteile	0,2304	0,1178
45/17 EP (Spieldauer bis zu 16 Min.)	bis zu 4 Werke oder bis zu 12 Werkteile	0,2743	0,1402
45 Maxi-Single (Spieldauer bis zu 16 Min.)	bis zu 4 Werke oder bis zu 12 Werkteile	0,4129	0,2111
33 1/3 / 17 EP (Spieldauer bis zu 20 Min.)	bis zu 6 Werke oder bis zu 18 Werkteile	0,4292	0,2194
33 1/3 / 25 LP (Spieldauer bis zu 30 Min.)	bis zu 10 Werke oder bis zu 24 Werkteile	0,5675	0,2902
33 1/3 / 30 LP (Spieldauer bis zu 60 Min.)	bis zu 16 Werke oder bis zu 28 Werkteile	0,7566	0,3868

GEMA, GVL & KSK

Mindestvergütung und Höchstzahl von Werken bzw. Werkteilen auf einer
Musikkassette:

Kategorie	Anzahl der geschützten Werke je Musikkassette	Mindestvergütung je Musikkassette DM	EUR
I. Spieldauer bis zu 60 Min.	bis zu 16 Werke oder bis zu 28 Werkteile	0,5820	0,2976
II. Spieldauer bis zu 120 Min.	bis zu 32 Werke oder bis zu 56 Werkteile	0,9700	0,4960

Mindestvergütung und Höchstzahl von Werken bzw. Werkteilen auf einer
Compact Disc:

Kategorie	Anzahl der geschützten Werke je Compact Disc	Mindestvergütung je Compact Disc DM	EUR
I. CD-Single/ CD-Maxi-Single (Spieldauer bis zu 20 Min.	bis zu 5 Werke oder bis zu 12 Werkteile	0,3880	0,1984
II. CD normal, nur 12 cm (Spieldauer bis zu 80 Min.)	bis zu 20 Werke oder bis zu 40 Werkteile	0,9700	0,4960

9. GEMA-Tarife für Tonträgerhersteller

c) Minidisc und Digital Compact Cassette

Höchstzahl von Werken bzw. Werkteilen auf einer Minidisc (MD) bzw. Digital Compact Cassette (DCC):

Kategorie	Anzahl der geschützten Werke je MD bzw. DCC
Minidisc (Spieldauer bis zu 80 Min.)	bis zu 18 Werke oder bis zu 30 Werkteile
Digital Compact Cassette (Spieldauer bis zu 80 Min.)	bis zu 18 Werke oder bis zu 30 Werkteile

d) Budget-Mindestvergütung (Vorzugssatz)

Bei den nachstehenden Tonträgerkategorien finden frühestens ein Jahr nach dem ursprünglichen Erscheinungsdatum des Tonträgers, gerechnet vom Beginn der Abrechnungsperiode der Erstauslieferung an, folgende Budget-Mindestvergütungen Anwendung:

Kategorie	Mindestvergütung je Schallplatte	
	DM	EUR
LP 33/30 cm	0,4313	0,2205
CD normal, nur 12 cm	0,5529	0,2827
Musikkassette bis zu 60 Min.	0,3317	0,1696
Musikkassette bis zu 120 Min.	0,5529	0,2827

Alternativ zu vorstehendem Absatz hat der Hersteller die Möglichkeit, dafür zu optieren, daß für die Budget-Mindestvergütung gemäß vorstehendem Absatz folgende Bedingungen gelten:

Bei Schallplatten, Bändern und Kassetten, die Aufnahmen enthalten, die frühestens 1 Jahr nach dem ursprünglichen Erscheinungsdatum wiederveröffentlicht werden und deren Preis mindestens 35 % unter dem ursprünglichen Preis der betreffenden Schallplatten, Bänder und Kassetten liegt, kann die Budget-Mindestvergütung gemäß vorstehendem Absatz angewandt werden.

Die Option muß jeweils rechtzeitig vor der betreffenden Tonträgerherstellung ausgesprochen werden.

Seite 4 von 6

2. **Exporte**

a) Für Exporte nach außereuropäischen Ländern, mit Ausnahme der Länder, in denen die Lizenz durch Gesetz festgelegt wird (wie z.B. USA und Kanada), wird für die Berechnung der Vergütung der für Verkäufe im Inland angewandte Preis zugrunde gelegt, nach dem die Vergütung entsprechend den von der GEMA oder ihrer Vertretung im Verkaufsland akzeptierten Bedingungen, einschließlich insbesondere derjenigen, welche die Mindestvergütungen betreffen, berechnet wird. Soweit der Hersteller die im Bestimmungsland angewandten Preise nachweist, gelten diese als Berechnungsgrundlage für die Vergütung, sofern die Landeswährung konvertierbar ist.

Für Exporte nach außereuropäischen Ländern, in denen die Vergütung durch Gesetz festgelegt wird, ist die gesetzliche Vergütung zu entrichten. Die GEMA und der Hersteller können jedoch übereinkommen, auf diese Exporte - mit Ausnahme der Exporte nach USA und Kanada - die für Inlandsverkäufe geltende Vergütung anzuwenden.

b) Für Exporte in europäische Länder werden die Vergütungen nach allen im Importland vereinbarten Vergütungsbedingungen berechnet und bezahlt, wobei bei Exporten in ein EG-Land die inländischen Preise, bei allen anderen Exporten die Preise des Bestimmungslandes maßgeblich sind, sofern in letzterem Fall die Landeswährung konvertierbar ist. Können die Preise des Bestimmungslandes vom Hersteller nicht nachgewiesen werden, finden die inländischen Preise Anwendung.

II. Allgemeine Bestimmungen

1. **Berechnung**

a) Compilation

In einer Compilation auf CD normal (12 cm), Minidisc oder Digital Compact Cassette können 24 geschützte Werke oder 48 geschützte Werkteile wiedergegeben werden, vorausgesetzt, ihr Inhalt umfaßt mindestens 50 % wiederveröffentlichte Aufnahmen von geschützten Werken bzw. Werkteilen.

Auf einer LP 33/30 oder Musikkassette der Kategorie I. können 24 geschützte Werke oder 48 geschützte Werkteile wiedergegeben werden, wenn diese Tonträger die gleichen Aufnahmen wie die Compact Disc-, Minidisc- oder Digital Compact Cassetten-Compilation enthalten.

b) Werk- bzw. Werkteilüberschreitung

Werden mehr geschützte Werke oder Werkteile verwendet als in Abschnitt I. unter Ziff. 1. lit. b) und c) sowie Abschnitt II. Ziff. 1. lit. a) angegeben, erhöht sich die Vergütung im gleichen Verhältnis, außer wenn es sich um Werkteile handelt, an denen dieselben Berechtigten beteiligt sind.

c) Vollständige Werke und Werkteile

Werden geschützte vollständige Werke und Werkteile wiedergegeben, so wird jedes Werk mit 2 Punkten und jedes Werkteil mit einem Punkt gerechnet. Die Gesamtzahl der zulässigen Punkte entspricht der in Abschnitt I. Ziff. 1. lit. b) und c) sowie Abschnitt II. Ziff. 1. lit. a) angegebenen Anzahl von Werkteilen. Graphisch verlegte Potpourris werden als vollständige Werke angesehen.

Als Werkteil gilt jede Reproduktion eines Werkes mit einer Spieldauer von bis zu 1 Minute 45 Sekunden, soweit damit nicht bereits das vollständige Werk wiedergegeben wird.

d) Spieldauerüberschreitung

Wird die zulässige Gesamtspieldauer um mehr als 60 Sekunden überschritten, erhöht sich die zu entrichtende Vergütung im gleichen Verhältnis.

e) Anteilige Vergütung

Wenn gleichzeitig Werke des Repertoires der GEMA und Werke, die nicht zu ihrem Repertoire gehören, wiedergegeben werden, erhält die GEMA, sofern diese Werke von annähernd gleicher Spieldauer sind, eine anteilige Vergütung im Verhältnis der Zahl der Werke ihres Repertoires zur Gesamtzahl der wiedergegebenen Werke. Falls die wiedergegebenen Werke nicht von annähernd gleicher Spieldauer sind, berechnet sich die anteilige Vergütung der GEMA entsprechend der Spieldauer jedes Werkes ihres Repertoires im Verhältnis zur Gesamtspieldauer, wobei die Spieldauer jedes dieser Werke auf die volle Minute aufgerundet wird; wenn es sich jedoch um Werkteile des Repertoires der GEMA handelt, so erfolgt bei einer Spieldauer von weniger als einer Minute Aufrundung auf eine volle Minute und bei einer Spieldauer von mehr als einer Minute, jedoch weniger als 1 Minute 45 Sekunden, die Aufrundung auf 1 Minute 45 Sekunden.

Der somit auf ein Werk oder ein Werkteil des Repertoires der GEMA entfallende Vergütungsanteil kann niemals unter dem Anteil liegen, der sich unter Berücksichtigung der Anzahl der in Abschnitt I. Ziff. 1. lit. b) und c) sowie Abschnitt II. Ziff. 1. lit. a) dieser Vergütungssätze angegebenen Werke oder Werkteile ergibt.

2. **Rechtzeitiger Erwerb der Vervielfältigungs- und Verbreitungsbefugnis und Umfang der Befugnis**

Die Vergütungssätze haben nur Gültigkeit, wenn die Vervielfältigungs- und Verbreitungsbefugnis rechtzeitig vorher von der GEMA erworben wird. Die Befugnis umfaßt nur die der GEMA zustehenden Rechte für die Vervielfältigung und Verbreitung zum persönlichen Gebrauch über den Tonträger-Fachhandel ohne Werbung.

Das Urheberpersönlichkeitsrecht darf nicht verletzt werden.

9.1.4.1 Meldebogen

Mitteilung an die GEMA
Einbringung von Werken des GEMA-Repertoires in Datenbanken, Dokumentationssystemen oder in Speichern ähnlicher Art und deren Übermittlung in elektronischer oder in ähnlicher Weise

Lizenzantrag für Musiknutzung auf Websites zu Präsentationszwecken

Rechnungsanschrift
Firma
Ansprechpartner
Abteilung
Strasse
Ort

Gewerbliche Website — ja/nein
Private Website — ja/nein
Website einer nicht-gewerblichen Institution — ja/nein

Herstellungsrecht (auch Recht zur Benutzung) abgeklärt: ja /nein

Bitte faxen Sie uns den entsprechenden schriftlichen Nachweis unter 089 - 48003 357 zu.

Bitte klären Sie dieses Recht mit den jeweiligen Verlagen ab. Informationen dazu finden Sie auf unserem Infoblatt. Ohne Nachweis der Einholung dieses Rechts kann die GEMA keine Lizenzierung vornehmen.

URL der Website, auf der die Musikwerke bereitgestellt sind:

Monatliche Anzahl der Zugriffe auf die Seite mit Musiknutzung:

Beginn der Einstellung der u.a. Musikwerke:
Ende der Einstellung der u.a. Musikwerke:
(anzugeben in Kalendermonaten)

Einzeltitelaufstellung auf Seite 2

Seite 1 von 2

19.05.2005

9.1.4.1 Meldebogen – Seite 2

Einzeltitelaufstellung der genutzten Musikwerke

[* LN: vom Lizenznehmer auszufüllen, GEMA: von der GEMA auszufüllen]

Titel des Musikwerkes	Komponist	Verlag	Subverlag	GEMA	GEMA	Dateiformat	Spieldauer in min
LN*	LN*	LN*	LN*	GEMA*	GEMA*	LN*	LN*

Formulardaten Speichern

_____
Datum / Unterschrift

Seite 2 von 2

19.05.2005

9.1.4.2 Hörfunk Anmeldung

Datum:...................

Absender:

....

....

GEMA   ....

Direktion Rundfunk und Neue Medien   ....

Postfach 80 07 67

Formulardaten Speichern

81607 München

Privater Hörfunk (terrestrisch)

- Fragebogen -

Den nachfolgenden Fragebogen reiche ich vollständig ausgefüllt zur
vertraulichen, internen Verfügung der GEMA zurück.

1	Genaue Bezeichnung des Senders	
	Programmname (Senderkennung):	
	Name und Anschrift des Veranstalters:	
	Telefonnummer:	
	Telefaxnummer:	
	eMail:	
2	Verantwortlicher Geschäftsführer:	
3	Rundfunkverband:	
4	Sendebereich:	
5	Einwohnerzahl im Sendebereich:	
6	Werbeeinnahmen p.a. (geschätzt):	€
7	Musikanteil im Programm in %:	
8	Tägliche Sendezeit:	Std.
9	Datum des Sendebeginns:	

Name und Unterschrift des
verantwortlicher Geschäftsführers: ....

9.1.4.3 Webradio Anfrage

Anfrage Vergütungshöhe Webradio

Bitte senden an:

GEMA Generaldirektion München
Direktion Rundfunk
Bereich Webradio
Rosenheimer Str 11

81667 München

GEMA

Kontaktdetails

Veranstalter: ....

Strasse:..

PLZ / Ort:..

Tel./Fax:...

E-Mail:...

Per Fax an : +490(089) 48003-239

Bitte geben Sie mir Auskunft über die anfallende Vergütung für folgendes Radioprojekt:

1) Maximale Anzahl an gleichzeitigen Nutzerzugriffen, die Ihr Server auf das Gesamtprogramm erlaubt:
   Bis 25:☐ Bis 50:☐ Bis 100:☐ Bis 250:☐ Bis 500:☐ Bis 1000:☐ Bis 10.000:☐ Über 10.000:☐

2) Anzahl der Stunden pro Tag und der Tage pro Woche an denen das Gesamtprogramm im Internet empfangbar ist:
   24 Stunden / 7 Tage:☐ Abweichend: _____

3) Durchschnittlicher Musikanteil des Gesamtprogramms:
   Bis 20%:☐ Bis 40%:☐ Bis 60%:☐ Bis 80%:☐ Bis 100%:☐

4) Anzahl der Kanäle (Streams), die auf der Webseite angeboten werden: _____

5) Geschätzte durchschnittliche monatlichen Einnahmen (nicht der Gewinn!), die durch die Veranstaltung des Gesamtprogramms erwirtschaftet werden: _____

Grundlage für die Höhe der Vergütung ist der GEMA-Tarif S-VR/IntR in seiner jeweils gültigen Fassung.

Datum: .... Unterschrift: ....

Formulardaten Speichern

Von der GEMA auszufüllen:
Vergütung quartalsweise: Netto= €_____ zzgl. 7% USt.= €_____ Brutto= €_____

9.1.5.1 Vergütungssätze U-VK

GEMA
Gesellschaft für musikalische Aufführungs-
und mechanische Vervielfältigungsrechte

01.01.2007
(35)

Vergütungssätze U-VK
für
Unterhaltungs- und Tanzmusik
mit Musikern

Nettobeträge zuzüglich z. Zt. 7 % Umsatzsteuer

I. Allgemeine Vergütungssätze

Größe des Veranstaltungsraumes in m² (von Wand zu Wand gemessen)	Gruppe A	Gruppe B	Gruppe C	Gruppe D	Gruppe E	Gruppe F	Gruppe G
	Eintrittsgeld, Tanzgeld oder sonstiges Entgelt						
	ohne oder bis zu 1,00 EUR	bis zu 1,50 EUR	bis zu 2,50 EUR	bis zu 4,00 EUR	bis zu 6,00 EUR	bis zu 10,00 EUR	bis zu 20,00 EUR
	Vergütungssatz je Veranstaltung - EUR -						
1 bis 100 m²	20,70	28,80	45,00	60,60	76,20	82,10	97,10
2 bis 133 m²	23,70	45,00	67,30	90,30	111,80	122,90	147,20
3 bis 200 m²	33,20	61,30	94,00	120,70	148,70	165,70	195,30
4 bis 266 m²	48,10	78,40	119,10	152,40	182,80	211,60	243,50
5 bis 333 m²	61,30	94,70	143,40	182,80	220,40	257,50	292,40
6 bis 400 m²	76,20	110,90	167,90	215,20	256,70	301,80	341,10
7 bis 533 m²	94,00	130,20	198,20	253,70	306,20	356,50	406,20
8 bis 666 m²	110,90	150,30	226,50	289,90	355,80	409,90	469,80
9 bis 1.332 m²	180,60	230,10	341,10	452,10	553,50	634,00	730,20
10 bis 2.000 m²	247,90	311,50	457,20	614,80	747,90	859,00	995,70
11 bis 2.500 m²	310,70	390,00	571,90	768,70	934,50	1074,40	1245,90
12 bis 3.000 m²	373,60	467,70	687,20	921,10	1122,40	1288,00	1494,30
13 je weitere 500 m² bis 10.000 m²	62,10	78,40	116,10	153,10	187,10	215,20	249,40
14 je weitere 500 m² über 10.000 m²	62,10	151,00	241,10	329,90	418,80	508,20	597,10

Bei Entgelten über EUR 20,00 erhöhen sich die Vergütungssätze für je angefangene weitere EUR 10,00 Eintrittsgeld um je 10 %.

1

9.1.5.1 Vergütungssätze U-VK – Seite 2

II. Besondere Vergütungssätze

1. Musikaufführungen bei Versammlungen und Kundgebungen

   Vergütungssätze in Abschnitt I mit einem Nachlaß von 25 %

2. Platzkonzerte im Freien (ohne Bewirtung)

   - Dauer im allgemeinen bis zu 20 Minuten - je Konzert   42,00 EUR

3. Musikaufführungen bei Festzügen und Umzügen

   a) je mitwirkende Kapelle   23,20 EUR

   b) je mitwirkender Spielmannszug   11,60 EUR
   (Trommler- und Pfeiferkorps)

4. Musikaufführungen bei Sportveranstaltungen

   a) Sportveranstaltungen bei denen Musik integrierter oder unverzichtbarer Bestandteil ist (Bsp. Eiskunstlauf, Rhythmische Sportgymnastik, Tanzen, Body Building)

   Vergütungssätze in Abschnitt I, nach der Gesamtbesucherzahl
   (1 ½ Personen = 1m²)

   b) Sportveranstaltungen in Verbindung mit Musikdarbietungen (z. B. bei Programmpunkten wie Cheerleader oder Moderationen etc.), sofern der sportliche Wettkampf im Vordergrund steht

Anzahl der Zuschauer	Vergütung je Veranstaltung in EUR
bis zu 1.000 Zuschauer	112,30
bis zu 2.000 Zuschauer	182,80
bis zu 3.000 Zuschauer	250,80
bis zu 4.000 Zuschauer	378,10
bis zu 5.000 Zuschauer	441,00
je weitere 1.000 Zuschauer	84,10

   c) Sportveranstaltungen mit lediglich musikalischer Umrahmung (vor Beginn, am Ende, bzw. in den Pausen der Veranstaltung), sofern die Zeitdauer der Hintergrundmusikwiedergabe insgesamt 30 min nicht übersteigt, nicht während des Wettkampfes erfolgt und nicht zur Untermalung zusätzlicher Programmpunkte wie Cheerleader oder Moderationen dient.

aa) bis zu	500 Besucher	16,00 EUR
bb) bis zu	1.000 Besucher	32,00 EUR
cc) je weitere angefangene	1.000 Besucher	16,00 EUR

2

GEMA, GVL & KSK

III. Allgemeine Bestimmungen

1. Geltungsbereich

   Die Vergütungssätze U-VK finden für Einzelaufführungen mit Musikern – gleichgültig ob Berufs- oder Laienmusiker – Anwendung; sie gelten für Unterhaltungs- und Tanzmusikaufführungen, ferner für Unterhaltungskonzerte, Festzeltveranstaltungen, Musikaufführungen bei Varietéveranstaltungen, Bunten Nachmittagen, Bunten Abenden, Modenschauen und ähnlichen Veranstaltungen.

2. Berechnung

   Die allgemeinen Vergütungssätze in Abschnitt I werden je nach Art der Aufführungen für einen bestimmten Zeitraum oder je Veranstaltung berechnet.

   Für eigene Musikaufführungen von Gastwirten erfolgt die Berechnung ausschließlich nach Ziff. 2 a) der Allgemeinen Bestimmungen.

   a) Unterhaltungs- und Tanzmusikaufführungen

      Die Vergütungssätze in Abschnitt I gelten für Unterhaltungs- und Tanzmusikaufführungen nach 15 Uhr, soweit sie spätestens um 22 Uhr beendet sind, oder für Aufführungen nach 18 Uhr.
      Bei Musikaufführungen, die zwischen 15 Uhr und 18 Uhr beginnen und länger als bis 22 Uhr dauern, erhöhen sich die Vergütungssätze um 50 %. Der Zuschlag von 50 % entfällt bei Musikaufführungen im Freien, die bei ungünstiger Witterung nicht in einen geschlossenen Raum verlegt werden können.
      Finden an den gleichen Tagen auch nachmittags oder abends Musikaufführungen statt, werden für die Musikaufführungen vor 15 Uhr 33 1/3 % der Vergütungssätze berechnet.

   b) Unterhaltungskonzerte, Varietéveranstaltungen, Bunte Nachmittage, Bunte Abende, Modenschauen und ähnliche Veranstaltungen

      Für Unterhaltungskonzerte, Varietéveranstaltungen, Bunte Nachmittage, Bunte Abende, Modenschauen und ähnliche Veranstaltungen werden die Vergütungssätze in Abschnitt I je Veranstaltung berechnet.
      Für weitere Veranstaltungen derselben Art des gleichen Veranstalters, die am gleichen Tage im gleichen Veranstaltungsraum oder auf dem gleichen Veranstaltungsplatz durchgeführt werden, ermäßigen sich die Vergütungssätze um 50 %. Bei Veranstaltungen mit verschiedenen Eintrittspreisen gilt die Veranstaltung mit dem höchsten Eintrittsgeld als erste Veranstaltung.

   c) Musikaufführungen vor Stuhlreihen

      Für Musikaufführungen vor Stuhlreihen werden die Vergütungssätze in Abschnitt I nach der Anzahl der vorhandenen Sitzplätze (1 1/2 Sitzplätze = 1 m²) berechnet.

   d) Musikaufführungen zu besonderen Anlässen vor geladenen Gästen

      Für Veranstaltungen vor geladenen Gästen (wie z.B. Firmenjubiläen, Empfänge, Werbeveranstaltungen, Produktpräsentationen etc.), bei denen der Veranstalter kein Eintrittsgeld oder sonstiges Entgelt erhebt, errechnet sich das Entgelt im Sinne der Vergütungssätze in Abschnitt I in Abweichung zu Gruppe A wie folgt:

3

9.1.5.1 Vergütungssätze U-VK – Seite 4

Die Aufwendungen für musikalische Darbietungen (wie z.B. Künstlerhonorare, Aufwendungen für die Bühne und die Technik, Moderatoren, DJs etc.) werden durch die Anzahl der geladenen Gäste dividiert.

e) Musikaufführungen im Freien

Für Musikaufführungen im Freien werden die Vergütungssätze in Abschnitt I nach dem Personenfassungsvermögen der Veranstaltungsplätze (1 1/2 Personen = 1 m²) oder, wenn die genaue Angabe des Personenfassungsvermögens nicht möglich ist, nach der Gesamtbesucherzahl berechnet.

f) Abschluß eines Jahrespauschalvertrages

Der Abschluß eines Jahrespauschalvertrages setzt voraus, daß mindestens 5 Veranstaltungen im Vertragsjahr durchgeführt und vertraglich geregelt werden. Bei Abschluß eines Jahrespauschalvertrages wird auf die Vergütungssätze in Abschnitt I ein Vertragsnachlaß von

10 % bis zur		40sten Veranstaltung,
20 % ab der	41sten Veranstaltung bis zur	80sten Veranstaltung,
30 % ab der	81sten Veranstaltung bis zur	120sten Veranstaltung,
40 % ab der	121sten Veranstaltung bis zur	160sten Veranstaltung,
50 % für Veranstaltungen ab der		161sten Veranstaltung

gewährt.

Nachlässe von 20 % und mehr können nur dann gewährt werden, wenn die Veranstaltungen innerhalb des gleichen Veranstaltungsbetriebes durchgeführt werden.

Grundsätzlich sind die Vergütungen jährlich im Voraus zu zahlen. Bei halbjähriger Zahlungsweise erhöhen sich die Vergütungssätze um 2,5 %, bei vierteljähriger Zahlungsweise erhöhen sie sich um 5 %.

Die besonderen Vergütungssätze werden je Veranstaltung berechnet.

3. Rechtzeitiger Erwerb der Einwilligung

Die Vergütungssätze finden nur für Musikaufführungen Anwendung, für die die Einwilligung von der GEMA rechtzeitig vorher erworben wird.

4. Umfang der Einwilligung

Durch die Vergütungssätze sind nur Musikaufführungen in dem der Berechnung zugrunde liegenden Umfang abgegolten. Für die Übertragung der Musikaufführungen in weitere Veranstaltungsräume oder auf weitere Veranstaltungsplätze ist eine besondere Einwilligung erforderlich. Die Vergütungssätze gelten nicht für Musikaufführungen mit Werbung.
Soweit die Berechnung der Vergütungssätze nicht nach der Größe bzw. dem Personenfassungsvermögen der Veranstaltungsräume und Veranstaltungsplätze oder nach der Besucherzahl erfolgt (Abschnitt II, Ziff. 2, 3 und 4), wird die Einwilligung nur für die unmittelbaren Darbietungen durch Musiker erworben.
Die Einwilligung umfaßt nur die der GEMA zustehenden Rechte.
Die Einwilligung berechtigt nicht zur Vervielfältigung der aufgeführten Musikstücke (Aufnahme auf Schallplatte, Band, Draht usw.).

4

9.1.5.1 Vergütungssätze U-VK – Seite 5

Die Vergütungssätze sind unbeschadet der Anzahl der aufgeführten Musikstücke und unabhängig davon, in welchem Umfang von den zur Verfügung gestellten Aufführungsrechten Gebrauch gemacht wird, zu zahlen.

Abgegolten sind nur die Musikaufführungen, für die zwischen dem Veranstalter und dem ausübenden Künstler ein Vertrag besteht.

5. Gesamtvertragsnachlaß

Den Mitgliedern von Organisationen, mit denen die GEMA einen Gesamtvertrag für diesen Tarif geschlossen hat, wird ein Nachlaß entsprechend den gesamtvertraglichen Vereinbarungen eingeräumt.

9.1.5.2 Tarife Hintergrundmusik

Tarifübersicht 2007
für Gaststätten, Hotels, Pensionen

Tarifauszug für die Wiedergabe von Hintergrundmusik

	Raumgröße	Vergütung je Vertragszeitraum		
		bei Abschluss eines Monatsvertrages, monatlich kündbar € netto	bei Abschluss eines Vierteljahresvertrages, vierteljährlich kündbar € netto	bei Abschluss eines Jahresvertrages, jährlich kündbar € netto
Bei Wiedergabe von Original-CDs u. Ä.	bis 100 qm	19,92 (239,04 jährl.)	54,96 (219,84 jährl.)	199,68
	bis 250 qm	39,84 (478,08 jährl.)	109,68 (438,72 jährl.)	398,64
Bei Wiedergabe von selbst gebrannten CDs, MP3, Festplatten u. Ä.	bis 100 qm	29,88 (358,56 jährl.)	82,44 (329,76 jährl.)	299,52
	bis 250 qm	59,76 (717,12 jährl.)	164,52 (658,08 jährl.)	597,96
Bei Hörfunk-Wiedergabe	bis 100 qm	21,46 (257,52 jährl.)	58,98 (235,92 jährl.)	214,47
	über 100 qm	25,40 (304,80 jährl.)	67,60 (270,40 jährl.)	245,57
Bei Wiedergabe von Original-CDs und Hörfunk	bis 100 qm	22,07 (264,84 jährl.)	60,86 (243,44 jährl.)	221,13
	bis 250 qm	42,29 (507,48 jährl.)	116,44 (465,76 jährl.)	423,20
Bei Wiedergabe von selbst gebrannten CDs, MP3, Festplatten und Hörfunk	bis 100 qm	32,03 (384,36 jährl.)	88,34 (353,36 jährl.)	320,97
	bis 250 qm	62,21 (746,52 jährl.)	171,28 (685,12 jährl.)	622,52
Bei Fernseh-Wiedergabe	je Fernsehgerät	14,60 (175,20 jährl.)	40,15 (160,60 jährl.)	146,00
	in Verbindung mit einem zusätzlichen Hörfunkvertrag	11,97 (143,64 jährl.)	33,14 (132,56 jährl.)	120,30
	in Verbindung mit einem zusätzlichen Vertrag für CD-Wiedergabe u. Ä.	9,93 (119,16 jährl.)	27,16 (108,64 jährl.)	98,70
Bei Großbildschirmen (über 106 cm Bilddiagonale)	bis 100 qm	46,43 (557,16 jährl.)	127,75 (511,00 jährl.)	464,57
	bis 200 qm	69,35 (832,20 jährl.)	190,68 (762,72 jährl.)	693,35
Bei Weiterleitung in Hotelzimmer	je Hotelzimmer	1,31 (15,72 jährl.)	3,68 (14,72 jährl.)	14,03
Musik in Telefonwarteschleifen und Anrufbeantwortern	je angefangene 30 Amtsleitungen	15,96 (191,52 jährl.)	43,92 (175,68 jährl.)	159,72
Musik auf der Homepage zu Präsentationszwecken		7,00 (84,00 jährl.)	19,30 (77,20 jährl.)	70,00

9.1.5.2 Tarife Hintergrundmusik – Seite 2

GEMA Tarifübersicht 2007 für Gaststätten, Hotels, Pensionen

Tarifauszug für Veranstaltungen mit Unterhaltungs- und Tanzmusik
Vergütung je Veranstaltung **mit Live-Musik*** (gültig ab 01.01.2007)

	Eintrittsgeld oder sonstiges Entgelt							
	ohne oder bis zu 1,00 €	bis zu 1,50 €	bis zu 2,50 €	bis zu 4,00 €	bis zu 6,00 €	bis zu 10,00 €	bis zu 20,00 €	je weitere 10,00 €
Größe des Veranstaltungsraumes in qm								
bis 100 qm	20,70	28,80	45,00	60,60	76,20	82,10	97,10	9,71
133 qm	23,70	45,00	67,30	90,30	111,80	122,90	147,20	14,72
200 qm	33,20	61,30	94,00	120,70	148,70	165,70	195,30	19,53
266 qm	48,10	78,40	119,10	152,40	182,80	211,60	243,50	24,35
333 qm	61,30	94,70	143,40	182,80	220,40	257,50	292,40	29,24
400 qm	76,20	110,90	167,90	215,20	256,70	301,80	341,10	34,11
533 qm	94,00	130,20	198,20	253,70	306,20	356,50	406,20	40,62
666 qm	110,90	150,30	226,50	289,90	355,80	409,90	469,80	46,98
1.332 qm	180,60	230,10	341,10	452,10	553,50	634,00	730,20	73,02
2.000 qm	247,90	311,50	457,20	614,80	747,90	859,00	995,70	99,57
2.500 qm	310,70	390,00	571,90	768,70	934,50	1.074,40	1.245,90	124,59
3.000 qm	373,60	467,70	687,20	921,10	1.122,40	1.288,00	1.494,30	149,43
je weitere 500 qm bis 10.000 qm	62,10	78,40	116,10	153,10	187,10	215,20	249,40	24,94
je weitere 500 qm über 10.000 qm	62,10	151,00	241,10	329,90	418,80	508,20	597,10	59,71

* Bei Veranstaltungen mit Musik von Original-CDs u. Ä. erhöhen sich die Vergütungen um 20 Prozent im Auftrag der Gesellschaft zur Verwertung von Leistungsschutzrechten mbH (GVL), Hamburg. Bei Live-Musikveranstaltungen, bei denen zusätzlich, z. B. in den Pausen, Musik von Original-CDs u. Ä. wiedergegeben wird, erhöhen sich die Vergütungssätze um 10 Prozent im Auftrag der GVL.

* Bei Überschreitung bestimmter Zeiten können Zuschläge zu den genannten Tarifen anfallen.

* Für Veranstaltungen vor geladenen Gästen (wie z.B. Firmenjubiläen, Empfänge, Werbeveranstaltungen, Produktpräsentationen etc.), bei denen der Veranstalter kein Eintrittsgeld oder sonstiges Entgelt erhebt, werden die Aufwendungen für musikalische Darbietungen (wie z.B. Künstlerhonorare, Aufwendungen für die Bühne und die Technik, Moderatoren, DJs etc.) durch die Anzahl der geladenen Gäste dividiert. Dieses Ergebnis bildet ein fiktives Entgelt, welches zur Findung des Tarifbetrages herangezogen wird.

Die genannten Beträge für Hintergrundmusik enthalten sämtliche Zuschläge der Gesellschaft zur Verwertung von Leistungsschutzrechten mbH (GVL), der Verwertungsgesellschaft Wort (VG Wort) und der Zentralstelle für die Wiedergabe von Fernsehsendungen (ZWF). Alle ausgewiesenen Beträge sind Nettobeträge und erhöhen sich um 7 Prozent gesetzliche Umsatzsteuer.

Sofern Sie Mitglied im DEHOGA oder bei einem anderen Gesamtvertragspartner sind, erhalten Sie einen Rabatt von 20 Prozent.

Diese Übersicht ist lediglich ein Auszug aus unseren derzeit geltenden Tarifen. Sollten Sie darüber hinaus Informationen benötigen, beraten wir Sie gerne.

Tarifinformationen im Internet: www.gema.de/ad-tarife
Weitere Informationen zu Gaststätten: www.gema.de/gaststaetten

GEMA Kommunikation
Rosenheimer Straße 11 • 81667 München
Tel.: (0 89) 4 80 03-00 • Fax: (0 89) 4 80 03-9 69 • E-Mail: gema@gema.de • www.gema.de

GEMA

9.1.5.3 Vergütungssätze VR-T-H 1

GEMA
Gesellschaft für musikalische
Aufführungs- und mechanische
Vervielfältigungsrechte
Berlin

**Vergütungssätze VR-T-H 1
für die
Vervielfältigung von Werken des GEMA-Repertoires
auf handelsüblichen Tonträgern (Schallplatten, Musikkassetten,
Compact Discs, Minidiscs und Digital Compact Cassetten)
und deren Verbreitung zum persönlichen Gebrauch**

Nettobeträge zuzüglich z. Zt. 7 % Umsatzsteuer

I. Vergütungen

1. Allgemeine Vergütung

a) **Prozentvergütung**

Die Vergütung beträgt, vorbehaltlich nachstehenden Absatzes, 13,75 % des vom Hersteller veröffentlichten höchsten Abgabepreises für den Detailhandel (ausschließlich Mehrwertsteuer) für den betreffenden Tonträger.

Wendet der Hersteller im Inland gebundene oder empfohlene Detailverkaufspreise an und werden diese Preise allgemein von der Öffentlichkeit bezahlt, wird die Vergütung mit 10 % von diesen Preisen (ausschließlich Mehrwertsteuer) berechnet.

Die veröffentlichten höchsten Abgabepreise für den Detailhandel und die gebundenen oder empfohlenen Detailverkaufspreise bestimmen sich nach den am Tage der Tonträgerauslieferung geltenden veröffentlichten Preislisten.

Wenn der Hersteller nicht in der Lage ist, Preislisten zur Verfügung zu stellen, wird die Vergütung auf der Grundlage des ganz allgemein von den anderen inländischen Herstellern für die jeweilige Tonträgerkategorie praktizierten Preises (ausschließlich Mehrwertsteuer) festgelegt, es sei denn, der Hersteller hat rechtzeitig eine Vereinbarung über die Berechnung der Vergütung mit der GEMA getroffen, die im Ergebnis den vorstehenden Absätzen entspricht.

Veröffentlicht im Bundesanzeiger   1
Nr. 20 vom 29.1.2000, S. 1416,
Nr. 241 vom 21.12.2005, S. 16877,
Nr. 241 vom 22.12.2006, S. 7361

b) Mindestvergütung

Mindestvergütung und Höchstzahl von Werken bzw. Werkteilen auf einer **Schallplatte**:

Kategorie	Anzahl der geschützten Werke je Schallplatte	Mindestvergütung je Schallplatte EUR
45/17 N (Spieldauer bis zu 8 Min.)	2 Werke oder bis zu 6 Werkteilen	0,1473
45/17 EP (Spieldauer bis zu 16 Min.)	bis zu 4 Werken oder bis zu 12 Werkteilen	0,1753
45 Maxi-Single (Spieldauer bis zu 16 Min.)	bis zu 4 Werken oder bis zu 12 Werkteilen	0,2639
33/17 1/3 EP (Spieldauer bis zu 20 Min.)	bis zu 6 Werken oder bis zu 18 Werkteilen	0,2743
33/25 1/3 LP (Spieldauer bis zu 30 Min.)	bis zu 10 Werken oder bis zu 24 Werkteilen	0,3627
33/30 1/3 LP (Spieldauer bis zu 60 Min.)	bis zu 16 Werken oder bis zu 28 Werkteilen	0,4836

Veröffentlicht im Bundesanzeiger
Nr. 20 vom 29.1.2000, S. 1416,
Nr. 241 vom 21.12.2005, S. 16877,
Nr. 241 vom 22.12.2006, S. 7361

2

9.1.5.3 Vergütungssätze VR-T-H 1 – Seite 3

Mindestvergütung und Höchstzahl von Werken bzw. Werkteilen auf einer **Musikkassette**:

Kategorie	Anzahl der geschützten Werke je Musikkassette	Mindestvergütung je Musikkassette EUR
I. Spieldauer bis zu 60 Min.	bis zu 16 Werken oder bis zu 28 Werkteilen	0,3720
II. Spieldauer bis zu 120 Min.	bis zu 32 Werken oder bis zu 56 Werkteilen	0,6199

Mindestvergütung und Höchstzahl von Werken bzw. Werkteilen auf einer **Compact Disc**:

Kategorie	Anzahl der geschützten Werke je Compact Disc	Mindestvergütung je Compact Disc EUR
I. CD-Single/ CD-Maxi-Single (Spieldauer bis zu 23 Min.)	bis zu 5 Werke oder bis zu 12 Werkteilen	0,2480
II. CD normal, nur 12 cm (Spieldauer bis zu 80 Min.)	bis zu 20 Werke oder bis zu 40 Werkteilen	0,6199

Veröffentlicht im Bundesanzeiger
Nr. 20 vom 29.1.2000, S. 1416,
Nr. 241 vom 21.12.2005, S. 16877,
Nr. 241 vom 22.12.2006, S. 7361

3

c) **Minidisc und Digital Compact Cassette**

Höchstzahl von Werken bzw. Werkteilen auf einer Minidisc (MD) bzw. Digital Compact Cassette (DCC):

Kategorie	Anzahl der geschützten Werke je MD bzw. DCC
Minidisc (Spieldauer bis zu 80 Min.)	bis zu 18 Werken oder bis zu 30 Werkteilen
Digital Compact Cassette (Spieldauer bis zu 80 Min.)	bis zu 18 Werken oder bis zu 30 Werkteilen

d) **Budget-Mindestvergütung**

Bei den nachstehenden Tonträgerkategorien finden frühestens ein Jahr nach dem ursprünglichen Erscheinungsdatum des Tonträgers, gerechnet vom Beginn der Abrechnungsperiode der Erstauslieferung an, folgende Budget-Mindestvergütungen Anwendung:

Kategorie	Budget-Mindestvergütung EUR
LP 33/30 cm	0,2756
CD normal, nur 12 cm	0,3534
Musikkassette bis zu 60 Min.	0,2120
Musikkassette bis zu 120 Min.	0,3534

Veröffentlicht im Bundesanzeiger
Nr. 20 vom 29.1.2000, S. 1416,
Nr. 241 vom 21.12.2005, S. 16877,
Nr. 241 vom 22.12.2006, S. 7361

4

9.1.5.3 Vergütungssätze VR-T-H 1 – Seite 5

2. Exporte

a) Für Exporte nach außereuropäischen Ländern, mit Ausnahme der Länder, in denen die Lizenz durch Gesetz festgelegt wird (wie z.B. USA und Kanada), wird für die Berechnung der Vergütung der für Verkäufe im Inland angewandte Preis zugrunde gelegt, nach dem die Vergütung entsprechend den von der GEMA oder ihrer Vertretung im Verkaufsland akzeptierten Bedingungen, einschließlich insbesondere derjenigen, welche die Mindestvergütungen betreffen, berechnet wird. Soweit der Hersteller die im Bestimmungsland angewandten Preise nachweist, gelten diese als Berechnungsgrundlage für die Vergütung, sofern die Landeswährung konvertierbar ist.

Für Exporte nach außereuropäischen Ländern, in denen die Vergütung durch Gesetz festgelegt wird, ist die gesetzliche Vergütung zu entrichten. Die GEMA und der Hersteller können jedoch übereinkommen, auf diese Exporte - mit Ausnahme der Exporte nach USA und Kanada - die für Inlandsverkäufe geltende Vergütung anzuwenden.

b) Für Exporte in europäische Länder werden die Vergütungen nach allen im Importland vereinbarten Bedingungen berechnet und bezahlt, wobei bei Exporten in ein EG-Land die inländischen Preise, bei allen anderen Exporten die Preise des Bestimmungslandes maßgeblich sind, sofern in letzterem Fall die Landeswährung konvertierbar ist. Können die Preise des Bestimmungslandes vom Hersteller nicht nachgewiesen werden, finden die inländischen Preise Anwendung.

c) Für Exporte gilt nicht Abschnitt II. Ziffer 1. lit. e) zweiter Absatz.

II. Allgemeine Bestimmungen

1. Berechnung

a) Compilation

In einer Compilation auf CD normal (12 cm), Minidisc oder Digital Compact Cassette können 24 geschützte Werke oder 48 geschützte Werkteile wiedergegeben werden, vorausgesetzt, ihr Inhalt umfasst mindestens 50 % wiederveröffentlichte Aufnahmen von geschützten Werken bzw. Werkteilen.

Die Anzahl geschützter Werke und/oder Werkteile, die auf einer Analogkassette wiedergegeben werden dürfen, wenn diese Kassette die gleichen Aufnahmen wie ein CD-, DCC- oder MD-Album oder eine Compilation enthält, entspricht der Anzahl geschützter Werke und/oder Werkteile, die auf dem entsprechenden digitalen Träger wiedergegeben werden dürfen. In diesem Fall gelten für die Kassette die gleichen Beschränkungen bezüglich der maximalen Spieldauer wie für den entsprechenden digitalen Träger.

Veröffentlicht im Bundesanzeiger
Nr. 20 vom 29.1.2000, S. 1416,
Nr. 241 vom 21.12.2005, S. 16877,
Nr. 241 vom 22.12.2006, S. 7361

5

b) Werk- bzw. Werkteilüberschreitung

Wenn der Hersteller auf einem Tonträger (Schallplatte, Band oder Kassette) mehr geschützte Werke oder Werkteile reproduzieren möchte als oben angegeben, erhöht sich die
Vergütung für den betreffenden Tonträger im gleichen Verhältnis, außer wenn es sich um
wiederholte Vervielfältigung desselben Werkes mit denselben Urheberrechtsinhabern oder
um Werkteile mit denselben Urheberrechtsinhabern auf demselben Tonträger handelt, die
als ein Werkteil oder Werk, je nachdem, anzusehen sind. Außerdem können Originalwerke
von kurzer Dauer, mit Ausnahme von Werken der sogenannten Unterhaltungsmusik, ohne
zahlenmäßige Begrenzung auf einer nur Werke dieser Art umfassenden Single 45 UpM 17
cm oder Kassette Kategorie I wiedergegeben werden.

c) Vollständige Werke und Werkteile

Werden auf einem Tonträger (Schallplatte, Band oder Kassette) geschützte vollständige
Werke und geschützte Werkteile reproduziert, so wird jedes Werk mit zwei Punkten und
jedes Werkteil mit einem Punkt gerechnet. Die Gesamtzahl der zulässigen Punkte entspricht der in Abschnitt I Ziff. 1. lit. b) und c) sowie Abschnitt II Ziff. 1. lit. a) oben
angegebenen Anzahl von Werkteilen. Graphisch verlegte Potpourris werden als vollständige Werke angesehen. Vervielfältigungen von Werkteilen, an denen die gleichen Urhe-
berrechtsinhaber beteiligt sind, und wiederholte Vervielfältigung desselben Werkes mit
den gleichen Berechtigten im Sinne des Absatzes b) oben, werden als ein vollständiges
Werk oder Werkteil, je nachdem, angesehen.

Als Werkteil gilt jede Reproduktion eines Werkes mit einer Spieldauer von bis zu 1 Min.
45 Sek., soweit damit nicht bereits das vollständige Werk wiedergegeben wird.

d) Spieldauerüberschreitung

Wird die zulässige Gesamtspieldauer um mehr als 60 Sekunden überschritten, erhöht sich
die zu entrichtende Vergütung im gleichen Verhältnis.

e) Anteilige Vergütung

Wenn gleichzeitig Werke des Repertoires der GEMA und Werke, die nicht zu ihrem
Repertoire gehören, wiedergegeben werden, erhält die GEMA eine anteilige Vergütung
entsprechend der Spieldauer jedes Werkes ihres Repertoires im Verhältnis zur
Gesamtspieldauer.

Der somit auf ein Werk oder ein Werkteil des Repertoires der GEMA entfallende Vergütungsanteil kann niemals unter dem Anteil liegen, der sich unter Berücksichtigung der Anzahl der in Abschnitt I. Ziff. 1. lit. b) und c) sowie Abschnitt II. Ziff. 1. lit. a) dieser Vergütungssätze angegebenen Werke oder Werkteile ergibt.

Veröffentlicht im Bundesanzeiger   6
Nr. 20 vom 29.1.2000, S. 1416,
Nr. 241 vom 21.12.2005, S. 16877,
Nr. 241 vom 22.12.2006, S. 7361

9.1.5.3 Vergütungssätze VR-T-H 1 – Seite 7

2. Rechtzeitiger Erwerb der Vervielfältigungs- und Verbreitungsbefugnis und Umfang der Befugnis

Die Vergütungssätze haben nur Gültigkeit, wenn die Vervielfältigungs- und Verbreitungsbefugnis rechtzeitig vorher von der GEMA erworben wird. Die Befugnis umfasst nur die der GEMA zustehenden Rechte für die Vervielfältigung und Verbreitung zum persönlichen Gebrauch über den Tonträger-Fachhandel.

Das Urheberpersönlichkeitsrecht darf nicht verletzt werden.

Die Einwilligungen der Rechteinhaber sind einzuholen, soweit mit der tariflich geregelten Nutzung Werbung mittelbar oder unmittelbar verbunden ist.

3. Den Mitgliedern von Organisationen, mit denen die GEMA einen Gesamtvertrag für den Tarif VR-T-H 1 geschlossen hat, wird bei Abschluss des Einzelvertrages ein Gesamtvertragsnachlass auf die jeweiligen Vergütungssätze eingeräumt.

<u>Der Vorstand</u>

Veröffentlicht im Bundesanzeiger
Nr. 20 vom 29.1.2000, S. 1416,
Nr. 241 vom 21.12.2005, S. 16877,
Nr. 241 vom 22.12.2006, S. 7361

7

223

9.1.5.4 Vergütungssätze S-VR/THf-Pr

GEMA   1.1.1984
Gesellschaft für musikalische   (2)
Aufführungs- und mechanische
Vervielfältigungsrechte

Vergütungssätze S-VR/THf-Pr

für die Nutzung von Werken des GEMA-Repertoires
durch private Veranstalter von
Hörrundfunk/Terrestrisch
- regional -

- Nettobeträge zuzüglich z. Zt. 7% Umsatzsteuer -

I. Vergütung

1. Mindestbetrag

Je Gerät und Monat

im Bereich	0 -	50.000 Geräte:	**€ 0,01023**
im Bereich	50.001 -	500.000 Geräte:	**€ 0,00511**
über	500.000	Geräte:	**€ 0,00153**

1.1 Sendezeit
Beträgt die Sendezeit weniger als 24 Stunden täglich (Vollprogramm), so ermäßigt sich die Vergütung nach Ziff. 1 im Verhältnis entsprechend.
Die Sendezeiten werden jeweils auf volle Stunden aufgerundet.

1.2 Musikanteil
Enthält das Programm nur bis zu 80, 60, 40, 20 oder 5 Prozent Musikanteil, so ermäßigt sich die Vergütung entsprechend stufenweise.

2. Werbeeinnahmen

Sofern der Prozentsatz von 6,2 % der Werbeeinnahmen des Veranstalters einen höheren Betrag als die nach Ziff. 1 errechnete Vergütung ergibt, ist dieser Prozentsatz als Vergütung zu entrichten. Ziff. 1.1 und 1.2 finden keine Anwendung.

- 2 -

9.1.5.4 Vergütungssätze S-VR/THf-Pr – Seite 2

- 2 -

II. Allgemeine Bestimmungen

1. Der Vergütungssatz S-VR/THf-Pr findet unter der Voraussetzung Anwendung, dass die Einwilligung der GEMA vor Beginn der Nutzung durch Abschluss eines entsprechenden Pauschalvertrages erworben wird. Die Einwilligung umfasst die Berechtigung, Werke des GEMA-Repertoires im Rahmen des eigenen Sendebetriebes des privatwirtschaftlichen Hörrundfunkunternehmens auf Wiedergabevorrichtungen aufzunehmen und drahtlos terrestrisch zu senden.

2. Wiedergabevorrichtungen Dritter dürfen im Rahmen des Sendebetriebes nur verwendet werden, wenn die Rechte zur Herstellung dieser Wiedergabevorrichtungen durch die Dritten ordnungsgemäß von den Berechtigten erworben worden sind. Die Einwilligung zur Benutzung eines Werkes zur Herstellung von Werbespots ist in jedem Falle gesondert vom Berechtigten einzuholen.

3. Die von der GEMA erteilte Einwilligung umfasst nur die ihr zustehenden Rechte. Sie berechtigt nicht zur sonstigen Nutzung der durch Rundfunk gesendeten Werke. Rechte Dritter bleiben unberührt.

4. Dieser Tarif findet keine Anwendung bei Programmen, die auf zeitgleiche, bundesweite Sendung ausgerichtet sind (überregionale Sendungen).

5. Die nach Ziff. I, 1 maßgebliche Gerätezahl ist die nach den Angaben des Statistischen Bundesamts im Sendebereich vorhandene Gesamtzahl von Hörrundfunkempfangsgeräten.

6. Die tägliche Sendezeit und der durchschnittliche Musikanteil werden zu Beginn der Sendetätigkeit festgelegt.
   Änderungen, die zu einer Neueinstufung des Senders nach Ziff. I, 1 führen, werden ab dem auf ihr Bekanntwerden folgenden Monat berücksichtigt.

7. Werbeeinnahmen nach Ziff. I, 2 sind die aus Werbung und Anzeigen im Programm oder aus Sponsorschaft am Programm erzielten Einnahmen.
   Den Werbeeinnahmen stehen ähnliche wirtschaftliche Vorteile in Höhe des ihnen entsprechenden Wertes gleich.

9.1.5.5 Vergütungssätze S-VR/IntR

Vergütungssätze S-VR/IntR

für die Nutzung von Werken des GEMA-Repertoires durch Veranstalter von **Internetradio**
- Nettobeträge zuzüglich z. Zt. 7% Umsatzsteuer -

I.Vergütung

1. Mindestvergütung

1.1 Vergütungsbeträge
Die monatliche Mindestvergütung richtet sich nach der gleichzeitigen technischen
Empfangsmöglichkeit im Internet.
Die Mindestvergütung beträgt bei

bis zu	25	gleichzeitigen Empfängern € **25,-**
bis zu	50	gleichzeitigen Empfängern € **50,-**
bis zu	100	gleichzeitigen Empfängern € **100,-**
bis zu	250	gleichzeitigen Empfängern € **200,-**
bis zu	500	gleichzeitigen Empfängern € **400,-**
bis zu	1000	gleichzeitigen Empfängern € **800,-**
bis zu	10.000	gleichzeitigen Empfängern € **1600,-**
über	10.000	gleichzeitigen Empfängern € **3000,-**

1.2 Sendezeit
Beträgt die Sendezeit weniger als sieben Tage in der Woche und/oder beträgt sie weniger
als 24 Stunden täglich, so ermäßigt sich die Vergütung nach Ziff. 1.1 im Verhältnis
entsprechend.
Die Sendezeiten werden jeweils auf volle Stunden aufgerundet.

1.3 Musikanteil
Enthält das Programm nur bis zu 80, 60, 40, 20 oder 5 Prozent Musikanteil, so ermäßigt
sich die Vergütung entsprechend stufenweise.

1.4 Mehrkanalradio
Für den zweiten bis zehnten Radiokanal erhöht sich die Vergütung um jeweils fünfzehn
Prozent, für den elften bis fünfundzwanzigsten Radiokanal um jeweils zehn Prozent. Ab
dem sechsundzwanzigsten Radiokanal erhöht sich die Vergütung jeweils um ein weiteres
Prozent.

1.5 Mindestbetrag
Als Mindestbetrag sind monatlich € 25,-- zu zahlen.

2. Regelvergütung

Sofern der Prozentsatz von 10 % der Einnahmen des Veranstalters einen höheren Betrag
als die nach Ziff. I. 1 errechnete Vergütung ergibt, ist dieser Tarifsatz als Vergütung zu
entrichten.
Bei Mehrkanalradio mit fünfundzwanzig oder mehr Kanälen beträgt der Tarifsatz 12 %
der Einnahmen.

II. Allgemeine Bestimmungen

1. Der Vergütungssatz S-VR/IntR findet Anwendung auf Musikübertragungen im Internet, die vom Sender für den Empfänger in Form eines Programmes zusammengestellt werden. Ausgenommen sind Musikübertragungen, die im Ganzen oder in Teilen zum Download angeboten werden. Ausgenommen sind weiterhin die zeitgleiche, unveränderte Übertragung terrestrisch verbreiteter Hörfunkprogramme (Simulcasting), sowie die Übertragung einzelner Veranstaltungen.

2. Der Vergütungssatz S-VR/IntR findet unter der Voraussetzung Anwendung, dass die Einwilligung der GEMA vor Beginn der Nutzung durch Abschluss eines entsprechenden Pauschalvertrages erworben wird. Die Einwilligung umfasst die Berechtigung, Werke des GEMA-Repertoires im Rahmen der eigenen Veranstaltung auf Wiedergabevorrichtungen aufzunehmen und über das Internet an die Empfänger zu übertragen.

3. Wiedergabevorrichtungen Dritter dürfen im Rahmen der Internet-Übertragung nur verwendet werden, wenn die Rechte zur Aufnahme der Werke auf die Wiedergabevorrichtung durch die Dritten ordnungsgemäß von den Berechtigten erworben worden sind.

4. Die von der GEMA erteilte Einwilligung umfasst nur die ihr zustehenden Rechte. Sie berechtigt nicht zur sonstigen Nutzung der durch Internetradio übertragenen Werke. Rechte Dritter bleiben unberührt. Die Einwilligung zur Benutzung eines Werkes zur Herstellung von Werbespots ist in jedem Falle gesondert vom Berechtigten einzuholen.

5. Die gleichzeitige technische Empfangbarkeit, der Musikanteil und die tägliche Sendezeit werden für die Berechnung der Mindestvergütung zu Beginn der Übertragungstätigkeit festgelegt.
Änderungen, die zu einer Neueinstufung des Senders nach Ziff. I. 1 führen, werden ab dem auf ihr Bekanntwerden folgenden Monat berücksichtigt.

6. Einnahmen nach Ziff. I. 2 sind insbesondere die aus Audio-Werbung, Bannerwerbung, Abonnements, Sponsoring oder Bartering erzielten Einnahmen. Diesen Einnahmen stehen ähnliche wirtschaftliche Vorteile in Höhe des ihnen entsprechenden Wertes gleich.

9.1.5.6 Vergütungssätze VR-OD 1

GEMA

Gesellschaft für musikalische
Aufführungs- und mechanische
Vervielfältigungsrechte
Berlin

Vergütungssätze VR-OD 1

**für die Nutzung von Werken des GEMA-Repertoires
in Form von Ruftonmelodien Music-on-Demand
mit Download beim Endnutzer
zum privaten Gebrauch**

Nettobeträge zuzüglich z. Zt. 7 % Umsatzsteuer

I.   Anwendungsbereich

Die Vergütungssätze gelten ausschließlich für Music-on-Demand Audio-Angebote mit
Download im Internet oder ähnlichen Datennetzen, welche die Speicherung von Werken
(Upload) sowie deren Übermittlung (Streaming) und die Speicherung der Werke auf das
Mobiltelefon beim Endnutzer (Download) in Form von Ruftonmelodien zum
Gegenstand haben.

Die Übermittlung und die Speicherung beim Endnutzer erfolgt aufgrund der Auswahl
eines oder mehrerer Werke oder der Auswahl einer vorgegebenen Zusammenstellung
von Werken durch den Endnutzer zum privaten Gebrauch.

Endnutzer ist diejenige Person, welche das Music-on-Demand Angebot mit Download
für Ruftonmelodien für Mobiltelefone zum privaten Gebrauch wahrnimmt.

II.   Vergütung

1.   Die Vergütung beträgt vorbehaltlich nachstehender Absätze 11 % der
Vergütungsgrundlage (ausschließlich der geltenden gesetzlichen Mehrwertsteuer),
mindestens jedoch EUR 0,092 für jedes abgerufene Werk mit einer Spieldauer von
bis zu 1 Minute und 45 Sekunden.

2.   Gibt es im Rahmen des Music-on-Demand Angebots mit Download für
Ruftonmelodien für Mobiltelefone keine Marktpreise gemäß Abschnitt II Ziff. 4,

Veröffentlicht im Bundesanzeiger
Nr. 106 vom 09.06.2001, Seite 11472,
Nr. 235 vom 15.12.2001, Seite 25031,
Nr. 242 vom 31.12.2002, Seite 26698,
Nr. 220 vom 25.11.2003, Seite 24 657,
Nr. 150 vom 12.08.2004, Seite 17984,
Nr. 248 vom 30.12.2004, Seite 24720,
Nr. 241 vom 21.12.2005, Seite 16877,
Nr. 241 vom 22.12.2006, Seite 7361,
Nr. 75 vom 20.04.2007, Seite 4142

Seite 1 von 4

9.1.5.6 Vergütungssätze VR-OD 1 – Seite 2

beträgt die Vergütung EUR 0,138 pro abgerufenes Werk mit einer Spieldauer von bis zu 1 Minute und 45 Sekunden.

3. Ist die Spieldauer des Werkes länger als 1 Minute und 45 Sekunden, werden für jeweils weitere bis zu 1 Minute und 45 Sekunden die Vergütungsbeträge je Werk gemäß Abschnitt II Ziffer 1 und 2 in voller Höhe zusätzlich berechnet.

4. Als Vergütungsgrundlage gilt der Preis, den der Endnutzer für die Leistungen des Music-on-Demand Angebots mit Download für Ruftonmelodien bezahlt. Werden Leistungen des Music-on-Demand Dienstes für Ruftonmelodien oder Bestandteile dieser Leistungen durch andere Beiträge, z.B. Übermittlungsentgelte, Abonnementgebühren, Werbung, Sponsoring, Provisionen oder Kompensationsgeschäfte, finanziert oder getrennt berechnet, so sind diese Beträge Bestandteil der Vergütungsgrundlage gemäß Abschnitt II Ziffer 1. Soweit Abschnitt II Ziffer 4 Satz 2 einschlägig ist, muss zeitlich vor Beginn der Nutzung der Werke aus dem GEMA-Repertoire mit der GEMA eine Vereinbarung über die Vergütungsgrundlage getroffen werden.

III. Allgemeine Bestimmungen

1. Umfang der Einwilligung

(1) Die Einwilligung für das Music-on-Demand Angebot mit Download für Ruftonmelodien umfasst nur die folgenden Rechte der GEMA:

- Das Recht, Werke des GEMA-Repertoires aufzunehmen und für die Nutzung technisch aufzubereiten.

- Das Recht, Werke des GEMA-Repertoires in Datenbanken, Dokumentationssystemen oder in Speichern ähnlicher Art (z.B. Serverrechner) einzubringen (Upload).

- Das Recht, Werke des GEMA-Repertoires die in Datenbanken, Dokumentationssystemen oder in Speichern ähnlicher Art (z.B. Serverrechner) eingebracht sind, elektronisch oder in ähnlicher Weise zu übermitteln („Right of Communication to the Public and Making Available").

- Das Recht zur Speicherung des Werkes auf einen Datenträger beim Endnutzer zum privaten Gebrauch (Download).

Veröffentlicht im Bundesanzeiger
Nr. 106 vom 09.06.2001, Seite 11472,
Nr. 235 vom 15.12.2001, Seite 25031,
Nr. 242 vom 31.12.2002, Seite 26698,
Nr. 220 vom 25.11.2003, Seite 24 657,
Nr. 150 vom 12.08.2004, Seite 17984,
Nr. 248 vom 30.12.2004, Seite 24720,
Nr. 241 vom 21.12.2005, Seite 16877,
Nr. 241 vom 22.12.2006, Seite 7361,
Nr. 75 vom 20.04.2007, Seite 4142

Seite 2 von 4

9.1.5.6 Vergütungssätze VR-OD 1 – Seite 3

(2) Die Einwilligung erstreckt sich nicht auf andere Rechte, insbesondere nicht auf das Recht zur Verbindung von Werken des GEMA-Repertoires mit Werken anderer Gattungen, nicht auf das Angebot von dramatisch-musikalischen Werken, weder vollständig, noch als Querschnitt, noch in größeren Teilen (sog. „Große Rechte"), sowie nicht auf graphische Rechte oder Rechten am Notenbild oder Textbild.

(3) Die Einwilligungen der Rechteinhaber sind einzuholen, soweit mit der tariflich geregelten Nutzung Werbung mittelbar oder unmittelbar verbunden ist.

(4) Das Urheberpersönlichkeitsrecht darf nicht verletzt werden. Änderungen an einem Werk, um dieses als Ruftonmelodie zu verwenden, insbesondere die Kürzung des Werkes, müssen den möglichen Anforderungen der §§ 14 und 39 Urheberrechtsgesetz genügen.

2. Rechtzeitiger Erwerb der Einwilligung

Die Rechte gelten nur als eingeräumt, wenn die Einwilligung der GEMA vor der Einbringung von Werken des GEMA-Repertoires in Datenbanken, Dokumentationssystemen oder in Speichern ähnlicher Art (Upload) für die Rechte gemäß Abschnitt III Ziffer 1 Absatz (1) eingeholt wurde.

3. Abgrenzung

Soweit das Music-on-Demand Angebot mit Download für Ruftonmelodien auch andere als mit diesen Vergütungssätzen geregelten Nutzungen umfasst und/oder Rechte berührt, sind die betreffenden Rechte gesondert nach den einschlägigen Vergütungssätzen zu erwerben.

Falls das Music-on-Demand Audio-Angebot mit Download für Ruftonmelodien noch andere Angebote aufweist, können für das Gesamtangebot angemessene Vergütungen festgesetzt werden, auch wenn für dieses Gesamtangebot unmittelbar keine einschlägigen Vergütungssätze Anwendung finden.

4. Anpassung der Vergütungshöhe

Bei nachweislichen Zahlungen an den/die Berechtigten für das Bearbeitungsrecht erfolgt ein Abzug von den Vergütungen gemäß Abschnitt II in Höhe von bis zu 5 % (Beispiel: 11 % Vergütung abzüglich 5 % ergibt eine Vergütung von 10,45 %).

Veröffentlicht im Bundesanzeiger
Nr. 106 vom 09.06.2001, Seite 11472,
Nr. 235 vom 15.12.2001, Seite 25031,
Nr. 242 vom 31.12.2002, Seite 26698,
Nr. 220 vom 25.11.2003, Seite 24 657,
Nr. 150 vom 12.08.2004, Seite 17984,
Nr. 248 vom 30.12.2004, Seite 24720 ,
Nr. 241 vom 21.12.2005, Seite 16877,
Nr. 241 vom 22.12.2006, Seite 7361,
Nr. 75 vom 20.04.2007, Seite 4142

Seite 3 von 4

9.1.5.6 Vergütungssätze VR-OD 1 – Seite 4

5. Rechte Dritter

Rechte Dritter, beispielsweise bei reversgebundenen Werken, bleiben unberührt.

5. Räumliche Geltung

Diese Vergütungssätze gelten für die Speicherung der Werke in Form von Ruftonmelodien beim Endnutzer (Download), die im Zusammenhang mit deutschen Mobilfunknetzen stehen.

6. Den Mitgliedern von Organisationen, mit denen die GEMA einen Gesamtvertrag für die Vergütungssätze VR-OD 1 geschlossen hat, wird bei Abschluss des Einzelvertrages ein Gesamtvertragsnachlass auf die jeweiligen Vergütungssätze eingeräumt. Eine Bedingung für den Abschluss eines Gesamtvertrages ist die Vereinbarung elektronischer Nutzungsmeldungen sowie der Schutz der Werke gegen unrechtmäßige Nutzungen, entsprechend der verfügbaren technischen Standards.

7. Zeitliche Geltung

Die Vergütungssätze treten mit Ablauf des 30. Juni 2007 außer Kraft.

<u>Der Vorstand</u>

Veröffentlicht im Bundesanzeiger
Nr. 106 vom 09.06.2001, Seite 11472,
Nr. 235 vom 15.12.2001, Seite 25031,
Nr. 242 vom 31.12.2002, Seite 26698,
Nr. 220 vom 25.11.2003, Seite 24 657,
Nr. 150 vom 12.08.2004, Seite 17984,
Nr. 248 vom 30.12.2004, Seite 24720,
Nr. 241 vom 21.12.2005, Seite 16877,
Nr. 241 vom 22.12.2006, Seite 7361,
Nr. 75 vom 20.04.2007, Seite 4142

Seite 4 von 4

9.1.5.7 Vergütungssätze VR-OD 2

GEMA

Gesellschaft für musikalische
Aufführungs- und mechanische
Vervielfältigungsrechte
Berlin

Vergütungssätze VR-OD 2

**für die Nutzung von Werken des GEMA-Repertoires
Music-on-Demand mit Download beim Endnutzer
zum privaten Gebrauch (ausgenommen Ruftonmelodien)**

Nettobeträge zuzüglich z. Zt. 7 % Umsatzsteuer

I. Anwendungsbereich

Die Vergütungssätze gelten ausschließlich für Music-on-Demand Audio-Angebote mit Download im Internet oder ähnlichen Datennetzen, welche die Speicherung von Werken (Upload) sowie deren Übermittlung (Streaming) und die Speicherung der Werke beim Endnutzer (Download) zum Gegenstand haben, ausgenommen Ruftonmelodien.

Die Übermittlung und die Speicherung beim Endnutzer erfolgt aufgrund der Auswahl eines oder mehrerer Werke oder der Auswahl einer vorgegebenen Zusammenstellung von Werken durch den Endnutzer zum privaten Gebrauch.

Endnutzer ist diejenige Person, welche das Music-on-Demand Angebot mit Download zum privaten Gebrauch wahrnimmt.

II. Vergütung

1. Die Vergütung beträgt vorbehaltlich nachstehender Absätze

10   % gültig bis   31.12.2005,
12.5   % gültig vom   01.01.2006 bis zum 31.12.2006,
15   % gültig ab   01.01.2007

der Vergütungsgrundlage (ausschließlich der geltenden gesetzlichen Mehrwertsteuer) gemäß Abschnitt II., Ziff. 3., mindestens jedoch

€ 0,125   gültig bis   31.12.2005,
€ 0,15   gültig vom   01.01.2006 bis zum 31.12.2006,
€ 0,175   gültig ab   01.01.2007

für jedes abgerufene Werk mit einer Spieldauer von bis zu fünf Minuten.

Veröffentlicht im Bundesanzeiger
Nr. 198 vom 23.10.2002, Seite 23-956,
Nr. 220 vom 25.11.2003, Seite 24 657,
Nr. 150 vom 12.08.2004, Seite 17984,
Nr. 248 vom 30.12.2004, Seite 24721,
Nr. 241 vom 21.12.2005, Seite 16878,
Nr. 241 vom 22.12.2006, Seite 7361

Seite 1 von 4

9.1.5.7 Vergütungssätze VR-OD 2 – Seite 2

Ist die Spieldauer des Werkes länger als fünf Minuten, werden für jeweils jede weitere Minute eine Vergütung je Werk von einem Fünftel der Mindestvergütung gemäß vorstehendem Absatz zusätzlich berechnet.

2. Gibt es im Rahmen des Music-on-Demand Angebots mit Download keine Marktpreise gemäß Abschnitt II, Ziff. 3., beträgt die Vergütung

€ 0,1875   gültig bis   31.12.2005,
€ 0,225   gültig vom 01.01.2006 bis zum 31.12.2006,
€ 0,2625   gültig ab   01.01.2007

pro abgerufenes Werk mit einer Spieldauer von bis zu fünf Minuten.

Ist die Spieldauer des Werkes länger als fünf Minuten, werden für jeweils jede weitere Minute eine Vergütung je Werk von einem Fünftel der Mindestvergütung gemäß vorstehendem Absatz zusätzlich berechnet.

3. Als Vergütungsgrundlage gilt der Preis, den der Endnutzer für die Leistungen des Music-on-Demand Angebots mit Download bezahlt. Werden Leistungen des Music-on-Demand Dienstes oder Bestandteile dieser Leistungen durch andere Beiträge, z.B. Übermittlungsentgelte, Abonnementgebühren, Werbung, Sponsoring, Provisionen oder Kompensationsgeschäfte, finanziert oder getrennt berechnet, so sind diese Beträge Bestandteil der Vergütungsgrundlage. Soweit Abschnitt II. Ziffer 3., Satz 2 einschlägig ist, muss zeitlich vor Beginn der Nutzung der Werke aus dem GEMA-Repertoire mit der GEMA eine Vereinbarung über die Vergütungsgrundlage getroffen werden.

III. Allgemeine Bestimmungen

1. Umfang der Einwilligung

(1)   Die Einwilligung für das Music-on-Demand Angebot mit Download umfasst nur die folgenden Rechte der GEMA:

-   Das Recht, Werke des GEMA-Repertoires aufzunehmen und für die Nutzung technisch aufzubereiten.

-   Das Recht, Werke des GEMA-Repertoires in Datenbanken, Dokumentationssystemen oder in Speichern ähnlicher Art (z.B. Serverrechner) einzubringen (Upload).

-   Das Recht, Werke des GEMA-Repertoires die in Datenbanken, Dokumentationssystemen oder in Speichern ähnlicher Art (z.B. Serverrechner) eingebracht sind, elektronisch oder in ähnlicher Weise zu übermitteln („Right of Communication to the Public and Making Available").

Veröffentlicht im Bundesanzeiger
Nr. 198 vom 23.10.2002, Seite 23-956,
Nr. 220 vom 25.11.2003, Seite 24 657,
Nr. 150 vom 12.08.2004, Seite 17984,
Nr. 248 vom 30.12.2004, Seite 24721,
Nr. 241 vom 21.12.2005, Seite 16878,
Nr. 241 vom 22.12.2006, Seite 7361

9.1.5.7 Vergütungssätze VR-OD 2 – Seite 3

- Das Recht zur Speicherung des Werkes auf einen Datenträger beim Endnutzer zum privaten Gebrauch (Download).

(2) Die Einwilligung erstreckt sich nicht auf andere Rechte, insbesondere nicht auf das Recht zur Verbindung von Werken des GEMA-Repertoires mit Werken anderer Gattungen, nicht auf das Angebot von dramatisch-musikalischen Werken, weder vollständig, noch als Querschnitt, noch in größeren Teilen (sog. „Große Rechte"), sowie nicht auf graphische Rechte oder Rechten am Notenbild oder Textbild.

(3) Die Einwilligungen der Rechteinhaber sind einzuholen, soweit mit der tariflich geregelten Nutzung Werbung mittelbar oder unmittelbar verbunden ist.

(4) Das Urheberpersönlichkeitsrecht darf nicht verletzt werden. Änderungen an einem Werk, um dieses im Music-on-Demand Angebot mit Download zu verwenden, insbesondere die Kürzung des Werkes, müssen den möglichen Anforderungen der §§ 14 und 39 Urheberrechtsgesetz genügen.

2. Rechtzeitiger Erwerb der Einwilligung

Die Rechte gelten nur als eingeräumt, wenn die Einwilligung der GEMA vor der Einbringung von Werken des GEMA-Repertoires in Datenbanken, Dokumentationssystemen oder in Speichern ähnlicher Art (Upload) für die Rechte gemäß Abschnitt III. Ziffer 1. Absatz (1) eingeholt wurde.

3. Abgrenzung

Die Vergütungssätze finden keine Anwendung für die Nutzung von Werken des GEMA-Repertoires in Form vom Ruftonmelodien Music-on-Demand mit Download beim Endnutzer zum privaten Gebrauch.

Soweit das Music-on-Demand Angebot mit Download auch andere als die mit diesen Vergütungssätzen geregelten Nutzungen umfasst und/oder Rechte berührt, sind die betreffenden Rechte gesondert nach den einschlägigen Vergütungssätzen zu erwerben.

Falls das Music-on-Demand Audio-Angebot mit Download noch andere Angebote aufweist, können für das Gesamtangebot angemessene Vergütungen festgesetzt werden, auch wenn für dieses Gesamtangebot unmittelbar keine einschlägigen Vergütungssätze Anwendung finden.

4. Rechte Dritter

Rechte Dritter, beispielsweise bei reversgebundenen Werken, bleiben unberührt.

Veröffentlicht im Bundesanzeiger
Nr. 198 vom 23.10.2002, Seite 23-956,
Nr. 220 vom 25.11.2003, Seite 24 657,
Nr. 150 vom 12.08.2004, Seite 17984,
Nr. 248 vom 30.12.2004, Seite 24721,
Nr. 241 vom 21.12.2005, Seite 16878,
Nr. 241 vom 22.12.2006, Seite 7361

Seite 3 von 4

9.1.5.7 Vergütungssätze VR-OD 2 – Seite 4

5. Räumliche Geltung

Diese Vergütungssätze gelten für die Speicherung der Werke beim Endnutzer (Download), die innerhalb Deutschlands erfolgen.

6. Gesamtvertrag

Den Mitgliedern von Organisationen, mit denen die GEMA einen Gesamtvertrag für die Vergütungssätze VR-OD 2 geschlossen hat, wird bei Abschluss des Einzelvertrages ein Gesamtvertragsnachlass auf die jeweiligen Vergütungssätze eingeräumt. Eine Bedingung für den Abschluss eines Gesamtvertrages ist die Vereinbarung elektronischer Nutzungsmeldungen sowie der Schutz der Werke gegen unrechtmäßige Nutzungen, entsprechend der verfügbaren technischen Standards.

7. Zeitliche Geltung

Die Vergütungssätze treten mit Ablauf des 31. Dezember 2007 außer Kraft.

<u>Der Vorstand</u>

Veröffentlicht im Bundesanzeiger
Nr. 198 vom 23.10.2002, Seite 23-956,
Nr. 220 vom 25.11.2003, Seite 24 657,
Nr. 150 vom 12.08.2004, Seite 17984,
Nr. 248 vom 30.12.2004, Seite 24721.
Nr. 241 vom 21.12.2005, Seite 16878.
Nr. 241 vom 22.12.2006, Seite 7361

Seite 4 von 4

235

9.1.5.8 Vergütungssätze VR-OD 3

GEMA

Gesellschaft für musikalische
Aufführungs- und mechanische
Vervielfältigungsrechte
Berlin

Vergütungssätze VR-OD 3

**für die Nutzung von Werken des GEMA-Repertoires
Music-on-Demand ohne Download beim Endnutzer
zum privaten Gebrauch**

Nettobeträge zuzüglich z. Zt. 7 % Umsatzsteuer

I.   Anwendungsbereich

Die Vergütungssätze gelten ausschließlich für Music-on-Demand Audio-Angebote ohne Download im Internet oder ähnlichen Datennetzen, welche die Speicherung von Werken (Upload) sowie deren Übermittlung an den Endnutzer (Streaming) zum Gegenstand haben.

Die Übermittlung erfolgt aufgrund der Auswahl eines oder mehrerer Werke oder der Auswahl einer vorgegebenen Zusammenstellung von Werken durch den Endnutzer zum privaten Gebrauch.

Endnutzer ist diejenige Person, welche das Music-on-Demand Angebot ohne Download zum privaten Gebrauch wahrnimmt.

II.   Vergütung

1. Die Vergütung beträgt vorbehaltlich nachstehender Absätze

    10 % gültig bis 31.12.2005,
    12,5 % gültig vom 01.01.2006 bis zum 31.12.2006,
    15 % gültig ab 01.01.2007

der Vergütungsgrundlage (ausschließlich der geltenden gesetzlichen Mehrwertsteuer) gemäß Abschnitt II. Ziff. 3., mindestens jedoch

    € 0,10   gültig bis   31.12.2005,
    € 0,1125 gültig vom 01.01.2006 bis zum 31.12.2006,
    € 0,125 gültig ab   01.01.2007

für jedes abgerufene Werk mit einer Spieldauer von bis zu fünf Minuten.

Veröffentlicht im Bundesanzeiger
Nr. 198 vom 23.10.2002, Seite 23-956,
Nr. 220 vom 25.11.2003, Seite 24 657,
Nr. 150 vom 12.08.2004, Seite 17985,
Nr. 248 vom 30.12.2004, Seite 24721,
Nr. 241 vom 21.12.2005, Seite 16878,
Nr. 241 vom 22.12.2006, Seite 7361

Seite 1 von 4

9.1.5.8 Vergütungssätze VR-OD 3 – Seite 2

Ist die Spieldauer des Werkes länger als fünf Minuten, wird für jeweils jede weitere Minute eine Vergütung je Werk von einem Fünftel der Mindestvergütung gemäß vorstehendem Absatz zusätzlich berechnet.

2. Gibt es im Rahmen des Music-on-Demand Angebots ohne Download keine Marktpreise gemäß Abschnitt II, Ziff. 3., beträgt die Vergütung

€ 0,15	gültig bis	31.12.2005,
€ 0,1688	gültig vom	01.01.2006 bis zum 31.12.2006,
€ 0,1875	gültig ab	01.01.2007

pro abgerufenes Werk mit einer Spieldauer von bis zu fünf Minuten.

Ist die Spieldauer des Werkes länger als fünf Minuten, wird für jeweils jede weitere Minute eine Vergütung je Werk von einem Fünftel der Mindestvergütung gemäß vorstehendem Absatz berechnet.

3. Als Vergütungsgrundlage gilt der Preis, den der Endnutzer für die Leistungen des Music-on-Demand Angebots ohne Download bezahlt. Werden Leistungen des Music-on-Demand Dienstes oder Bestandteile dieser Leistungen durch andere Beiträge, z.B. Übermittlungsentgelte, Abonnementgebühren, Werbung, Sponsoring, Provisionen oder Kompensationsgeschäfte, finanziert oder getrennt berechnet, so sind diese Beträge Bestandteil der Vergütungsgrundlage gemäß Abschnitt II. Ziffer 1. Soweit Abschnitt II. Ziffer 3., Satz 2 einschlägig ist, muss zeitlich vor Beginn der Nutzung der Werke aus dem GEMA-Repertoire mit der GEMA eine Vereinbarung über die Vergütungsgrundlage getroffen werden.

III. Allgemeine Bestimmungen

1. Umfang der Einwilligung

   (1) Die Einwilligung für das Music-on-Demand Angebot ohne Download umfasst nur die folgenden Rechte der GEMA:

   - Das Recht, Werke des GEMA-Repertoires auf einen Datenträger aufzunehmen und für die Nutzung technisch aufzubereiten

   - Das Recht, Werke des GEMA-Repertoires in Datenbanken, Dokumentationssystemen oder in Speichern ähnlicher Art (z.B. Serverrechner) einzubringen (Upload).

   - Das Recht, Werke des GEMA-Repertoires die in Datenbanken, Dokumentationssystemen oder in Speichern ähnlicher Art (z.B. Serverrechner) eingebracht sind, zum privaten Gebrauch, elektronisch oder

Veröffentlicht im Bundesanzeiger
Nr. 198 vom 23.10.2002, Seite 23-956,
Nr. 220 vom 25.11.2003, Seite 24 657,
Nr. 150 vom 12.08.2004, Seite 17985,
Nr. 248 vom 30.12.2004, Seite 24721,
Nr. 241 vom 21.12.2005, Seite 16878,
Nr. 241 vom 22.12.2006, Seite 7361

Seite 2 von 4

in ähnlicher Weise zu übermitteln („Right of Communication to the Public and Making Available").

(2) Die Einwilligung erstreckt sich nicht auf andere Rechte, insbesondere nicht auf das Recht zur Verbindung von Werken des GEMA-Repertoires mit Werken anderer Gattungen, nicht auf das Angebot von dramatisch-musikalischen Werken, weder vollständig, noch als Querschnitt, noch in größeren Teilen (sog. „Große Rechte"), sowie nicht auf graphische Rechte oder Rechten am Notenbild oder Textbild.

(3) Die Einwilligungen der Rechteinhaber sind einzuholen, soweit mit der tariflich geregelten Nutzung Werbung mittelbar oder unmittelbar verbunden ist.

(4) Das Urheberpersönlichkeitsrecht darf nicht verletzt werden. Änderungen an einem Werk, um dieses im Music-on-Demand Angebot ohne Download zu verwenden, insbesondere die Kürzung des Werkes, müssen den möglichen Anforderungen der §§ 14 und 39 Urheberrechtsgesetz genügen.

2. Rechtzeitiger Erwerb der Einwilligung

Die Rechte gelten nur als eingeräumt, wenn die Einwilligung der GEMA vor der Einbringung von Werken des GEMA-Repertoires in Datenbanken, Dokumentationssystemen oder in Speichern ähnlicher Art (Upload) für die Rechte gemäß Abschnitt III. Ziffer 1. Absatz (1) eingeholt wurde.

3. Abgrenzung

Soweit das Music-on-Demand Angebot ohne Download auch andere als die mit diesen Vergütungssätzen geregelten Nutzungen umfasst und/oder Rechte berührt, sind die betreffenden Rechte gesondert nach den einschlägigen Tarifen zu erwerben.

Falls das Music-on-Demand Audio-Angebot ohne Download noch andere Angebote aufweist, können für das Gesamtangebot angemessene Vergütungen festgesetzt werden, auch wenn für dieses Gesamtangebot unmittelbar keine einschlägigen Vergütungssätze Anwendung finden.

4. Rechte Dritter

Rechte Dritter, beispielsweise bei reversgebundenen Werken, bleiben unberührt.

5. Räumliche Geltung

Veröffentlicht im Bundesanzeiger
Nr. 198 vom 23.10.2002, Seite 23-956,
Nr. 220 vom 25.11.2003, Seite 24 657,
Nr. 150 vom 12.08.2004, Seite 17985,
Nr. 248 vom 30.12.2004, Seite 24721,
Nr. 241 vom 21.12.2005, Seite 16878,
Nr. 241 vom 22.12.2006, Seite 7361

9.1.5.8 Vergütungssätze VR-OD 3 – Seite 4

Dieser Tarif gilt für die Übermittlungen der Werke an den Endnutzer ohne Download in Deutschland.

6. Gesamtvertrag

    Den Mitgliedern von Organisationen, mit denen die GEMA einen Gesamtvertrag für die Vergütungssätze VR-OD 3 geschlossen hat, wird bei Abschluss eines Einzelvertrages ein Gesamtvertragsnachlass auf die jeweiligen Vergütungssätze eingeräumt. Eine Bedingung für den Abschluss eines Gesamtvertrages ist die Vereinbarung elektronischer Nutzungsmeldungen sowie der Schutz der Werke gegen unrechtmäßige Nutzungen, entsprechend der verfügbaren technischen Standards.

7. Zeitliche Geltung

    Die Vergütungssätze treten mit Ablauf des 31. Dezember 2007 außer Kraft.

Der Vorstand

Veröffentlicht im Bundesanzeiger
Nr. 198 vom 23.10.2002, Seite 23-956,
Nr. 220 vom 25.11.2003, Seite 24 657,
Nr. 150 vom 12.08.2004, Seite 17985,
Nr. 248 vom 30.12.2004, Seite 24721,
Nr. 241 vom 21.12.2005, Seite 16878,
Nr. 241 vom 22.12.2006, Seite 7361

Seite 4 von 4

9.1.5.9 Vergütungssätze VR-W 1

GEMA

Gesellschaft für musikalische
Aufführungs- und mechanische
Vervielfältigungsrechte
Berlin

Vergütungssätze VR-W 1

für die Nutzung von Werken des GEMA-Repertoires als Hintergrundmusik
in Websites mit Informations- und Präsentationsinhalten
Nettobeträge zuzüglich z. Zt. 7 % Umsatzsteuer

I.   Anwendungsbereich

1. Die Vergütungssätze gelten ausschließlich für private, nicht-gewerbliche oder gewerbliche Websites im Internet oder ähnlichen Datennetzen, welche Informations- und Präsentationsinhalte zum Gegenstand haben und in diesem Rahmen Werke des GEMA-Repertoires als Hintergrundmusik nutzen.

    Die Vergütungssätze gelten für Zugriffe auf die Website (oder Teile der Website) mit Nutzung von Werken aus dem GEMA-Repertoire. Zu den Zugriffen mit Musiknutzung zählen auch diejenigen, die durch die Verbindung mit anderen Websites entstehen.

2. Die Vergütungssätze sollen die rechtmäßige Nutzung der Werke des GEMA-Repertoires fördern und sind für die Erprobungsphase befristet bis 31.12.2007 gültig.

II.   Private Websites

1. Die Vergütungen dieses Abschnitts gelten für Websites, die Privatpersonen in nicht-gewerblichem Zusammenhang zur Information und Präsentation unterhalten oder unterhalten lassen.

2. Vergütung

    (1) Die Vergütung beträgt für bis zu insgesamt 10 Minuten der Werke des GEMA-Repertoires € 25,00 pro Jahr, € 6,90 vierteljährlich sowie € 2,50 monatlich,

Veröffentlicht im Bundesanzeiger
Nr.   106 vom 09.06.2001, Seite 11473,
Nr.   235 vom 15.12.2001, Seite 25031,
Nr.   242 vom 31.12.2002, Seite 26698,
Nr.   220 vom 25.11.2003, Seite 24657,
Nr.   150 vom 12.08.2004, Seite 17985,
Nr.   248 vom 30.12.2004, Seite 24720,
Nr.   241 vom 21.12.2005, Seite 16877,
Nr.   118 vom 28.06.2006, Seite 4728

Seite 1 von 6

9.1.5.9 Vergütungssätze VR-W 1 – Seite 2

beschränkt auf Zugriffe mit Musiknutzung von bis zu 2.000 Zugriffe im Jahr, bis zu 500 Zugriffe vierteljährlich sowie 170 Zugriffe monatlich.

(2) Ist die Anzahl der Zugriffe mit Musiknutzung höher als 2.000 im Jahr, 500 vierteljährlich sowie 170 monatlich und/oder werden mehr als insgesamt 10 Minuten der Werke des GEMA-Repertoires genutzt, finden aufgrund der intensiveren Musiknutzung die Vergütungen gemäß Abschnitt III. bzw. Abschnitt IV. Anwendung.

(3) Für die Berechnung der Dauer der Werke des GEMA-Repertoires werden die jeweilig genutzten Minuten- und Sekundenlängen der Werke zu einer Gesamtdauer addiert.

III. Vereine, nicht-gewerbliche Institutionen und gewerbliche Unternehmen mit begrenztem Musiknutzungsumfang

1. Die Vergütungen dieses Abschnitts gelten für Websites, die Vereine, nicht-gewerbliche Institutionen und gewerbliche Unternehmen unterhalten oder unterhalten lassen, die in einfacher Weise Musik zur Information und Präsentation beinhalten und einen begrenzten Umfang der Musiknutzung haben.

2. Vergütung

(1) Die Vergütung beträgt für bis zu insgesamt 10 Minuten der Werke des GEMA-Repertoires € 70,00 pro Jahr, € 19,30 vierteljährlich sowie € 7,00 monatlich, beschränkt auf Zugriffe mit Musiknutzung von bis zu 25.000 im Jahr, 6.250 vierteljährlich sowie 2.080 monatlich.

(2) Ist die Anzahl der Zugriffe mit Musiknutzung höher als 25.000 im Jahr, 6.250 vierteljährlich sowie 2.080 monatlich und/oder werden mehr als insgesamt 10 Minuten der Werke des GEMA-Repertoires genutzt, finden aufgrund der intensiveren Musiknutzung die Vergütungen gemäß Abschnitt IV. Anwendung.

(3) Die GEMA ist berechtigt, in den Fällen, in denen Art und Umfang der Musiknutzung Abschnitt IV. entsprechen, z.B. durch Nutzung von Werbespots oder Corporate-Filmen, die Anwendung von Abschnitt IV. zu beanspruchen.

(4) Für die Berechnung der Dauer der Werke des GEMA-Repertoires werden die jeweilig genutzten Minuten- und Sekundenlängen der Werke zu einer Gesamtdauer addiert.

Veröffentlicht im Bundesanzeiger
Nr. 106 vom 09.06.2001, Seite 11473,
Nr. 235 vom 15.12.2001, Seite 25031,
Nr. 242 vom 31.12.2002, Seite 26698,
Nr. 220 vom 25.11.2003, Seite 24657,
Nr. 150 vom 12.08.2004, Seite 17985,
Nr. 248 vom 30.12.2004, Seite 24720,
Nr. 241 vom 21.12.2005, Seite 16877,
Nr. 118 vom 28.06.2006, Seite 4728

Seite 2 von 6

IV. Gewerbliche Unternehmen

1. Die Vergütungen dieses Abschnitts gelten für Websites, die gewerbliche Unternehmen unterhalten oder unterhalten lassen und zur Information und Präsentation dienen.

2. Allgemeine Vergütung

   (1) Die Vergütung beträgt je Werk aus dem GEMA-Repertoire bis zu 5 Minuten € 25,00 pro Monat, wobei die Anzahl der Zugriffe mit Musiknutzung pro Monat bis zu 25.000 betragen darf.

   (2) Ist die Anzahl der Zugriffe mit Musiknutzung höher als 25.000, ist für jeweils weitere bis zu 25.000 Zugriffe mit Musiknutzung der vorstehende Vergütungsbetrag je Werk in Höhe von € 25,00 pro Monat zusätzlich zu bezahlen.

   (3) Ist die Spieldauer des Werkes länger als fünf Minuten, ist für jeweils jede weitere Minute € 5,00 zusätzlich zu bezahlen.

   (4) Bei Musikwerken, die für die betreffende Website komponiert wurden, und bei Werken der Archivmusik wird für die Berechnung der Dauer der Werke des GEMA-Repertoires die jeweilig genutzte Minuten- und Spieldauerlänge addiert. Bei den sonstigen Werken des GEMA-Repertoires wird jedes Werk einzeln bei der Tarifanwendung berechnet.

3. Optionale Vergütung für zweckbezogen komponierte Musikwerke und Werke der Archivmusik

   (1) Die optionale Vergütung gilt nur für Musikwerke, die für die betreffende Websitenutzung komponiert wurden, und für Werke der Archivmusik.

   Für die Berechnung der Dauer der Werke des GEMA-Repertoires werden die jeweilig genutzten Minuten- und Sekundenlängen der Werke zu einer Gesamtdauer addiert.

   (2) Im Falle von Business to Customer - Ausrichtungen der Website, z.B. durch Werbespots, gilt optional statt der Vergütung in Abschnitt IV. Ziff. 2. eine Vergütung von € 100,00 pro Monat und bis zu 5 Minuten der Werke des GEMA-Repertoires.

Veröffentlicht im Bundesanzeiger
Nr. 106 vom 09.06.2001, Seite 11473,
Nr. 235 vom 15.12.2001, Seite 25031,
Nr. 242 vom 31.12.2002, Seite 26698,
Nr. 220 vom 25.11.2003, Seite 24657,
Nr. 150 vom 12.08.2004, Seite 17985,
Nr. 248 vom 30.12.2004, Seite 24720,
Nr. 241 vom 21.12.2005, Seite 16877,
Nr. 118 vom 28.06.2006, Seite 4728

Seite 3 von 6

9.1.5.9 Vergütungssätze VR-W 1 – Seite 4

Je weitere Minute der Werke gilt eine zusätzliche Vergütung von € 20,00 pro Monat.

(3) Im Falle von Business to Business - Ausrichtungen der Website, z.B. durch Corporate-Filme, gilt optional statt der Vergütung in Abschnitt IV. Ziff. 2. eine Vergütung von € 70,00 pro Minute der Werke des GEMA-Repertoires und Jahr.

(4) Bei Mischformen der Ausrichtungen gemäß Abschnitt IV. Ziff. 3. (2) und (3) finden die entsprechenden Vergütungen kumulativ Anwendung.

V. Allgemeine Bestimmungen

1. Umfang der Einwilligung

(1) Die Einwilligung für Websites mit Informations- und Präsentationsinhalten umfasst nur die folgenden Rechte der GEMA:

- Das Recht, Werke des GEMA-Repertoires aufzunehmen und für die Nutzung technisch aufzubereiten.

- Das Recht, Werke des GEMA-Repertoires in Datenbanken, Dokumentationssystemen oder in Speichern ähnlicher Art (z.B. Serverrechner) einzubringen (Upload).

- Das Recht, Werke des GEMA-Repertoires die in Datenbanken, Dokumentationssystemen oder in Speichern ähnlicher Art (z.B. Serverrechner) eingebracht sind, zum Zwecke des Abhörens zum privaten Gebrauch, elektronisch oder in ähnlicher Weise zu übermitteln („Right of Communication to the Public and Making Available").

(2) Die Einwilligung erstreckt sich nicht auf andere Rechte, insbesondere nicht auf das Recht zur Verbindung der Werke des GEMA-Repertoires mit Werken anderer Gattungen, die Nutzung dramatisch-musikalischer Werke, weder vollständig, noch als Querschnitt, noch in größeren Teilen (sog. „Große Rechte"), sowie nicht auf graphische Rechte oder Rechte am Notenbild oder Textbild.

(3) Die Vergütung ist auch dann zu zahlen, wenn von der festgelegten Nutzungsdauer nur zeitlich kürzer Gebrauch gemacht wird.

Veröffentlicht im Bundesanzeiger
Nr. 106 vom 09.06.2001, Seite 11473,
Nr. 235 vom 15.12.2001, Seite 25031,
Nr. 242 vom 31.12.2002, Seite 26698,
Nr. 220 vom 25.11.2003, Seite 24657,
Nr. 150 vom 12.08.2004, Seite 17985,
Nr. 248 vom 30.12.2004, Seite 24720,
Nr. 241 vom 21.12.2005, Seite 16877,
Nr. 118 vom 28.06.2006, Seite 4728

Seite 4 von 6

(4) Die Einwilligung wird unter der Voraussetzung erteilt, dass das Recht zur Benutzung der Werke des GEMA-Repertoires zur Herstellung der zu der Website gehörenden Seiten von den jeweiligen Berechtigten selbst oder von der GEMA nach den einschlägigen Vergütungssätzen ordnungsgemäß erworben worden ist bzw. wird.

(5) Die Einwilligungen der Rechteinhaber sind einzuholen, soweit mit der tariflich geregelten Nutzung Werbung mittelbar oder unmittelbar verbunden ist.

(6) Das Urheberpersönlichkeitsrecht darf nicht verletzt werden. Änderungen an einem Werk, um dieses in der Website zu Informations- und Präsentationszwecken zu verwenden, insbesondere die Kürzung des Werkes, müssen den möglichen Erfordernissen der §§ 14 und 39 Urheberrechtsgesetz genügen.

2. Rechtzeitiger Erwerb der Einwilligung

Die Rechte gelten nur als eingeräumt, wenn die Einwilligung der GEMA vor der Einbringung der Werke des GEMA-Repertoires in Datenbanken, Dokumentationssystemen oder in Speichern ähnlicher Art (Upload) für die Rechte gemäß Abschnitt V. Ziffer 1. Absatz (1) eingeholt wurde.

3. Rechte Dritter

Rechte Dritter, beispielsweise bei reversgebundenen Werken, bleiben unberührt.

4. Abgrenzung

Soweit das Angebot der Website zu Informations- und Präsentationszwecken auch andere als die mit diesen Vergütungssätzen geregelte Nutzungen umfasst und/oder andere als die tariflich geregelten Rechte berührt, sind die betreffenden Rechte gesondert nach den einschlägigen Vergütungssätzen zu erwerben.

Falls die Website neben der Information und Präsentation noch andere Angebote aufweist, können für das Gesamtangebot angemessene Vergütungen festgesetzt werden, auch wenn für dieses Gesamtangebot unmittelbar keine einschlägigen Vergütungssätze Anwendung finden.

Diese Vergütungssätze finden keine Anwendung auf Angebote im Internet, deren Zweck die entgeltliche oder unentgeltliche Übermittlung der Werke des GEMA-

Veröffentlicht im Bundesanzeiger
Nr. 106 vom 09.06.2001, Seite 11473,
Nr. 235 vom 15.12.2001, Seite 25031,
Nr. 242 vom 31.12.2002, Seite 26698,
Nr. 220 vom 25.11.2003, Seite 24657,
Nr. 150 vom 12.08.2004, Seite 17985,
Nr. 248 vom 30.12.2004, Seite 24720,
Nr. 241 vom 21.12.2005, Seite 16877,
Nr. 118 vom 28.06.2006, Seite 4728

9.1.5.9 Vergütungssätze VR-W 1 – Seite 6

Repertoires an den Endnutzer ist, z.B. Music-on-Demand mit Download oder Music-on-Demand mit Streaming.

Die Vergütungssätze finden ebenfalls keine Anwendung auf Websites mit E-Commerce.

5. Nachweis der Werknutzung

Der Anwender hat einen Nachweis der Zugriffe auf die Website zu Informations- und Präsentationszwecken mit Musiknutzung in geeigneter Form zu erbringen.

6. Zeitliche Geltung

Die Vergütungssätze treten im Zusammenhang mit der Erprobungsphase mit Ablauf des 31. Dezember 2007 außer Kraft.

Der Vorstand

Veröffentlicht im Bundesanzeiger
Nr. 106 vom 09.06.2001, Seite 11473,
Nr. 235 vom 15.12.2001, Seite 25031,
Nr. 242 vom 31.12.2002, Seite 26698,
Nr. 220 vom 25.11.2003, Seite 24657,
Nr. 150 vom 12.08.2004, Seite 17985,
Nr. 248 vom 30.12.2004, Seite 24720,
Nr. 241 vom 21.12.2005, Seite 16877,
Nr. 118 vom 28.06.2006, Seite 4728

Seite 6 von 6

9.1.5.10 Vergütungssätze VR-W 2

GEMA

Gesellschaft für musikalische
Aufführungs- und mechanische
Vervielfältigungsrechte
Berlin

Vergütungssätze VR-W 2

**für die Nutzung von Werken des GEMA-Repertoires
in Websites mit Electronic Commerce**

Nettobeträge zuzüglich z. Zt. 7 % Umsatzsteuer

I.   Anwendungsbereich

1.   Die Vergütungssätze gelten ausschließlich für Websites im Internet oder ähnlichen
Datennetzen, die Electronic-Commerce zum Gegenstand haben und in diesem
Rahmen die Speicherung von Werken (Upload) und die Übermittlung von Werken
(Streaming) an den Endnutzer vornehmen oder vornehmen lassen.

2.   Unter Electronic-Commerce ist das Angebot von Waren oder Dienstleistungen
jeglicher Art über eine Website, die Werke aus dem GEMA-Repertoire enthält, zu
verstehen.

3.   Die Vergütungssätze gelten für Zugriffe auf die Website (oder Teile der Website)
mit Nutzung von Werken aus dem GEMA-Repertoire. Zu den Zugriffen mit
Musiknutzung zählen auch diejenigen, die durch die Verbindung mit anderen
Websites entstehen.

II.   Electronic-Commerce mit Musikwerken

1.   Die Vergütungen dieses Abschnitts gelten für die Nutzung von Werken des
GEMA-Repertoires im Umfang von jeweils bis zu 45 Sekunden (z.B. Prelistening)
zur Unterstützung der Verbreitung von Musikwerken, beispielsweise in Form von
Tonträgern, Bildtonträgern oder durch Übermittlung im Internet oder ähnlichen
Datennetzen.

Veröffentlicht im Bundesanzeiger
Nr.   106   vom 09.06.2001, Seite 11472,
Nr.   235   vom 15.12.2001, Seite 25031,
Nr.   242   vom 31.12.2002, Seite 26698,
Nr.   220   vom 25.11.2003, Seite 24657,
Nr.   150   vom 12.08.2004, Seite 17985,
Nr.   248   vom 30.12.2004, Seite 24720,
Nr.   241   vom 21.12.2005, Seite 16877,
Nr.   241   vom 22.12.2006, Seite 7361,
Nr.   26   vom 07.02.2007, Seite 1358

Seite 1 von 5

9.1.5.10 Vergütungssätze VR-W 2 – Seite 2

2. Vergütung

(1) Websites mit einer Zugriffszahl von bis zu 500.000 Zugriffen mit Musiknutzung im Monat:

    1.1 Für die Nutzung von bis zu 20 Werken im Umfang einer Spieldauer bis zu jeweils 45 Sekunden aus dem GEMA-Repertoire beträgt die Vergütung EUR 150,00 für die Nutzungsdauer von einem Jahr.

    1.2 Für die Nutzung von über 20 bis zu 100 Werken aus dem GEMA-Repertoire im Umfang einer Spieldauer von bis zu jeweils 45 Sekunden beträgt die zusätzliche Vergütung je Werk EUR 2,50 für die Nutzungsdauer von einem Jahr.

    1.3 Für die Nutzung von über 100 Werken aus dem GEMA-Repertoire beträgt für jeweils weitere 100 Werke aus dem GEMA-Repertoire im Umfang einer Spieldauer von bis zu je 45 Sekunden die zusätzliche Vergütung EUR 0,80 je Kalendermonat der Einstellung.

(2) Websites von mehr als 500.000 Zugriffen mit Musiknutzung im Monat:

Die Vergütung errechnet sich gemäß Abschnitt II. Absatz 2 Ziffer 1.1 bis 1.3. Jedoch erhöht sich die Vergütung ab einer Zugriffszahl von 500.000 Zugriffen mit Musiknutzung im Monat um jeweils 10 % je weitere 100.000 Zugriffe mit Musiknutzung im Monat.

III. Sonstige Electronic-Commerce Angebote

1. Die Vergütungen dieses Abschnitts gelten für Websites, mit welchen Electronic-Commerce betrieben wird, wobei Geschäftsgegenstand das Angebot von Waren und Dienstleistungen aller Art ist, mit Ausnahme von Waren oder Dienstleistungen gem. Abschnitt II.

2. Vergütung

(1) Die Vergütung beträgt je Werk aus dem GEMA-Repertoire mit einer Spieldauer von bis zu 5 Minuten EUR 50,00 pro Monat, wobei die Anzahl der Zugriffe mit Musiknutzung pro Monat bis zu 10.000 betragen darf.

Veröffentlicht im Bundesanzeiger
Nr. 106 vom 09.06.2001, Seite 11472,
Nr. 235 vom 15.12.2001, Seite 25031,
Nr. 242 vom 31.12.2002, Seite 26698,
Nr. 220 vom 25.11.2003, Seite 24657,
Nr. 150 vom 12.08.2004, Seite 17985,
Nr. 248 vom 30.12.2004, Seite 24720,
Nr. 241 vom 21.12.2005, Seite 16877,
Nr. 241 vom 22.12.2006, Seite 7361,
Nr.   26 vom 07.02.2007, Seite 1358

Seite 2 von 5

9.1.5.10 Vergütungssätze VR-W 2 – Seite 3

(2) Ist die Anzahl der Zugriffe mit Musiknutzung höher als 10.000, ist für jeweils weitere bis zu 10.000 Zugriffe mit Musiknutzung der vorstehende Vergütungsbetrag je Werk in Höhe von EUR 50,00 pro Monat zusätzlich zu bezahlen.

(3) Ist die Spieldauer des Werkes länger als fünf Minuten, ist für jeweils jede weitere Minute eine Vergütung von EUR 10,00 zu bezahlen.

IV. Allgemeine Bestimmungen

1. Umfang der Einwilligung

(1) Die Einwilligung für Websites mit Electronic Commerce umfasst nur die folgenden Rechte der GEMA:

- Das Recht, Werke des GEMA-Repertoires aufzunehmen und für die Nutzung technisch aufzubereiten

- Das Recht, Werke des GEMA-Repertoires in Datenbanken, Dokumentationssystemen oder in Speichern ähnlicher Art (z.B. Serverrechner) einzubringen (Upload).

- Das Recht, Werke des GEMA-Repertoires die in Datenbanken, Dokumentationssystemen oder in Speichern ähnlicher Art (z.B. Serverrechner) eingebracht sind, zum privaten Gebrauch, elektronisch oder in ähnlicher Weise zu übermitteln („Right of Communication to the Public and Making Available")

(2) Die Einwilligung erstreckt sich nicht auf andere Rechte, insbesondere nicht auf das Recht zur Verbindung von Werken des GEMA-Repertoires mit Werken anderer Gattungen, nicht auf das Angebot von dramatisch-musikalischen Werken, weder vollständig, noch als Querschnitt, noch in größeren Teilen (sog. „Große Rechte"), sowie nicht auf graphische Rechte oder Rechten am Notenbild oder Textbild.

(3) Die Vergütung ist auch dann zu zahlen, wenn von der festgelegten Nutzungsdauer nur zeitlich kürzer Gebrauch gemacht wird.

Veröffentlicht im Bundesanzeiger
Nr. 106 vom 09.06.2001, Seite 11472,
Nr. 235 vom 15.12.2001, Seite 25031,
Nr. 242 vom 31.12.2002, Seite 26698,
Nr. 220 vom 25.11.2003, Seite 24657,
Nr. 150 vom 12.08.2004, Seite 17985,
Nr. 248 vom 30.12.2004, Seite 24720,
Nr. 241 vom 21.12.2005, Seite 16877,
Nr. 241 vom 22.12.2006, Seite 7361,
Nr.   26 vom 07.02.2007, Seite 1358

Seite 3 von 5

9.1.5.10 Vergütungssätze VR-W 2 – Seite 4

(4) Die Einwilligung wird unter der Voraussetzung erteilt, dass das Recht zur Benutzung von Werken des GEMA-Repertoires zur Herstellung der zu der Website gehörenden Seiten von den jeweiligen Berechtigten selbst oder von der GEMA nach den einschlägigen Vergütungssätzen ordnungsgemäß erworben worden ist bzw. wird.

(5) Die Einwilligungen der Rechteinhaber sind einzuholen, soweit mit der tariflich geregelten Nutzung Werbung mittelbar oder unmittelbar verbunden ist.

(6) Das Urheberpersönlichkeitsrecht darf nicht verletzt werden. Änderungen an einem Werk um dieses in der Website mit Electronic-Commerce zu verwenden, insbesondere die Kürzung des Werkes, müssen den möglichen Erfordernissen der §§ 14 und 39 Urheberrechtsgesetz genügen.

2. Rechtzeitiger Erwerb der Einwilligung

Die Rechte gelten nur als eingeräumt, wenn die Einwilligung der GEMA vor der Einbringung von Werken des GEMA-Repertoires in Datenbanken, Dokumentationssystemen oder in Speichern ähnlicher Art (Upload) für die Rechte gemäß Abschnitt IV. Ziffer 1. Absatz (1) eingeholt wurde.

3. Rechte Dritter

Rechte Dritter, beispielsweise bei reversgebundenen Werken, bleiben unberührt.

4. Abgrenzung

Soweit das Angebot der Website mit E-Commerce auch andere als die mit diesen Vergütungssätzen geregelten Nutzungen umfasst und/oder andere als die tariflich geregelten Rechte berührt, sind die betreffenden Rechte gesondert nach den einschlägigen Vergütungssätzen zu erwerben.

Falls die Website neben E-Commerce noch andere Angebote aufweist, können für das Gesamtangebot angemessene Vergütungen festgesetzt werden, auch wenn für dieses Gesamtangebot unmittelbar keine einschlägigen Vergütungssätze Anwendung finden.

Veröffentlicht im Bundesanzeiger
Nr. 106 vom 09.06.2001, Seite 11472,
Nr. 235 vom 15.12.2001, Seite 25031,
Nr. 242 vom 31.12.2002, Seite 26698,
Nr. 220 vom 25.11.2003, Seite 24657,
Nr. 150 vom 12.08.2004, Seite 17985,
Nr. 248 vom 30.12.2004, Seite 24720,
Nr. 241 vom 21.12.2005, Seite 16877,
Nr. 241 vom 22.12.2006, Seite 7361,
Nr. 26 vom 07.02.2007, Seite 1358

Seite 4 von 5

9.1.5.10 Vergütungssätze VR-W 2 – Seite 5

Diese Vergütungssätze finden keine Anwendung auf Angebote im Internet, deren Zweck die entgeltliche oder unentgeltliche Übermittlung von Werken an den Endnutzer ist, unabhängig davon, ob die Speicherung von Werken beim Endnutzer (download) möglich ist.

Die Vergütungssätze finden ebenfalls keine Anwendung auf Websites zu Präsentationszwecken.

5. Nachweis der Werknutzung

Der Anwender hat einen Nachweis der Zugriffe auf die Website mit Electronic-Commerce mit Musiknutzung in geeigneter Form zu erbringen.

6. Zeitliche Geltung

Die Vergütungssätze treten mit Ablauf des 31. Dezember 2007 außer Kraft.

Der Vorstand

Veröffentlicht im Bundesanzeiger
Nr. 106 vom 09.06.2001, Seite 11472,
Nr. 235 vom 15.12.2001, Seite 25031,
Nr. 242 vom 31.12.2002, Seite 26698,
Nr. 220 vom 25.11.2003, Seite 24657,
Nr. 150 vom 12.08.2004, Seite 17985,
Nr. 248 vom 30.12.2004, Seite 24720,
Nr. 241 vom 21.12.2005, Seite 16877,
Nr. 241 vom 22.12.2006, Seite 7361,
Nr.   26 vom 07.02.2007, Seite 1358

Seite 5 von 5

9.2.1 Verteilungspläne

V E R T E I L U N G S P L Ä N E 2006

(in der Fassung des Beiratsbeschlusses vom 15. Februar 2007)

I. ALLGEMEINES

1. Zur Verteilung gelangen:

a) die für das Geschäftsjahr 2006 eingezogenen Vergütungen
   - für das Senden erschienener Tonträger und Videoclips,
   - für die öffentliche Wiedergabe und die Vervielfältigung,
   - für die Vermietung und den Verleih von erschienenen Tonträgern und Filmen,
   - für die Kabelweitersendung künstlerischer Darbietungen.

b) Vergütungen, die nachträglich für einen vor 2006 liegenden Zeitraum gezahlt wurden.

c) Vergütungen, die bisher nicht zur Verteilung gelangten, z. B. unzustellbare Verteilungsbeträge, wieder eingezogene Überzahlungen an Berechtigte, nicht verbrauchte Rückstellungen.

Eingezogene Vergütungen, die für die angelegten Gelder bis zur Verteilung aufgelaufenen Zinserträge und alle sonstigen Erträge, einschließlich der außerordentlichen Erträge, werden nach Abzug der notwendigen Verwaltungskosten an die jeweils Berechtigten ausgezahlt. Die Verteilungsquoten für die ausübenden Künstler werden von den Geschäftsführern ermittelt, indem der jeweils für die Verteilung zur Verfügung stehende Betrag durch die Summe der angemeldeten, anrechenbaren Entgelte geteilt wird.

2. Die Geschäftsführer sind ermächtigt,

a) in dem von ihnen für erforderlich gehaltenen Umfang Rückstellungen für noch nicht geklärte Fälle und dergleichen zu machen,

b) Feststellungen oder Schätzungen zur Ausführung der Verteilungspläne zu treffen, wobei im Falle von Gesamtvergütungen für künstlerische und sonstige Leistungen bzw. für verteilungsmäßig relevante und sonstige Nutzungen ein pauschalierter prozentualer Abzug vorzunehmen ist. Dies gilt auch für den Fall, dass der für die Rechte der ausübenden Künstler vorgesehene Vergütungsanteil marktunüblich hoch ist.

3. Anerkannte Entgelte der ausübenden Künstler werden, gesondert für Tonträgeraufnahmen und sonstige Aufnahmen oder Sendungen, bei der Verteilung wie folgt berücksichtigt:

bis	€ 50.000,--	jährlich	mit	100 %
weitere	€ 50.000,--	jährlich	mit	75 %
weitere	€ 50.000,--	jährlich	mit	50 %
weitere	€ 50.000,--	jährlich	mit	25 %
alles Weitere			mit	10 %

mit der Maßgabe, dass Entgelte, die über € 1.500.000,-- hinausgehen, nicht mehr berücksichtigt werden.

4. Die Mindestausschüttung für ausübende Künstler, die einen Wahrnehmungsvertrag mit der GVL abgeschlossen haben sowie ihre Einnahmen überwiegend aus Verwertungen in der Bundesrepublik Deutschland beziehen (nachfolgend „ordent-

9.2.1 Verteilungspläne – Seite 2

2

liche Berechtigte" genannt) und anrechenbare Entgelte angemeldet haben, beträgt € 110,--.

5. Bei den ausübenden Künstlern, die von einer ausländischen Verwertungsgesellschaft vertreten werden oder ihre Einnahmen nicht überwiegend aus Verwertungen in der Bundesrepublik Deutschland beziehen und anrechenbare Entgelte angemeldet haben, gelangen Einzelausschüttungen nur dann zur Auszahlung, wenn sie unter Berücksichtigung etwaiger steuerlicher Einbehalte oder sonstiger Abzüge mindestens € 25,-- betragen. Nicht ausgezahlte Ausschüttungsbeträge werden dem Berechtigten für spätere Verteilungen gutgeschrieben.

6. Von den für die Verteilung zur Verfügung stehenden Vergütungen werden bis zu 5 % für kulturelle, kulturpolitische und soziale Zwecke bereitgestellt.

II. VERTEILUNGSPLÄNE

Verteilungsplan Nr. 1   - für ausübende Künstler und Hersteller von Tonträgern und Videoclips

Zwischen den ausübenden Künstlern und den Herstellern von Tonträgern werden die Vergütung für das Senden erschienener Tonträger im Verhältnis 50 v. H. : 50 v. H., die Vergütungen für die öffentliche Wiedergabe und die Vervielfältigung im Verhältnis 64 v. H. : 36 v. H. und die Vergütungen für die Vermietung und den Verleih von erschienenen Tonträgern und Filmen im Verhältnis 50 v. H. : 50 v. H. aufgeteilt.

Vergütungen für die Kabelweitersendung von Darbietungen, die keine Tonträger oder Tonträger begleitende Bildtonträger betreffen, stehen ausschließlich den ausübenden Künstlern zu.

Bei den Vergütungen für Tonträger begleitende Bildtonträger (Videoclips) gilt dies nach Vorabzug von 60 v. H. für die Hersteller, bei den Vergütungen für die Vermietung und den Verleih von Filmen nach Vorabzug von 40 v. H. für die ausübenden Künstler.

Veranstalter werden den ausübenden Künstlern zugerechnet.

Verteilungsplan Nr. 2a   - für ausübende Künstler betreffend die Vergütung für das Senden von Tonträgern und Videoclips

Die Vergütung gelangt unter den ausübenden Künstlern im Verhältnis der von diesen im Geschäftsjahr 2006 für die Aufnahmen erschienener Tonträger in Bezug auf das Inland erzielten Entgelte zur Aufteilung. Gleiches gilt für Videoclips.

Bei den ordentlichen Berechtigten (I.4.) werden auch Entgelte aus Ländern berücksichtigt, für welche die GVL Gegenseitigkeitsverträge abgeschlossen hat.

Verteilungsplan Nr. 2b   - für ausübende Künstler betreffend die Vergütung für die öffentliche Wiedergabe

Die Vergütung gelangt unter den ausübenden Künstlern im Verhältnis der von diesen im Geschäftsjahr 2006 für Funksendungen und Bild- oder Tonträgeraufnahmen in Bezug auf das Inland erzielten Entgelte zur Aufteilung.

Bei ordentlichen Berechtigten (I.4.) werden auch Entgelte aus Ländern berücksichtigt, für welche die GVL Gegenseitigkeitsverträge abgeschlossen hat.

9. Verteilungspläne, Verträge und Formulare der GVL

9.2.1 Verteilungspläne – Seite 3

Verteilungsplan Nr. 2c   - für ausübende Künstler und Veranstalter betreffend die Vergütung für die Vervielfältigung

Die Vergütung gelangt unter den ausübenden Künstlern und Veranstaltern im Verhältnis der von diesen im Geschäftsjahr 2006 für Funksendungen und Bild- oder Tonträgeraufnahmen in Bezug auf das Inland erzielten Entgelte zur Aufteilung. Bei der Verteilung werden die angemeldeten Hörfunkentgelte hinsichtlich der Vergütung für Tonaufzeichnungsgeräte und unbespielte Tonträger (Vervielfältigung Audio), die angemeldeten Fernsehentgelte hinsichtlich der Vergütung für Bildaufzeichnungsgeräte und unbespielte Bildtonträger (Vervielfältigung Video) und die angemeldeten Tonträgerentgelte hinsichtlich beider Vergütungsarten berücksichtigt.

Bei ordentlichen Berechtigten (I.4.) werden auch Entgelte aus Ländern berücksichtigt, für welche die GVL Gegenseitigkeitsverträge abgeschlossen hat.

Verteilungsplan Nr. 2d   - für ausübende Künstler betreffend die Vergütungen für die Vermietung und den Verleih von Tonträgern und Filmen

Die Vergütungen gelangen unter den ausübenden Künstlern entsprechend den Regelungen in Verteilungsplan Nr. 2c (Abs. 1 Satz 1 und Abs. 2) zur Aufteilung. Dabei werden die Vergütungen für die Vermietung und den Verleih von Tonträgern der Vervielfältigung Audio, die Vergütungen für die Vermietung und den Verleih von Filmen der Vervielfältigung Video zugeschlagen.

Verteilungsplan Nr. 2e   - für ausübende Künstler betreffend die Vergütung für Kabelweitersendung von Darbietungen, die keine Tonträger und Videoclips betreffen

Die Vergütungen gelangen unter den ausübenden Künstlern im Verhältnis der von diesen im Geschäftsjahr 2006 für Funksendungen in Bezug auf das Inland erzielten Entgelte zur Aufteilung. Bei der Verteilung werden die angemeldeten Hörfunkentgelte hinsichtlich der Vergütung Kabelweitersendung Hörfunk und die angemeldeten Fernsehentgelte hinsichtlich der Vergütung Kabelweitersendung Fernsehen berücksichtigt.

Bei ordentlichen Berechtigten (I.4.) werden auch Entgelte aus Ländern berücksichtigt, für welche die GVL Gegenseitigkeitsverträge abgeschlossen hat.

Verteilungsplan Nr. 3   - für Hersteller von Tonträgern oder Videoclips betreffend die Vergütungen für Sendung, öffentliche Wiedergabe und Vervielfältigung, Vermietung und Verleih

Die Vergütungen für Tonträger kommen unter den Herstellern im Verhältnis der im Geschäftsjahr 2006 erfolgten Verwendung (Sendeminuten) ihrer Tonträger in den Funk- bzw. Fernsehsendungen der ARD-Anstalten, von ZDF, 3Sat, DeutschlandRadio, Deutsche Welle, SAT 1, RTL, RTL 2, Pro Sieben, Kabel 1, VOX, Radio NRW, Antenne Bayern München, Radio FFH Frankfurt-Main, Radio RPR Ludwigshafen, Radio ffn Hannover, Antenne Niedersachsen Hannover, Radio Regenbogen Mannheim, Radio Hamburg, Radio S A W Magdeburg, Antenne Thüringen Weimar, Radio PSR Leipzig, RSH Kiel, Antenne 1 Stuttgart, Neue Berliner Rundfunk GmbH Berlin,

4

RTL Radio Berlin, BCS Broadcast Sachsen Dresden, Radio 2000 Energy Berlin, Antenne Mecklenburg-Vorpommern Plate, Radio 7 Ulm, r. s. 2 Berlin, BB Radio Landeswelle Brandenburg Potsdam, Radio Brocken Halle, Euro-Radio Saarbrücken, Radio Arabella München, Radio Gong 2000 München, BigFM Mannheim, Radio TON Heilbronn, Landeswelle Thüringen Erfurt, Energy München 93,3, Netzwerk Sachsen Leipzig, Hit Radio RT1 Augsburg, Sunshine live radio Schwetzingen, Funkhaus Würzburg Charivari und Evangeliums-Rundfunk zur Aufteilung. Für den Sender Europa 1 wird für französische Hersteller, deren Label nicht durch deutsche Lizenznehmer vertreten sind, ggf. eine Sonderauswertung vorgenommen.

Die Minuten des „Nachtprogramms der ARD" und der Gastarbeiterprogramme der ARD werden nur bei dem veranstaltenden Sender gezählt. Soweit ARD-Hörfunkprogramme regionale Fenster beinhalten, werden darauf entfallende Sendeminuten mit 75 % und im Falle von teilregionalen oder lokalen Fenstern mit 50 % gewertet. Hintergrundmusik in programmfreien Zeiten des Fernsehens und reinen Füllprogrammen sowie Begleitmusik zu Textbildern werden mit 10 % der Sendedauer gewertet. Das Gleiche gilt für Trailer/Kennmelodien zu Sendungen, soweit sie von erschienenen Tonträgern stammen. Im Auftrage von Sendern produzierte Aufnahmen werden bei der Verteilung nicht gewertet, auch wenn eine Verbreitung auf Tonträgern oder Bildtonträgern erfolgt.

Die Vergütungen für Videoclips gelangen unter den Herstellern im Verhältnis der im Geschäftsjahr 2006 erfolgten Verwendung durch die ARD-Anstalten, durch ZDF, 3Sat, Deutsche Welle TV, SAT 1, RTL, RTL 2, VIVA, VIVA 2, Pro7 und Kabel 1 zur Aufteilung. Dabei wird jede Verwendung eines Videoclips mit einer Abspieldauer über 45 Sekunden und die Verwendung von je 10 Ausschnitten mit einer Abspieldauer unter 45 Sekunden einfach gewertet.

Nach den gemäß Absätzen 1 bis 3 ermittelten Sendeminuten werden auch die Vergütungen der nicht für die Auswertung ausgewählten Sender und die Vergütungen aus der öffentlichen Wiedergabe und der Vervielfältigung verteilt.

In den ersten drei vollen Jahren nach Abschluss des Vertrages wird zusätzlich zu einem etwaigen Rumpfjahr, soweit überhaupt Sendeminuten anfallen, die Zahl dieser Minuten auf 100 erhöht. Danach nehmen Hersteller, für die jährlich weniger als 15 Tonträger-Sendeminuten ermittelt werden, nicht an der Verteilung teil (Bagatellgrenze).

Verteilungsplan Nr. 4   - betreffend Zuwendungen für kulturelle,
kulturpolitische und soziale Zwecke

Die Verteilung der dafür bereitgestellten Vergütungen – maximal 5 % der zur Verfügung stehenden Verteilungsbeträge – erfolgt nach der Maßgabe der vom Beirat beschlossenen Richtlinien für die Gewährung von Zuwendungen für kulturelle, kulturpolitische und soziale Zwecke in der Fassung des Beiratsbeschlusses vom 23.01.2006.

III. DURCHFÜHRUNG DER VERTEILUNG

Die Auszahlung der Verteilungsbeträge für das Geschäftsjahr 2006 gemäß den Verteilungsplänen Nr. 1 – 3 erfolgt an die Hersteller über die Deutsche Landesgruppe der IFPI e. V., der Teilbeträge quartalsweise im Zuflussjahr (2006) und eine Abschlusszahlung mit Endabrechnung im Juli 2007 überwiesen werden, und erfolgt an die anderen Berechtigten im Dezember 2007.

9.2.1 Verteilungspläne – Seite 5

5

Verteilungsbeträge, die trotz aller erforderlichen Bemühungen der GVL, den Adressaten zu ermitteln und zu erreichen, dem Berechtigten aus nicht von der GVL zu vertretenden Gründen innerhalb von drei Jahren nach dem erstmaligen Auszahlungsversuch nicht zustellbar sind, werden der Verteilung für die übrigen berechtigten Künstler bzw. Hersteller zugeführt.

Die Zuwendungen für kulturelle, kulturpolitische und soziale Zwecke gemäß Verteilungsplan Nr. 4 wurden bereits im Laufe des Geschäftsjahres 2006 gezahlt.

Berlin, 15. Februar 2007

9.2.2 Wahrnehmungsvertrag für ausübende Künstler

Wahrnehmungsvertrag
für ausübende Künstler

GVL
Gesellschaft zur Verwertung
von Leistungsschutzrechten

Zwischen **(Bitte in Druckschrift ausfüllen)**   Vertrags-Nr.

Name	Vorname	Geburtsname	Geburtsdatum

Straße	Postleitzahl/Wohnsitz	Staatsangehörigkeit

Fach/Repertoire	Instrument

Pseudonym	freischaffend tätig oder in welchem Orchester bzw. welcher Gruppe Mitglied

– nachstehend „Berechtigter" genannt –

und der   **Gesellschaft zur Verwertung von Leistungsschutzrechten mbH (GVL)**
Podbielskiallee 64, 14195 Berlin
Postfach 33 03 61, 14173 Berlin

– nachstehend „GVL" genannt –

wird nachfolgender Wahrnehmungsvertrag geschlossen:

I.

(1) Der Berechtigte überträgt der GVL zur Wahrnehmung im eigenen Namen alle ihm gegenwärtig zustehenden und während der Vertragsdauer zufallenden Leistungsschutzrechte als ausübender Künstler, insbesondere

1. das Recht auf Einwilligung, wenn

   a) seine Darbietung außerhalb des Raumes, in dem sie stattfindet, durch Bildschirm, Lautsprecher oder ähnliche technische Einrichtungen öffentlich wahrnehmbar gemacht werden soll,

   b) seine Darbietung auf Bild- oder Tonträger aufgenommen werden soll,

   c) Bild- oder Tonträger vervielfältigt und körperlich oder unkörperlich verbreitet werden sollen,

   d) seine Darbietung durch Funk gesendet werden soll;

2. den Anspruch auf Zahlung einer Vergütung, wenn

   a) erschienene Bild- oder Tonträger durch Funk gesendet werden,

   b) seine Darbietung mittels Bild- oder Tonträger oder öffentlicher Zugänglichmachung öffentlich wahrnehmbar gemacht wird,

   c) die Funksendung seiner Darbietung öffentlich wahrnehmbar gemacht wird,

   d) seine Darbietung durch Aufnahme einer Funksendung oder durch Übertragung von einem Bild- oder Tonträger auf einen anderen zum privaten und sonstigen eigenen Gebrauch vervielfältigt wird

   e) seine Darbietung für den Kirchen-, Schul- und Unterrichtsgebrauch oder zu gewerblichen Zwecken durch Aufnahme einer Funksendung oder durch Übertragung von einem Bild- oder Tonträger auf einen anderen vervielfältigt wird,

   f) Bild- oder Tonträger vervielfältigt und an behinderte Menschen verbreitet werden, soweit dies für die sinnliche Wahrnehmung erforderlich ist,

   g) Bild- oder Tonträger für Unterricht und Forschung öffentlich zugänglich gemacht werden,

   h) erschienene Bild- oder Tonträger vermietet oder verliehen werden, mit Wirkung vom 1. Juli 1994; für die ab 1. Juli 1995 erschienenen Bild- oder Tonträger gilt dies, soweit der Hersteller die Vermietung zugelassen hat,

   i) die Funksendung seiner Darbietung durch Kabelsysteme weitergesendet wird;

3. die sich aus der Verletzung von Einwilligungsrechten ergebenden Unterlassungs-, Vernichtungs- oder Schadensersatzansprüche.

(2) Der Berechtigte kann Art und Umfang der wahrzunehmenden Rechte und Ansprüche nach seiner Wahl einschränken sowie deren Wahrnehmung auf die Bundesrepublik Deutschland begrenzen. Hat der Berechtigte eine Einschränkung oder Begrenzung der wahrzunehmenden Rechte und Ansprüche vorgenommen, ist dies bei der Verteilung entsprechend zu berücksichtigen.

9.2.2 Wahrnehmungsvertrag für ausübende Künstler – Seite 2

II.

In Ansehung der Hersteller von Tonträgern und von Bild- und Tonträgern, für die durch den Abschluss von Wahrnehmungsverträgen mit der GVL deren Verteilungspläne verbindlich sind, findet I. keine Anwendung.

III.

Erteilt der Berechtigte eine erforderliche Einwilligung selbst, ist er gehalten, die von der GVL bekanntgegebenen Vertragsgrundsätze zu beachten.

IV.

(1) Der Berechtigte ist verpflichtet, der GVL die für die Feststellung und Wahrnehmung seiner Rechte und Ansprüche erforderlichen Auskünfte und Hinweise zu erteilen, ferner die zur Aufstellung und Durchführung des Verteilungsplanes notwendigen Angaben zu machen und die diesbezüglichen Unterlagen zur Verfügung zu stellen. Dies hat in deutscher Sprache zu erfolgen. Die GVL ist nicht verpflichtet, Mitteilungen in fremder Sprache zu versenden und Unterlagen in fremder Sprache entgegenzunehmen; soweit die GVL notwendige Übersetzungen durchführen lässt, ist sie berechtigt, die Kosten auf die Gesamtheit der ausländischen Berechtigten bei der Verteilung umzulegen.

(2) Änderungen des Wohnsitzes und der Postanschrift sowie der Bankkonten sind der GVL jeweils sofort durch eingeschriebenen Brief bekanntzugeben.

(3) Bei der Aufstellung und Durchführung des Verteilungsplanes werden nur Angaben berücksichtigt, die innerhalb der dafür bekanntgegebenen Frist gemacht und belegt sind. Zugeteilte Verteilungsquoten verfallen, wenn sie aus einem von dem Berechtigten zu vertretenden Grunde nicht innerhalb von 12 Monaten an den Empfangsberechtigten übermittelt werden können.

(4) Die GVL verschickt jährlich bis zum 31. Januar an die Berechtigten sog. Nachweisbogen. Ein Berechtigter, der durch irgendeinen Umstand nicht in den Besitz solcher Nachweisbogen gelangt, muss bei der GVL rechtzeitig (spätestens bis zum 30. April und zweckmässigerweise durch eingeschriebenen Brief) die Zusendung von Nachweisbogen anfordern, um die Einreichungsfrist bis 30. Juni einhalten zu können.

(5) Die von der GVL erhobenen Daten werden gespeichert.

V.

(1) Die Ansprüche des Berechtigten gegen die GVL sind nur mit Zustimmung der GVL abtretbar. Die GVL ist berechtigt, die Erteilung der Zustimmung von der Zahlung einer Bearbeitungsgebühr abhängig zu machen.

(2) Für die Rechtsnachfolge gelten die allgemeinen gesetzlichen Bestimmungen. Ist der Berechtigte verstorben und sind mehrere Erben vorhanden, so haben die Erben einen Bevollmächtigten zu ernennen, der sie gegenüber der GVL vertritt.

VI.

(1) Der Vertrag beginnt am _____

Der Berechtigte kann den Wahrnehmungsvertrag nach Ablauf von zwei Jahren mit einer Frist von sechs Monaten zum Ende des Kalenderjahres kündigen.

(2) Mit der Beendigung des Vertrages gehen die Rechte ohne besondere Übertragung zum Schluss des Kalenderjahres, in welchem der Vertrag mit der GVL endet, auf den Berechtigten zurück.

(3) Erfüllungsort und Gerichtsstand ist der Sitz der GVL. Es gilt das Recht der Bundesrepublik Deutschland.

VII.

Der Gesellschaftsvertrag der GVL in seiner jeweiligen Fassung ist Bestandteil dieses Vertrages.

Vom Beirat künftig beschlossene Änderungen des Wahrnehmungsvertrages, beispielsweise hinsichtlich neuer Rechte oder neuer Nutzungsarten, werden Bestandteil dieses Vertrages, wenn sie dem Berechtigten schriftlich mitgeteilt wurden und dieser zustimmt. Die Zustimmung gilt als erteilt, wenn der Berechtigte nicht binnen sechs Wochen seit Absendung der Mitteilung ausdrücklich widerspricht, auf diese Rechtsfolge ist er in der Mitteilung hinzuweisen.

VIII.

Erhielt der Berechtigte infolge unrichtiger, unvollständiger oder unklarer Angaben in den Nachweisbogen Überzahlungen, ist er zu deren Erstattung an die GVL verpflichtet.

Berlin, den _____   _____, den _____

Gesellschaft zur Verwertung von   Berechtigter
Leistungsschutzrechten mbH (GVL)

Geschäftsführer

_____   _____   _____

(Dr. Gerlach)   (Zombik)   (Rechtsverbindliche Unterschrift des Künstlers, kein Pseudonym)

9.2.3 Gesellschaftsvertrag

Gesellschaftsvertrag

der GESELLSCHAFT ZUR VERWERTUNG
VON LEISTUNGSSCHUTZRECHTEN mbH (GVL)
vom 16. 03. 1959 in der Fassung vom 15. 03. 2004.

GVL
Gesellschaft zur Verwertung
von Leistungsschutzrechten

§ 1

(1) Die

a) **Deutsche Orchestervereinigung e.V., Berlin,**
im folgenden „Deutsche Orchestervereinigung" genannt,

b) **Deutsche Landesgruppe der IFPI e.V.**
(International Federation of the Phonographic Industry), **Berlin,**
im folgenden „Deutsche Landesgruppe" genannt,

haben unter der Firma

Gesellschaft zur Verwertung von Leistungsschutzrechten mit beschränkter Haftung (GVL)

eine Gesellschaft mit beschränkter Haftung errichtet.

(2) Die Gesellschaft hat ihren Sitz in Berlin.

§ 2

(1) Gegenstand des Unternehmens ist die Wahrnehmung von Rechten und Ansprüchen, die sich aus dem Urheberrechtsgesetz für ausübende Künstler, Tonträgerhersteller, Bild- und Tonträgerhersteller (Hersteller von Videoclips) und Veranstalter im Sinne von § 81 UrhG ergeben oder auf Hersteller und Veranstalter übertragen sind. Rechte und Ansprüche von Filmurhebern werden insoweit wahrgenommen, als es sich um Tonträger begleitende Bildträger (Videoclips) handelt.

(2) Über Art und Umfang der wahrzunehmenden Rechte und Ansprüche wird mit dem Berechtigten ein Wahrnehmungsvertrag abgeschlossen. Der Berechtigte kann Art und Umfang der wahrzunehmenden Rechte und Ansprüche nach seiner Wahl einschränken sowie deren Wahrnehmung auf das Gebiet der Bundesrepublik Deutschland begrenzen. Er kann den Wahrnehmungsvertrag nach Ablauf von zwei Jahren mit einer Frist von sechs Monaten zum Ende des Kalenderjahres schriftlich kündigen.

(3) Eingezogene Vergütungen, die für die angelegten Gelder bis zur Verteilung aufgelaufenen Zinserträge und alle sonstigen Erträge einschließlich der außerordentlichen Erträge werden nach Abzug der notwendigen Verwaltungskosten an die jeweils Berechtigten ausgezahlt.

(4) Für die Aufstellung von Verteilungsplänen gelten folgende Grundsätze:

1. Zwischen ausübenden Künstlern und Tonträgerherstellern werden die Vergütungen für die

a) Sendung   d) Verleih
b) öffentliche Wiedergabe   e) Vervielfältigung
c) Vermietung   f) unkörperliche Verbreitung

von Tonträgern im Verhältnis 50 v.H. zu 50 v.H. aufgeteilt.

2. Zwischen ausübenden Künstlern und Bild- und Tonträgerherstellern werden die Vergütungen für die

a) Sendung   d) Verleih
b) öffentliche Wiedergabe   e) Vervielfältigung
c) Vermietung

von Bild- und Tonträgern im Verhältnis 50 v.H. zu 50 v.H. aufgeteilt. Bei den Vergütungen für Tonträger begleitende Bildträger (Videoclips) gilt dies nach einem Vorabzug von 60 v.H. für die Hersteller. Bei den Vergütungen aus Vermietung und Verleih von erschienenen Bild- und Tonträgern mit Filmwerken gilt dies nach einem Vorabzug von 40 v.H. für die ausübenden Künstler.

3. Entgelte für die Kabelweitersendung künstlerischer Darbietungen, die weder Tonträger noch Bildtonträger betreffen, werden nur an ausübende Künstler verteilt.

4. Zwischen ausübenden Künstlern und Veranstaltern werden die Vergütungen für die Vervielfältigung von Sendungen zum persönlichen Gebrauch im Verhältnis der aus der Erstverwertung in Bezug auf das Inland erzielten Einkünfte aufgeteilt. Im Verhältnis zu den übrigen Berechtigtengruppen werden die Veranstalter den ausübenden Künstlern zugerechnet.

5. Die für die Sendung, öffentliche Wiedergabe, Vermietung, Vervielfältigung eingezogenen Vergütungen gelangen

a) unter ausübenden Künstlern im Verhältnis der von diesen in dem betreffenden Geschäftsjahr aus der Erstverwertung in Bezug auf das Inland erzielten, anrechenbaren Einkünfte,

b) unter Tonträgerherstellern im Verhältnis der in dem betreffenden Geschäftsjahr in Bezug auf das Inland erfolgten Verwendung ihrer Tonträger in Funksendungen,

c) unter Bild- und Tonträgerherstellern im Verhältnis der in dem betreffenden Geschäftsjahr in Bezug auf das Inland erfolgten Verwendung ihrer Bild- und Tonträger (Videoclips) in Fernsehsendungen,

d) unter Veranstaltern im Verhältnis der von diesen in dem betreffenden Geschäftsjahr aus der Erstverwertung (§ 81 UrhG) in Bezug auf das Inland erzielten, anrechenbaren Einkünfte

zur Aufteilung.

6. Bis zu 5 v.H. der für die Verteilung zur Verfügung stehenden Vergütungen können nach hierfür vom Beirat festgelegten Richtlinien für kulturelle, kulturpolitische und soziale Zwecke verwendet werden.

(5) Hat der Berechtigte eine Einschränkung oder Begrenzung der wahrzunehmenden Rechte und Ansprüche vorgenommen (Absatz 2 Satz 2), ist dies bei der Verteilung entsprechend zu berücksichtigen.

(6) Inland im Sinne dieser Bestimmung ist die Bundesrepublik Deutschland.

§ 3

(1) Geschäftsjahr ist das Kalenderjahr.

(2) Die Bilanz für das abgelaufene Geschäftsjahr ist jeweils bis zum 1. Juli des nachfolgenden Jahres vorzulegen.

9.2.3 Gesellschaftsvertrag – Seite 2

§ 4

(1) Das Stammkapital der Gesellschaft beträgt EUR 26.000,– (in Worten: Euro sechsundzwanzigtausend) und ist in voller Höhe eingezahlt.

(2) Die Abtretung von Geschäftsanteilen kann nur mit Genehmigung der Gesellschaft erfolgen.

§ 4 a

Zusammenlegung von Geschäftsanteilen

Mehrere Geschäftsanteile desselben Gesellschafters können, sobald sie voll eingezahlt sind, mit Zustimmung des betroffenen Gesellschafters durch Gesellschafterbeschluss zu einem Geschäftsanteil zusammengelegt werden.

§ 5

Die Geschäftsführung ist entsprechend dem satzungsmäßigen Zwecke der Gesellschaft so einzurichten, dass für die Gesellschaft keine Gewinne erzielt werden.

§ 6

(1) Die Gesellschaft wird durch zwei Geschäftsführer gemeinschaftlich vertreten oder durch einen Geschäftsführer mit einem Prokuristen. § 46 Ziff. 7 des GmbH-Gesetzes findet keine Anwendung.

(2) Berufung und Abberufung der Geschäftsführer erfolgen durch die Gesellschafter.

§ 7

(1) Es wird ein Beirat gebildet, der sich wie folgt zusammensetzt:

   a) 12 Mitglieder können von den Gesellschaftern jeweils für die Dauer von drei Jahren berufen werden, und zwar acht auf Vorschlag der Deutschen Orchestervereinigung und vier auf Vorschlag der Deutschen Landesgruppe.

   b) 12 Mitglieder können von den Berechtigten durch Wahl bestimmt werden, und zwar zwei Mitglieder für die Gruppe der Tonträgerherstellern und je ein Mitglied für die Gruppen: Dirigenten, Instrumentalsolisten, Gesangs- und Tanzsolisten, Orchester-, Chor- und Ballettmitglieder, Studiomusiker, Schauspieler und künstlerisch Vortragende, Regisseure, Bild- und Tonträgerhersteller (Hersteller von Videoclips), Veranstalter.

(2) Beiratsmitglieder können nur Berechtigte werden, die als ausübende Künstler an den drei aufeinanderfolgenden Verteilungen vor ihrer Berufung oder Wahl teilgenommen haben, oder Vertreter von Tonträgerherstellern, Bild- und Tonträgerherstellern oder Veranstaltern, die an den drei aufeinander folgenden Verteilungen vor der Berufung oder Wahl teilgenommen haben; sie müssen während dieser Zeit ihren Wohnsitz bzw. Sitz in der Bundesrepublik Deutschland haben oder ihre Einnahmen überwiegend aus Verwertungen in der Bundesrepublik Deutschland beziehen. Herstellervertreter können nur Inhaber, Gesellschafter, Vorstandsmitglieder, Geschäftsführer, Prokuristen oder Angestellte mit Handlungsvollmacht sein.

Vertreter von Unternehmen, mit denen die GVL Nutzungsverträge für die Sendung erschienener Tonträger geschlossen hat, oder die von solchen Vertragspartnern rechtlich oder wirtschaftlich abhängig sind, können nicht in den Beirat gewählt werden.

(3) Die von den Gruppen vorzunehmende Wahl erfolgt jeweils für die Dauer von drei Jahren auf einer dafür von den Geschäftsführern einzuberufenden Versammlung der Berechtigten.

Scheidet ein gewähltes Beiratsmitglied vorzeitig aus, rückt als Gruppenvertreter nach, wer die nächsthohe Anzahl von Stimmen erhalten hat.

(4) Der Beirat beschließt:

   a) zu welchen Bedingungen Rechte und Ansprüche wahrzunehmen sind,

   b) die Verteilungspläne.

Er berät die Geschäftsführer bei dem Abschluss von Gesamtverträgen und der Aufstellung von Tarifen; hierfür können aus den Vertretern der beteiligten Gruppen Kommissionen gebildet werden.

(5) Der Beirat wird von den Geschäftsführern mindestens einmal jährlich einberufen. Eine Einberufung muss erfolgen, wenn mindestens die Hälfte der Beiratsmitglieder dies schriftlich beantragt.

(6) Der Beirat ist beschlussfähig, wenn drei Fünftel seiner Mitglieder anwesend sind. Beschlüsse können auch auf schriftlichem Wege herbeigeführt werden.

(7) Der Beirat bildet einen Beschwerdeausschuss mit fünf Mitgliedern. Dieser entscheidet nach Maßgaben der Verteilungsregeln über Beschwerden von ausübenden Künstlern (einschließlich Veranstaltern) gegen die für sie bei der jährlichen Verteilung getroffenen Festsetzungen, denen die Geschäftsführung nicht abgeholfen hat.

Der Ausschuss kann nur innerhalb vier Wochen seit Zugang der ablehnenden Entscheidung der Geschäftsführung angerufen werden. Er soll innerhalb von sechs Monaten eine Entscheidung erlassen. Der Rechtsweg zu den ordentlichen Gerichten ist ausgeschlossen, wenn der Beschwerdeausschuss nicht fristgerecht angerufen wurde. Er ist erst eröffnet, wenn der Beschwerdeausschuss entschieden hat oder sechs Monate seit der Anrufung vergangen sind.
Näheres regelt die Geschäftsordnung; diese wird von den Gesellschaftern nach Anhörung des Beirates erlassen.

§ 8

Ein Gesellschafter kann seinen Austritt aus der Gesellschaft erklären, wenn ein wichtiger Grund vorliegt, der ihm die Fortsetzung des Gesellschaftsverhältnisses unzumutbar macht.

§ 9

(1) Die Beschlussfassung in den Organen erfolgt einstimmig.

(2) Der Beirat beschließt mit Mehrheit der abgegebenen Stimmen, auf schriftlichem Wege mit einer Dreiviertel-Mehrheit aller Stimmen. Bei einer Beschlussfassung über Verteilungspläne ruht das Stimmrecht des Vertreters einer Gruppe, für deren Berechtigte in dem betreffenden Geschäftsjahr eine Wahrnehmung von Rechten oder Ansprüchen nicht stattgefunden hat.

§ 10

Die Bekanntmachungen der Gesellschaft erfolgen im „Bundesanzeiger".

9.2.4 Ergänzende Angaben für Bankverbindung und steuerliche Zwecke

---

Ergänzende Angaben für steuerliche Zwecke
ausübende Künstler

(DIESES FORMULAR BITTE AN DIE GVL SENDEN)

GVL

Gesellschaft zur Verwertung
von Leistungsschutzrechten

Vertrags-Nr.

Herr/Frau:
Mr/Mrs/Miss

Nationalität

Postanschrift:
Postal Address

abweichender
Hauptwohnsitz:
Residential Address

I. **EINKOMMENSSTEUER**
Unterliegen Sie in der Bundesrepublik Deutschland der unbeschränkten oder der beschränkten Einkommensteuerpflicht nach § 1 EStG?

☐ Ich bin in der **Bundesrepublik Deutschland unbeschränkt einkommensteuerpflichtig**
  ☐ Ich habe in der Bundesrepublik Deutschland meinen gewöhnlichen Aufenthalt
  ☐ Ich habe in der Bundesrepublik Deutschland einen Wohnsitz

☐ Ich bin in der Bundesrepublik Deutschland beschränkt einkommensteuerpflichtig
  ☐ Ich wohne bzw. halte mich auf und bin
    unbeschränkt einkommensteuerpflichtig in:

II. **UMSATZSTEUER**
1. **Wohnsitz und gewöhnlicher Aufenthalt in der Bundesrepublik Deutschland**
(in der Bundesrepublik Deutschland unbeschränkt einkommensteuerpflichtig)

☐ Ich versteuere meine Umsätze nach den allgemeinen Steuervorschriften des UStG
  (7 % Umsatzsteuer auf eventuelle GVL-Vergütungen)

  (Angaben zur Steuernummer gem. § 14 UStG erforderlich bei Umsatzsteuerpflicht:)
  Steuernummer:
  Tax-No.

  Zuständiges Finanzamt:
  Tax Authority

☐ Ich bin sogenannter Kleinunternehmer im Sinne von § 19. (Mein umsatzsteuerlicher Gesamtumsatz lag im Vorjahr unter € 16.620,– und wird im laufenden Kalenderjahr voraussichtlich € 50.000,– nicht übersteigen.)

☐ Ich habe (noch) keine Einnahmen, die der Umsatzsteuer unterliegen
  und zahle daher keine Umsatzsteuer. (Begründung: z. B. Schüler, Student, Lohn- oder Gehaltsempfänger)

2. **Wohnsitz und gewöhnlicher Aufenthalt nicht in der Bundesrepublik Deutschland**
(in der Bundesrepublik Deutschland beschränkt einkommensteuerpflichtig)

Nachrichtlich:
Die Umsatzsteuer wird gem. § 13b UStG vom Leistungsempfänger (GVL) an das Finanzamt abgeführt.

---

026 - 10/2004

Ort, Datum
Place, Date

rechtsverbindliche Unterschrift des Berechtigten
Legally Binding Signature

9.2.5 Nachweisbogen

NACHWEISBOGEN 2006

LETZTER EINSENDETERMIN:
30. 06. 2007
(Datum des Poststempels)

GVL

Gesellschaft zur Verwertung
von Leistungsschutzrechten

Sprechzeiten:
Mo.-Fr. von 9.00-12.00 Uhr
Mo.-Do. von 13.00-16.00 Uhr
und Fr. von 13.00-14.00 Uhr

◄── **GVL-Vertragsnummer**

Rücksendung des ORIGINALS nur mit vollständigen Unterlagen FAX-Übermittlung wird NICHT berücksichtigt

I. Hiermit versichere ich, dass

1. ich die umseitig angemeldeten Entgelte im Verteilungsjahr 2006 erhalten habe,
2. durch die angemeldeten Entgelte nur meine tatsächlich erbrachten, persönlichen Leistungen abgegolten wurden,
3. die eingereichten Belege nicht von mir oder von Personen ausgestellt worden sind, mit denen ich verwandt oder verschwägert bin oder in Lebensgemeinschaft stehe, oder von Firmen, an denen ich, mit mir Verwandte, Verschwägerte oder Lebenspartner von mir beteiligt sind, soweit ich Abweichendes unter Hinweis auf den betreffenden Beleg nicht ausdrücklich angegeben habe,
4. ich die beigefügten Hinweise zum Nachweisbogen beachtet habe.

II. Hiermit bestätige ich, dass

1. nur vollständig ausgefüllte Nachweisbögen unter Beifügen von vollständigen, einwandfreien und den Positionen im Nachweisbogen eindeutig zugeordneten Belegen berücksichtigt werden können,
2. die GVL ermächtigt ist, von den zahlenden Stellen Bestätigungen sowie Vertrags- und Abrechnungsunterlagen einzuholen,
3. ich mir nicht zustehende Verteilungsbeträge unverzüglich erstatten werde,
4. ich mir bewußt bin, mich bei falschen oder irreführenden Angaben der Gefahr der Strafverfolgung auszusetzen.

III. Hiermit erkläre ich, dass ich auf meine Umsätze aus freiberuflicher Tätigkeit im Verteilungsjahr
umsatzsteuerpflichtig (mehrwertsteuerpflichtig) bin: ◯

Umsatzsteuer-Nummer oder Umsatzsteuer-Identifikationsnummer: ⌐ı ı ı ı ı ı ı ı ı ı ı ı ı ı ı ¬

Finanzamt :

Die Umsatzsteuer kann gem. § 14 UStG nur ausbezahlt werden, wenn Sie uns Ihre
Umsatzsteuer-Identifikationsnummer oder Ihre Umsatzsteuernummer mitteilen.

Name des Orchesters,
des Chores, Ensembles:

Tagsüber bin ich
telefonisch erreichbar:

berufliche Tätigkeit:
(z.B. Sänger, Geiger, Dirigent, Schauspieler, Regisseur)

_____
(Datum)

(rechtsverbindliche Unterschrift des Berechtigten)

Unter Bezugnahme auf § 33 des Bundesdatenschutzgesetzes machen wir darauf aufmerksam, dass die uns angegebenen personenbezogenen
Daten gespeichert werden.

Bitte nur ausfüllen, falls sich Ihre persönlichen Daten geändert haben:

(Name) | (Vorname) | (Geburtsdatum)

(Straße, Haus-Nr.) | (Postleitzahl, Wohnort) | (Staatsangehörigkeit)

(Name des Konto-Inhabers) | (Konto-Nr.) | (Bankleitzahl)

(Name des kontoführenden Instituts) | (Ort des kontoführenden Instituts)

003 – 11/2006

Podbielskiallee 64 · 14195 Berlin · Tel. +49 (30) 48 483-600 · Fax +49 (30) 48 483-700 · http://www.gvl.de · e-mail: gvl@gvl.de

9.2.5 Nachweisbogen – Seite 2

ENTGELTE 2006

GVL-Vertragsnummer: Seite:

ES WERDEN NUR IN DIESEM NACHWEISBOGEN EINGETRAGENE UND ENTSPRECHEND DEN HINWEISEN ZUM NACHWEISBOGEN BELEGTE POSITIONEN BEARBEITET. Bitte füllen Sie diesen Nachweisbogen vollständig aus, und nummerieren Sie die beigefügten Belege kenntlich entsprechend den angemeldeten Positionen. Sollte der Platz nicht ausreichen, nehmen Sie bitte ein Extrablatt oder kopieren Sie diese Seite und führen Sie dann die Nummerierung fort. Das Ausfüllen der beigefügten Formulare A und B genügt den Formularanforderungen nicht.

lfd. Pos.	Sendeanstalt Tonträgerhersteller Produktionsfirma	Kategorie HF = Hörfunk TV = TV/Video/DVD TT = Tonträger K = Kinofilm V = Videoclip W = Werbemusik	Betrag ohne MWSt. lt. anliegendem Beleg	Währung	Bemerkungen
1					
2					
3					
4					
5					
6					
7					
8					
9					
10					
11					
12					
13					
14					
15					
16					
17					
18					
19					
20					

9.2.6 Wahrnehmungsvertrag für Tonträgerhersteller

Wahrnehmungsvertrag
für Tonträgerhersteller

Gesellschaft zur Verwertung
von Leistungsschutzrechten

Zwischen **(Bitte in Druckschrift ausfüllen)**

⌞ | | | | | | | | | | | | | | | | | | | | | | | | | | | | | | | | | | | | ⌟
(Name der Firma)

⌞ | | | | | | | | | | | | | | | | | | | | | | | | | | | | | | | | | | | | ⌟
(Anschrift)   (Telefon)

– nachstehend „Berechtigter" genannt –

und der **Gesellschaft zur Verwertung von Leistungsschutzrechten mbH (GVL)**
Podbielskiallee 64, 14195 Berlin
Postfach 33 03 61, 14173 Berlin
– nachstehend „GVL" genannt –

wird folgender Wahrnehmungsvertrag geschlossen:

§ 1

Der Berechtigte überträgt der GVL zur Wahrnehmung im eigenen Namen gegenüber Dritten folgende ihm gegenwärtig zustehende und während der Vertragsdauer zufallende Rechte:

1. die gesetzlichen Ansprüche auf angemessene Beteiligung (§ 86 UrhG) bzw. angemessene Vergütung für

   a) die herkömmliche Hörfunk- und Fernsehsendung einschließlich der Kabelweitersendung von Darbietungen auf erschienenen Tonträgern durch Sendeunternehmen (§ 78 II Nr. 1 UrhG);

   b) die öffentliche Wahrnehmbarmachung von auf Tonträgern aufgenommenen oder gesendeten Darbietungen oder von auf öffentlicher Zugänglichmachung beruhenden Wiedergaben der Darbietungen (§ 78 II Nr. 2 und 3 UrhG);

   c) die Aufnahme von Sendungen auf Ton- oder Bildtonträgern und die Übertragung von einem Ton- oder Bildtonträger auf einen anderen zum privaten und sonstigen eigenen Gebrauch (§ 54 I UrhG);

   d) die Vervielfältigung von Tonträgern, die innerhalb von Schulfunksendungen gesendet werden, sofern die hergestellten Aufnahmen nicht am Ende des folgenden Schuljahres gelöscht werden (§ 47 II UrhG);

   e) die Vervielfältigung und Verbreitung von Tonträgern, die in eine Sammlung für den Kirchen-, Schul- oder Unterrichtsgebrauch durch Schüler oder Lehrer aufgenommen werden, jedoch begrenzt bis zu 10000 Exemplaren (§ 46 IV UrhG);

   f) die Vermietung und den Verleih von erschienenen Tonträgern (§ 27 UrhG), mit Wirkung vom 1. Juli 1994; für die ab 1. Juli 1995 erschienenen Tonträger gilt dies, soweit der Hersteller die Vermietung zugelassen hat;

   g) die nicht Erwerbszwecken dienende Vervielfältigung von Tonträgern für und deren Verbreitung an behinderte Menschen, soweit dies zur Ermöglichung des Zugangs zur sinnlichen Wahrnehmung der Tonträgeraufnahmen erforderlich ist (§ 45a II UrhG);

   h) die öffentliche Zugänglichmachung von Tonträgern für Unterricht und Forschung (§ 52a IV UrhG);

9.2.6 Wahrnehmungsvertrag für Tonträgerhersteller – Seite 2

2. das Recht, die Herstellung einzelner Vervielfältigungsstücke von Tonträgern gegen Entgelt zu erlauben (§ 85 I UrhG)

   a) zum Zwecke der herkömmlichen Hörfunk- oder Fernsehsendung durch Sendeunternehmen und der Überlassung von Vervielfältigungsstücken im Rahmen der jeweils gültigen Sendeverträge;

   b) im Rahmen veröffentlichter Tarife oder abgeschlossener Gesamtverträge
     aa) zum Zwecke der öffentlichen und nichtöffentlichen Wiedergabe durch den Vervielfältiger;
     bb) zum Zwecke der Archivierung;
     mit Ausnahme der Vervielfältigung zur Aufnahme in eine Datenbank, es sei denn, es handelt sich um eine Datenbank von weniger als 500 Musikaufnahmen zum Zweck der öffentlichen Wiedergabe gemäß § 78 II Nr. 2, 3 UrhG;

   c) zum Zwecke der nichtgewerblichen Herstellung und Auswertung eines Films;

   d) zum Zwecke der unkörperlichen Verbreitung von Tonträgern in Mehrkanaldiensten, insbesondere in digitaler Form;

   e) zum Zwecke der nicht-interaktiven Internet-Übertragung in Form des Simulcasting oder des Webcasting gem. § 1 Ziff. 4;

3. das Recht, die unkörperliche Verbreitung von Tonträgern in Mehrkanaldiensten, insbesondere in digitaler Form, gegen Entgelt zu erlauben (§ 85 I UrhG);

4. das nicht-ausschließliche Recht, die nicht-interaktive Internet-Übertragung in Form des Simulcasting oder des Webcasting gegen Entgelt zu erlauben, letztere jedoch nur, soweit sie die den Kriterien von Anlage 1 zu diesem Vertrag entspricht;

5. in Bezug auf Bildtonträger, die auf einen Tonträger aufgenommene Musikdarbietungen oder Auszüge daraus enthalten, und die keine längere Spieldauer als 10 Minuten haben,

   a) das Recht zur herkömmlichen Sendung durch Sendeunternehmen (§ 94 I UrhG);

   b) das Recht zur unkörperlichen Verbreitung in Mehrkanaldiensten, insbesondere in digitaler Form;

   c) die gesetzlichen Ansprüche auf angemessene Vergütung aus der Vervielfältigung, der öffentlichen Wiedergabe, der Vermietung, dem Verleih und der Verbreitung entsprechend Ziff. 1b) bis 1h);

   d) das Recht zur Vervielfältigung entsprechend Ziff. 2a), 2b) und 2d);

6. die Befugnis, Ansprüche auf Unterlassung, Vernichtung und Schadensersatz bei Verletzung der gemäß Ziff. 2 bis 5 übertragenen Rechte gerichtlich und außergerichtlich geltend zu machen;

7. die ihm abgetretenen Leistungsschutzrechte der ausübenden Künstler entsprechend dem in Ziff. 1 bis 6 festgelegten Umfange, einschließlich des Senderechts (§ 78 I Nr. 2 UrhG) insoweit, als die Verwendung erschienener Tonträger in Mehrkanaldiensten als Sendung anzusehen ist;

8. die ihm abgetretenen Nutzungsrechte der Urheber entsprechend dem in Ziff. 5 und 6 festgelegten Umfange.

9.2.6 Wahrnehmungsvertrag für Tonträgerhersteller – Seite 3

§ 1a

(1) Datenbank i.S.v. § 1 Ziff. 2b ist eine Sammlung von Musikaufnahmen, die methodisch oder systematisch angeordnet und mit Hilfe elektronischer Mittel oder auf andere Weise zugänglich sind und deren Aufbau eine wesentliche Investition erfordert.

(2) Mehrkanaldienste i.S.v. § 1 Ziff. 3 sind Dienste, in denen auf mindestens zwei parallelen Kanälen ohne nennenswerte Wortbeiträge Tonträgeraufnahmen ohne interaktive Elemente drahtlos oder drahtgebunden übertragen werden, mit Ausnahme der Übertragung im Internet. Der Nutzer darf keinen Einfluss auf die konkrete Ausgestaltung des von ihm empfangenen Programms haben.

(3) Simulcasting i.S.v. § 1 Ziff. 4 ist die nicht-interaktive, zeitgleiche, unveränderte und nicht zur dauerhaften Speicherung bestimmte Übertragung einer herkömmlichen terrestrischen Rundfunksendung über allgemein zugängliche Seiten im Internet (World Wide Web).

(4) Webcasting i.S.v. § 1 Ziff. 4 ist die nicht-interaktive und nicht zur dauerhaften Speicherung bestimmte Übertragung von Tonträgeraufnahmen über allgemein zugängliche Seiten ausschließlich im Internet (World Wide Web) auf einem oder mehreren Kanälen, sofern der Hauptzweck des Angebots nicht darin liegt, bestimmte Produkte oder Dienstleistungen (ausgenommen solche mit Bezug zu Tonträgeraufnahmen, Live-Konzerten oder anderen musikbezogenen Veranstaltungen) zu verkaufen, zu bewerben oder anderweitig zu fördern.

§ 2

(1) Die Übertragung der Rechte gemäß § 1 erfolgt nur zur Wahrnehmung in der Bundesrepublik Deutschland.

(2) Diese Einschränkung gilt nicht für Verträge mit ausländischen Kabelfunkgesellschaften und soweit die GVL in Verträgen mit Sendeunternehmen und Werbefunkgesellschaften der Bundesrepublik Deutschland auch Nutzungsrechte für Gebiete außerhalb der Bundesrepublik Deutschland einräumt. Die Einschränkung gilt ferner nicht, soweit mit ausländischen Verwertungsgesellschaften Verträge über die gegenseitige Wahrnehmung von Leistungsschutzrechten der ausübenden Künstler und/oder Tonträgerhersteller abgeschlossen werden.

(3) Der Berechtigte behält sich vor, von den im Sendevertrag vorgesehenen Befugnissen zum Ausschluss der Überlassung von Tonträgern in das Ausland (§ 2 Abs. 1d) und zum Ausschluss der Vervielfältigung von Tonträgern auf Wunsch der betreffenden Interpreten (Protokollnotiz Nr. 2 zu § 2) Gebrauch zu machen. Er behält sich außerdem vor, Tonträger von jeglicher Vervielfältigung auszuschließen, wenn einer der beteiligten Interpreten einer solchen Verwertung nicht zugestimmt hat. Entsprechende Vorbehalte sind der GVL schriftlich mitzuteilen. Von der Rechteübertragung nach diesem Vertrag nicht umfasst sind Rechte zur Lizenzierung von Webcasting-Angeboten nach § 1a Abs. 4, die nicht den Kriterien nach Anlage 1 zu diesem Vertrag entsprechen. Nicht umfasst sind ferner Rechte zur Nutzung von Tonträgern als Freizeichenmusik (sog. „ringback tones").

(4) Soweit die GVL Gesamtverträge noch nicht abgeschlossen oder Tarife noch nicht aufgestellt hat, bedarf sie zur Wahrnehmung im Einzelfall der vorherigen Zustimmung des Berechtigten.

§ 3

(1) Der Berechtigte ist jederzeit verpflichtet, der GVL die für die Feststellung und Wahrnehmung seiner Rechte und Ansprüche sowie der ihm von den ausübenden Künstlern abgetretenen Rechte und Ansprüche erforderlichen Auskünfte und Hinweise zu erteilen, ferner die zur Aufstellung und Durchführung des Verteilungsplanes notwendigen Angaben zu machen und die erforderlichen Unterlagen zur Verfügung zu stellen. Die GVL ist auch ermächtigt, sich die erforderlichen Auskünfte und Angaben selbst zu verschaffen.

9.2.6 Wahrnehmungsvertrag für Tonträgerhersteller – Seite 4

(2) Der Berechtigte teilt der GVL seine Bankverbindung mit und hält die GVL über etwaige Änderungen auf dem Laufenden. Die GVL haftet nicht für Fehlüberweisungen aufgrund falscher Angaben. Der Berechtigte ist verpflichtet, der GVL Überzahlungen zu erstatten, die auf unrichtige, unvollständige oder unklare Angaben zurückzuführen sind.

(3) Der Berechtigte ist verpflichtet, der GVL jeden Wechsel des Wohnsitzes oder des Unternehmenssitzes sowie jede Änderung der Firma unverzüglich mitzuteilen.

§ 4

Die Ansprüche des Berechtigten gegen die GVL sind nur mit Zustimmung der GVL abtretbar. Die GVL ist berechtigt, die Erteilung der Zustimmung von der Zahlung einer Bearbeitungsgebühr abhängig zu machen. Für die Rechtsnachfolge gelten die allgemeinen gesetzlichen Bestimmungen.

§ 5

(1) Der Vertrag beginnt mit dem Tage der Unterzeichnung durch die Parteien und wird zunächst für 2 Verteilungsjahre abgeschlossen. Für die Rechtsübertragung für nicht-interaktive Internet-Übertragungen gilt die Kündigungsmöglichkeit des Abs. 3 Satz 2 bereits ab Vertragsbeginn.

(2) Der Vertrag kann auf Antrag verlängert werden.

(3) Nach einer Verlängerung läuft der Vertrag auf unbestimmte Zeit und kann mit einer Frist von sechs Monaten zum 31. Dezember eines Jahres gekündigt werden, frühestens zum Ende des dritten Vertragsjahres nach dem Zeitpunkt der Verlängerung. Abweichend hiervon kann die Rechtsübertragung gemäß § 1 Ziff. 3 und die Übertragung des Senderechts gemäß § 1 Ziff. 7 sowie die Rechtsübertragung für nicht-interaktive Internet-Übertragungen gemäß § 1 Ziff. 4 mit einer Frist von drei Monaten zum Ende eines jeden Kalendermonats gekündigt werden.

(4) Soweit die von der GVL abgeschlossenen oder verlängerten Verträge mit den Verwertern den Zeitpunkt der Beendigung des Vertrags überschreiten, verlängert sich dieser hinsichtlich der betreffenden Rechtsübertragung entsprechend.

(5) Mit der Beendigung des Vertrags gehen die Rechte ohne besondere Übertragung zum Schluss des Kalenderjahres an den Berechtigten zurück.

§ 6

(1) Der Gesellschaftsvertrag der GVL in seiner jeweiligen Fassung ist Bestandteil dieses Vertrags. Vom Beirat beschlossene künftige Änderungen des Wahrnehmungsvertrages, beispielsweise hinsichtlich neuer Rechte oder neuer Nutzungsarten, werden Bestandteil dieses Vertrages, wenn sie dem Berechtigten schriftlich mitgeteilt wurden und dieser zustimmt. Die Zustimmung gilt als erteilt, wenn der Berechtigte nicht binnen sechs Wochen seit Absendung der Mitteilung ausdrücklich widerspricht; auf diese Rechtsfolge ist er in der Mitteilung hinzuweisen.

(2) Für die Verteilung gelten folgende Grundsätze:

a) Die von der GVL vereinnahmten Vergütungen für die Verwertung von Tonträgern werden zwischen den Tonträgerherstellern und den ausübenden Künstlern hälftig geteilt.

9.2.6 Wahrnehmungsvertrag für Tonträgerhersteller – Seite 5

b) Die von der GVL vereinnahmten Vergütungen für die Verwertung von Videoclips werden zwischen den Tonträgerherstellern und den ausübenden Künstlern nach einem Vorabzug von 60 % für die Tonträgerhersteller hälftig geteilt.

c) Die von der GVL vereinnahmten Vergütungen für die Vermietung und den Verleih von Filmen werden zwischen den ausübenden Künstlern und den Tonträgerherstellern nach einem Vorabzug von 40 % für die ausübenden Künstler hälftig geteilt.

d) Die von der GVL vereinnahmten Vergütungen für die Kabelweitersendung künstlerischer Darbietungen, die nicht unter lit. a) und b) fallen, stehen den ausübenden Künstlern zu.

e) Die auf die Hersteller von Tonträgern insgesamt entfallenden Vergütungen werden an die Deutsche Landesgruppe der IFPI nach näherer Maßgabe eines von dieser mit der GVL abgeschlossenen Vertrages zur treuhänderischen Weiterleitung an die Hersteller überwiesen.

§ 7

Erfüllungsort und Gerichtsstand ist der Sitz der GVL.

_____, den _____   Berlin, den _____
Berechtigter   Gesellschaft zur Verwertung von
                                                             Leistungsschutzrechten mbH (GVL)
                                                             Geschäftsführer

_____   _____   _____
Stempel und Unterschrift des Tonträgerherstellers   (Zombik)   (Dr. Gerlach)

Anlage 1

Nutzungsbedingungen

Ein Webcaster muss die folgenden Nutzungsbedingungen erfüllen, um eine Webcasting-Lizenz zu erhalten:

1. Keine Programmvorschau

Der Webcaster darf keine Programmvorschau oder anderweitige Bekanntmachung veröffentlichen oder deren Veröffentlichung veranlassen, in der die Titel der einzelnen Musikaufnahmen oder der Titel eines Albums, in dem die Musikaufnahmen enthalten sind, bekannt gegeben werden, die Inhalt des Programms sind. Außer zu Illustrationszwecken dürfen die Namen der ausübenden Künstler, die im Programm gespielt werden, nicht im voraus genannt werden. Dies schließt die Ankündigung nicht aus, dass ein bestimmter Künstler innerhalb eines nicht näher spezifizierten Zeitrahmens im Programm enthalten ist.

2. Musikprogramm

Der Webcaster darf innerhalb von drei Stunden seines Programms nicht übertragen:
(a) mehr als drei verschiedene Titel von einem bestimmten Album, davon nicht mehr als zwei Titel aufeinanderfolgend; oder
(b) mehr als vier verschiedene Titel eines bestimmten Künstlers oder einer Compilation von Musiktiteln, davon nicht mehr als drei aufeinanderfolgend.

3. Archiv-Programme und Programmschleifen

Die Übertragung darf nicht Teil sein von:
(a) einem Archiv-Programm von weniger als fünf Stunden Dauer; oder
(b) einem Archiv-Programm von fünf oder mehr Stunden, das für einen Zeitraum von mehr als zwei Wochen angeboten wird; oder
(c) einer Programmschleife von weniger als drei Stunden Dauer.

4. Programmwiederholung

Die Übertragung darf nicht Teil eines als solches erkennbaren Programms sein, in dem Musikaufnahmen in einer vorbestimmten Reihenfolge (außer in Archiv-Programmen und Programmschleifen) übertragen werden, wenn dieses Programm übertragen wird:
(a) öfter als drei Mal innerhalb eines im Voraus öffentlich bekannt gegeben Zeitraums von zwei Wochen, sofern es sich um ein Programm von weniger als einer Stunde Dauer handelt; oder
(b) öfter als vier Mal innerhalb eines im Voraus öffentlich bekannt gegebenen Zeitraums von zwei Wochen, sofern es sich um ein Programm von einer Stunde Dauer oder länger handelt.

5. Verbot der Nutzung zu Werbezwecken

Der Webcaster darf die Musikaufnahmen als solche oder als Bestandteil eines Dienstes, der Übertragungen von Bildern oder Filmen anbietet, nicht in einer Weise übertragen, die geeignet ist, den falschen Eindruck einer Verbindung des Urheber- oder Leistungsschutzrechtsinhabers mit dem Webcaster oder einem bestimmten Produkt oder Dienstleistung, die vom Webcaster beworben wird, zu erwecken. Der Webcaster darf ferner bei der Übertragung nicht den Eindruck erwecken, seine über die reine Übertragung von Musikaufnahmen hinausgehenden Tätigkeiten würden durch den Inhaber der Urheber- und/oder Leistungsschutzrechte (einschließlich des ausübenden Künstlers) gesponsort oder anderweitig unterstützt.

6. Verhinderung des Scannens und Aufnehmens des Programms

Sofern es nicht mit unverhältnismäßig hohen Kosten verbunden ist, muss der Webcaster im Markt allgemein erhältliche, effektive technische Maßnahmen einsetzen, die darauf abzielen, zu verhindern, dass:

(a) der Empfänger der Übertragung oder jede andere Person das Programm des Webcasters allein oder zusammen mit weiteren Übertragungen anderer Webcasters automatisch scannen kann, um so bestimmte Musikaufnahmen aus den Programmen herauszufiltern; und

(b) der Empfänger der Übertragung Vervielfältigungen der Musikaufnahmen herstellen kann (mit Ausnahme technisch bedingter, vorübergehender Vervielfältigungen).

7. Unterstützung technischer Maßnahmen

Der Webcaster soll technische Maßnahmen unterstützen, die von Tonträgerherstellern eingesetzt werden, um ihre Musikaufnahmen zu identifizieren und zu schützen, und darf diese nicht stören, sofern diese technischen Maßnahmen von dem Webcaster ohne substanzielle Kosten und ohne spürbare Beeinträchtigung des übertragenen Signals mit übertragen werden können.

8. Übermittlung von Informationen zur Rechtewahrnehmung

(a) Der Webcaster soll während, aber nicht vor der Übertragung die folgenden Informationen über die Musikaufnahmen in einer Weise übermitteln, dass diese dem Empfänger auf einer hierfür bestimmten Vorrichtung angezeigt werden: Titel der Musikaufnahme, ggf. Titel des Albums, auf dem der Track enthalten ist, und Name des ausübenden Künstlers.

(b) Die Übertragung der Musikaufnahmen soll, sofern technisch realisierbar, begleitet werden von der Übermittlung der in den jeweiligen Musikaufnahmen von den Rechteinhabern eingefügten Informationen bezüglich Titel und ausübender Künstler.

Diese Verpflichtung gilt unter den in Nr. 6 genannten Voraussetzungen.

9. Keine Übertragung unautorisierter Musikaufnahmen

Der Webcaster darf keine unautorisierten Musikaufnahmen übertragen; dazu zählen ohne Ausnahme sog. Bootlegs (unautorisierte Konzertmitschnitte) und Aufnahmen, die im Land, in dem der Webcaster seinen Sitz hat, noch nicht veröffentlicht worden sind. Der Webcaster darf die Musikaufnahmen nicht re-mixen oder in anderer Weise verändern, sodass die übertragenen Musikaufnahmen sich von den Originalaufnahmen unterscheiden.

10. Automatische Senderwechsel und personalisierte Programme

Der Webcaster darf keine Vorrichtungen unterstützen, die das automatische Springen von einem Programm-Kanal zum anderen ermöglichen. Er soll ferner keine Skip-Funktionen zum Überspringen einzelner Titel, Pause- oder „Rückspul"-Tasten in sein Angebot aufnehmen. Gleiches gilt für sämtliche Funktionen, die es dem Empfänger ermöglichen, ein personalisiertes Programm (z.B. im Hinblick auf das Angebot bestimmter Künstler oder Alben) zu erstellen.

11. Bewahren der Integrität von Werken und Darbietungen

Der Webcaster soll beim Gebrauch der Musikaufnahmen die Persönlichkeitsrechte der Urheber und ausübenden Künstler wahren. Er hat insbesondere jede Entstellung oder andere Beeinträchtigung zu unterlassen, die das Ansehen und den Ruf dieser Personen gefährden könnte. Dies gilt gerade auch bei der Verbindung von Musikaufnahmen mit Bildern oder Filmen.

9.2.7 Fragebogen zum Antrag

FRAGEBOGEN

zum Antrag auf Abschluss eines Wahrnehmungsvertrages für Tonträgerhersteller

GVL
Gesellschaft zur Verwertung
von Leistungsschutzrechten

Firma:
(Stempel)

1. a) Ist Ihre Firma im Handelsregister eingetragen?
   Wenn ja, wo und seit wann?
   Bitte Fotokopie beifügen.

   b) Oder liegt eine Gewerbeerlaubnis vor?
   Bitte Fotokopie beifügen.

2. a) Werden die von Ihnen hergestellten Tonträger in der
   Bundesrepublik Deutschland über den Handel an das
   breite Publikum zum Verkauf angeboten?

   b) Wenn ja, unter welchen Marken (Label)?

   c) Sind diese Marken in der Warenzeichenrolle beim Deutschen
   Patentamt eingetragen und ggf. unter welcher Nummer?
   Bitte Kopie beifügen.

   d) Wieviel Katalognummern haben Sie bisher unter
   jeder Marke herausgebracht?
   Bitte stellen Sie uns ein Belegexemplar je Marke zur Verfügung.

3. a) Wo werden die Tonträger hergestellt?
   *Bitte Kopie der Fertigungsrechnung zu
   dem Belegexemplar (2d) beifügen.*

   b) Welche Mindeststückzahl lassen Sie von jeder
   Katalognummer vor Aufnahme des Vertriebs
   fertigen?

4. a) Von wem werden die Tonträger vertrieben?
   *Übersenden Sie uns bitte einen Katalog
   oder Kopie des Vertriebsvertrages.*

   b) Nennen Sie uns Verkaufsstellen in
   Deutschland, in denen Ihre Tonträger
   z.Z. erhältlich sind.

5. Werden Rundfunkanstalten in Deutschland von Ihnen bemustert?

6. a) Haben Sie mit einzelnen Rundfunkanstalten in Deutschland
   bereits Sendeverträge abgeschlossen?

   b) Wenn ja, mit welchen?
   *Übersenden Sie uns bitte Fotokopien
   dieser Verträge.*

bitte wenden

032 · 10/2004

Hausanschrift: G V L, Podbielskiallee 64, 14195 Berlin, Telefon: +49 (30) 48 483-600, Telefax: +49 (30) 48 483-700, e-mail: gvl@gvl.de, http://www.gvl.de

9.2.7 Fragebogen zum Antrag – Seite 2

7. Bei wem liegen die Rechte einschließlich der
Leistungsschutzrechte der Interpreten?
***Bitte übersenden Sie uns die Interpreten-, Bandübernahme- oder
Lizenzverträge zu dem Belegexemplar (2d) in Kopie.***

8. a) Produzieren Sie auch Tonträger, die nicht über den Handel an das
breite Publikum zum Verkauf angeboten werden (z.B. per Mailorder
oder via nicht-physischer Online-Verbreitung)?

b) Wenn ja, für wen und für
welchen Zweck werden diese
Tonträger hergestellt?

c) Welche Bezeichnungen
(z.B. Marke/Label)
tragen diese Tonträger?

d) Werden die Tonträger auch Rundfunkanstalten in Deutschland
angeboten? Wieviel Stück werden verteilt?

9. Wenn es sich um den Import von Tonträgern handelt:

a) Name und Adresse der
Herstellerfirma bzw. des
Lieferanten.

b) Unter welchen Marken werden
die Tonträger im Ausland
vertrieben?

c) ***Übersenden Sie uns bitte eine Fotokopie des Lizenzvertrages.***

Auch beim Import von Tonträgern ist die Beantwortung der umseitigen Fragen 2, 3b (Import-Stückzahl),
4, 5, 6 sowie 7 erforderlich.

10. Ist Ihre Firma Mitglied der Deutschen Landesgruppe der IFPI e.V.?

11. Ist Ihre Firma Mitglied der GEMA als Verleger?

12. Haben Sie die Pflichtablieferung an
„Die Deutsche Bibliothek" beachtet?
Falls noch nicht, siehe beiliegendes Formblatt.

13. VERPFLICHTUNG
Wir verpflichten uns zur Erstattung von Vergütungen, auf die nach vorstehenden Hinweisen
kein Anspruch bestand.

_____   _____
(Datum)   (Stempel und Unterschrift)

9.3.1 Fragebogen Künstlersozialkasse

Hinweis: Die hiermit angeforderten personenbezogenen Daten werden aufgrund des § 11 Abs. 2 des Künstlersozialversicherungsgesetzes (KSVG) erhoben. Sie unterliegen dem Sozialgeheimnis, zu dessen Wahrung nach § 35 Sozialgesetzbuch (SGB) I neben dem Träger der Sozialversicherung auch die Künstlersozialkasse verpflichtet ist.

KÜNSTLER SOZIALKASSE

Fragebogen
zur Prüfung der Versicherungspflicht
nach dem Künstlersozialversicherungsgesetz

Eingangsstempel der KSK

Versicherungsnummer **(wird von der KSK ausgefüllt)**

Angaben zur Person (bitte Fotokopie Ihres Personalausweises oder Reisepasses beifügen)

Fett eingefasste Felder werden von der KSK ausgefüllt!

Name	Vornamen (Rufname unterstreichen)	Titel
ggf. Geburtsname	Künstlername	
Geburtsort	Geburtsland (wenn nicht BRD)	

Staatsangehörigkeit

Staatsangehörigkeit: Sollten Sie nicht die deutsche oder eine Staatsbürgerschaft eines der Europäischen Union angehörenden Landes besitzen, fügen Sie bitte eine **Aufenthaltsgenehmigung** bei!

Geburtsdatum	Tag	Monat	Jahr	Geschlecht (Zutreffendes ankreuzen)	Familienstand

☐ männlich   ☐ weiblich   ☐ nicht verheiratet   ☐ verheiratet

Anschrift (ständiger Wohnsitz/Aufenthalt)

Straße, Hausnummer

Postleitzahl   Wohnort (Antragsteller aus Berlin: Bitte Ausfüllhinweise beachten!)

ggf. Landkreis   Bundesland

Staat (wenn nicht Bundesrepublik Deutschland)   Tel.-Nr. (tagsüber zu erreichen)
/

Bank / Postbank

Name/Anschrift des Geldinstituts

Kontonummer   Bankleitzahl   Kontoinhaber (falls nicht Sie selbst):

Versicherungsnummer (VSNR)

Falls für Sie bisher keine Versicherungsnummer (sie entspricht der „Sozialversicherungsnummer" oder „Rentenversicherungsnummer") vergeben wurde, wird dies von der KSK veranlasst.

Bevollmächtigter (nur ausfüllen, wenn ein anderer für Sie tätig sein soll)

☐ Generalvollmacht (falls nicht Sie selbst, sondern **ausschließlich** ein Dritter für Sie mit der KSK korrespondieren und Empfänger Ihrer Post sein soll)

☐ Vertretungsvollmacht (nur für Feststellungsverfahren zum Fragebogen)

Name, Vorname / Firma	Straße, Hausnummer
Postleitzahl Ort	Tel.-Nr. (tagsüber zu erreichen) /

T-Schlüssel   Bundesland

gemäß tel. Anforderung vom:

Herausgeber: Künstlersozialkasse • bei der Unfallkasse des Bundes • Gökerstraße 14 • 26384 Wilhelmshaven
Telefon (0 44 21) 75 43 - 9 • Telefax (0 44 21) 75 43 - 586 • Internet: www.kuenstlersozialkasse.de

Ka – 0102 – 08/2007

9. Formulare, Informationen und Schreiben der KSK

9.3.1 Fragebogen Künstlersozialkasse – Seite 2

- 2 -

Angaben zur selbständigen künstlerischen / publizistischen Tätigkeit

1. Welche der folgenden Tätigkeiten üben Sie **selbständig und erwerbsmäßig**, d. h. zum Zwecke der Erzielung von Arbeitseinkommen, aus? (Mehrere Nennungen möglich)

Im Bereich Musik:

M01	Komponist
M02	Texter, Librettist
M03	Musikbearbeiter, Arrangeur
M04	Kapellmeister, Dirigent
M05	Chorleiter [3]
M06	Instrumentalsolist in der "ernsten Musik"
M07	Orchestermusiker in der "ernsten Musik" [3]
M08	Oper-, Operetten-, Musicalsänger
M09	Lied- und Oratoriensänger
M10	Chorsänger in der "ernsten Musik" [3]
M11	Sänger in Unterhaltungsmusik, Show, Folklore
M12	Tanz- und Popmusik
M13	Unterhaltungs- und Kurmusiker
M14	Jazz- und Rockmusiker
M15	Künstlerisch-technischer Mitarbeiter im Bereich Musik [1] Art der Tätigkeit:
M16	Pädagoge, Ausbilder im Bereich Musik [2] [3]
M17	Alleinunterhalter
M19	Ähnliche selbständige künstlerische Tätigkeit im Bereich Musik [1], Art der Tätigkeit:

Im Bereich bildende Kunst/Design:

B01	Bildhauer
B02	Experimenteller Künstler, Objektemacher
B03	Maler, Zeichner, künstlerischer Grafiker
B04	Porträt-, Genre-, Landschaftsmaler
B05	Performance-/Aktionskünstler
B06	Videokünstler
B07	Künstlerischer Fotograf, Lichtbildner, Fotodesigner
B08	Karikaturist, Trick- und Comiczeichner, Illustrator
B09	Grafik-, Mode- [1], Textil- [1], Industrie-Designer, Layouter [1]
B10	Werbefotograf
B11	Keramiker, Glasgestalter [4]
B12	Gold- und Silberschmied [4], Emailleur [4]
B13	Textil-, Holz-, Metallgestalter [4]
B14	Graveur [4]
B15	Pädagoge, Ausbilder im Bereich bildende Kunst/Design [2]
B19	Ähnliche selbständige künstlerische Tätigkeit im Bereich bildende Kunst [1], Art der Tätigkeit:

Im Bereich darstellende Kunst:

D01	Ballett-Tänzer [3] Ballett-Meister
D02	Schauspieler [3], Sprecher [3], Kabarettist
D03	Moderator, Rezitator
D04	Puppen-, Marionetten-, Figurenspieler
D05	Conférencier, Entertainer, Quizmaster
D06	Unterhaltungskünstler / Artist [1]
D07	Regisseur, Filmemacher, Choreograph
D08	Dramaturg [3]
D09	Bühnen-, Film-, Kostüm-, Maskenbildner [3]
D10	Regieassistent [3]
D11	Künstlerisch-technischer Mitarbeiter im Bereich darstellende Kunst [1], Art der Tätigkeit:
D12	Pädagoge, Ausbilder im Bereich darstellende Kunst [2]
D13	Theaterpädagoge
D19	Ähnliche selbständige künstlerische Tätigkeit im Bereich darstellende Kunst [1], Art der Tätigkeit:

Im Bereich Wort:

W01	Schriftsteller, Dichter
W02	Autor für Bühne, Film, Funk und Fernsehen
W03	Lektor
W04	Journalist, Redakteur
W05	Bildjournalist, Bildberichterstatter, Pressefotograf
W06	Kritiker
W07	Wissenschaftlicher Autor
W08	Fachmann/-frau für Öffentlichkeitsarbeit oder Werbung [1]
W09	Übersetzer, Bearbeiter [1]
W10	Pädagoge, Ausbilder im Bereich Publizistik
W19	Ähnliche selbständige publizistische Tätigkeit [1] [3] Art der Tätigkeit:

1.1 Haben Sie bereits in der Vergangenheit einen Fragebogen zur Prüfung der Versicherungspflicht nach dem Künstlersozialversicherungsgesetz bei der Künstlersozialkasse eingereicht?

☐ nein   ☐ ja

1) Bitte beschreiben Sie anhand von Beispielen Ihre Tätigkeit (ggf. auf gesondertem Blatt).
2) Nachweis über künstlerische Fachausbildung bitte beifügen, sofern vorhanden.
3) Legen Sie bitte Vertragsunterlagen vor, aufgrund derer Sie engagiert worden sind.
4) Lesen Sie bitte die Ausfüllhinweise, insbesondere den letzten Absatz zu Ziffer 1 und 2.

9.3.1 Fragebogen Künstlersozialkasse – Seite 3

- 3 -

2 Die erwerbsmäßige Ausübung der unter Ziffer 1 angegebenen Tätigkeit(en) muss nachgewiesen werden. Nachfolgend sind verschiedene Möglichkeiten beispielhaft aufgeführt, wie dieser Nachweis erbracht werden kann:

☐ Nachweis über eine **künstlerische oder publizistische Ausbildung**, z. B. Diplom-Urkunde, Abschlusszeugnis, Studienbescheinigung (bitte unbedingt in Fotokopie vorlegen, falls vorhanden)

☐ **Verträge** mit Ihren Auftraggebern (nicht älter als 1 Jahr; falls vorhanden, bitte unbedingt vollständige Fotokopie vorlegen)

☐ **Abrechnungen Ihrer Auftraggeber** über die an Sie gezahlten Vergütungen / Honorare / Gagen; oder von Ihnen erstellte **Rechnungen nebst Bankbeleg** über den Erhalt der Rechnungsbeträge (falls vorhanden, bitte 3-4 exemplarische Nachweise, nicht älter als 1 Jahr, in Fotokopie vorlegen)

☐ Ihr eigenes aktuelles **Werbematerial** (z. B. Prospekte, Plakate, Faltblätter, Handzettel, Ausdruck Ihres Internetauftritts)

☐ Wertungen von dritter Seite (z. B. **Preise, Stipendien**)

☐ Einige exemplarische Nachweise über **Veröffentlichungen / Ausstellungen / Konzerte / Aufführungen** (z. B. Zeitungsartikel, Vorankündigungen, Ausstellungseinladungen, Auszüge aus Katalogen); diese Nachweise sollten nicht älter als 1 Jahr sein

☐ Bescheinigung über die **Mitgliedschaft in berufsständischen Interessenverbänden** oder Versorgungseinrichtungen

☐ Bei Ausübung einer Tätigkeit mit den Kennziffern **B11, B12, B13, B14**: Nachweis über die **Anerkennung in den Fachkreisen der bildenden Künstler** (lesen Sie hierzu bitte Ziffer 1 und 2 der Ausfüllhinweise)

☐ Andere Tätigkeitsnachweise

Bitte kreuzen Sie an, welche Nachweise diesem Fragebogen beigefügt sind.

Hinweis: Anhand der Nachweise möchte die Künstlersozialkasse prüfen,

- ob Ihre Tätigkeit künstlerisch oder publizistisch im Sinne des Künstlersozialversicherungsgesetzes ist,

- und ob Sie Ihre Tätigkeit zur Erzielung von Arbeitseinkommen, d. h. erwerbsmäßig, ausüben.

Es wird daher empfohlen, die Nachweise so zusammenzustellen, dass sich die Künstlersozialkasse ein umfassendes Bild von Ihrer Berufstätigkeit machen kann.

3 Unter welchen rechtlichen Rahmenbedingungen üben Sie Ihren künstlerischen/publizistischen Beruf aus?

3.1 ☐ ausschließlich als Selbständiger

☐ zusätzlich auch als abhängig Beschäftigter [1]

3.2 Die selbständige Tätigkeit wird ausgeübt

☐ als Einzelunternehmer

☐ gemeinsam mit anderen Personen, z. B. im Rahmen einer Gesellschaft bürgerlichen Rechts

☐ als Gesellschafter oder Gesellschafter-Geschäftsführer einer GmbH [2]

4 In welchem Bereich Ihrer unter Ziffer 1 genannten Tätigkeiten erzielen Sie die **Haupteinnahmen**?
(Bitte nur ein Feld ankreuzen)   Kennziffern siehe Frage 1

		Kennziffer		
☐ Musik	M			
☐ darstellende Kunst	D			
☐ bildende Kunst / Design	B			
☐ Wort	W			

5 Wann haben Sie diejenige Tätigkeit, die Sie unter Ziffer 1 angegeben haben, aufgenommen?

Tag	Monat	Jahr

5.1 Sind Sie mit der unter Ziffer 1 angegebenen Tätigkeit erstmalig in Ihrem Leben berufstätig?

☐ ja; weiter bei Frage 6

☐ nein; Ich war nach Abschluss meiner Schul- und Berufsausbildung bisher wie folgt berufstätig:

Berufstätigkeit/en als Selbständige/r:
vom - bis   Art der Tätigkeit

_____

Berufstätigkeiten als Arbeitnehmer/in:
vom - bis   beschäftigt bei

_____

Wenn Sie mehr Platz zur Darlegung Ihres Berufslebens benötigen, fügen Sie bitte ein gesondertes Blatt hinzu.

1) Anhaltspunkt: Von Ihrem Arbeitgeber werden für Sie Sozialversicherungsbeiträge abgeführt.

2) Gesellschaftsvertrag und ggf. Geschäftsführervertrag bitte beifügen.

9. Formulare, Informationen und Schreiben der KSK

9.3.1 Fragebogen Künstlersozialkasse – Seite 4

- 4 -

6 Beschäftigen **Sie** im Zusammenhang mit der künstlerischen oder publizistischen Tätigkeit **einen oder mehrere Arbeitnehmer?**

☐ nein – weiter bei Ziffer 7
☐ ja

6.1 Geben Sie bitte die Ihnen von der Agentur für Arbeit zugeteilte Betriebsnummer und die Zahl der Arbeitnehmer an.

Betriebsnummer   Anzahl der Arbeitnehmer

☐☐☐☐☐☐☐☐   ☐☐☐

6.2 Von den Arbeitnehmern werden beschäftigt

Anzahl
☐ zur Berufsausbildung   ☐☐

Anzahl
☐ geringfügig (im Sinne des § 8 SGB IV)   ☐☐

7 Welches Arbeitseinkommen (Einnahmen minus Betriebsausgaben, siehe dazu die Ausfüllhinweise) werden Sie im laufenden Kalenderjahr voraussichtlich aus Ihrer selbständigen künstlerischen/publizistischen Tätigkeit erzielen? **Machen Sie bitte Ihre Angabe je nach Sachverhalt entweder zu Ziffer 7 a oder zu Ziffer 7 b!**

7a Ich habe meine Tätigkeit im laufenden Kalenderjahr aufgenommen (siehe Ziffer 5) und werde in dem Zeitraum vom Tätigkeitsbeginn bis zum Ende des Jahres voraussichtlich folgendes Arbeitseinkommen erzielen:

_____ €

7b Ich bin bereits im gesamten laufenden Kalenderjahr selbständig künstlerisch/publizistisch tätig und werde voraussichtlich folgendes Jahresarbeitseinkommen erzielen:

_____ €

8 Sind Sie zurzeit **arbeitsunfähig** krank?

seit (Tag, Monat, Jahr)
☐ nein   ☐ ja   _____

Bitte reichen Sie eine entsprechende **Bescheinigung** ein. Teilen Sie uns das **Ende der Arbeitsunfähigkeit** bitte unver-

9 Wo üben Sie Ihre selbständige künstlerische/publizistische Tätigkeit aus?

9.1 ☐ ausschließlich in der Bundesrepublik Deutschland **(weiter bei Ziffer 10)**
9.2 ☐ ausschließlich außerhalb der Bundesrepublik Deutschland **(weiteres Ausfüllen des Fragebogens nicht erforderlich)**
9.3 ☐ sowohl innerhalb als auch außerhalb der Bundesrepublik Deutschland

Geben Sie bitte an, in welchem Land/in welchen Ländern Sie Ihre Auslandstätigkeit ausüben. Geben Sie bitte auch Auskunft zur Dauer und zu den beruflichen Umständen Ihrer Auslandstätigkeit.

_____
_____
_____

10 Wo üben Sie Ihre Tätigkeit innerhalb der Bundesrepublik Deutschland aus?

☐ An verschiedenen Orten
☐ An einer festen Arbeitsstätte (z.B. Atelier, häusl. Arbeitszimmer)

in (PLZ) ☐☐☐☐☐   Ort _____

Straße, Hausnummer

Angaben zu anderen Berufstätigkeiten

11 Üben **Sie neben** Ihrer Tätigkeit als selbständiger Künstler/ Publizist noch eine oder mehrere **Beschäftigungen als Arbeitnehmer** aus?

☐ nein – weiter bei Ziffer 12
☐ ja

Arbeitgeber (Name, Anschrift)
_____
_____

Nachweise bitte beifügen.
(z. B. letzte Gehaltsabrechnung oder Jahresarbeitsentgeltbescheinigung)

11.1 Seit wann üben Sie die **Beschäftigung als Arbeitnehmer** aus?

Tag, Monat, Jahr
_____

11.2 Welches Arbeitsentgelt erwarten Sie aus der Beschäftigung für das laufende Kalenderjahr?

_____ €

12 Üben Sie **neben** Ihrer selbständigen künstlerischen/publizistischen Tätigkeit irgendeine andere, d. h. nicht künstlerische / nicht publizistische **selbständige Tätigkeit** aus?

☐ nein – weiter bei Ziffer 13
☐ ja
Art dieser **selbständigen Tätigkeit**

_____

12.1 Erwarten Sie für das laufende Kalenderjahr **Gewinne** aus der unter Ziffer 12 aufgeführten **selbständigen Tätigkeit?**

in Höhe von €
☐ nein   ☐ ja   _____

12.2 Seit wann üben Sie die andere selbständige Tätigkeit aus?

Monat, Jahr
_____

9.3.1 Fragebogen Künstlersozialkasse – Seite 5

- 5 -

Weitere Angaben zur Prüfung der Versicherungspflicht

13 Sind Sie **von der Rentenversicherungspflicht befreit?**

(Dies ist nur dann der Fall, wenn Sie bei dem Rentenversicherungsträger, der Deutschen Rentenversicherung, zielgerichtet die Befreiung beantragt haben und wenn der Rentenversicherungsträger einen Bescheid erteilt hat, mit dem die beantragte Befreiung ausdrücklich bewilligt worden ist.)

☐ nein

☐ ja; bitte Kopie des Befreiungsbescheides beifügen.

14 Sind Sie **von der Versicherungspflicht in der gesetzlichen Kranken-/Pflegeversicherung befreit?**

(Dies ist nur dann der Fall, wenn Sie zielgerichtet die Befreiung beantragt haben und wenn eine gesetzliche Krankenkasse oder die Künstlersozialkasse einen Bescheid erteilt hat, mit dem die beantragte Befreiung ausdrücklich bewilligt worden ist.)

☐ nein

☐ ja; bitte Kopie des Befreiungsbescheides beifügen.

15 Beziehen Sie zurzeit eine der folgenden Leistungen?

☐ Arbeitslosengeld

☐ Arbeitslosengeld II (Grundsicherung f. Arbeitssuchende)

☐ Existenzgründungszuschuss

☐ andere Leistungen der Agentur für Arbeit?

Bitte Nachweis beifügen!

☐ Nein, ich beziehe keine dieser Leistungen.

16 Sind Sie als selbständiger Handwerker rentenversichert?

☐ nein ☐ ja   Kopie des Bescheides Ihres Rentenversicherungsträgers bitte beifügen!

17 Sind Sie Beamter, Kirchenbeamter, Richter, Berufs- oder Zeitsoldat oder stehen Sie in einem ähnlichen rentenversicherungsfreien Beschäftigungsverhältnis (z. B. DO-Angestellter in der Sozialversicherung) bzw. erhalten Sie bereits eine Versorgung nach beamtenrechtlichen Vorschriften oder Grundsätzen? (keine Hinterbliebenenversorgung)

☐ nein ☐ ja   Entsprechende Nachweise bitte beifügen!

18 Beziehen Sie eine Rente aus der gesetzlichen Rentenversicherung?

☐ nein ☐ ja   Rentenbescheid bitte beifügen!

19 Sind Sie Landwirt im Sinne von § 1 des Gesetzes über die Alterssicherung der Landwirte?

☐ nein ☐ ja

20 Sind Sie **Studierender** einer Hochschule oder einer sonstigen der wissenschaftlichen oder fachlichen Ausbildung dienenden Schule?

☐ nein ☐ ja   Nachweise Ihrer Immatrikulation bitte beifügen!

Wie viele Wochenstunden wenden Sie auf für

das Studium?   die künstl./publ. Tätigkeit?

_____ Std.   _____ Std.

21 Sind Sie Wehr- oder Zivildienstleistender?

☐ nein ☐ ja   vom - bis

Angaben zur Kranken-/Pflegeversicherung

22 Sind Sie bereits gesetzlich kranken-/pflegeversichert?

☐ nein; weiter bei Ziffer 23

☐ ja, und zwar

☐ aufgrund freiwilliger Versicherung

☐ aufgrund einer Beschäftigung als Arbeitnehmer

☐ aufgrund des Bezuges von Leistungen der Agentur für Arbeit

☐ in der Krankenversicherung der Rentner als Rentenbezieher oder Renten-Antragsteller

☐ in der Krankenversicherung der Landwirte

☐ als Student oder Praktikant

☐ als mitversicherter Familienangehöriger eines Mitgliedes der gesetzlichen Kranken/Pflegeversicherung

☐ aus einem anderen Grund (bitte angeben):

_____

_____

23 Sind Sie zurzeit **privat** kranken-/pflegeversichert?

☐ nein ☐ ja, seit:

Name des privaten Kranken-/Pflegeversicherungsunternehmens:

_____

_____

23.1 Haben Sie Anspruch auf Beihilfe im Krankheitsfall nach beamtenrechtlichen Vorschriften?

☐ nein

☐ ja ⇒   ☐ aus eigenem Beamtenverhältnis

☐ als Hinterbliebene(r)

☐ als Familienangehörige(r)

276

9. Formulare, Informationen und Schreiben der KSK

9.3.1 Fragebogen Künstlersozialkasse – Seite 6

- 6 -

24 Geben Sie bitte an, bei welcher **gesetzlichen Krankenkasse** Sie bereits Mitglied sind bzw. im Falle der Versicherungspflicht nach dem KSVG Mitglied werden möchten. (Nähere Informationen hierzu entnehmen Sie bitte dem Merkblatt „Wahl einer gesetzlichen Kranken-/Pflegekasse").

☐ Ich bin bereits Mitglied folgender Krankenkasse:

Name der Krankenkasse

Bitte unbedingt Mitgliedsbescheinigung beifügen!

☐ Ich bin noch kein Mitglied einer gesetzlichen Krankenkasse und möchte, sofern Versicherungspflicht nach dem KSVG festgestellt wird, bei folgender Krankenkasse angemeldet werden:

Name, Anschrift

Bitte unbedingt Bescheinigung dieser Krankenkasse über die von Ihnen getroffene Wahl beifügen!

25 Im Falle der Arbeitsunfähigkeit besteht ein **gesetzlicher Anspruch** auf **Krankengeld** ab Beginn der **7. Woche** der Arbeitsunfähigkeit (also ab dem 43. Tag).

Durch Erklärung gegenüber der KSK kann ein **früherer Krankengeldanspruch** (spätestens ab 15. Tag der Arbeitsunfähigkeit) erreicht werden (sog. „vorgezogenes Krankengeld").

Hierfür müssten Sie allerdings einen Beitragsaufschlag zahlen. Ausführliche Erläuterungen zu dieser Gestaltungsmöglichkeit im Rahmen der gesetzlichen Krankenversicherung entnehmen Sie bitte den beigefügten Ausfüllhinweisen.

Ob Sie die nachstehende Erklärung abgeben oder nicht, liegt in Ihrem Ermessen. .

☐ **Erklärung:** Hiermit beantrage ich, dass im Falle der Arbeitsunfähigkeit das Krankengeld spätestens ab 15. Tag gezahlt werden soll.

Antrag auf Befreiung von der gesetzlichen Krankenversicherungspflicht

Die Ziffern 26 und 27 sind für Sie nur von Bedeutung, wenn Sie **privat kranken- und pflegeversichert** werden bzw. bleiben möchten. Die Einzelheiten zu den Möglichkeiten der Befreiung von der Krankenversicherungspflicht wollen Sie bitte den Ausfüllhinweisen entnehmen.
Wenn Sie dagegen Mitglied in einer gesetzlichen Krankenkasse werden bzw. bleiben möchten, gehen Sie bitte weiter zu Frage 28.

26 Für Berufsanfänger

☐ **Erklärung:** Als Berufsanfänger beantrage ich hiermit die Befreiung von der gesetzlichen Krankenversicherungspflicht.
Der von meiner privaten Krankenversicherung bestätigte Vordruck der KSK

☐ ist beigefügt.

☐ wird nachgereicht.

☐ liegt mir bisher nicht vor; bitte senden Sie mir einen Vordruck zu.

27 Für Höherverdienende

☐ **Erklärung:** Als Höherverdienender beantrage ich hiermit die Befreiung von der gesetzlichen Krankenversicherungspflicht.
Der von meiner privaten Krankenversicherung bestätigte Vordruck der KSK

☐ ist beigefügt.

☐ wird nachgereicht.

☐ liegt mir bisher nicht vor; bitte senden Sie mir einen Vordruck zu.

Elterneigenschaft

28 Erziehen Sie ein Kind / mehrere Kinder bzw. haben Sie ein Kind / mehrere Kinder erzogen? (Gefragt ist auch nach volljährigen und nicht mehr in Ihrem Haushalt lebenden Kindern.)

☐ nein

☐ ja: bitte geeignete Nachweise über Ihre Elterneigenschaft beifügen (z. B. Geburtsurkunde Ihres Kindes; bei mehreren Kindern genügt die Geburtsurkunde eines Kindes). Beachten Sie hierzu bitte auch Ziffer 28 der Ausfüllhinweise.

Bitte vergewissern Sie sich an dieser Stelle, ob die dem Fragebogen beizufügenden Unterlagen vollständig sind:

• Fotokopie des Personalausweises / Reisepasses
• Tätigkeitsnachweis (Ziffer 2)
• Mitgliedsbescheinigung der Krankenkasse
• Kopie der Geburtsurkunde Ihres Kindes, Nachweis der Elterneigenschaft

Erklärung:
Ich versichere, die vorstehenden Angaben wahrheitsgemäß gemacht zu haben. Mir ist bekannt, dass vorsätzlich oder grob fahrlässig gemachte unrichtige Angaben als Ordnungswidrigkeit mit einer Geldbuße bis zu 5.000,-- € geahndet werden können (§ 36 Abs. 1 u. 3 KSVG).

_____
Ort, Datum

_____
Unterschrift der Antragstellerin / des Antragstellers

277

9.3.2 Informationen zur KSK

Das Wichtigste zur Künstlersozialversicherung in Kürze

Mit der Künstlersozialversicherung sind seit 1983 die selbständigen Künstler und Publizisten in den Schutz der gesetzlichen Sozialversicherung einbezogen.

Besonderheit: Die Künstler und Publizisten brauchen nur die Hälfte ihrer Beiträge zu tragen und sind damit ähnlich günstig gestellt wie Arbeitnehmer. Die andere Beitragshälfte wird durch eine Abgabe der Kunst- und Publizistikverwerter (z. B. Galerien, Musikschulen, Theater, Rundfunkanstalten, Werbeagenturen, Verlage) und durch einen Bundeszuschuss finanziert.

Welche Voraussetzungen müssen erfüllt sein, damit die Vorteile der Künstlersozialversicherung in Anspruch genommen werden können?

- Es muss eine selbständige künstlerische/publizistische Tätigkeit als Beruf (also zum Zweck des Broterwerbs) ausgeübt werden. Der Kunstbegriff orientiert sich an typischen Berufsbildern. Ein Grafik-Designer beispielsweise ist in diesem Sinne Künstler, während etwa ein Möbeltischler als Handwerker und nicht als Künstler gilt. Ein Musiklehrer fällt schon nach dem Gesetzeswortlaut unter den begünstigten Personenkreis.
  In "Grenzfällen" hängt die Künstlereigenschaft davon ab, ob der/die Betreffende in den maßgeblichen Fachkreisen als Künstler anerkannt ist (erkennbar z. B. an der Mitgliedschaft in künstlerischen Berufsverbänden oder an der Teilnahme an Ausstellungen).
  Unter den Begriff "Publizist" fallen vor allem Schriftsteller und Journalisten. Die künstlerische/publizistische Tätigkeit ist der Hauptberuf.

Bei nur nebenberuflicher Betätigung im künstlerischen/publizistischen Bereich kann die Künstlersozialversicherung nur eingeschränkt oder gar nicht genutzt werden.

- Das Arbeitseinkommen (Einnahmen abzüglich Ausgaben) muss über der Geringfügigkeitsgrenze von monatlich 325,-- € / jährlich 3.900,-- € liegen. Folgende Ausnahmeregelungen finden hierbei Anwendung: In den ersten drei Jahren der Berufsausübung darf das Einkommen geringer sein. Auch bei gelegentlichen Unterschreitungen (zweimal innerhalb eines 6-Jahreszeitraumes) bleibt die Versicherung erhalten.

- Es wird maximal ein Arbeitnehmer beschäftigt. Sonst bestünde eine zu starke Arbeitgeberstellung, der Künstler/Publizist wäre nicht mehr schutzbedürftig.

Welchen Versicherungsschutz bietet die Künstlersozialversicherung?

Die Künstlersozialversicherung ist ein Teil der gesetzlichen Sozialversicherung und umfasst die Versicherungszweige Rentenversicherung, Krankenversicherung und Pflegeversicherung. Es gilt jeweils der gesamte gesetzliche Leistungskatalog. Was viele Künstler/Publizisten nicht wissen:

Auch als Selbständiger kann man bei Arbeitsunfähigkeit Krankengeld beantragen, und zwar entweder nach sechs "Karenzwochen" (Normalfall) oder bereits nach zwei "Karenzwochen" (sog. vorgezogenes Krankengeld auf Antrag gegen Aufpreis).

Wie hoch sind die Beiträge?

Die Versicherungsbeiträge errechnen sich aus dem Arbeitseinkommen und aus den halben Beitragssätzen der verschiedenen Versicherungszweige sowie gesetzlichen Zusatzbeiträgen. Zurzeit ergibt sich daraus eine Beitragsbelastung von 18-19 % des Nettoeinkommens.

Die Beiträge sind monatlich zu zahlen.

Beispiel: Bei einem Jahresarbeitseinkommen (netto) von 12.000,-- € (entsprechend mtl. 1.000,-- €) müssten monatlich etwa 180,-- € bis 190,-- € als Beitragsbelastung einkalkuliert werden.

Ka - 0118 – 05/2005

9.3.2 Informationen zur KSK – Seite 2

Wie kommt man rein in die Künstlersozialversicherung?

Anmeldeformulare bei der Künstlersozialkasse (KSK) anfordern. Bei Absendung des Fragebogens an die KSK nicht vergessen, Tätigkeitsbelege (z. B. Verträge, Unterlagen über ausgeführte Arbeiten, Kritiken, Zeitungsausschnitte) beizufügen.

Was macht die Künstlersozialkasse (KSK)?

Die KSK prüft, ob die Voraussetzungen zur Künstlersozialversicherung erfüllt sind. Sie muss hierbei sorgfältig und auch kritisch vorgehen, da für die Finanzierung des Gesamtsystems auch Dritte (nämlich der Steuerzahler und die abgabepflichtigen Unternehmen) zur Kasse gebeten werden.
Sind alle Voraussetzungen erfüllt, stellt die KSK rechtsverbindlich die Versicherungspflicht (richtig gelesen: Die Künstlersozialversicherung ist eine Pflichtversicherung!) fest. Sie nimmt die Anmeldung bei einer gesetzlichen Krankenkasse (z. B. AOK, Ersatzkasse, Innungskrankenkasse, Betriebskrankenkasse) und bei der Datenstelle der Träger der Rentenversicherung vor und führt die Gesamtbeiträge nach dorthin ab.

Dem Künstler/Publizist teilt die KSK mit, in welcher Höhe Beiträge zu zahlen sind. Zur Ermittlung der Beitragshöhe fragt die KSK anlässlich der Erstanmeldung und dann jährlich wiederkehrend nach dem "voraussichtlichen Jahresarbeitseinkommen".

Was geschieht, wenn die Anmeldung bei der KSK versäumt wird?

Solange der Künstler/Publizist nicht von sich aus Kontakt mit der KSK aufnimmt, "ruht" gewissermaßen die Versicherung, und auch die beitragsrechtlichen Vergünstigungen können nicht in Anspruch genommen werden.
Wer sich also nicht bei der KSK meldet, verschenkt Vorteile, die ihm rechtlich zustehen.

In jedem Fall beginnt die Versicherung frühestens mit der erstmaligen Meldung bei der KSK. Für den Zeitraum vor der erstmaligen Meldung bei der KSK gibt es weder nachträglichen Versicherungsschutz, noch werden von der KSK für solche Zeiträume Beiträge erhoben.

Kann man sich auch privat versichern?

Berufsanfänger und Höherverdienende haben die Möglichkeit, sich zugunsten einer privaten Kranken-/Pflegeversicherung von der gesetzlichen Krankenversicherung befreien zu lassen.

Die KSK gewährt dann einen Zuschuss.
In der Rentenversicherung gibt es dagegen keine Befreiungsmöglichkeit, die Pflichtversicherung ist hier zwingend.

Weitere Informationen zur Künstlersozialkasse, Künstlersozialversicherung und zur Künstlersozialabgabe finden Sie unter:

Internet: www.kuenstlersozialkasse.de
E-Mail: auskunft@kuenstlersozialkasse.de

Herausgeber: Künstlersozialkasse • bei der Unfallkasse des Bundes • Gökerstraße 14 • 26384 Wilhelmshaven • Telefon (0 44 21) 75 43 – 9 • Telefax (0 44 21) 75 43 – 586 • Internet: www.kuenstlersozialkasse.de

9.3.3 Nebenjob

KÜNSTLER
SOZIALKASSE

Informationen für selbständige Künstler und Publizisten

Versicherung bei der KSK trotz (Neben-) Job?

Wenn der Verdienst aus der selbständigen künstlerischen/publizistischen Tätigkeit allein nicht ausreicht, um damit den Lebensunterhalt zu bestreiten, wird es vielfach erforderlich sein, einen Nebenjob oder eine nicht künstlerische/ nicht publizistische selbständige Nebentätigkeit auszuüben.

Für den Sozialversicherungsschutz ergeben sich aus solchen nebenberuflichen Aktivitäten je nach Umfang und rechtlicher Einordnung unterschiedliche Konsequenzen.

Die verschiedenen Fallgestaltungen sollen im Folgenden dargestellt werden.

Geringfügige Beschäftigung oder geringfügige selbständige Nebentätigkeit

Ein geringfügiger Nebenjob oder eine geringfügige nicht künstlerische/nicht publizistische Nebentätigkeit beeinflusst die Versicherung nach dem KSVG nicht. Das heißt, wenn aufgrund einer selbständigen künstlerischen/publizistischen Tätigkeit bereits die Versicherungspflicht festgestellt wurde, so ändert sich daran durch derartige geringfügige nebenberufliche Aktivitäten nichts.

Eine geringfügige Beschäftigung/Tätigkeit liegt vor, wenn das Arbeitsentgelt/Arbeitseinkommen eine bestimmte Einkommensgrenze[1] nicht übersteigt.

Zu beachten ist dabei allerdings, dass mehrere solcher Jobs oder Tätigkeiten bei Prüfung der Geringfügigkeit zusammenzurechnen sind. Wird bei Addition des Arbeitsentgelts/des Arbeitseinkommens die Geringfügigkeitsgrenze überschritten, gelten die nachfolgenden Ausführungen.

Weitere Einzelheiten über geringfügige Beschäftigungsverhältnisse können bei den gesetzlichen Krankenkassen (nicht bei der KSK) erfragt werden.

Sozialversicherungspflichtige Beschäftigung als Arbeitnehmer

Bei einem Beschäftigungsverhältnis behält der Arbeitgeber Beiträge zur Sozialversicherung vom Arbeitsentgelt ein und führt diese an die zuständige Krankenkasse – nicht an die KSK – ab.
Daneben hat die KSK die Sozialversicherungsbeiträge aufgrund der selbständigen künstlerischen/publizistischen Tätigkeit zu erheben.

Für die gesetzliche Sozialversicherung sind also beide Arten der Erwerbstätigkeit - sowohl

die Beschäftigung wie auch die selbständige künstlerische/publizistische Tätigkeit – von Bedeutung.
Eine doppelte Beitragserhebung zu den Versicherungszweigen Kranken- und Pflegeversicherung findet dennoch nicht statt. Kranken- und Pflegeversicherung beruhen vielmehr ausschließlich auf der hauptberuflichen Erwerbstätigkeit. Welche Erwerbsquelle die hauptberufliche ist, wird anhand einer Gegenüberstellung der wirtschaftlichen Bedeutung (Arbeitszeit und Vergütung) bestimmt.

Ka - 0106 – 09/2007

9.3.3 Nebenjob – Seite 2

2

Beispiel a):
Selbständige künstlerische/publizistische Tätigkeit mit einem Arbeitseinkommen von 6.000 € pro Jahr (Gewinn 500 € pro Monat) und mit einem Arbeitszeitaufwand von 20 Wochenstunden. Daneben Beschäftigung als Arbeitnehmer mit einem Monatsverdienst von 750 € (brutto) und ebenfalls 20 Wochenstunden. Hauptberuflich ist hier - wegen der größeren finanziellen Bedeutung - die Beschäftigung als Arbeitnehmer.

Rechtsfolge: Vollständige soziale Absicherung einschließlich Kranken-, Pflege- und Arbeitslosenversicherung über das Beschäftigungsverhältnis. Aufgrund der selbständigen künstlerischen/publizistischen Tätigkeit besteht daneben Versicherungspflicht nach dem KSVG lediglich in der Rentenversicherung.

Beispiel b):
Wie Beispiel a), nur beträgt das Arbeitseinkommen aus selbständiger künstlerischer/publizistischer Tätigkeit 12.000 € pro Jahr, entsprechend 1.000 € pro Monat.
In diesem Fall ist die selbständige künstlerische/publizistische Tätigkeit als hauptberuflich anzusehen.

Rechtsfolge: Über die KSK besteht Versicherungspflicht in der Renten-, Kranken- und Pflegeversicherung. Das nebenberufliche Beschäftigungsverhältnis ist ebenfalls sozialversicherungspflichtig, nicht jedoch in den Versicherungszweigen Kranken- und Pflegeversicherung. Das heißt für diese beiden Versicherungszweige braucht der Arbeitgeber keine Sozialversicherungsbeiträge an die Krankenkasse abzuführen.

Wer aus einer abhängigen Beschäftigung ein relativ hohes Einkommen erzielt, sollte eine Besonderheit, betreffend die Rentenversicherung, beachten. Die Versicherungspflicht über die KSK in der Rentenversicherung bleibt nur dann bestehen, wenn das aus der Beschäftigung als Arbeitnehmer erzielte Bruttoarbeitsentgelt die Hälfte der geltenden monatlichen Beitragsbemessungsgrenze der gesetzlichen Rentenversicherung[2] unterschreitet. Zu dieser speziellen Fallgestaltung

Beispiel c):
Selbständige künstlerische/publizistische Tätigkeit mit einem Arbeitseinkommen von 10.000 € pro Jahr. Daneben Beschäftigung als Arbeitnehmer mit einem Monatsverdienst von 3.000 € (brutto) monatlich.

Rechtsfolge: Die soziale Absicherung erfolgt ausschließlich auf der Grundlage des Beschäftigungsverhältnisses. Die selbständige künstlerische/publizistische Tätigkeit bleibt versicherungsrechtlich unberücksichtigt. Für das hieraus erzielte Einkommen können keine Rentenanwartschaften erworben werden, weil der Gesetzgeber insoweit die soziale Schutzbedürftigkeit der betroffenen Personen verneint.

Fazit: Ein sozialversicherungpflichtiger Nebenjob neben der selbständigen künstlerischen/publizistischen Tätigkeit bringt, abgesehen von dem erwähnten Sonderfall gemäß Beispiel c), keine Nachteile für die soziale Absicherung mit sich.

Sonderfall „unständige Beschäftigung"

Unständige Beschäftigungen kommen häufig bei Rundfunk-/Fernsehanstalten oder Film-/Fernsehproduktionsfirmen vor. In der Regel erfolgt eine tageweise Abrechnung durch den Arbeitgeber.

Grundsätzlich gelten auch für unständige Beschäftigungen die vorstehenden Ausführungen.
Zu beachten ist lediglich, dass unständige Be-

schäftigungen, die sich innerhalb von drei Wochen an eine vorangegangene unständige Beschäftigung anschließen, als durchgehende Beschäftigungs- bzw. Versicherungszeiten anzusehen sind.

Der oft beträchtliche, aber unvermeidliche Verwaltungsaufwand wird von Arbeitgebern, Krankenkassen und KSK, so gut es geht, zeitnah erledigt.

9.3.3 Nebenjob – Seite 3

3

Mehr als nur geringfügige <u>selbständige</u> Nebentätigkeit

Anders als bei den bisher erläuterten Fallgestaltungen kommt es bei Ausübung einer nicht künstlerischen/nicht publizistischen selbständigen Nebentätigkeit, die mehr als geringfügig ist (die also zur Überschreitung einer bestimmten Einkommensgrenze[1] führt), zu einschneidenden Konsequenzen in der sozialen Absicherung. In diesem Fall ist nämlich eine weitere Durchführung der Kranken- und Pflegeversicherung über die KSK nicht möglich.

Dies gilt selbst dann, wenn die künstlerische/publizistische Tätigkeit wirtschaftlich bedeutender ist als die nicht künstlerische/nicht publizistische Tätigkeit.

Beispiel d):

Selbständige künstlerische/publizistische Tätigkeit mit einem Arbeitseinkommen von 10.000 € pro Jahr. Daneben eine weitere selbständige Tätigkeit (z. B. Betreiben eines Einzelhandelsgeschäftes) mit einem Einkommen von 7.500 € pro Jahr.

<u>Rechtsfolge</u>: Versicherungspflicht nach dem KSVG aufgrund der selbständigen künstlerischen/publizistischen Tätigkeit nur in der gesetzlichen Rentenversicherung, nicht jedoch in der Kranken- und Pflegeversicherung. Konkret bedeutet das: Der/die Betreffende muss sich freiwillig oder privat versichern und die Kranken- und Pflegeversicherungsbeiträge allein tragen.

Die Versicherungspflicht in der Rentenversicherung aufgrund der künstlerischen/publizistischen Tätigkeit besteht fort, solange das aus der anderen selbständigen Tätigkeit erzielte Arbeitseinkommen (Gewinn) die Hälfte der Beitragsbemessungsgrenze der gesetzlichen Rentenversicherung unterschreitet[2]. Wird diese Einkommensgrenze überschritten, besteht ebenso wie in Beispiel c) weder Renten- noch Kranken- und Pflegeversicherungspflicht nach dem KSVG.

Vorübergehende Aufgabe der selbständigen künstlerischen/publizistischen Tätigkeit

Wer zugunsten einer anderweitigen Berufsausübung die selbständige künstlerische/publizistische Tätigkeit vorübergehend aufgibt, ist nicht mehr nach dem KSVG versicherungspflichtig. Ein „Ruhenlassen" der Versicherung über die KSK ist nicht möglich. Bei anschließender erneuter Wiederaufnahme der selbständigen künstlerischen/publizistischen Tätigkeit lebt die Versicherungspflicht wieder auf, sofern auch die übrigen Versicherungsvoraussetzungen nach dem KSVG erfüllt sind (erforderlich ist natürlich die erneute Meldung bei der Künstlersozialkasse).

[1] Das Arbeitsentgelt aus einem Beschäftigungsverhältnis ist geringfügig, wenn es 400,-- € monatlich nicht übersteigt. Dieser Wert gilt entsprechend für eine selbständige nicht künstlerische/nicht publizistische Tätigkeit. Allerdings kommt es hier auf den Jahresgewinn an: Er ist geringfügig, wenn er im Jahr 4.800,-- € nicht übersteigt. Bei nicht ganzjähriger Ausübung der Tätigkeit ist die Grenze anteilig zu berücksichtigen.

[2] 2007: Hälfte der Beitragsbemessungsgrenze:
West = 2.625 € monatlich brutto aus abhängiger Beschäftigung
Ost = 2.275 € monatlich brutto aus abhängiger Beschäftigung

[3] 2007: Hälfte der Beitragsbemessungsgrenze:
West = 31.500 € jährlich (Gewinn; entspricht 2.625 € monatlich) aus selbständiger nicht künstlerischer / nicht publizistischer Tätigkeit

Ost = 27.300 € jährlich (Gewinn; entspricht 2.275 € monatlich) aus selbständiger nicht künstlerischer / nicht publizistischer Tätigkeit

Weitere Informationen zur Künstlersozialkasse, zur Künstlersozialversicherung und zur Künstlersozialabgabe finden Sie im Internet unter www.kuenstlersozialkasse.de.

Ihre Künstlersozialkasse

Herausgeber: Künstlersozialkasse • bei der Unfallkasse des Bundes • Gökerstraße 14 • 26384 Wilhelmshaven •
Telefon (0 4421) 75 43 - 9 • Telefax (0 44 21) 75 43 - 586 • Internet: www.kuenstlersozialkasse.de

9.3.4 Rentenversicherung

Informationen für selbständige Künstler und Publizisten

Die gesetzliche Rentenversicherung

Wer über die Künstlersozialkasse (KSK) versichert wird, ist Mitglied in der gesetzlichen Rentenversicherung. Die Rentenversicherung der selbständigen Künstler und Publizisten ist eine Pflichtversicherung ohne Befreiungsmöglichkeit.

Ansprechpartner für Fragen der Rentenversicherung

Rentenversicherungsträger für die selbständigen Künstler und Publizisten ist die Deutsche Rentenversicherung. Sie unterhält in vielen größeren Städten Auskunfts- und Beratungsstellen. Sie ist Ansprechpartner in allen Fragen der Rentenzahlungen, Rehabilitationsleistungen, berufsfördernde Maßnahmen usw. sowie beispielsweise auch in Fragen des Versorgungsausgleichs.

Auch für die Anträge zu diesen Leistungen (z. B.: Rentenantrag, Antrag auf eine Rehabilitationsmaßnahme) sind die Rentenversicherungsträger – also nicht die KSK – die richtige Adresse.

Die Deutsche Rentenversicherung ist **kostenlos** unter der Service-Nr. **0800 – 3 33 19 19** zu erreichen.

Die Service-Nr. der Regionalträger der Deutschen Rentenversicherung lautet: **0800 – 46 36 582**.

Hier kann Ihnen auch der richtige Ansprechpartner für Ihre Fragen genannt werden.

Die Beitragskonten der Versicherten werden bei dem Rentenversicherungsträger unter derselben Versicherungsnummer wie bei der KSK geführt. Bei allen Anfragen an den Rentenversicherungsträger muss deshalb diese Versicherungsnummer angegeben werden.

Informationsmöglichkeiten für Künstler / Publizisten

Über die Höhe der voraussichtlich zu erwartenden Rente erteilt Ihnen Ihr Rentenversicherungsträger auf Antrag, der formlos und kostenfrei gestellt werden kann, eine sogenannte „Rentenauskunft". Voraussetzung für eine solche Auskunft ist allerdings, dass eine bestimmte Mindestversicherungszeit (für die Altersrente z. B: 60 Monate) bereits erfüllt ist.

Der Rentenversicherungsträger überprüft für die Erteilung der Rentenauskunft das gesamte „Versicherungsleben" des Antragstellers. Falls der Versicherungsverlauf klärungsbedürftige Lücken aufweist, wird ein sogenanntes Kontenklärungsverfahren durchgeführt.

In der Rentenauskunft werden alle Zeiten aufgeführt, die für die spätere Rentenberechnung notwendig sind. Selbstverständlich sind die Zeiten der Pflichtversicherung über die Künstlersozialkasse in der Rentenauskunft ebenso berücksichtigt, wie beispielsweise Zeiten der abhängigen Beschäftigung als Angestellter, der Arbeitslosigkeit, Krankheit oder Kindererziehung.

Bei Zusammenrechnung aller rentenrechtlich bedeutsamen Tatbestände ergibt sich die sogenannte „Rentenanwartschaft". Das ist derjenige Geldbetrag, den der Versicherte zum Zeitpunkt der Erteilung der Rentenauskunft theoretisch als monatliche Rente zu erwarten hätte.

Ka – 0107 – 09/05

9.3.4 Rentenversicherung – Seite 2

Auswirkungen des Rentenbezuges auf das Versicherungsverhältnis bei der Künstlersozialkasse

Ende der Rentenversicherungspflicht

Mit Zahlung einer Vollrente wegen Alters (im Regelfall mit Vollendung des 65. Lebensjahres) wird das aktive Versicherungsverhältnis in der gesetzlichen Rentenversicherung beendet. Personen, die eine Rente wegen Alters erhalten, müssen keine Beiträge in die gesetzliche Rentenversicherung über die KSK mehr einzahlen.

Die KSK benötigt für die Beendigung der Versicherungspflicht in der Rentenversicherung eine Kopie der ersten beiden Seiten des Rentenbescheides.

Sonderfall Teilrente:
Bei Bezug einer Teilrente bleibt die Versicherungspflicht in der gesetzlichen Rentenversicherung über die KSK bestehen. Durch die Zahlung weiterer Pflichtbeiträge werden noch weitere Rentenanwartschaften erworben, die bei der zukünftigen Vollrente Berücksichtigung finden.

Kranken- und Pflegeversicherungspflicht

Welche Auswirkungen der Rentenbezug auf die Kranken- und Pflegeversicherung hat, hängt davon ab, ob die bisherige Berufstätigkeit auch während des Rentenbezuges weiter fortgeführt wird oder ob das aktive Berufsleben mit dem Rentenbeginn beendet wird.

Alternative 1:
Fortführung der selbständigen künstlerischen/publizistischen Tätigkeit:
Wer neben dem Rentenbezug weiterhin die künstlerische/publizistische Tätigkeit erwerbsmäßig und mit mehr als geringfügigem Gewinn ausübt, bleibt über die KSK Mitglied in der gesetzlichen Kranken- und Pflegeversicherung.
Ein Rentenbezieher, der weiterhin als selbständiger Künstler/Publizist berufstätig und deshalb nach dem KSVG kranken- und pflegeversicherungspflichtig ist, muss also weiterhin Beiträge an die KSK zahlen.

Darüber hinaus behält der Rentenversicherungsträger einen Beitrag zur Kranken- und Pflegeversicherung von der Rente ein.
Der KSK ist im Rahmen der jährlichen Einkommensschätzung aus selbständiger künstlerischer Tätigkeit – nicht auch der Zahlbetrag der Rente – zu melden. Wer als Rentner über die KSK kranken- und pflegeversichert ist, zahlt **geringere Beiträge** als ein aktiv berufstätiger Versicherter. Grund: Der Rentenbezieher hat keinen Anspruch auf Krankengeld, weil bei ihm aufgrund der laufenden Rentenzahlung das Risiko des krankheitsbedingten Erwerbsausfalles entfallen ist.

Alternative 2:
Beendigung der selbständigen künstlerischen/publizistischen Tätigkeit:
Wird die selbständige künstlerische/publizistische Tätigkeit im Zusammenhang mit dem Rentenbezug beendet, gibt es für die Weiterführung der Mitgliedschaft in der gesetzlichen Kranken- und Pflegeversicherung zwei Varianten: die so genannte **Krankenversicherung der Rentner** (für nach dem KSVG versicherungspflichtige Künstler/Publizisten wurde aufgrund einer Gesetzesänderung zum 01.07.2001 der Zugang erleichtert) oder die **freiwillige Weiterversicherung** (im Anschluss an die Pflichtversicherung bei der KSK in der Regel möglich). Welche dieser beiden Varianten im konkreten Einzelfall in Betracht kommt, sollte unbedingt mit der Krankenkasse abgeklärt werden (sofern nicht bereits der Rentenbescheid insoweit eine eindeutige Aussage enthält).
Eine Fortführung der Kranken- und Pflegeversicherung über die KSK ist bei Aufgabe der Tätigkeit ausgeschlossen.

Ihre Künstlersozialkasse

Herausgeber: Künstlersozialkasse • bei der Unfallkasse des Bundes • Gökerstraße 14 • 26384 Wilhelmshaven • Telefon (0 4421) 75 43 - 9 • Telefax (0 44 21) 75 43 - 586 • Internet: www.kuenstlersozialkasse.de

9.3.5 Krankenkasse

Informationen für selbständige Künstler und Publizisten
Wahl einer gesetzlichen Kranken-/Pflegekasse

Selbständige Künstler und Publizisten sind nach Maßgabe des Künstlersozialversicherungsgesetzes (KSVG) versicherungspflichtig in der gesetzlichen Renten-, Kranken- und Pflegeversicherung. Ob die Voraussetzungen der Künstlersozialversicherung im Einzelfall erfüllt sind, prüft die Künstlersozialkasse (KSK) anhand eines auf die gesetzlichen Versicherungsvoraussetzungen zugeschnittenen Fragebogens. Unter anderem fragt die KSK, bei welcher gesetzlichen Kranken-/Pflegekasse die Kranken- und Pflegeversicherung durchgeführt werden soll. Damit ist das Krankenkassenwahlrecht angesprochen, welches in den nachfolgenden Ausführungen beschrieben werden soll. Aus Vereinfachungsgründen wird dabei anstelle des Begriffs "Kranken-/Pflegekasse" der Begriff "Krankenkasse" verwendet.

Vorab soll klargestellt werden, dass die KSK selbst keine Krankenkasse ist. Ihre Aufgabe besteht vielmehr darin, die Versicherungspflicht nach dem KSVG festzustellen, die Versicherungsbeiträge einzuziehen und unter Hinzufügung des KSK-Beitragsanteils an die Leistungsträger weiterzuleiten (insoweit vergleichbar mit einem Arbeitgeber). Leistungsträger sind

in der Kranken- und Pflegeversicherung | die selbst gewählte Krankenkasse

in der Rentenversicherung | die Deutsche Rentenversicherung.

Die vorliegende Informationsschrift befasst sich ausschließlich mit Fragen zur **gesetzlichen Kranken- und Pflegeversicherung** nach dem KSVG (Hinweise zu der Möglichkeit einer Befreiung von der gesetzlichen Kranken-/Pflegeversicherungspflicht zugunsten einer privaten Versicherung finden sich unter Ziffer 7 des Faltblattes "Informationen zur Künstlersozialversicherung").

Wahlmöglichkeit zwischen verschiedenen Krankenkassen

Künstler und Publizisten können eine der folgenden Krankenkassen wählen:

1. die Ortskrankenkasse des Wohn- oder Tätigkeitsortes,
2. eine Ersatzkasse,
3. eine Betriebs- oder Innungskrankenkasse, wenn die Satzung der Kasse dies vorsieht,
4. diejenige Krankenkasse, bei der vor Beginn der Versicherungspflicht nach dem KSVG zuletzt eine Mitgliedschaft (einschließlich Familienversicherung) bestanden hat,
5. die Deutsche Rentenversicherung Knappschaft-Bahn-See,
6. diejenige Krankenkasse, bei der der Ehegatte versichert ist.

Bereits gesetzlich krankenversicherte Antragsteller bleiben in der Regel im Falle der Versicherungspflicht nach dem KSVG Mitglieder ihrer bisherigen Krankenkasse, sofern die Mitgliedschaft nicht wirksam gekündigt wurde.

Die Krankenkassen unterscheiden sich z. B. in ihrer Beitragsgestaltung, die sich unmittelbar auf die Höhe der KSK-Beiträge auswirkt. Für Informationen hierzu ist bei den Krankenkassen nach dem Pflichtbeitragssatz für Arbeitnehmer zu fragen und nicht nach dem freiwilligen Beiträgen für Selbständige.
Unterschiede bestehen auch im Service-Angebot der Krankenkassen (z. B. Geschäftsstelle in Wohnortnähe) und im Bereich der Gesundheitsvorsorge. Die eigentlichen Leistungen der Kranken- und Pflegeversicherung sind bei allen Krankenkassen weitgehend gleich; sie richten sich nach gesetzlichen Vorschriften.

Damit die KSK eine Anmeldung bei der gewählten Krankenkasse vornehmen kann, ist dem Fragebogen zur Feststellung der Versicherungspflicht eine "**Mitgliedsbescheinigung gemäß § 175 SGB V**" beizufügen. Eine solche Bescheinigung wird von der Krankenkasse, bei der aktuell bereits eine Mitgliedschaft besteht (z. B. als Familienversicherter oder freiwillig Versicherter) im Allgemeinen problemlos und unbürokratisch ausgestellt.

Auch diejenigen Personen, die bisher überhaupt noch nicht gesetzlich kranken- und pflegeversichert gewesen sind, können im Regelfall anlässlich der Aufnahme in die Künstlersozialversicherung Mitglieder einer gesetzlichen Krankenkasse werden. Der KSK ist dann eine "vorläufige" Mitgliedsbescheinigung der gewählten Krankenkasse vorzulegen, etwa mit folgendem Inhalt:

"Herr / Frau ... beantragt die Feststellung der Versicherungspflicht in der Kranken- und Pflegeversicherung nach dem Künstlersozialversicherungsgesetz. Die Mitgliedschaft nach diesem Gesetz beginnt mit dem Tag, zu dem die KSK die Versicherungspflicht feststellt."

Wird diese Bescheinigung nicht vorgelegt, ist die KSK gezwungen, den betreffenden Künstler/Publizisten "von Amts wegen" einer Krankenkasse zuzuordnen.

Über die seltenen Ausnahmefälle, in denen die gesetzliche Kranken- und Pflegeversicherung nicht möglich ist, informieren die Krankenkassen.

Ka - 0121 – 04/2007

9.3.5 Krankenkasse – Seite 2

Wechsel private – gesetzliche Krankenversicherung

Das Überwechseln von der privaten Krankenversicherung hin zur gesetzlichen Krankenversicherung ist, wie bereits angedeutet, aus Anlass der Feststellung der Versicherungspflicht als selbständiger Künstler/Publizist im Regelfall völlig unproblematisch möglich.

Allerdings ist es unbedingt ratsam, die private Versicherung so lange bestehen zu lassen, bis die KSK einen rechtsverbindlichen Bescheid über die gesetzliche Krankenversicherungspflicht erteilt hat. Wenn dann ein solcher Bescheid der KSK vorliegt, sollte der bis dahin privat versicherte Künstler/Publizist das Versicherungsverhältnis unverzüglich durch Kündigungserklärung gegenüber dem privaten Versicherungsunternehmen beenden, um eine Überschneidung von privater und gesetzlicher Versicherung zu vermeiden. Die im privaten Versicherungsvertrag festgelegten Kündigungsfristen gelten nicht, es besteht vielmehr bei Eintritt der Pflichtversicherung nach dem KSVG ein außerordentliches Kündigungsrecht gegenüber der privaten Versicherung. Zweckmäßigerweise sollte dem Kündigungsschreiben eine Fotokopie des KSK-Bescheides als Anlage beigefügt werden. Diese Ausführungen gelten entsprechend für die Pflegeversicherung.

Übergang freiwillige Versicherung - gesetzliche Pflichtversicherung

Wer zum Zeitpunkt der Meldung bei der KSK bereits freiwilliges Mitglied einer gesetzlichen Krankenkasse ist, wird dort bei Feststellung der Versicherungspflicht durch die KSK ab Versicherungsbeginn als Pflichtmitglied angemeldet.

Die Versicherungspflicht beginnt grundsätzlich rückwirkend ab erstmaliger Meldung bei der KSK.

Kommt es zu zeitlichen Überschneidungen zwischen freiwilliger Versicherung und Pflichtversicherung nach dem KSVG, werden die bereits gezahlten freiwilligen Beiträge auf Antrag von der Krankenkasse direkt an den Versicherten erstattet.
Eine Verrechnung der Beiträge zwischen der Krankenkasse und der KSK findet nicht statt.

Wechsel von einer Krankenkasse zu einer anderen Krankenkasse

Die in den vorangegangenen Kapiteln beschriebene Möglichkeit, eine gesetzliche Krankenkasse zu wählen, besteht für einen selbständigen Künstler oder Publizisten nicht nur bei erstmaliger Wahl einer gesetzlichen Krankenkasse aus Anlass der Feststellung der Versicherungspflicht durch die KSK. In seinem weiteren "Versicherungsleben" kann er die Krankenkasse wechseln, wenn er mit seiner bisherigen Kasse nicht mehr zufrieden ist. Allerdings bleibt er im Normalfall mindestens 18 Monate an die gewählte Krankenkasse gebunden. Danach kann die Mitgliedschaft zum Ablauf des übernächsten Kalendermonats, gerechnet vom Monat der Kündigung beendet werden.

Die 18-monatige Bindungsfrist gilt nicht, sofern die Krankenkasse ihren Beitragssatz erhöht.
Über weitere evtl. in der Satzung geregelte Sonderkündigungsmöglichkeiten informiert Sie Ihre Krankenkasse.
Beachten Sie im Falle eines Kassenwechsels, dass der Künstlersozialkasse unbedingt innerhalb der Kündigungsfrist die Mitgliedsbescheinigung der neu gewählten Krankenkasse vorgelegt wird, da die Künstlersozialkasse Sie anderenfalls nicht bei Ihrer alten Krankenkasse abmelden dürfte. Ihre Mitgliedschaft bliebe weiterhin dort bestehen. Die gewünschte Mitgliedschaft bei der neuen Kasse käme dann nicht zustande.

Weitere Informationen zur Künstlersozialkasse, zur Künstlersozialversicherung und zur Künstlersozialabgabe finden Sie im Internet unter www.kuenstlersozialkasse.de.

Ihre Künstlersozialkasse

Herausgeber: Künstlersozialkasse • bei der Unfallkasse des Bundes • Gökerstraße 14 • 26384 Wilhelmshaven • Telefon (0 44 21) 75 43 – 9 • Telefax (0 44 21) 75 43 – 586 • Internet: www.kuenstlersozialkasse.de

9.3.6 Krankengeld

Künstlersozialversicherung und Krankengeld

Im Falle einer durch Krankheit verursachten Arbeitsunfähigkeit steht selbständigen Künstlern und Publizisten, die nach dem Künstlersozialversicherungsgesetz (KSVG) gesetzlich krankenversichert sind, ein Anspruch auf Krankengeld zu. Diese Leistung der gesetzlichen Krankenversicherung hat den Zweck, das Risiko des krankheitsbedingten Einkommensausfalls abzudecken.

Wer zahlt das Krankengeld?

Zuständige Stelle für die Gewährung von Krankengeld ist, ebenso wie bei allen anderen Krankenversicherungsleistungen, die Krankenkasse. Entsprechende Anfragen / Anträge sollten daher nicht an die Künstlersozialkasse (KSK) gerichtet werden.

Wann beginnt der Anspruch auf Krankengeld?

Für selbständige Künstler und Publizisten besteht im Falle der Arbeitsunfähigkeit ein Anspruch auf Krankengeld ab der siebten Woche der Arbeitsunfähigkeit. Die "Rundum-Absicherung" der Arbeitnehmer auch für die ersten sechs Wochen der Arbeitsunfähigkeit gibt es dagegen für den nach dem KSVG versicherten Personenkreis nicht.
Allerdings kann – gegen einen erhöhten Beitrag – ein früherer Beginn des Krankengeldanspruchs herbeigeführt werden. Lesen Sie dazu bitte das letzte Kapitel dieser Informationsschrift.

Wie hoch ist das Krankengeld?

Das Krankengeld beträgt 70 % des erzielten regelmäßigen Arbeitseinkommens, höchstens desjenigen Arbeitseinkommens, nach dem in den letzten 12 Kalendermonaten vor Eintritt der Arbeitsunfähigkeit Krankenversicherungsbeiträge gezahlt worden sind. Das als Beitragsberechnungsgrundlage zu berücksichtigende Arbeitseinkommen ist der KSK jährlich in Form einer Einkommensprognose für das kommende Kalenderjahr mitzuteilen (so genanntes voraussichtliches Arbeitseinkommen). Von dem zustehenden Krankengeld werden durch die Krankenkasse Beiträge zur Renten- und Pflegeversicherung einbehalten.

Wie wird das Krankengeld beantragt?

Es genügt, bei der Krankenkasse eine vom behandelnden Arzt ausgestellte Arbeitsunfähigkeitsbescheinigung vorzulegen. Anschließend wird die Krankenkasse die erforderlichen Schritte zur Leistung des Krankengeldes einleiten.

Ka - 0122 – 08/2007

287

9.3.6 Krankengeld – Seite 2

Beitragsfreiheit gegenüber der Künstlersozialkasse bei Bezug von Krankengeld

Wer Krankengeld aus der gesetzlichen Krankenversicherung bezieht, ist kraft Gesetzes gegenüber der Künstlersozialkasse beitragsfrei. In allen drei Versicherungszweigen (Kranken-, Renten- und Pflegeversicherung) sind keine Beiträge zu zahlen.

Um die Beitragserhebung / den Beitragseinzug rechtzeitig stoppen zu können, benötigt die KSK eine **Bescheinigung der Krankenkasse** über den Beginn (bzw. die Dauer) des Krankengeldbezuges. Sollte diese Bescheinigung der KSK erst nach Beginn des Leistungsbezuges vorliegen, werden ggf. zu viel geleistete Beiträge zurückerstattet.

Sonderfall vorgezogener Krankengeldanspruch

Ein Selbständiger/eine Selbständige kann für die ersten sechs Wochen seiner/ihrer Arbeitsunfähigkeit keinen Arbeitgeber zu einer Lohnfortzahlung heranziehen, so dass der Zeitraum zwischen dem Beginn der Arbeitsunfähigkeit und dem Beginn des Anspruchs auf Krankengeld mitunter schwierig zu überbrücken sein wird.

Hier hat der Gesetzgeber für selbständige Künstler und Publizisten eine Möglichkeit eröffnet, um einen früheren Beginn der Krankengeldzahlung zu erreichen.

Dazu ist eine Erklärung gegenüber der KSK erforderlich, dass ein "vorgezogener" Krankengeldanspruch (also vor Beginn der siebten Woche der Arbeitsunfähigkeit) gewünscht wird. Mit dieser Erklärung wird erreicht, dass die Krankengeldzahlung ab dem 15. Tag der Arbeitsunfähigkeit einsetzt (bei einzelnen Krankenkassen sogar früher; nähere Auskünfte hierzu können nur bei den Krankenkassen selbst, nicht jedoch bei der KSK eingeholt werden).

Für diesen vorzeitigen Anspruch ist ein zusätzlicher Beitrag zu entrichten. Die Höhe der Beitragssätze kann bei den Krankenkassen erfragt werden. Gerade der erhöhte Beitrag für das vorgezogene Krankengeld ist von Kasse zu Kasse recht unterschiedlich. Empfehlungen für eine bestimmte Krankenkasse kann die KSK aus Gründen der Neutralität nicht aussprechen.

Eine Erklärung für ein vorzeitiges Krankengeld kann jederzeit formlos bei der KSK abgegeben werden. Sie gilt ab dem Folgemonat nach Eingang der Erklärung.

Wenn allerdings die Arbeitsunfähigkeit schon eingetreten ist, kann eine Erklärung für das vorgezogene Krankengeld nicht mehr abgegeben werden. Dann gilt in jedem Fall nur der "normale" Krankengeldanspruch ab der siebten Woche.

Die Erklärung für das vorgezogene Krankengeld kann jederzeit widerrufen werden, und zwar ebenfalls nur mit Wirkung für die Zukunft.

Weitere Informationen zur Künstlersozialkasse, Künstlersozialversicherung und zur Künstlersozialabgabe finden Sie unter:

Internet: www.kuenstlersozialkasse.de
E-Mail: auskunft@kuenstlersozialkasse.de

Ihre Künstlersozialkasse

Herausgeber: Künstlersozialkasse • bei der Unfallkasse des Bundes • Gökerstraße 14 • 26384 Wilhelmshaven •
Telefon (0 44 21) 75 43 – 9 • Telefax (0 44 21) 75 43 - 586 • Internet: www.kuenstlersozialkasse.de

9.3.7 Befreiung von der gesetzlichen Krankenversicherungspflicht

Befreiung von der gesetzlichen Krankenversicherung zugunsten einer privaten Krankenversicherung?

Bei der Begründung des Versicherungsverhältnisses nach dem Künstlersozialversicherungsgesetz (KSVG) stehen viele selbständige Künstler und Publizisten vor der Alternative: Gesetzliche oder private Krankenversicherung?

Über die Konditionen und Leistungen der privaten Krankenversicherung (im Folgenden: PKV) beraten und informieren die Versicherungsunternehmen und deren Außendienst-Mitarbeiter. Allerdings sollte die Beratung durch die PKV nicht die alleinige Entscheidungsgrundlage sein.

Wer den Abschluss eines Versicherungsvertrages mit einer PKV erwägt, sollte bedenken:

- Die gesetzliche Krankenversicherung (im Folgenden: GKV) bringt einige bedeutsame Rechtsvorteile mit sich. Wer sich privat versichert, verzichtet auf diese Rechtsvorteile.

- Das Beitragssystem ist bei der GKV einerseits und bei der PKV andererseits völlig unterschiedlich ausgestaltet. PKV-Versicherte mit vergleichsweise geringem Einkommen müssen eine beträchtliche Belastung durch die monatliche PKV-Prämie einkalkulieren.

Beiträge und Leistungen bei Pflichtmitgliedschaft in der gesetzlichen Krankenversicherung

Bei der Pflichtmitgliedschaft in der GKV nach dem KSVG werden die Versicherungsbeiträge einkommensabhängig erhoben (geringes Einkommen – geringe Beiträge; hohes Einkommen – hohe Beiträge). Gerade selbständige Künstler und Publizisten mit eher geringem, ungewissem oder erheblich schwankendem Arbeitseinkommen erhalten so einen ihren wirtschaftlichen Verhältnissen angepassten Versicherungsschutz.

Beitragsberechnungsgrundlage ist das vom Künstler/Publizisten im voraus geschätzte Jahresarbeitseinkommen (Betriebseinnahmen minus Betriebsausgaben vor Steuerabzug) in Verbindung mit dem halben Beitragssatz der gewählten Krankenkasse, der um einen gesetzlichen Beitragszuschlag erhöht wird. Aus einem halben Beitragssatz in Höhe von 7,1 % (dies entspricht dem Durchschnitt der Krankenkassen) und einem angenommenen Jahresarbeitseinkommen in Höhe von 12.000,-- € (= monatlich 1.000,-- €) würde beispielsweise ein monatlicher Krankenversicherungsbeitrag in Höhe von 80,-- € resultieren (7,1 % + 0,9 % gesetzlicher Zuschlag = 8,0 % von 1.000,-- €).

Die gesetzlichen Krankenkassen geben auf Anfrage Auskunft zu ihren Beitragssätzen. Es sollte unbedingt nach dem auch für Arbeitnehmer geltenden Pflichtbeitragssatz – nicht dagegen nach der Beitragsgestaltung für freiwillig versicherte Selbständige – gefragt werden!

Die GKV bietet außer der dem Einkommen angepassten Beitragsberechnung und dem gesetzlichen Leistungspaket (darin enthalten: Krankengeld) folgende Rechtsvorteile:

- Mitgliedschaft kraft Gesetzes ohne Wartezeit oder Berücksichtigung von Vorerkrankungen,
- kostenlose Mitversicherung von nicht selbst berufstätigen Ehegatten und Kindern (Familienversicherung; nähere Informationen erteilt die Krankenkasse),
- Anspruch auf Mutterschaftsgeld,
- Fortbestand der Pflichtmitgliedschaft mit einkommensabhängiger Beitragsberechnung über das aktive Berufsleben hinaus (Krankenversicherung der Rentner).

Weitere Hinweise zur GKV sind der Informationsschrift der Künstlersozialkasse mit dem Titel „Wahl einer gesetzlichen Kranken- /Pflegekasse" zu entnehmen.

Ka - 0128 – 01/2007

9.3.7 Befreiung von der gesetzlichen Krankenversicherungspflicht – Seite 2

Befreiung von der Krankenversicherungspflicht als Voraussetzung für die private Krankenversicherung

Gesetzlicher Regelfall nach dem KSVG ist die im vorangegangenen Kapitel behandelte Pflichtmitgliedschaft in der GKV. Wer lieber privat versichert sein möchte, kann entweder als Berufsanfänger oder als Höherverdienender einen Befreiungsantrag stellen.

- Als „Berufsanfänger" gelten selbständige Künstler und Publizisten während der ersten drei Jahre ihrer Tätigkeitsausübung.
- Als „Höherverdienende" gelten selbständige Künstler und Publizisten, die mit ihrem Arbeitseinkommen in einem 3-Jahres-Zeitraum die so genannte GKV-Versicherungspflichtgrenze überschritten haben.

Einzelheiten zu den beiden Befreiungstatbeständen können dem Merkblatt „Informationen zur Künstlersozialversicherung", dort Ziffer 7, entnommen werden.

Ist eine der Befreiungsvoraussetzungen erfüllt, wird die KSK den Befreiungsantrag bewilligen. Wer als Berufsanfänger befreit worden ist, kann danach letztmalig noch zum Ablauf der Berufsanfängerzeit in die gesetzliche Krankenversicherung zurückkehren, sofern er dies möchte. Nach Ablauf der Berufsanfängerzeit wird die Befreiung unwiderruflich. Eine Befreiung als Höherverdienender ist von vornherein unwiderruflich.

Zuschuss zur privaten Krankenversicherung

Wer von der Krankenversicherungspflicht befreit ist, erhält von der KSK auf Antrag einen Zuschuss zu seinen Aufwendungen für die PKV.

Die Höhe des Beitragszuschusses richtet sich nach dem vom Künstler/Publizisten zu schätzenden Jahresarbeitseinkommen. Er beträgt bei der Krankenversicherung etwa 6,65 % des Einkommens (entsprechend dem halben durchschnittlichen GKV-Beitragssatz), ist jedoch auf die Hälfte der PKV-Prämie begrenzt.

Berechnungsbeispiel: Bei einer monatlichen PKV-Prämie von 200,-- € und einem Jahresarbeitseinkommen von 19.000,-- € (= monatlich 1.583,33 €) würde der monatliche Krankenversicherungszuschuss in Höhe von 100,-- € gewährt (6,65 % von 1.583,33 € = 105,29 €; jedoch Begrenzung auf die Hälfte der PKV-Prämie, also auf 100,-- €).
Reduziert sich das Jahresarbeitseinkommen bei gleichbleibender Versicherungsprämie auf 12.000,-- € (= monatlich 1.000,-- €), folgt daraus eine Verminderung des monatlichen Zuschusses auf nur noch 66,50 € (6,65 % von 1.000,-- €).

Der Versicherte müsste im 2. Teil des Beispiels trotz eines rückläufigen Einkommens und trotz des geringeren KSK-Zuschusses seine PKV-Prämie in unveränderter Höhe aufbringen.

Faustregel I für die Zuschussberechnung: Wer wenig verdient, erhält einen geringen Zuschuss. Wer viel verdient, erhält einen hohen Zuschuss!

Faustregel II: Nur bei einem ausreichend hohen Einkommen wird der Zuschuss in Höhe des halben PKV-Prämienaufwandes gewährt. Bei vergleichsweise geringem Einkommen wird der Zuschuss dagegen deutlich geringer sein als der halbe PKV-Prämienaufwand.

Auch bei Bewilligung von Befreiung und Zuschuss sind von der KSK keine Geldzahlungen zu erwarten. Die Zuschüsse werden nämlich mit den im Regelfall höheren Rentenversicherungsbeiträgen verrechnet. Selbstverständlich bleibt der privat Versicherte alleiniger Beitragsschuldner gegenüber seinem Versicherungsunternehmen.

Pflegeversicherung

Wer gesetzlich krankenversichert ist, ist auch gesetzlich pflegeversichert. Eine private Krankenversicherung ist nur in Verbindung mit einer privaten Pflegeversicherung möglich. Die Berechnung der Beiträge zur gesetzlichen bzw. der Zuschüsse zur

privaten Pflegeversicherung erfolgt weitgehend analog zur Krankenversicherung, allerdings aufgrund sehr viel geringerer Beitragssätze (siehe dazu das Merkblatt „Aktuelle Werte in der Sozialversicherung).

Das Formular für einen Befreiungsantrag sowie weitere Informationen zur Künstlersozialkasse, Künstlersozialversicherung und zur Künstlersozialabgabe finden Sie auch im Internet unter: www.kuenstlersozialkasse.de

Ihre Künstlersozialkasse

Herausgeber: Künstlersozialkasse • bei der Unfallkasse des Bundes • Gökerstraße 14 • 26384 Wilhelmshaven • Telefon (0 44 21) 75 43 - 9 • Telefax (0 44 21) 75 43 - 586 • Internet: www.kuenstlersozialkasse.de

9.3.8 Eingangsbestätigung

K Ü N S T L E R S O Z I A L K A S S E

Herrn

████████████
████████████
████████████

Versicherungs-Nr./ Sachgebiet
████████████████████████
- bitte stets angeben -

Wilhelmshaven, den 15.11.2001

Sachbearbeiter/in:

Durchwahl: 04421/308-███
Mo.- Mi. u. Fr.: 9-12 Uhr
Donnerstag   : 9-15 Uhr
Fax   : 04421/308-206
www.kuenstlersozialkasse.de

Sehr geehrter Herr ████████!

Ihr Fragebogen ist am 09.11.2001 bei der Künstlersozialkasse eingegangen. Wir werden aufgrund Ihrer Angaben und Nachweise prüfen, ob Sie als selbständiger Künstler bzw. Publizist nach dem Künstlersozialversicherungsgesetz (KSVG) zu versichern sind. Wir bemühen uns, dieses Verwaltungsverfahren zügig abzuschließen.

Vorsorglich weisen wir darauf hin, dass die Versicherungspflicht nach dem KSVG - sofern die gesetzlichen Voraussetzungen hierfür vorliegen - grundsätzlich mit dem Tag Ihrer ersten Meldung bei der Künstlersozialkasse, jedoch frühestens mit dem Tag der Aufnahme der ggf. hier zu versichernden Tätigkeit, beginnt. Für den Zeitraum vom Versicherungsbeginn bis zur Zusendung eines Feststellungsbescheides durch die Künstlersozialkasse sind rückwirkende Sozialversicherungsbeiträge zu entrichten. Da die Bearbeitung der Anträge auf Feststellung der Versicherungspflicht nach dem KSVG erfahrungsgemäß einige Zeit in Anspruch nimmt, bitten wir Sie schon jetzt, sich auf entsprechende - auch rückwirkende - Zahlungsverpflichtungen einzustellen.

Sollten Sie in dieser Zeit freiwillige Beiträge zur gesetzlichen Krankenversicherung gezahlt haben, werden Ihnen diese ab Beginn der Versicherungspflicht nach dem KSVG von Ihrer Krankenkasse wieder erstattet.

Wenn Sie gegenwärtig privat kranken- bzw. pflegeversichert sind beginnt die gesetzliche Kranken- und Pflegeversicherungspflicht grundsätzlich erst mit dem Folgemonat nach unserer Bescheiderteilung.
Der Beginn der Rentenversicherungspflicht bleibt hiervon jedoch unberührt.

Ihre private Kranken- und Pflegeversicherung sollten Sie zunächst bis zur abschließenden Entscheidung der KSK aufrechterhalten, um Versicherungslücken zu vermeiden.
Dieses Schreiben ist maschinell erstellt und ohne Unterschrift gültig (§ 33 Abs.4 Zehntes Buch Sozialgesetzbuch (SGB X)).

KÜNSTLERSOZIALKASSE bei der Bundesausführungsbehörde für Unfallversicherung
Postanschrift: 26380 Wilhelmshaven - Hausanschrift: Langeoogstraße 12 - 26384 Wilhelmshaven
Konten: Postbank-AG (BLZ 250 100 30) Kto.-Nr. 36 1950 303 - Sparkasse Wilhelmshaven (BLZ 282 501 10) Kto.-Nr. 21 22 000
SEB AG, Bremen-Wilhelmshaven (BLZ 280 101 11) Konto-Nr. 1263 800 500

9.3.9 Bescheid

K Ü N S T L E R S O Z I A L K A S S E

Herrn

Versicherungs-Nr./ Sachgebiet

- bitte stets angeben -

Wilhelmshaven, den 08.01.2002

Sachbearbeiter/in:

Durchwahl: 04421/308-▆▆▆
Mo.- Mi. u. Fr.: 9-12 Uhr
Donnerstag   : 9-15 Uhr
Fax   : 04421/308▆▆▆
www.kuenstlersozialkasse.de

B E S C H E I D

Sehr geehrter Herr SCHOLZ!

In der R E N T E N V E R S I C H E R U N G besteht

> ab 01.01.2002
> Versicherungspflicht nach § 1 KSVG

In der K R A N K E N V E R S I C H E R U N G besteht

> ab 01.01.2002
> Versicherungspflicht nach § 1 KSVG

In der P F L E G E V E R S I C H E R U N G besteht

> ab 01.01.2002
> Versicherungspflicht nach § 1 KSVG

B e g r ü n d u n g

Sie gehören zum Personenkreis der selbständigen Künstler und Publizisten im Sinne des Künstlersozialversicherungsgesetzes (KSVG).

Künstler oder Publizist im Sinne dieses Gesetzes ist, wer nicht nur vorübergehend selbständig erwerbstätig Musik, darstellende oder bildende Kunst schafft, ausübt oder lehrt oder als Schriftsteller, Journalist oder in anderer Weise publizistisch tätig ist oder Publizistik lehrt (§ 2 KSVG).

KÜNSTLERSOZIALKASSE bei der Bundesausführungsbehörde für Unfallversicherung
Postanschrift: 26380 Wilhelmshaven · Hausanschrift: Langeoogstraße 12 · 26384 Wilhelmshaven
Konten: Postbank-AG (BLZ 250 100 30) Kto.-Nr. 36 1950 303 · Sparkasse Wilhelmshaven (BLZ 282 501 10) Kto.-Nr. 21 22 000
SEB AG, Bremen-Wilhelmshaven (BLZ 280 101 11) Konto-Nr. 1263 800 500

9.3.9 Bescheid – Seite 2

Seite 2

Nach § 8 Abs. 1 KSVG beginnt die Versicherungspflicht grundsätzlich mit dem Tage, an dem die Meldung bei der Künstlersozialkasse eingeht, sie beginnt jedoch frühestens mit dem Tag, an dem
die Voraussetzungen erfüllt sind.

Sofern Versicherungsfreiheit nach den §§ 4, 5 KSVG besteht, beginnt die Versicherungspflicht nach Beendigung der entsprechenden Versicherungsfreiheit.

Die LEISTUNGEN aus der RENTENVERSICHERUNG werden von der

Bundesversicherungsanstalt   Ruhrstr. 2, 10709 Berlin
für Angestellte (B f A)
                                    Tel. Zentrale: 030/865-1
1 0 7 0 4   BERLIN   Telefax   : 030/86527240

erbracht.

Zuständiger LEISTUNGSTRÄGER der KRANKENVERSICHERUNG ist die

TECHNIKER-KRANKENKASSE
Postfach 4869

26038 OLDENBURG

Die Leistungen aus der PFLEGEVERSICHERUNG werden von der Pflege-
kasse, die ebenfalls bei Ihrer Krankenkasse eingerichtet ist,
erbracht.

Bitte wenden Sie sich im Leistungsfall an Ihre örtlich nächste
Geschäftsstelle. Dort erhalten Sie auch Ihre Versicherungsunter-
lagen.

Für die Zeit vom 01.10.1998 bis 30.09.2003 gelten Sie als
B E R U F S A N F Ä N G E R im Sinne des § 3 Abs. 2 KSVG.
Bei Berufsanfängern besteht die Versicherungspflicht nach dem
Künstlersozialversicherungsgesetz unabhängig von dem Erreichen
eines Mindestarbeitseinkommens.

KRANKENVERSICHERUNG

Nach § 5 Abs. 1 Nr. 1 KSVG ist in der gesetzlichen Krankenversicherung versicherungsfrei, wer bereits aufgrund einer abhängigen
Beschäftigung krankenversicherungspflichtig ist.

BERUFSANFÄNGER können sich auf Antrag von der gesetzlichen
Krankenversicherungspflicht befreien lassen. Voraussetzung ist,
dass sie für sich und ihre Familienangehörigen, die bei Versicherungspflicht des Künstlers oder Publizisten in der gesetzlichen
Krankenversicherung mitversichert wären, Vertragsleistungen
eines privaten Krankenversicherungsunternehmens beanspruchen
können, die der Art nach den Leistungen der gesetzlichen Kran-

293

9.3.10 Beitragshöhe

K Ü N S T L E R S O Z I A L K A S S E

Herrn

_____
_____

_____

Versicherungs-Nr./ Sachgebiet
███████████████████
- bitte stets angeben -

Wilhelmshaven, den 22.03.2002

Sachbearbeiter/in:
████████████████

Durchwahl: 04421/308-████
Mo.- Mi. u. Fr.: 9-12 Uhr
Donnerstag   : 9-15 Uhr
Fax   : 04421/308-206
www.kuenstlersozialkasse.de

BEITRAGSHÖHE

Sehr geehrter Herr ██████!

Bitte zahlen Sie ab 01/2002 monatlich   88.21 EUR an die
Künstlersozialkasse.

Berechnungsgrundlage ist Ihr voraussichtliches Jahresarbeitseinkommen in Höhe von   6136.00 EUR.

ÜBERSICHT   Beitragsanteil

- RENTENVERSICHERUNG   =   48.83 EUR
- KRANKENVERSICHERUNG   =   35.03 EUR
- PFLEGEVERSICHERUNG   =   4.35 EUR

Die laufenden Beiträge sind jeweils zum 5. des Folgemonats fällig. Bitte stellen Sie die rechtzeitige Zahlung - unter Berücksichtigung eines evtl. bestehenden Guthabens - auf unser Konto
bei der Sparkasse in Wilhelmshaven (Kontonummer 21 22 000, Bankleitzahl 282 501 10) sicher.

H I N W E I S :
Die neue Beitrags- bzw. Zuschusshöhe kann sich infolge
- der Änderung Ihres Jahresarbeitseinkommens,
- des Wegfalls eines Versicherungszweiges (s. Übersicht),
- der Beitragssatzänderung Ihrer Krankenkasse,
- des Wechsels Ihrer zuständigen Krankenkasse oder
- einer Beitragspflicht nur für den Teilmonat (z.B. Versicherungsbeginn bzw. -ende im Laufe eines Monats) ergeben haben.

Dieses Schreiben ist maschinell erstellt und ohne Unterschrift
gültig (§ 33 Abs.4 Zehntes Buch Sozialgesetzbuch (SGB X)).

Mit freundlichen Grüßen

Ihre Künstlersozialkasse

KÜNSTLERSOZIALKASSE bei der Bundesausführungsbehörde für Unfallversicherung
Postanschrift: 26380 Wilhelmshaven · Hausanschrift: Langeoogstraße 12 · 26384 Wilhelmshaven
Konten: Postbank-AG (BLZ 250 100 30) Kto.-Nr. 36 1950 303 · Sparkasse Wilhelmshaven (BLZ 282 501 10) Kto.-Nr. 21 22 000
SEB AG, Bremen-Wilhelmshaven (BLZ 280 101 11) Konto-Nr. 1263 800 500

9.4.1 Satzung der GEMA

Satzung der GEMA

in der Fassung vom 29./30. Juni 1999. Bei Drucklegung des Buches war eine neue Fassung der Satzung in Vorbereitung. Sie wird im Internet unter www.gema.de zu finden sein.

§ 1 Name und Sitz

Der wirtschaftliche Verein GEMA Gesellschaft für musikalische Aufführungs- und mechanische Vervielfältigungsrechte hat seinen Sitz in Berlin.

Seine Rechtsfähigkeit beruht gemäß § 22 BGB auf staatlicher Verleihung[1].

§ 2 Zweck

1. Zweck des Vereins ist der Schutz des Urhebers und die Wahrnehmung - seiner Rechte im Rahmen dieser Satzung. Seine Einrichtung ist uneigennützig und nicht auf die Erzielung von Gewinn gerichtet.

2. Dem Verein obliegt die treuhänderische Verwaltung der ihm von seinen - Mitgliedern und Dritten durch uni- oder bilaterale Verträge zur Verwertung übertragenen Rechte. Er kann alles tun, was zur Wahrung der ihm übertragenen Rechte erforderlich ist. Der Verein ist berechtigt, denjenigen, die diese Rechte benutzen wollen, die - hierzu notwendige Genehmigung zu erteilen. Der Verein ist nach Maßgabe von § 11 UrhWG hierzu verpflichtet.

3. Der Verein ist auch berechtigt, Inkassomandate von Verwertungsgesellschaften zu übernehmen, denen nach §§ 1, 2, 18 UrhWG eine Erlaubnis erteilt worden ist, und mit anderen zusammenzuwirken, auch soweit Gegenstand von deren Tätigkeit nicht nur Urheberrechte, sondern auch verwandte Schutzrechte im Sinne des UrhG sind.

4. Bei Vergebung der Rechte werden die Bedürfnisse der kulturellen Musikpflege berücksichtigt.

§ 3 Wahrnehmung

1. Die von dem Verein wahrzunehmenden Rechte werden ihm durch Abschluß eines besonderen Vertrages (Berechtigungsvertrag bzw. im Falle des § 2 Ziff. 3 Inkassomandat) übertragen, in dem auch der Umfang der wahrzunehmenden Rechte festgelegt wird.

Der Berechtigungsvertrag muß enthalten:

a) daß sämtliche dem Berechtigten gegenwärtig zustehenden und alle zukünftig entstehenden Rechte mit der Maßgabe übertragen werden, daß die Übertragung auf mindestens sechs Jahre erfolgt und sich die Übertragung um den gleichen Zeitraum verlängert, falls der Berechtigungsvertrag nicht ein Jahr vor Ablauf gekündigt wird,

b) daß die Satzung und der Verteilungsplan anerkannt werden,

c) daß die vom Aufsichtsrat zu bestimmenden Gebühren gezahlt werden,

d) daß im Falle des Todes des Berechtigten die Erben einen Bevollmächtigten zu ernennen haben, der für die Erben die Rechte aus dem Berechtigungsvertrag wahrzunehmen hat,

GEMA, GVL & KSK

e) daß der Berechtigte die Tarifpartner der GEMA oder anderer Verwertungsgesellschaften nicht direkt oder indirekt an seinem Aufkommen beteiligt, damit diese bei der Nutzung des GEMA-Repertoires bestimmte Werke des Berechtigten in ungerechtfertigter Weise bevorzugen. Im Falle der Zu- widerhandlung ist der Berechtigte verpflichtet, einen Betrag in der Höhe an die Sozialkasse der GEMA abzuführen, in der er den Tarifpartner an seinem Aufkommen beteiligt hat. Übersteigt der an den Tarifpartner abgeführte Betrag die auf den Berechtigten entfallende Vergütung für das betroffene Werk, so ist nur diese Vergütung an die Sozialkasse der GEMA abzuführen.

f) Die anderen Vorschriften der Satzung über satzungswidriges Verhalten bleiben unberührt.

2. Für Berechtigungsverträge mit Angehörigen und Verlagsfirmen der Mitgliedsstaaten der Europäischen Wirtschaftsgemeinschaft gilt folgendes:

Der Aufsichtsrat ist verpflichtet, beim Abschluß des Berechtigungsvertrages mit Angehörigen und Verlagsfirmen der Mitgliedsstaaten der Europäischen Wirtschaftsgemeinschaft zuzustimmen, daß der Berechtigte seine Nutzungsrechte nur teilweise der GEMA überträgt. Die Rechtsübertragung kann sich jedoch nur auf Nutzungsarten von Rechten an allen Werken des Berechtigten, nicht auf die Rechte an einzelnen seiner Werke beziehen.

Die Rechtsübertragung erfolgt für drei Jahre, jedoch mindestens bis zum Jahresende nach Ablauf des dritten Jahres und verlängert sich jeweils um drei Jahre, falls keine Kündigung unter Einhaltung einer Frist von sechs Monaten zum Ende des jeweiligen Drei-Jahres-Zyklus erfolgt. Sie ist erstmals für alle am 8. Juni 1971 bestehenden Berechtigungsverträge zum 31. Dezember 1973 kündbar.

Das Vertragsverhältnis kann auch unter Beschränkung auf bestimmte Nutzungsarten oder auf bestimmte Länder gekündigt werden: hiervon bleiben die Mitgliedschaftsrechte des Berechtigten unberührt. Für den Erwerb der ordentlichen Mitgliedschaft oder deren Erhaltung bleiben jedoch die Vorschriften des §§ 7 und 9 Abschnitt A der Satzung über das Erfordernis eines Mindestaufkommens maßgebend.

§ 4 Geschäftsjahr

Das Geschäftsjahr ist das Kalenderjahr.

§ 5 Organe des Vereins

Die Organe des Vereins sind:

a) die Versammlung der ordentlichen Mitglieder,

b) der Aufsichtsrat,

c) der Vorstand im Sinne des BGB.

§ 6 Mitgliedschaft

1. Der Verein unterscheidet zwischen ordentlichen Mitgliedern, außerordentlichen Mitgliedern und angeschlossenen Mitgliedern. Ordentliches oder außerordentliches

Mitglied der GEMA kann nur werden, wer selbst Urheber im Sinne des Urheberrechtsgesetzes ist oder einen Musikverlag betreibt.

2. Die Bezeichnung "angeschlossenes Mitglied" führt der Berechtigte, der weder die Voraussetzungen der außerordentlichen noch der ordentlichen Mitgliedschaft erfüllt, mit der Unterzeichnung des Berechtigungsvertrages (§ 3). Er ist kein Mitglied im Sinne des Vereinsrechts. Das Rechtsverhältnis zwischen ihm und dem Verein, im besonderen auch dessen Beendigung, richtet sich ausschließlich nach dem Berechtigungsvertrag.

3. Der Erwerb der außerordentlichen Mitgliedschaft setzt einen Antrag an den Vorstand voraus, in dem sich der Antragsteller den Bestimmungen des in der Geschäftsordnung für den Aufnahmeausschuß geregelten Aufnahmeverfahrens und den Aufnahmebedingungen unterwirft. Die Geschäftsordnung für den Aufnahmeausschuß und die Aufnahmebedingungen werden vom Aufsichtsrat beschlossen. Mit dem Antrag verpflichtet sich der Antragsteller im besonderen, dem Aufnahmeausschuß alle von ihm geforderten Auskünfte zu - er- teilen und sich als Urheber gegebenenfalls der in der Geschäftsordnung für den Aufnahmeausschuß vorgesehenen Klausurprüfung zu unterziehen. Lehnt der Vorstand aufgrund einer Empfehlung des Aufnahmeausschusses den Antrag ab, so hat er dem Antragsteller die Stellungnahme des Ausschusses mitzuteilen. Der Antragsteller ist berechtigt, gegen die Ablehnung innerhalb sechs Wochen nach Zugang Beschwerde beim Aufsichtsrat einzulegen, der dann endgültig über den Antrag entscheidet.

4. Im übrigen können außerordentliche und ordentliche Mitglieder des Vereins nur werden:

a) Komponisten und Textdichter, die die deutsche Staatsangehörigkeit oder die Staatsangehörigkeit eines Mitgliedsstaates der Europäischen Gemeinschaft besitzen oder ihren steuerlichen Wohnsitz im Verwaltungsgebiet des Vereins oder in einem Mitgliedsstaat der Europäischen Gemeinschaft haben. Ausnahmen bedürfen der Zustimmung des Aufsichtsrats.

b) Musikverlage, die ihren Sitz im Verwaltungsgebiet des Vereins oder in einem Mitgliedsstaat der Europäischen Gemeinschaft haben und im Handelsregister eingetragen sind. Auf Verlangen des Vorstands sind die Firmen verpflichtet, einen Handelsregisterauszug nach dem neuesten Stand vor- zulegen. Bestehende Mitgliedschaften werden durch diese Bestimmungen nicht berührt.

Als Musikverlag kann nur eine Firma als Mitglied aufgenommen werden, die Werke der Musik aufgrund schriftlich im Sinne des geltenden Verlagsgesetzes geschlossener Verlagsverträge vervielfältigt und verbreitet. Darunter sind nur die handelsübliche Herstellung und der handelsübliche Vertrieb von Noten (auch als Mietmaterial) zu verstehen.

Musikverlage, die in Form einer Gesellschaft geführt werden, sind verpflichtet, die Beteiligungsverhältnisse offenzulegen. Befinden sich Kapitalanteile unmittelbar oder mittelbar in Händen einer anderen Gesellschaft, so erstreckt sich die Verpflichtung zur Offenlegung auch auf diese.

Die besonderen zusätzlichen Voraussetzungen zum Erwerb der ordentlichen Mitgliedschaft sind in den §§ 7 und 8 geregelt.

5. Zugehörigkeit zu früheren Verwertungsgesellschaften wird auf die Mitgliedschaftsdauer insoweit angerechnet, als das Mitglied Bezugsberechtigter der

STAGMA, Genosse der früheren GEMA, ordentliches Mitglied der GDT oder Genosse der früheren AKM gewesen ist.

Die Zugehörigkeit zu einer anderen Verwertungsgesellschaft kann in Ausnahmefällen mit Zustimmung des Aufsichtsrats angerechnet werden.

§ 7

1. Die ordentliche Mitgliedschaft kann nur nach fünfjähriger außerordentlicher Mitgliedschaft erworben werden von:

a) Komponisten, die in fünf aufeinanderfolgenden Jahren ein Mindestaufkommen von EUR 30 677,51/DM 60 000,-, jedoch in vier aufeinanderfolgenden Jahren mindestens EUR 1 840,65/DM 3 600,- jährlich von der GEMA bezogen haben, gerechnet ab 1. Januar 1946. b) Textdichtern, die in fünf aufeinanderfolgenden Jahren ein Mindestaufkommen von EUR 30 677,51/DM 60 000,-, jedoch in vier aufeinanderfolgenden Jahren mindestens EUR 1 840,65/DM 3 600,- jährlich von der GEMA bezogen haben, gerechnet ab 1. Januar 1946. c) Musikverlegern, die in fünf aufeinanderfolgenden Jahren ein Mindestaufkommen von EUR 76 693,78/DM 150 000,- jedoch in vier aufeinanderfolgenden Jahren mindestens EUR 4 601,63/DM 9 000,- jährlich von der GEMA bezogen haben, gerechnet ab 1. Januar 1946.

Für Urheber und Musikverleger der Sparte E verringern sich die unter a) bis c) genannten Mindestbeträge um 1/3.

Ist ein Mitglied bereits einmal ordentliches Mitglied gewesen, so betragen die Fristen in a) bis c) je drei Jahre und das Mindestaufkommen in a) und b) EUR 12 271,01/DM 24000,- und in c) EUR 30 677,51/DM 60000,-. Frühere Mitgliedschaftsjahre werden dann voll angerechnet.

Die Beträge, die dadurch zufließen, daß der Verteilungsplan für die Wiedergabe und die Vervielfältigung dramatisch-musikalischer Werke die Auszahlung zu 100% an den Berechtigten zuläßt, werden den Verlegern nur zu 33 1/3 % angerechnet.

Die frühere Mitgliedschaft zu einer anderen Verwertungsgesellschaft in der Europäischen Gemeinschaft und das Aufkommen auf das jewei- lige Mindestaufkommen und auf die Mindestfrist von fünf Jahren angerechnet.

2. Wird beim Erwerb der außerordentlichen Mitgliedschaft festgestellt, daß deren Voraussetzungen schon zu einem früheren Zeitpunkt erfüllt waren, erfolgt Anrechnung der früheren Zeit auf die Fünfjahresfrist nach Ziffer 1.

3. Der Aufsichtsrat kann ferner solche Komponisten, Textdichter und Musikverleger als ordentliches Mitglied kooptieren, die ihre Rechte dem Verein übertragen haben und bei denen kulturelle Erwägungen die ordentliche Mitgliedschaft wünschenswert erscheinen lassen.

Das gleiche gilt für Rechteinhaber, die natürliche Personen und unmittelbare Erben eines ordentlichen Mitglieds sind, insbesondere dann, wenn das Aufkommen in den drei auf den Erbfall folgenden Jahren dem eines ordentlichen Mitglieds entspricht, und sie bereit sind, auf das passive Wahlrecht zu verzichten; die vermögensrechtliche Rechtsstellung wird durch die Kooptation nicht verändert.

Die Feststellung, ob diese Voraussetzungen vorliegen, trifft der Aufsichtsrat, und zwar für jede der drei Berufsgruppen Komponisten, Textdichter und Musikverleger getrennt.

Der Aufsichtsrat darf höchstens die gleiche Zahl von ordentlichen Mitgliedern kooptieren, die die ordentliche Mitgliedschaft gemäß Absatz 1 dieser Satzungsbestimmung erworben haben.

§ 8

1. Die ordentliche Mitgliedschaft wird erworben durch die Aufnahme. Über den Aufnahmeantrag entscheidet der Vorstand im Einvernehmen mit dem Aufsichtsrat.

2. Mit dem Antrag, als ordentliches Mitglied aufgenommen zu werden, muß der Antragsteller ausdrücklich erklären,

a) daß er die Satzung und den Verteilungsplan anerkennt,

b) daß er alles tun werde, um die Erreichung des satzungsgemäßen Zwecks des Vereins herbeizuführen und alles unterlassen werde, was der Erreichung dieses Zwecks abträglich sein könnte,

c) in welcher Berufsgruppe die Mitgliedschaft erworben und die Mitgliedschaftsrechte ausgeübt werden sollen, falls mehrere Berufsgruppen in Frage kommen,

d) daß der in § 3 vorgesehene Berechtigungsvertrag abgeschlossen ist.

Die ordentliche Mitgliedschaft beginnt mit dem 1. Januar des Jahres, das auf den Eingang der Beitrittserklärung folgt.

3. Die Aufnahme als ordentliches Mitglied kann, auch bei Vorliegen der Voraussetzungen nach § 7 Ziff. 1 und § 8 Ziff. 2 der Satzung, versagt werden, falls die Gesamtumstände es für unwahrscheinlich erscheinen lassen, daß das künftige Mitglied die in Ziff. 2 b) übernommenen Verpflichtungen werde erfüllen können.

Antragsteller, die als Musikverwerter mit der GEMA oder einer anderen Verwertungsgesellschaft in Vertragsbeziehungen stehen, können als ordentliche Mitglieder aufgenommen werden, wenn sie damit einverstanden sind, daß, so- lange die Vertragsbeziehungen bestehen, ihre Mitgliedschaftsrechte nicht ausgeübt werden können

a) bei Beschlußfassungen, die die tarifliche Gestaltung von Verträgen mit Musikverwertern zum Gegenstand haben,

b) hinsichtlich der passiven Wählbarkeit zum Mitglied des Aufsichtsrats, vorbehaltlich der Regelung in § 13 Ziff. 1 Abs. 2 der Satzung.

Antragstellern dieser Art stehen gleich diejenigen, welche von Musikverwertern wirtschaftlich abhängig sind.

Soweit diese Voraussetzungen vorliegen, begründen sie als solche nicht die Anwendung des § 3 Ziff. 1 e) der Satzung.

4. Diese Regelung gilt entsprechend für Verlagsfirmen, die in wirtschaftlichem und personellem Zusammenhang mit ausländischen Verlegern oder Musikverwertern außerhalb des Gebiets der EWG stehen.

5. Die Ablehnung des Aufnahmeantrags wird durch eingeschriebenen Brief mitgeteilt. Gegen die Ablehnung kann der Antragsteller alsdann innerhalb eines Monats durch eingeschriebenen Brief beantragen, daß die ordentliche Mit- gliederversammlung endgültig über den Aufnahmeantrag entscheiden soll. Die Entscheidung trifft die nächste ordentliche Mitgliederversammlung, sofern der Antrag acht Wochen vor dem Tage der Mitgliederversammlung eingegangen ist. Ist er später eingegangen,

entscheidet die darauffolgende Mitgliederversammlung. Die Mitgliederversammlung entscheidet durch einfache Mehrheit der Anwesenden ohne vorherige Beschlußfassung der Kurien.

§ 9 Beendigung der Mitgliedschaft

A

Die ordentliche oder außerordentliche Mitgliedschaft endet:

1. durch schriftliche dem Vorstand gegenüber abzugebende Austrittserklärung des Mitgliedes.

Die Austrittserklärung muß beim Vorstand mindestens sechs Monate vor Ablauf des Geschäftsjahres eingegangen sein. Sie wird wirksam zum Ende des jeweiligen Geschäftsjahres. Die Beendigung der ordentlichen oder außerordent- -lichen Mitgliedschaft hat keinen Einfluß auf die im Berechtigungsvertrag verein- barte Dauer der Rechtsübertragung. Nach Beendigung der ordentlichen oder außerordentlichen Mitgliedschaft wird der Berechtigte für die Dauer des Berechtigungsvertrages als angeschlossenes Mitglied geführt.

2. (1) Bei Mitgliedern, die die ordentliche Mitgliedschaft nach § 7 Ziff. 1 erworben haben, kann vom Vorstand mit Zustimmung des Aufsichtsrates die ordentliche Mitgliedschaft mit dem Ende des Geschäftsjahres für beendet erklärt werden, in dem festgestellt wird, daß

a) ein Komponist in drei aufeinanderfolgenden Jahren ein Durchschnittsaufkommen von weniger als EUR 1.227,10/DM 2.400,- jährlich oder in sechs aufeinanderfolgenden Jahren ein Durchschnittsaufkommen von weniger als EUR 1.022,58/DM 2.000,- jährlich - gerechnet ab 1. 1. 1946 - von der GEMA bezogen hat;

b) ein Textdichter in drei aufeinanderfolgenden Jahren ein Durchschnittsaufkommen von weniger als EUR 1.227,10/DM 2.400,- jährlich oder in sechs aufeinanderfolgenden Jahren ein Durchschnittsaufkommen von weniger als EUR 1.022,58/DM 2.000,- jährlich - gerechnet ab 1. 1. 1946 - von der GEMA bezogen hat;

c) ein Musikverleger in drei aufeinanderfolgenden Jahren ein Durchschnitts- aufkommen von weniger als EUR 3.067,75/DM 6.000,- jährlich oder in sechs aufeinanderfolgenden Jahren ein Durchschnittsaufkommen von weniger als EUR 2.045,17/DM 4.000,- jährlich - gerechnet ab 1. 1. 1946 - von der GEMA bezogen hat.

(2) Nach einer zehnjährigen ordentlichen Mitgliedschaft gemäß § 7 Ziff.1 der Satzung entfällt jedoch die Bestimmung von § 9 Ziff. 2 Abs. (1). (3) Bei Mitgliedern, die die ordentliche Mitgliedschaft gemäß § 7 Ziff. 3 erworben haben, kann vom Vorstand mit Zustimmung des Aufsichtsrates mit Ablauf eines Geschäftsjahres die ordentliche Mitgliedschaft für beendet erklärt werden.

3. Durch Tod, bei Firmen im Falle der Konkurseröffnung oder Ablehnung des Eröffnungsantrages mangels Masse oder nach Beendigung der Liquidation.

4. Durch Ausschluß, der erfolgen kann, wenn ein wichtiger Grund vorliegt. Ein solcher Grund liegt vor, wenn das Mitglied vorsätzlich oder grob fahrlässig gegen die Satzung, den Verteilungsplan, den Berechtigungsvertrag, das Vereinsinteresse oder das Urheberrecht verstoßen hat.

Bei einer juristischen Person oder einer Handelsgesellschaft kann der Ausschluß auch dann erfolgen, wenn ein Organ oder ein Mitglied eines Organs oder ein persönlich haftender Gesellschafter oder ein anderer Gesellschafter oder Aktionär, der einen maßgeblichen Einfluß auf die Gesellschaft ausüben kann, gegen die Satzung, das Vereinsinteresse oder das Urheberrecht gröblich - verstößt.

Nutzt ein Mitglied im Rahmen der Verwertung der Urheberrechte seine Rechtsstellung gegenüber anderen Mitgliedern mißbräuchlich aus, so ist dies ein Grund zum Ausschluß des Mitglieds, soweit nicht die Verhängung einer Konventionalstrafe als ausreichend angesehen werden kann.

Der Ausschluß erfolgt durch Beschluß des Aufsichtsrates, nachdem dem Mitglied Gelegenheit gegeben worden ist, seine Einwendungen gegen den beantragten Ausschluß mündlich oder schriftlich dem Aufsichtsrat vorzutragen.

Gegen den Beschluß des Aufsichtsrates kann binnen drei Wochen nach Zugang des Beschlusses die Entscheidung der Mitgliederversammlung verlangt werden.

B

Tritt bei einem ordentlichen Mitglied eine Änderung der nach § 8 Ziff. 3 Abs. 2 wesentlichen Verhältnisse ein, so kann der Aufsichtsrat die Aufnahmevoraussetzungen erneut nachprüfen. Der Aufsichtsrat kann in diesem Falle von dem Mitglied verlangen, daß es die in § 8 Ziff. 3 Abs. 2 vorgesehenen Beschränkungen der Mitgliedschaftsrechte als verbindlich anerkennt. Wird dieses Anerkenntnis verweigert, so endet die ordentliche Mitgliedschaft mit dem Ende des laufenden Geschäftsjahres.

Vor seiner Beschlußfassung muß der Aufsichtsrat dem Mitglied Gelegenheit geben, seine Einwendungen mündlich oder schriftlich dem Aufsichtsrat vorzutragen. Gegen den Beschluß des Aufsichtsrats kann binnen drei Wochen nach Zugang des Beschlusses die Entscheidung der Mitgliederversammlung verlangt werden. Geschieht das und bestätigt die Mitgliederversammlung den Beschluß des Aufsichtsrats, so endet die Mitgliedschaft frühestens mit Ablauf des auf die Mitgliederversammlung folgenden Geschäftsjahres.

C

Die Beendigung der ordentlichen oder außerordentlichen Mitgliedschaft bewirkt auch die Beendigung des Berechtigungsvertrages ohne daß es einer Kündigung bedarf, es sei denn, daß das Mitglied die Fortsetzung des Berechtigungsvertrages wünscht. Endet die Mitgliedschaft infolge Ausschlusses, so wird der Berechtigungs- vertrag durch den Ausschluß nicht berührt. Dem Ausgeschlossenen bleiben für die Dauer des Berechtigungsvertrages die Rechte eines angeschlossenen - Mitglieds erhalten.

§ 10 Mitgliederversammlung

1. Die ordentliche Mitgliederversammlung soll jeweils innerhalb von acht Monaten nach Ablauf des Geschäftsjahres stattfinden.

Der Versammlungstermin soll den Mitgliedern spätestens vier Monate vorher bekanntgegeben werden. Die Nichteinhaltung dieser Bekanntgabefrist hat nicht die Unwirksamkeit der durch die Mitgliederversammlung gefaßten Beschlüsse zur Folge.

2. In der Mitgliederversammlung haben die ordentlichen Mitglieder das aktive und passive Wahlrecht.

3. Eine außerordentliche Mitgliederversammlung ist außer den im Gesetz vorgesehenen Fällen einzuberufen, wenn der Aufsichtsrat es für nötig erachtet oder mindestens 10 % der ordentlichen Mitglieder einschließlich der Delegierten es verlangen.

4. Die Einladung zur Mitgliederversammlung ergeht im Einvernehmen mit dem Aufsichtsrat durch den Vorstand. Die Versammlung wird von dem Vorsitzenden des Aufsichtsrates oder einem seiner Stellvertreter geleitet.

5. Die Einladung erfolgt schriftlich drei Wochen vorher unter Bekanntgabe der Tagesordnung und eines Auszuges aus dem Geschäftsbericht. Die Frist ist gewahrt, wenn die Einladung drei Wochen vor dem Termin der Versammlung zur Post gegeben worden ist. Über Gegenstände, die nicht in der Tagesordnung aufgeführt sind, können Beschlüsse nicht gefaßt werden.

Für Anträge an die Mitgliederversammlung sind mindestens zehn Unterschriften von ordentlichen Mitgliedern und/oder Delegierten (§ 12 Ziff. 4) erforderlich, soweit nicht die Anträge vom Aufsichtsrat oder Vorstand gestellt werden, jedoch müssen die Anträge des Vorstandes dem Aufsichtsrat zur Kenntnis gebracht - werden.

Anträge für die Mitgliederversammlung müssen spätestens acht Wochen vorher eingegangen sein.

6. Der Mitgliederversammlung obliegt insbesondere:

a) die Entgegennahme des Geschäftsberichtes und des Jahresabschlusses,

b) 1. die Entlastung des Vorstands,

2. die Entlastung des Aufsichtsrats,

c) die Wahl und die Abberufung der Mitglieder des Aufsichtsrates sowie die Wahl und Abberufung der in die Zuständigkeit der Mitgliederversammlung - fallenden Ausschüsse und Kommissionen,

d) die Ernennung von Ehrenpräsidenten und die Verleihung von Ehrenmitgliedschaften auf Vorschlag des Aufsichtsrates,

e) die Beschlußfassung über Satzungsänderungen,

f) die Beschlußfassung über Änderungen des Berechtigungsvertrages,

g) die Beschlußfassung über Änderungen des Verteilungsplanes,

h) die Beschlußfassung über die Auflösung des Vereins.

7. In der Mitgliederversammlung hat jedes ordentliche Mitglied eine Stimme. Stimmübertragung ist nicht zulässig.

Verlagsfirmen, die Einzelfirmen sind, üben ihr Stimmrecht durch den Inhaber aus. Verlagsfirmen, die Gesellschaften sind, üben ihr Stimmrecht durch einen verfassungsmäßig oder gesellschaftsvertraglich berufenen Vertreter aus. Ein - Vertreter kann das Stimmrecht nicht für mehr als fünf Verlage ausüben. Falls eine Verlagsfirma rechtlich oder tatsächlich an der Ausübung des Stimmrechts ge- hindert ist, kann das Stimmrecht durch einen im Handelsregister eingetragenen Vertreter oder durch einen Handlungsbevollmächtigten im Sinne von § 54 HGB ausgeübt werden. Diese Vertreter müssen ständig in dem Verlagsunternehmen verlegerisch oder kaufmännisch tätig sein.

Ist ein Mitglied, das zur Berufsgruppe der Komponisten oder der Textdichter gehört, gleichzeitig verfassungsmäßig oder gesellschaftsvertraglich berufener - Vertreter eines Musikverlages, so steht auch diesem Mitglied die Ausübung der Mitgliedschaftsrechte nur in einer Berufsgruppe zu.

Ist bei einer Gesellschaft nur Gesamtvertretung zulässig, so wird das Stimmrecht von einem der Gesamtvertreter ausgeübt; für den bzw. die weiteren Vertreter besteht lediglich das Teilnahmerecht.

Die Verlagsfirmen teilen dem Vorstand in der Regel vier Wochen vor der Mitgliederversammlung, in Ausnahmefällen spätestens bis zu Beginn der Versammlung mit, wer zur Ausübung des Stimmrechts berechtigt ist.

Ist ein Verleger Inhaber mehrerer Einzelfirmen, so steht ihm nur ein Stimmrecht zu.

Angestellte oder Beauftragte von Mitgliedern, deren Mitgliedschaftsrechte nach Maßgabe von § 8 Ziff. 3 Abs. 2 bzw. § 9 B eingeschränkt sind, müssen, wenn sie als Vertreter eines Musikverlages auftreten, eine echte Verlagstätigkeit ausüben und dürfen nicht gleichzeitig im Dienste eines Musikverwerters stehen.

Werden Verlagsfirmen, die in wirtschaftlichem und personellem Zusammenhang mit ausländischen Verlegern oder Musikverwertern außerhalb des Gebietes der EWG stehen, als ordentliche Mitglieder nach § 8 Ziff. 4 aufgenommen, so haben die zu einem Konzern i. S. von § 18 AktG gehörenden Verlage nur eine Stimme.

8. Die Mitgliederversammlung wird nach einer von der Mitgliederversammlung beschlossenen Versammlungsordnung abgehalten.

§ 11

a) Jede der drei Berufsgruppen (Komponisten, Textdichter, Verleger) wählt die für sie im Aufsichtsrat vorgesehenen Mitglieder getrennt. Innerhalb der einzelnen Berufsgruppen erfolgt die Wahl mit einfacher, die Abberufung mit Zweidrittelmehrheit. Falls dreiviertel der in jeder der beiden anderen Berufsgruppen vertretenen Stimmen mit der Wahl eines in einer anderen Berufsgruppe gewählten Mitglieds nicht einverstanden sind, muß die Berufsgruppe eine Neuwahl vornehmen, es sei denn, daß sie den zuerst Gewählten mit dreiviertel ihrer Stimmen wiederwählt.

b) Satzungsänderungen, Änderungen des Berechtigungsvertrages, Änderungen des Verteilungsplanes und Beschlüsse über die Auflösung des - Vereins werden getrennt nach Berufsgruppen beschlossen, wobei jede Berufsgruppe eine Stimme hat und Satzungsänderungen, Änderungen des Berech- tigungsvertrages, Änderungen des Verteilungsplanes und Beschlüsse überAuflösung des Vereins nur wirksam sind, wenn Einstimmigkeit der drei Berufsgruppen vorliegt.

Innerhalb der Berufsgruppen erfolgt die Abstimmung in der Weise, daß zu jedem Beschluß Zweidrittelmehrheit erforderlich ist, und zwar im Falle der Auflösung des Vereins mit der Maßgabe, daß die Zweidrittelmehrheit mindestens die Hälfte der insgesamt vorhandenen Zahl der zu der jeweiligen Berufsgruppe gehörenden Mitglieder ausmachen muß.

§12 Versammlung der außerordentlichen und angeschlossenen Mitglieder

1. In Verbindung mit jeder ordentlichen Mitgliederversammlung der ordentlichen Mitglieder findet eine Versammlung aller außerordentlichen und angeschlossenen

Mitglieder statt. Einladung ergeht im Einvernehmen mit dem Aufsichtsrat durch den Vorstand.

In dieser Versammlung, die unter Vorsitz des Aufsichtsratsvorsitzenden abgehalten wird, erstattet der Vorstand den Geschäftsbericht und steht der Versammlung zur Auskunfts- erteilung zur Verfügung.

2. Die Versammlung wählt alle drei Jahre aus ihrer Mitte getrennt nach Berufsgruppen 34 Mitglieder als Delegierte für die Mitgliederversammlung der ordentlichen Mitglieder, und zwar:

- sechzehn aus der Berufsgruppe Komponisten, von denen mindestens sechs Rechtsnachfolger sein müssen;

- acht aus der Berufsgruppe Textdichter, von denen mindestens vier Rechtsnachfolger sein müssen.

- Sollte für die Wahl die vorgesehene Anzahl von Rechtsnachfolgern nicht zur Verfügung stehen oder sich nicht zur Verfügung stellen, so können auch andere Mitglieder gewählt werden;

- zehn aus der Berufsgruppe Verleger.

Für jede Berufsgruppe wird ein Stellvertreter gewählt. Als Delegierter kann nur gewählt werden, wer der GEMA mindestens zwei Jahre angehört.

Die Amtsdauer der Delegierten und ihrer Stellvertreter läuft bis zur Neuwahl; Wiederwahl ist zulässig.

Für den Fall, daß in einer Versammlung die Delegierten nicht vollständig anwesend sind, werden jeweils aus der Berufsgruppe die fehlenden Delegierten durch Wahl von Stellvertretern ersetzt.

Wer für ein ordentliches Verlegermitglied vertretungsberechtigt ist, kann nicht gleichzeitig als Delegierter gewählt werden. Im übrigen gelten die Bestimmungen in § 10 Ziff. 7 für die Delegiertenwahl sinngemäß.

3. Den Delegierten stehen im übrigen alle Rechte der ordentlichen Mitglieder zu mit Ausnahme des passiven Wahlrechts.

4. Die Delegierten sind berechtigt, unter den gleichen Voraussetzungen wie die ordentlichen Mitglieder Anträge für die ordentliche Mitgliederversammlung zu stellen.

§ 13 Aufsichtsrat

1. Der Aufsichtsrat besteht aus 15 Mitgliedern, von denen sechs Komponisten, fünf Verleger und vier Textdichter sein müssen. Für jede Berufsgruppe können zwei Stellvertreter gewählt werden, die zur Teilnahme an den Sitzungen des Aufsichtsrates mit vollem Stimmrecht berechtigt sind, wenn und soweit ordentliche Mitglieder ihrer Berufsgruppe an der Teilnahme zur Aufsichtsratssitzung verhindert sind; für die Wahl der Stellvertreter gilt das Wahlverfahren wie für die Mitglieder des Aufsichtsrates.

Aus dem Kreis der ordentlichen Mitglieder der Berufsgruppe Verleger, deren Mitgliedschaftsrechte gemäß § 8 Ziff.3 Abs.2 und 3 bzw. Ziff.4 der Satzung aufgrund entsprechender Einverständniserklärung eingeschränkt sind, kann ein Mitglied in den Aufsichtsrat gewählt werden. Dessen Stimmrecht ruht bei Beschlußfassungen, die die tarifliche Gestaltung von Verträgen mit Musikverwertern zum Gegenstand haben.

9.4.1 Satzung der GEMA – Seite 11

Wählbar sind nur ordentliche Mitglieder mit deutscher Staatsangehörigkeit sowie der Staatsangehörigkeit eines Mitgliedstaates der Europäischen Gemeinschaft und solche, denen vor 1946 die deutsche Staatsangehörigkeit aus - politischen oder rassischen Gründen aberkannt ist und die nunmehr ihren - steuerlichen Wohnsitz in Deutschland oder in einem anderen Mitgliedstaat der Europäischen Gemeinschaft haben. Sie müssen überdies dem Verein mindestens fünf Jahre lang als ordentliches Mitglied angehören.

Verleger sind wählbar, sofern sie mindestens fünf Jahre Inhaber einer Einzelfirma, persönlich haftender Gesellschafter einer Offenen Handelsgesellschaft oder Kommanditgesellschaft, Geschäftsführer einer GmbH, Vorstandsmitglied einer Aktiengesellschaft oder in leitender Funktion in einem Musikverlag tätig waren. Aus einem Verlag oder einer Verlagsgruppe kann nur eine Person dem Aufsichtsrat angehören.

2. Die Amtsdauer der Aufsichtsratmitglieder läuft von der Beendigung der Mitgliederversammlung, in der ihre Wahl erfolgt ist, bis zum Ablauf der dritten auf die Wahl folgenden ordentlichen Mitgliederversammlung.

Wiederwahl ist zulässig. Solange eine Neuwahl nicht stattfindet, bleibt der Aufsichtsrat im Amt. Scheidet während der Amtsdauer ein Aufsichtsratmitglied aus, so haben die Aufsichtsratmitglieder seiner Berufsgruppe einen Ersatzmann zu wählen, der an die Stelle des Ausscheidenden tritt.

Dieser bedarf der Bestätigung durch die nächste Mitgliederversammlung, soweit die Amtsdauer über diese Mitgliederversammlung hinausgeht.

3. Der Aufsichtsrat hat gegenüber dem Vorstand ein Weisungsrecht. Er bestimmt im Rahmen einer Geschäftsordnung, welche Geschäftsvorfälle zustimmungsbedürftig sind.

Die vom Verein abzuschließenden Tarifverträge bedürfen der Zustimmung des Aufsichtsrates. Der Vorstand ist aber ermächtigt, von Fall zu Fall Ausnahmen zu gewähren, besonders bei Wohltätigkeitsveranstaltungen.

Der Aufsichtsrat schließt die Anstellungsverträge mit dem Vorstand.

4. Der Aufsichtsrat ist berechtigt, zu den Sitzungen der Ausschüsse und Kommissionen Aufsichtsratmitglieder zu entsenden.

Der Aufsichtsrat kann Beschlüsse der Ausschüsse und Kommissionen auf- heben. Er entscheidet in letzter Instanz.

5. Der Aufsichtsrat wählt aus seiner Mitte einen Vorsitzenden und zwei Stellvertreter.

6. Die Abstimmung im Aufsichtsrat erfolgt mit einfacher Stimmenmehrheit der anwesenden Mitglieder. Wenn die in einer Aufsichtsratsitzung anwesenden Komponisten einstimmig eine Meinung vertreten, so können sie von den üb- rigen anwesenden Aufsichtsratmitgliedern nicht überstimmt werden.

Stimmvertretung ist unzulässig.

Der Aufsichtsrat ist beschlußfähig, wenn mindestens die Hälfte seiner Mitglieder und mindestens je zwei Mitglieder jeder Berufsgruppe anwesend sind.

7. Der Aufsichtsrat gibt sich eine Geschäftsordnung.

8. Aufsichtsrat, Kommissionen und Ausschüsse sind ehrenamtlich tätig.

§ 14 Vorstand

Der Vorstand vertritt den Verein gerichtlich und außergerichtlich.

Besteht der Vorstand aus mehreren Personen, so sind je zwei gemeinschaftlich zur Vertretung des Vereins berechtigt.

Der Vorstand wird vom Aufsichtsrat bestellt und abberufen.

Die Vertretungsbefugnis des Vorstandes wird durch ein von der für die Vereinsaufsicht zuständigen Senatsverwaltung auszustellendes Zeugnis nachgewiesen. Zu dem Zweck werden der zuständigen Senatsverwaltung die jeweiligen Berufungsniederschriften vorgelegt.

Der Vorstand hat der zuständigen Senatsverwaltung im Monat Januar eine Liste der Vorstandsmitglieder sowie der Mitglieder des Aufsichtsrates, aus welcher Name, Vorname, Stand und Wohnort zu entnehmen sind, einzureichen. Sind seit Einreichung der letzten Liste Änderungen hinsichtlich der Personen der Vorstandsmitglieder bzw. Aufsichtsratsmitglieder nicht eingetreten, so genügt die Einreichung einer entsprechenden Erklärung.

§ 15

Der Vorstand hat dem Aufsichtsrat vierteljährlich einen Geschäftsbericht und außerdem spätestens einen Monat vor der ordentlichen Mitgliederversammlung einen Geschäftsbericht über das abgelaufene Geschäftsjahr sowie einen Voranschlag für das folgende Jahr vorzulegen.

§ 16

A. Schlichtungsausschuß

Streitende Parteien können beim Aufsichtsrat die Bildung eines Schlichtungsausschusses beantragen. Der Schlichtungsausschuß besteht aus einem Vorsitzenden und vier Beisitzern. Der Vorsitzende und die Beisitzer werden von Fall zu Fall vom Aufsichtsrat bestellt. Jede Partei hat das Vorschlagsrecht für zwei Beisitzer. Der Ausschuß zieht nach Bedarf Gutachter heran.

Der Schlichtungsausschuß kann von den Parteien angerufen werden zur Beilegung von Streitigkeiten; er hat einen Einigungsversuch zu machen, zum Erlaß von Schiedssprüchen ist er nicht befugt.

B. Schiedsgericht

1. a) Über Streitigkeiten zwischen GEMA-Mitgliedern entscheidet - soweit sich aus den folgenden Bestimmungen nichts anderes ergibt - unter Ausschluß des Rechtsweges ein Schiedsgericht.

Das Schiedsgericht entscheidet insbesondere im Streitfalle über die Auslegung der Satzung, des Verteilungsplanes, des Berechtigungsvertrages, der Geschäftsordnungen, der Versammlungsordnung und über die Rechtswirksamkeit von Beschlüssen und sonstigen Maßnahmen der GEMA.

b) Die Geschäftsordnung des Schiedsgerichts wird vom Aufsichtsrat be- schlossen.

2. c) Das Schiedsgericht besteht aus einem Obmann und vier Beisitzern, von denen jede Partei zwei Beisitzer zu benennen hat. Obmann und Beisitzer dürfen weder

9.4.1 Satzung der GEMA – Seite 13

Vorstands- noch Aufsichtsratsmitglieder der GEMA sein und auch nicht zur GEMA in einem Anstellungsvertrag oder in einem ständigen sonstigen Auftragsverhältnis stehen. Der Obmann muß zum Richteramt befugt sein. Er wird von den Beisitzern aus einer vom Aufsichtsrat aufzustellenden Vorschlagsliste gewählt, es sei denn, daß sich die streitenden Parteien vorher bereits über einen Obmann geeinigt haben. Für die Ablehnung eines Beisitzers oder des Obmanns gilt § 1032 ZPO. Einigt sich die Mehrheit der Beisitzer nicht auf einen Obmann, so wird der Obmann auf Antrag einer der Parteien vom Senatspräsidenten des Urheberrechts-Spezialsenats beim Bundesgerichtshof aus der Vorschlagsliste ernannt.

2. Die Kosten des Schiedsgerichtsverfahrens werden unter entsprechender Anwendung der Kostenvorschriften der ZPO von den jeweiligen Prozeßparteien nach Maßgabe der Entscheidung des Schiedsgerichts getragen.

3. Der Kläger kann, anstatt das Schiedsgericht anzurufen, auch die Klage vor dem zuständigen ordentlichen Gericht erheben. Das Wahlrecht erlischt mit der Einreichung der Klage. Vor Erhebung der Klage beim Schiedsgericht hat der Kläger das Einverständnis des Beklagten zur Entscheidung der Streitigkeiten durch das Schiedsgericht einzuholen. Verweigert der Beklagte seine Zustimmung, oder erfolgt die Zustimmungserklärung nicht innerhalb von 14 Tagen nach Erhalt der Anfrage, so kann nur das ordentliche Gericht angerufen werden.

4. Rechtsstreitigkeiten, die zur Zuständigkeit des Schiedsgerichts gehören und die bei Inkrafttreten dieser Bestimmung vor den ordentlichen Gerichten anhängig sind, können im Einvernehmen beider Parteien durch das Schiedsgericht entschieden werden. Die Partei, die die Entscheidung durch das Schiedsgericht wünscht, hat die andere Partei aufzufordern, innerhalb einer Frist von zwei Wochen darin einzuwilligen, daß das Schiedsgericht angerufen werde. Nach fruchtlosem Ablauf der Frist oder im Falle der Verweigerung sind die angerufenen Gerichte ausschließlich zuständig. Für den Fall der Anrufung des Schiedsgerichts sind die Rechtsstreitigkeiten vor den ordentlichen Gerichten für erledigt zu erklären. Das Schiedsgericht hat auch über die vor den ordentlichen Gerichten entstandenen Kosten zu entscheiden.

C. Beschwerdeausschuß

1. Der Beschwerdeausschuß ist zuständig für Streitigkeiten zwischen der GEMA und ihren Mitgliedern, soweit sie sich aus dem Mitgliedschaftsverhältnis - ergeben.

Jedes Mitglied kann bei Verletzung seiner berechtigten Interessen als Vereinsmitglied den Beschwerdeausschuß anrufen.

Die Zuständigkeit des Beschwerdeausschusses ist ausgeschlossen, soweit in der Satzung oder weiteren Bestimmungen ein anderes vereinsinternes Verfahren vorgesehen ist.

2. Der Ausschuß erläßt auf Antrag des Mitglieds eine Entscheidung, die innerhalb von sechs Monaten erfolgen soll. Solange der Beschwerdeausschuß nicht entschieden hat, ist der Rechtsweg zu den ordentlichen Gerichten ausgeschlossen.

3. Der Ausschuß besteht aus je einem Vertreter der drei Berufsgruppen und einem Vorsitzenden sowie je einem Stellvertreter. Die Berufsgruppenvertreter dürfen nicht Mitglied des Aufsichtsrats sein.

Die Berufsgruppenvertreter wählen aus einer vom Aufsichtsrat aufzustellenden Vorschlagsliste den Vorsitzenden, der die Befähigung zum Richteramt haben muß.

4.Die Berufsgruppenvertreter werden auf die Dauer von 3 Jahren nach Anhörung der Vorschläge des Aufsichtsrats durch die Mitgliederversammlung nach den Grundsätzen gewählt, die für die Wahl von Aufsichtsratsmitgliedern gelten. Andere Wahlvorschläge können in den Berufsgruppenversammlungen er- folgen.

Die Berufsgruppenvertreter bleiben bis zum Ablauf der dritten auf die Wahl folgenden ordentlichen Mitgliederversammlung im Amt. Wiederwahl ist zulässig.

5. Die Beschwerde ist an den Vorstand zu richten. Der Vorstand oder - falls der Aufsichtsrat zuständig ist - der Aufsichtsrat können der Beschwerde abhelfen. Falls Vorstand oder Aufsichtsrat nicht abhelfen, entscheidet der Beschwerdeausschuß unverzüglich.

6. Der Beschwerdeausschuß gibt sich eine Geschäftsordnung, die der Mitgliederversammlung vorgelegt werden muß.

§ 17

Die Verteilung des Aufkommens einschließlich der für soziale und kulturelle Zwecke bereitgestellten Mittel erfolgt nach einem Verteilungsplan, dessen Änderung nur nach Maßgabe von § 11 b) der Satzung zulässig ist. Die allgemeinen Grundsätze des Verteilungsplans sind Bestandteil der Satzung. Dies gilt insbesondere für die den §§ 7 und 8 des Urheberrechtswahrnehmungsgesetzes entsprechenden Grundsätze.

§ 18

Der Aufsichtsrat legt die Abrechnungstermine (Zahlungsplan) und die Vorauszahlungstermine jeweils für das kommende Geschäftsjahr fest. Diese Termine sind zu veröffentlichen.

§ 19

Für Satzungsänderungen sind die gesetzlich vorgesehenen Vorschriften zu beachten[2].

Im Falle der Auflösung des Vereins muß etwa verbleibendes Vermögen Ver- einigungen zugeführt werden, deren gemeinnütziger und kultureller Zweck - anerkannt ist.

Satzungsänderungen bedürfen gemäß § 33 Abs. 2 BGB zu ihrer Wirksamkeit der Genehmigung der zuständigen Senatsverwaltung; das gleiche gilt für die - Auflösung des Vereins.

10. Index

Sattelfest im Musikbusiness

Crashkurs Musikmanagement

2. Auflage 2007
ISBN: 978-3-937841-51-9
200 Seiten
22,5 cm x 15,5 cm
Hardcover

€ 28,-

Dieses Buch begleitet Sie
in 13 Schritten auf dem Weg
in die Selbstständigkeit als
Musiker: Was müssen Sie
als erstes tun? Wie verkaufen
Sie sich? Wie verhandeln Sie
mit den großen Entscheidern?
Auf all diese Fragen finden
Sie Antworten im Buch.
Der Crashkurs Musikmana-
gement macht Sie fit für's
Überleben im Musikbusiness.
Der Autor hilft Ihnen, Ihre
Fähigkeiten in bare Münze
zu verwandeln, und zeigt
Ihnen, wie die Branche
funktioniert.

Musikrecht – Die Antworten

5. aktualisierte Auflage 2007
ISBN: 978-3-937841-40-3
276 Seiten
22,5 x 15,5 cm
Hardcover

€ 25,-

Die Berliner Rechtsanwälte
Barbara und Gunnar Berndorff
sowie Knut Eigler beantworten
verständlich und kompakt alle
Fragen rund um das Musikrecht:
GEMA und GVL, Sampling und
MP3, Urheberrecht und Steuer,
Plattenfirma und Musikverlag.
Ohne große Paragrafenschlacht,
trotzdem exakt und aktuell.
Sebstverständlich entsprechend
dem aktuellen Urheberrecht.
Dieses Buch können Sie auch
ohne Jura-Studium lesen. Ein
Muss für jeden, der im Musik-
geschäft tätig ist, egal ob
Musiker, Produzent, Verleger
oder Label-Mitarbeiter.

Musik und Moneten

4. akt. Auflage 2007
ISBN: 978-3-937841-37-3
244 Seiten
22,5 x 15,5 cm
Hardcover

€ 25,-

In diesem Buch geht es um
Ihr Geld! Jede Klausel in einem
Künstler-, Bandübernahme-
oder Produzentenvertrag hat
für die Vertragsparteien eine
konkrete wirtschaftliche Bedeutung. „Musik & Moneten"
bringt Licht in die wirtschaftlichen Aspekte von Künstler-,
Bandübernahme- und Produ-
zentenverträgen. Für Künstler,
Produzenten, Manager,
Rechtsanwälte, Verleger und
Mitarbeiter von Produktions-
und Tonträgerfirmen ist
dieses Werk ein unverzicht-
bares Arbeitsmittel und
Nachschlagewerk.

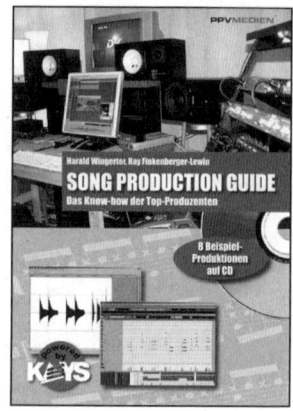